东方讲坛·创业生涯系列活动讲座精选Ⅳ

2014~2015年度

成功创业核心密码

THE CODE OF ENTREPRENEURSHIP

本书编委会 编

内容提要

本书是中共上海市委宣传部、上海市社会科学界联合会和上海市人力资源和社会保障局联合主办的"东方讲坛·创业生涯"系列活动讲座精选Ⅳ(2014—2015年度)的演讲汇编。东方讲坛·创业生涯系列讲座活动已连续举办12年,成为东方讲坛系列讲座的主要品牌之一,成为推进上海自主创业促进就业的一个公共服务项目。本期的主题是"推进市政府实施项目,积极帮助成功创业"。共收录了16位专家学者在创业模式、团队建设、资源优化,以及互联网时代的创业法则等方面的成功经验以及实战技巧。

图书在版编目(CIP)数据

成功创业核心密码/《成功创业核心密码》编委会编. —上海:上海交通大学出版社,2016
ISBN 978-7-313-14783-7

Ⅰ.成... Ⅱ.成... Ⅲ.企业管理—通俗读物 Ⅳ.F270-49

中国版本图书馆CIP数据核字(2016)第072376号

成功创业核心密码

编　　者:《成功创业核心密码》编委会
出版发行:上海交通大学出版社　　地　　址:上海市番禺路951号
邮政编码:200030　　电　　话:021-64071208
出 版 人:韩建民
印　　制:常熟市文化印刷有限公司　　经　　销:全国新华书店
开　　本:710mm×1000mm 1/16　　印　　张:19
字　　数:320千字
版　　次:2016年4月第1版　　印　　次:2016年4月第1次印刷
书　　号:ISBN 978-7-313-14783-7/F
定　　价:48.00元

编委会名单

目　　录

2014 年度

2015 年度

2014 年度

创业早期商业模式

查　力

起点创业、起点创业投资基金和乾龙创投合伙基金的创始合伙人，也是一个多次成功创业而蜕变成的“天使投资人”。专注于早期的创业投资，在媒体、电信、互联网行业有丰富的经验和资源。曾创立了和软银共同投资的早期中国技术性创业公司的孵化机构IdeaFactory，组建过中国最早的搜索引擎、在线学习、在线音乐和手机游戏等公司。后又创立了乾龙创业投资基金，投资了手机电视、网络游戏、手机游戏、互动电视以及移动互联网领域里的中国创业企业。频繁往来于全国各地担任各种创业大赛导师及评委，参与创业项目的筛选、评比和投资。

各位领导、各位创业的伙伴们，早上好。今天再一次来到上海图书馆，我上一次来到这个地方的时候是2000年10月，那时我们公司主营网络教育。网络教育在当时的中国鲜为人知。所以当时我们公司在上海图书馆举办了中国的第一次网络教育峰会。那次峰会的所有费用是由我们一家公司赞助的，所有的参展展位也都是由我们一家公司赞助的。当时IDG还不是一家有名的公司，它仅仅是一家展览公司。这一次又来到这里，非常巧合的是今天下午还有一场活动也是关于网络教育，要跟十几位创业者单独讨论未来移动互联网教育怎么做到商业模式。2000年到今年已经14年了，然而在同一个地点发生的事情里面，还有一些巧妙的联系。

今天我的这个讲座是个互动的活动，是需要大家来参与的，不是我一个人来讲的。这个活动是来帮助大家怎么分析自己的商业模式。商业模式非常重要，是关系到一个公司长久发展的最核心的基因之一。我先问一个问题，谷歌的商业模式是什么？有人知道吗？

听众：是广告。

查力：谷歌的商业模式是广告，谷歌是做广告的？

听众:是搜索。

查力:搜索对吗?还有别的说法吗?

听众:是竞价排名。

查力:谷歌的商业模式现在有三种说法。

听众:是整合网上的社区。

查力:谷歌的商业模式现在有四种说法:搜索、广告、竞价排名以及网上社区。到底什么才是谷歌的商业模式?我来帮你们解答,谷歌的商业模式是利用搜索引擎技术帮助商家做精准营销。谷歌的商业模式并不是它被创立的第一天就设计好的,最初谷歌做的是搜索引擎,之后花了五六年时间才找到合适的商业模式。它的管理团队发现搜索的时候,每一个人的搜索都含有关键词。一个人搜索耐克,这个人很可能是想买鞋子,如果有人卖鞋子或者是耐克公司就需要在这个页面上做广告,所以谷歌是利用搜索引擎技术帮助商家做精准的营销,这就是商业模式。我们再来思考,刚才四位听众都没有说错,但是都不完整。谷歌的主要收入来源是广告,谷歌并不是一家广告公司,而是做搜索引擎的,但是谷歌并不靠搜索引擎来赚钱,他盈利的方式是通过帮助商家做精准营销取得的。谷歌需要更多人使用他的搜索,这样他才可以帮助商家对更多的人做精准营销。

再问一个问题,苹果的商业模式是什么?这里有多少人使用iPhone?

听众:分为两部分:一部分是电子产品的销售,另一部分是其配套软件产品的销售。

查力:这是一个说法,还有别的吗?

听众:通过客户对这个产品直接的使用和体验。

查力:苹果是通过用户的体验来让大家体会网络的营销。

听众:给所有用户提供一种信息的沟通和交流,并且帮他们享受互联网的速度。

查力:这个是很广泛的,是无所不包的解答。

听众:就是卖手机。

查力:这个回答很简洁。下面我来给大家做一个解答。苹果的商业模式是利用新的技术、新的材料以及新的应用给用户带来一种全新的体验,所以苹果公司是卖创新的公司。苹果没有发明技术、材料和制作工艺,而是整合市场现有资源的设计公司,用最新的理念来设计东西,给用户一种全新的体验,所以他是在卖创新。

我接下来跟所有的创业嘉宾来分享什么是他们企业真正的商业模式。请你们两位简单介绍一下自己，并介绍一下各自的创业项目。

女嘉宾：大家好，今天非常高兴也非常荣幸有这样的机会走到台上跟老师交流，我现在做的项目是去年开始的，主要关于建筑材料和室内设计，最近我跟几家建筑公司一起接洽一些项目合作，因为我有几家从海外过来的设计团队资源。在建材市场还有开发商这一块是非常大的市场，所以我做的是其中的室内设计，今后会通过这个平台更多地进行创新和技术整合把所有东西都搭建在一个平台上面。

男嘉宾：我叫徐海腾，我在去年七月份辞职之后，从朋友手里收购了一个国学馆。主要的经营模式是收学员学费，平时也给企业做国学方面的沙龙或举办小型琴、棋、书、画的活动等。

查力：还需要一个志愿者来计时。我们现在有三位志愿者，这位来计时，我说开始就计时。

在座的各位手上有纸，可以试着来做下面这个游戏。请先用一句话写下你认为的商业模式是什么？

女嘉宾写的商业模式是“通过新的体验平台整合设计资源，开发商、材料商、业主。”我们先将这个贴在墙上。

男嘉宾写的商业模式是“通过提供国学类课程培训为客户提供传统文化类讲座、沙龙、专区服务或其他服务。”

下面正式的问题要开始了，各位手上有一些彩纸，请将每一个问题写在纸上。第一个问题，“谁是你的付费用户”，请把问题写在纸的最上方，下面写答案。

女嘉宾：因为我的公司是提供体验设计平台，因此我公司的用户从上而下排序就是开发商、投资商、品牌商、大业主、消费者个人、建筑公司、设计公司、施工单位都是我们的客户。

查力：开发商、投资商、品牌商、大业主、个人、建筑公司、设计公司。

女嘉宾：这里面分建筑和室内两类。

查力：施工公司全部都是你的客户，咱们看看男嘉宾的。

男嘉宾：第一类是愿意给小朋友琴、棋、书、画报名培训的爸爸妈妈，第二类是愿意自己体验或者是系统学习传统文化的成人学员，第三类是愿意给自己的员工提升传统文化素养的企业或团体。

查力：这个市场很大，有小孩的爸爸妈妈，在座的各位大概基本都是。愿意体验或者学习的成人，我们都愿意学习。为员工提高国学素养的企业或者是团体可以包括图书馆、政府机构等。

我们进行下一个问题，你能给客户带来什么收获？回答请不要简单地说我给客户带来价值，需要具体一点，例如价格便宜、减肥速度快，等等。

女嘉宾：我觉得因为我的受众群体是比较广，所以我用省时、省心、省力这六个字。在这个项目当中，每一个人都可以找到他所要受众的群体，而且是被细分的市场，会非常快速和便捷找到对应的潜在客户。

查力：省时、省心、省力，基本上找到你，你的客户就什么事都不用干，也不用想了。

女嘉宾：对，这个平台几乎可提供所有相关的行业服务内容。

查力：所以找到你所有事都不用干，也不用担心，挺好的。

男嘉宾：我们是做传统文化培训的，带来的好处是帮助学生学到一些传统文化的知识，提升文化的素养，还能给学员提供能够学习琴、棋、书、画的场所并给他们提供更好的学习选择。

查力：所以在你的公司能学到传统文化，提升文化素养、营造一种适合的环境。这个问题的本质是：什么是你公司的核心竞争力？什么是你的竞争优势？市场上提供传统文化服务的企业有很多，在新华书店买一本书也可以体现传统文化。

下面我们进行下一个问题，如何让客户知道你？千万不要简单地回答是通过营销；需要具体地说，讲一下具体的方法。比如通过搜索引擎、通过投放电视广告等。

女嘉宾：多渠道，我列了一个表，横轴上表示直接或者间接渠道。广告是其中一种。纵轴表示线下或者线上渠道。

查力：这是线上线下多渠道全部做好了。

女嘉宾：大致是这样的，但是企业在具体项目开展的时候，或者是某一个阶段，可能更适合只使用某一块，可以摘取某一部分需要的。

查力：男嘉宾有什么想法。

男嘉宾：跟女嘉宾是差不多的。我分了两部分，第一部分是线下，线下是一些单页的派发，其他是客户学员的介绍。线上写了我主要做了哪几块，第一是微信平台，其次在58同城、大众点评网也花钱做了广告，还有一些其他平台的零星发布。

查力：这是线上线下全部都做了，这样会有很多人知道。

女嘉宾：还有一种模式是可以跨行业的，也可以算间接渠道。一家做高级品牌电脑的公司，但是销售的时候可以跟高级汽车在一起打包销售。

查力：类似捆绑销售。

女嘉宾:卖什么的都可以联结在一起。

查力:就是无所不在。我们下面进行下一项,如何将你的产品送达到你的客户?虚拟产品比较容易,虚拟产品不需要物流,任何实体商品,比如食品、鞋子等都是要通过仓储、物流来进行运送,互联网在这一块很快,所以做互联网的朋友有很大的优势,怎样把产品送达给客户。

同样的,不要用抽象的字眼,要具体地来说,类似通过网络之类的,除非是互联网公司,不然肯定有物流。必须说清楚你公司的产品和服务的中间物流具体是什么?

女嘉宾:我写的是联络渠道,因为这一块不像普通商品的买卖,每一层都有不同的需求。每一层不同的需求要进入到系统里面,然后由专业人员来跟踪这样的系统,这涉及机密的商业模式。深入下去再进行细分,我们公司在每一个渠道中间都会设有一个点在这里,每进入这个点我们就会接着走下一步。

查力:好的。男嘉宾是通过什么方法?

男嘉宾:我们公司的产品是课程或服务,第一类是学员客户到我们的学馆接受培训,第二类是带着老师以及上课需要的资料到企业中提供现场服务。

查力:那就是从群众中来到群众中去。我们进行下一个问题,你们公司的核心任务是什么?这是指你现在的创业,把你创业项目做起来,把团队招进来,产品做出来,让你的公司生存下来产生一些利润。创业的第一步是能够生存下来,第二步是扩大规模,第三步是做成伟大的公司。第一步的核心任务是什么?

女嘉宾:我觉得最核心的任务就是提供高效的服务,或者在执行任务当中获得一种成就感和满足感。

查力:你公司的核心任务就是给别人提供服务。

男嘉宾:我公司的核心任务有两点。第一,让产品标准化,这就包含了我们课程的设置、服务的项目,等等;第二,让我们运转的流程如何制度化,因为我们是初创的团队,想到哪就做到哪,凡事都缺乏规范,效率比较低。

查力:一个是产品标准化,另外一个是内部的管理要制度化,这是你最核心的任务。第一个问题还没解释清楚,你公司的产品怎么标准化?

男嘉宾:琴、棋、书、画的课程设置,现阶段每一个机构没有统一的标准,我想开发一些适合不同人群的课程出来。

查力:我们再往下走,下一个问题你现在还缺什么?

比如说标准化中缺老师或者缺其他的元素,不一定对应的。第一个问题是你的一些主要目标是不是清楚，第二个问题是说你还欠缺什么东西，比如缺资源或者是其他的东西。

女嘉宾：我们公司现在团队里面还缺一些成员，主要是缺技术性的 IT 人才。第二是缺技术性的专业人才。第三是服务的理念还不够。现在慢慢地在加强，但是很多公司成员没有这样的想法，所以服务理念还是很缺的，不管是管理层还是下面的员工。

查力：管理、技术、服务的人员都缺，缺的还很多。我服务这么多行业每一个地方都缺人。

男嘉宾：我们是一个小机构，因此我觉得最缺的就是导师。我们需要的就是像查力老师这样的导师。

查力：星期一我上你们那儿去上班。

我们进行下一个问题：谁能够帮助你？

男嘉宾：我觉得首先是我们自己需要提高，我们现在做很小的创业，只有亲自实践了，把自己想法尝试了才可以成长。

查力：自己帮助自己。这个同学一定是自学成才的，非常有自信。

女嘉宾：我同意他的观点，但是这个远远不够。我是找到所有能够帮助我的人寻求帮助。我还是画了横轴和纵轴的图，横轴分为直接跟间接，纵轴分为线上线下。今天图书馆安排的活动是间接的，是我上来跟您互动体验就有很大帮助，因此是间接的线下体验。

查力：在创业中性格决定命运。

接下来的问题是你有多少种赚钱的产品。比如苹果这么大的公司，有 iPhone、iPad、平板电脑、网上下载、iPod 这五种产品。

男嘉宾：我们赚钱的产品其实就是琴、棋、书、画、茶道等相类似的传统文化课程。或者是围绕传统文化的课程给企业提供讲座或者是沙龙性质的活动服务，第三类是很小一块，是提供商演的机会，例如古筝、茶道等演出的服务。

女嘉宾：这个图表横轴是项目，纵轴是用户。可以进行双向的盈利模式。一个是用户来了可以在我这里寻求服务，其次是我有一些项目如何分配，是双向的。当然这个中心有很多具体的东西，是需要细化。

查力：下一个问题，你需要投入多少成本？你要做这么多的事情，不同的事情要投入多少成本？

男嘉宾：不需要太多。因为我们的目标是短期的，我们现在只有一个店，如果开第二个店就缺 20 万左右资金。这是资金上的缺口，其他成本都是时间上的累积，当然也希望尽快实现第二个店的目标。

查力：那你基本需要的投资是店面装修？

男嘉宾：广告方面的成本也是挺高的，还有雇佣优秀教师的费用。

查力：就是 20 万开一家店的意思。

女嘉宾：我写的成本是两部分，一类是时间和人。人就分很多档次，我罗列了大概的情况，IT 人才：就是帮我做线上的东西，大约需要 30 万。其实设计师也算，但是设计师是合伙股东引进的，我写了零，但零也是成本。或者是请一些导师，像您这类老师来做一些指导。初期 50 万就够了。

查力：其实创业初期也不需要多少钱，20 万到 50 万之间。

女嘉宾：还是人才难找。

查力：九个问题问完了以后，给你们一点时间看一看，是不是漏掉什么，如果漏了赶紧补上去。很多创业者都会说创业很迷茫，原因就是他的商业模式不清晰，如果有非常清晰的目标，非常清晰的模式就不会感到迷茫。

这个游戏不光是自己可以一个人做，尤其是跟你的核心团队一起来做，是需要想的。

我们进入下一个环节，你根据重要程度都排序，每一页都排序。在创业中最重要的就是需要专注，我今天早晨还看到猎豹上市，内容是采访猎豹的 CEO 讲他的创业经验，他总结了四个字，这四个字是非常高明的——“单项极致”。把一项事情做到极致，所以猎豹每一个产品的下载量都是排第一位的。如果你们的产品在网上可以销售排到第一位那就成功了。如果创业公司没有那么多的品牌、资源，就不要做大，做单一的、垂直的，把一件事情做到极致再考虑第二件事情。

我们回答了很多问题，也排序了，接下来做的事情就是把“一”给拿出来，剩下的全部都不要了，就相当于有十个手指，要砍掉九个只留一个。创业里面，尤其是自己做 CEO，小公司很小很孤独，只有想着大才可以维持心理的平衡，虽然是小公司，但是将来可能会颠覆苹果，颠覆联想。大公司做了这么多，那我也可以做这么多，这种心理作用常常阻碍了我们，让我们分散了注意力。所以创业公司一定要聚焦。

“谁是你的付费用户”，原来写的第一位是愿意给小孩报琴、棋、书、画培训班的家长，愿意体验或者系统学习的成人、愿意为员工提高国学素养的企业或团队。所以现在排序的第一个是“谁是你的付费用户。”

男嘉宾:我只是说他的重要性,现在我们的重点是小朋友或者是个人的学员,但是我觉得有这一方面需求的企业应该很多,但是也不知道通过什么途径能让别人知道我们。所以我觉得市场虽然是很小,但是也没有一个机构专门做这一件事,是专门为企业提供国学艺术方面的培训、沙龙,我发现这是我值得去做的。

查力:现在主要的客户是有小孩的父母,但是觉得企业的市场更大,那个地方盈利更多。这是在我们创业过程中面临的大问题。我们觉得其他人赚钱容易,而我赚钱很难,于是我就做那个,就可以保持我此时此刻的心理平衡了。

男嘉宾:我做了几次企业的客户,发现这个潜在市场是有的。但是市面上没有人专门做这一件事情。

查力:讲国学是有的。

男嘉宾:国学是有的,但是我的服务是更小一点,仅仅提供偏艺术和书法方面的。

查力:第二是给客户带来的好处是什么?所以排序第一的就是学到一些传统文化知识。通过线上微信平台、58同城、大众点评了解你们。到学习馆得到服务。你们的核心任务是流程化。

男嘉宾:还是很初步的阶段。

查力:你有多少赚钱的产品,里面最赚钱的是什么?

男嘉宾:现在最赚钱的是课程,但是我觉得最赚钱应该是讲座、沙龙的服务,针对企业客户这一方面。

查力:是不是讲座、沙龙、国学、国画,等等这些?

男嘉宾:就是偏艺术方面,如琴、棋、书、画以及茶道。

查力:需要多少成本,是20万吗?

男嘉宾:这是近期的。

查力:我们回过头看看最初写的商业模式,一句话是通过提供国学类课程为客户提供传统文化类讲座、沙龙服务,赚取学费或者是服务费。这位嘉宾的东西基本上都在那里,但是下面的刀不够快,切肉是切不动的,不够锋利。

听众:说明客户的痛点不够明确。

查力:讲得很对,我是做国学的,我的客户是孩子的爸爸妈妈,需要得到支持的人企业也是有的,流程都是有的,他每一个地方都想到了,最核心的地方却不够锋利。

男嘉宾:有这一方面的困惑。

查力:所以这位男嘉宾的模式是很清晰的,他需要下大决心,改变一下自己的人生了。他需要有一个雄心壮志，树一个更大的目标，用20万赚大钱，然后改变世界，改变中国的文化。

男嘉宾：刚开始的时候是雄心壮志，我觉得我可以成为中国传统文化培训前几名的。但是慢慢地，越做越觉得路途太遥远了，还是慢慢地从第一家学馆开始，然后再开第二家吧，感觉现实是挺残酷的。刚开始出来的时候看中国合伙人，电影里面的桥段我自己都经历过，大学的时候创业等等。那个时候跟电影里面写的是一样的，但是出来了之后又不知道怎么前进了。

查力：徐老师我挺熟的，投资界有两个人的背景是很特殊的，大家知道徐小平老师是学什么的吗？他是学音乐的。知道我是学什么的？我是学美术的，书法也是不错的，琴、棋、书、画还要把徐小平引进来，把我引进来，起价两百万，一堂价值两百万的顶级企业课程。

男嘉宾：我觉得有市场的，这样品牌的号召力就更强了。

查力：所以他的商业模式都是知道的，我们现在一点点地理清楚。如果要赚大钱，企业会比小孩子爸爸妈妈更多，但最核心是要你有非常好的顶级课程。

这个商业模式清楚了吗？他的模式基本上清楚了，但是他刀不够快，需要提升一下，提升自己的商业模式，找到自己公司的核心竞争力，找到自己在这个市场上脱颖而出的点，成为“单项极致”。

男嘉宾：首先我跟他的困惑是有一点相同的，我现在做的市场也是相对比较小众的市场，你给的建议根据原来的基础进行改变，切入到另外一个市场。但是怎么来进行转移或者是转换还是原来的就彻底放弃了？原来的市场是教一些小孩子的琴、棋、书、画、茶道等等，现在是切入到另外一个规模明显更大的市场，但是怎样来做这样的转换？

查力：在创业过程中还有一个问题很纠结，我到底是做这个还是做那个，把这个扔掉怎样？所以讲了创业是性格决定命运的，你一定要下决心选择的。

男嘉宾：谢谢。

查力：我们来看看女嘉宾说的“谁是你的付费用户”？大业主是哪一块。

女嘉宾：其实个人业主和开发商是可以归类在一起的，只是深度大小不同而已，都是一类群体。

查力：你给客户带来什么好处，你刚才说省事、省心、省力，主要是省心。

女嘉宾：如果一个人心太累了，做什么事情都会缺乏效率。

查力:如何让客户知道你是关键。

女嘉宾:通过线上的渠道,是最快的。

查力:是通过网络推广。

女嘉宾:对! 是最快的,是商业最快。比如说承接北京的项目,我通过网络就能很快进行联络,所以网络营销是最快的。

查力:如何让产品送达给客户,线上监督。

听众:是线下的结点。

查力:核心任务是高效,是提高效率。

女嘉宾:对,然后再做流程,因为刚开始是不行的。

查力:所以在你赚钱的方法中,排第一的是项目。

女嘉宾:前期还是通过项目,从私人业主着手,然后再延伸到开发商当中去。

查力:你需要投入多少成本? 是需要 50 万的服务投资吗?

女嘉宾:因为我们是做新体验的,所以这个服务里面包括线上的以及线下的服务。

查力:还有最大的问题就是你公司产品的雏形还是听不懂,你是做什么商品或服务的?

女嘉宾:我举一个例子,比如说我在松江买了一套别墅,需要让设计师来设计,通过我们这个平台就可以预选浏览不同设计师的风格。设计师的图纸包括设计的风格可以上传到他自己的空间里面,客户就可以马上知道需要什么类型的设计,就可以很迅速地找到设计公司了。这是虚拟的,就像买衣服之前需要试穿一样。

查力:你的这个网站做出来了吗?

女嘉宾:还在开发当中,前期可以做到的就是帮助小业主进行实际的考察,让其选对方案,从这一点开始做起,先做线下的东西,线上需要进一步开发。

查力:所以我想象你的产品是虚拟的装修市场。业主或者是开发商,不知道怎么来装修,到你这里根据别墅或者某个楼盘的具体情况,就可以帮助他们设计出来。

女嘉宾:平台还能提供最新出现的材料,可以搭配不同的材料放在里面,可以感受现场的体验。

查力:然后后面就决定下单,具体的细节,你的公司帮助安排这些工程就可以了。

女嘉宾:是的,然后线下有实体店可以让客户来体验,当然这个要投入很多钱可以放在后面,先做网上的虚拟体验。

查力:这个模式没有类似的公司在做吗?

女嘉宾：有，但是还没有大众化。

查力：市场上也有一些人在做装修平台等等，但是他们的网站体验的效果不好，是要做成 IMS，是这样类型的吗？

女嘉宾：就是多元一体化的这种。

查力：只需要 50 万元的投资就可以？

女嘉宾：这是属于服务方面，因为服务是前期要把基础打好，通过线下的基础再进一步地拓展。这是最前期的工作。

查力：我的建议是两点，一点你对这个装修市场中的竞争对手没有做非常仔细的分析，所以你只是觉得这个地方的市场很大，别人做的不怎样出色，我就自己做。第二点一定要吸取一些经验。要一直聚焦做一些明确的事情，我分享两个案例，是起点创业孵化的案例。

有一个叫宅师傅的企业，他 APP 应用的手机下载量超过两百多万，是装修领域里面做得最大的，是起点创业孵化器孵化的项目。宅师傅目前做两件事情，一件事情是把很多的设计公司，装修公司现有的方案案例放在上面，所以客户买到的房子无论是多大，不管是家用还是商用的，他的平台上都有对应的案例可以借鉴，然后挑你喜欢的风格，然后他给你推荐相应的设计公司。设计公司帮你设计还提供装修方案，这些都是免费的。在装修里面最麻烦的事情莫过于里面的质量控制，因此宅师傅提供另外一项服务，帮你做监工。这个水管要多粗的，墙上要涂料几次，帮你监督然后能帮你节省开支还保质保量。宅师傅只是装修房子的时候，只有对装修房子的质量要求很高的时候才会用，两百六十多万的下载量。所以说他创业两年还在做一些细节，还做不完，所以说你现在想做更宽泛的市场你怎么做。

第二个案例是塞尚，这家公司老板是来自江西，刚在上海一年，在孵化室里待了半年。他现在做的平台是给装修公司提供管理流程，创业大概 20 万元起家。做了一年签约了上海前二十位的设计搜索，订单达到三百多万。他只做一件事情，做装修公司里面的流程管理。装修公司里面是有很多的事情，我问他数值，挂靠在同济下面的公司一个月同时做的工程大概有一百多个，还有挂靠在一家较大的公司下面同时做四百多个项目。所以你想，一个公司里有四百多个项目同时在进行，有多少员工？多少材料？多少质量管理项目是需要系统来管理的，所以说他开发了系统，签了三百多万的销售额，到账九十万。他在这么大的市场里面找到一个点，我挺惊喜的。我看了他系统里面的东西，我觉得你的问题就是目标太宽泛了，竖轴、横轴等等，你得找到一个点，在这个点里面去专注,做"单项的极致"。

女嘉宾:谢谢。

查力:大家理解了吗?我们这个互动是把所有你所选择的"一"全部收起来,再重新组合一下,思考之后再重新组合成一句话,比较你最初写的和最后写的是一样的吗?

什么叫商业模式?商业模式就是想清楚你的盈利模式。所以商业模式不是简单而抽象的概念。是经营店商的还是经营饮料的,这不叫商业模式,这只是说明了这属于哪一个行业。商业模式是一个逻辑,其中最重要的就是创业的公司一定要专注,只有专注了你才能得到启发,只有专注了你才能做好,希望你们每一个创业者都记住这四个字:"单项极致"。

男嘉宾:谢谢查力先生给我们带来的精彩一课,这是我听过的最有收获的一次创业讲座。其实查力老师给我们提供了很好的维度,我想问一下,在考虑这些问题的时候有没有一个问题被忽略了,对于外界的竞争,特别是潜在的对手这一方面是不是需做一些分析,怎样做一些壁垒来保护自己。不知道查力老师有没有在这一方面有好的心得?

查力:创业小公司先不要考虑竞争对手的问题,先做好你自己的事情。这不是创业公司需要想的问题,创业公司想的问题就是关于你自己。你这个产品有没有价值,你这个产品会不会有用户来用你,如果有用户用你,赶紧说出来,赶紧找到很多的用户,这个时候腾讯这类大企业就会来了,来了也不用害怕了,他一定会来拷贝你。创业公司除了创新没有太大的优势,只有创新,做不一样的东西。

听众:查力老师您好,今天很受启发,我是一名软件工程师,在外企公司工作。我自己有创业的想法,今天带着疑问来的,如果我想创业的话,寻找创业伙伴,这是一个非常重要的事情。在寻找创业伙伴以及和创业伙伴共同创业过程当中怎样相处?查力老师有什么特殊的见解吗?

查力:有两个建议,第一你是外企公司的工程师,你要给自己设一个时间点,你将在这里干多久,因为创业是需要资源,需要积累,需要资本的,如果不给自己设一个时间点的话,你最好的创业时间是在你退休那一天。该拿的工资全部拿到了,能够积累的资源都积累了,哪个时候退休了也就准备创业了。但是退休创业的成功案例远远不如大学退学创业的成功概率高。所以第一个建议就是下决心定一个时间点,甚至把辞职报告写好。因为我们永远想不好哪一天是天时地利人和的时刻,那一天是不存在的,天时地利人和是你自己创造的。就像猎豹上市时,他们 CEO 讲的:几个"单项极致"之后就天时地利人和了。所以创业者和非创业者之间没有大的差别,只有一个,那就是:创业了。其实每一个人都在想,在积累,可能会想很长时间,甚至永久地想下去。有一些人迟迟做决定创新。第二,创业伙伴怎么选?这是蛮难的,创业伙伴就跟结婚一样,找一个女朋友很容易,找一个老婆不容易,找男朋友很容易,找老公很难。像今天我拼命找做婚恋的创业者,现在有这么多婚恋网站,还是有这么多人找不到对象,我们把一百个男人和一百女人放在一起,这就等于五十对婚姻。可实际上一百个男人和一百个女人放在一起,可能没人会结婚。创业伙伴也是这样的,所以你找创业伙伴最好的方法就是到今天这样的活动中来。下面就要积极上台,要表达、沟通,那位女嘉宾就缺技术,你们就可以尝试了解一下。

听众:首先非常感谢查力老师精彩的演讲,收获很多。其次想请教查力老师,我做的是空气净化产品的代理商和经销商,上面是供应商,下面是终端客户。但市场里面做空气净化产品的品牌很多,我的定位是比较高端的客户群,对于我来说怎样来进行创新?

查力:做经销是卖别人的产品。所以说产品属于别人,所以说产品上面的创新主要由生产企业完成。你只能在经销渠道上面进行一些创新活动,做渠道卖别人产品,首先一定要把销售额做大,做大了之后才有谈判权。我觉得网络营销是最有效的,同时网络营销,关键还是落实在营销上。如果你能把一个真正有价值的产品选到了,他还没上市你就跟他说,我能够帮你一天销售三百万的量,你能给我什么价格?所以你一定要有方法,而不是花很多的钱。所以说你要找到你这行里面的营销的核心竞争力,尤其讲到创新的方法。

小微企业团队创建秘诀

张晓曙

工商管理硕士(H.K),中国国民党革命委员会(民革)党员,国际高级职业培训师(UK),国家一级人力资源管理师、培训师,上海市心理学会会员,人力资源管理委员会委员,英国伦敦城市行业协会(City&Guide)海外督导官、考评官,国家职业资格鉴定项目考评员。曾获"上海市创业就业先进个人"、"中国专业十大培训专家"等荣誉。

各位领导、各位创业伙伴,上午好。这是一次讲座,其实也是一次分享。

在开讲之前我有一个呼吁:中国梦创业美,让公益和商业创业共同带动就业。因此我们在关注我们的商业创业的同时,也希望在座的朋友们,在座的创业伙伴们更要关注公益创业,因为这是一个利国利民的大好事。

我们看一下,首先可以在工商局注册企业法人执照,这是我们的商业模型,可能有很多专家更乐意谈盈利模式或者商业模式,但我希望更多有志青年,更多想为这个社会做贡献的朋友们,能更多关注由民政部组办的民办非企业组织。为什么我在这里要呼吁呢,其实我们的社会更需要这类社会公益组织,有了他们,可能我们的社会会更和谐,中国梦会更美。所以我在开讲之前,我希望各位媒体朋友们,各位领导,各位创业伙伴们,能够关注公益创业,让我们的公益创业走得更美更好,谢谢大家。在此告诉大家一个好消息,政府不但在商业模式上做了很多政策扶持,也在民办非企业上也做了很多扶持,现在放宽了很多民办非企业的准入门槛,希望大学生朋友们,不要只瞄准商业模式,只做商业的创业,可以更多地关注社会创业,公益创业,这也是非常好的实施工程。我们要两条腿走路。通过我微笑的声音做一个呼吁,希望大家更关注这个领域。

今天的讲座是创业课程当中很微小的一部分,创业一般分为三部分:第一部分讲好聚,无论创业者也好,创业带头人也好,还是合作伙伴也好,都是从各方面聚集起来的,我们称之为创建,那么如何创建团队,创设团队。第二部分讲好处,这就是团队的治理和管理。最后部分讲好散,团队产生裂变问题,裂变怎么处理,怎么笑着面对裂变,这也是很大的课题。在今天讲座中,就把第一部分奉献给大家,如何来建立团队。

这张图片,各位来宾肯定感觉不陌生吧,图中的人物是刘邦、汉高祖、项羽。刘邦是一个平民皇帝,而项羽是西楚霸王,然而为什么最终刘邦胜利,项羽失败了。有哪位朋友可以来谈谈看法。

听众:我感觉刘邦是代表大家的共同核心利益,项羽考虑个人利益比较多,没有站在其他人的角度上进行思考。

张晓曙:项羽自己很有能耐,他感觉不需要他人的帮助。刘邦自身能力有限,他更需要朋友的帮助。他们两个人是有本质差别的,刘邦有一个团队,而项羽只是一个人。所以楚汉之争是一个团队对一个人的胜利。团队很重要,因此在创业中团队更重要。

我们在楚汉之争当中得到一个启示。个体弱小,没有关系,与伙伴精诚合作就能变得很强大。据统计,诺贝尔奖获奖项目当中团队协作占 2/3 以上;在诺贝尔奖设立后的前 25 年合作奖占 41%;而到现在为止,已经有 80%的获奖项目是由团队来做的,个人单打独斗的时代已经过去了。可见,没有完美的个人,只有完美的团队。

21 世纪是一个追求个人价值和团队绩效双赢的时代。比尔·盖茨讲过,个人只能取得小的成功,而团队能够完成个人所不能完成的任务。

讲到这里我们可以探讨一下什么是团队,什么是一个创业团队,它有什么样的差别?我相信在座的各位朋友都有各自的理解,创业伙伴是什么?有朋友可以告诉我吗?你认为什么是团队?

听众:有共同目标的,取长补短的一群人。

张晓曙:非常感谢。我们来看一下,团队是为了实现一个共同的目标,由相互协作、互补的若干个个体组成的正式的工作群体。它属于正式组织。这样又引出另外一个想要探讨的话题,什么是创业的团队。大家想想,什么是创业团队?

听众:开拓进取。

张晓曙:非常好,还有呢?勇往直前,所向披靡。我们来看一下什么是创业团队。创业团队是由两个或者两个以上,具有一定利益关系的,彼此间通过分享认知和合作行动以共同承担创建新企业责任的,处在创新企业高层主管位置的共同组建形成的特殊工作群体。首先我们来分解一下这个概念:有共同目标;相互协作互补;两个人及两个人以上(这是组织的概念);有利益关系。利益关系可以再加一个括号,我们不能纯粹地只讲利益关系，也可以讲社会公益。彼此间的认知分享，一个团队一定要有共同的认知，合作行动，共同承担创建新企业的责任。处在创新企业高层主管位置，他是顶端人群。共同组建的特殊工作群体。

这两个概念，从现有的分析来看也是有一定的差异的。创业团队更精准，更到位一些。

下面我们来看群体，群体是什么呢？一群人，就是一个群体；群体的特色是什么？就是一拨人在一块，没有什么分割。而团队刚才已经说了，是一群为了达到共同目标而组织起来共同工作的人。其中共同的目标可以让每个人能够完成更多的任务。这是我们群体和团队的本质分割。

讲到这里，我们来看看这两个模型是怎么样的，群体的模型是什么？可能看不见方向，非常混乱，因为每个个体都有不同的目标。团队的特点是集中的，是只向一个地方发力的。所以说，群体和团队有着本质的区别。群体是由一股强势领导，强调个体责任、工作成果，群体目标比组织使命更宽泛，技能可能不同也可能相同。而团队都是要互补的，团队成员共同分担领导的角色，个体和团队共担责任，集体工作的成果，团队自己制定的具体目标，成员技能相互补充。

接下来我们来谈创业的四大行为模式。我们现在看到的创业当中，究竟有多少跟我们相关的，又有多少种模式我们能看到的。我总结了一下：第一种，个人创业。大家都看到很多都是个人创业，现在我们注册资金可以为零，可以由个人开有限责任公司。现在政策对创业者非常好。第二种，家族创业。现在成功的集团几乎都是家族式的，亲戚朋友都在里面。第三种，合伙企业。由两个公司或者一个公司和一个个人合伙。第四种，团队创业。很多有科研成果的大学生、研究生、博士生，把自己的科研成果转换成生产力。不管是哪个行为，只要是创业的，都是非常美的行为。

下面我们来谈三个和尚没水喝。为什么谈这个课题呢？大家听到三个和尚的时候，你们的第一感觉是什么？一个和尚挑水喝，两个和尚抬水喝，三个和尚没水喝。我为很多企业提供咨询服务，发现我们企业在经营过程中有很多问题，看到很多企业员工很多，但是其中有人跟我说：张老师我想不通，一件事情他不干，他也不干，为什么要我干，我也不想干。后来转变成一种团队内耗的现象。所以说，一个人敷衍了事，两个人互相推诿，三个人永无成事之日。创业团队开始不要搞很大，一定要企业慢慢发展了之后，按需用人。在人力资源上也讲，在中国，人少就是“宝”，人多就是“灾”。我们创业团队要将合适员工请上车，将不合适的员工请下车。我建议大家用1.5倍的工资让员工做两个人的工作。这很合理，包括我们很多大型企业。

“三个和尚”的故事告诉我们，人多力量大吗？不一定。有一位德国科学家，他做了一个拉绳的实验，分别让一个人，两个人，三个人，八个人，去拉一条绳子，来测定拉力，测试出来的结果却让我们大跌眼镜。两个人拉，单个人的拉力是单独一个人拉的95%，三个人拉以后单人的拉力变为一个人拉力的85%，八个人拉，单人拉力锐减为49%。也就是说，在群体组织中，并不能够得出一加一就是大于二，效率与人数不一定成正比，有可能成反比。再次呼吁大家，人多并不是好事。

团队创建有很多法则，但是我现在在这里郑重告诉大家，按你需要来做。一个领导最好配两个精英，三个中流砥柱，两个培养人才，一个机动人员。这是一个比较好的模型，叫12321法则。

人员应该按需配置和设置。三个臭皮匠顶一个诸葛亮，理想的团队人数应该是6，因为一个人有效领导下属是6到8个。团队中很多成员他可以身兼多职，有多个角色的属性可以在他身上体现。

我们要高效的创业团队，我们就需要建“六个一”工程，一个核心的领导任务，是团队的脊梁；一个优势互补的团队，是团队的基石；一个透明沟通的平台，是团队的桥梁；一个规范的运作模式，是团队的立柱；一个创业企业文化，是团队的润滑剂；一个有效的执行能力，是团队的刀斧。这样的团队会很高效会很成功。

在座朋友可能会感觉自己很弱，可能不太适应领导一个团队，也没有领导团队的胆识，但是创建者就是一名领袖，因为没有任何人比你更关心这个团队和组织的成长，哪怕自己再不如别人，一旦开展了组织创建了团队企业，就会比谁都更关心它，这是最重要的一个。牛人或凡人不是最重要，最重要的是如何整合大家的意愿和力量。领军人物好比是阿拉伯数字当中的“1”，“1”没了，后面“0”都是没意义。

从企业创办者的角度来分析一下自己，也就是企业创办者的创业能力，我们把它分为两大块，一块是软件建设，一块是硬件建设。有一句话：硬件易得，软件难求。首先我们要承诺，就像很多人看到绩效管理就开始怕，感觉就是减工资了，承诺很重要，该奖的奖，要说到做到。动机，你创办企业有什么样的动机。诚实，有健康的体魄，因为创业者很消耗你的身体，我们不要像有些人虽然创业成功了，但他也离开这个世界了，我们要保存自己的实力，看到成功的那天。风险意识，很多人讲创业无所谓，我经常和大学生打交道，我也很关注大学生创业，经常跟大学生沟通，大学生经常和我说，做互联网就足够了。从父母那里借一些钱去创业，他们的风险意识很弱。我劝大学生先就业后创业，要先积累职场经验和人脉。同时，我觉得内心的强大很重要，创业者是非常强大的，因为创业之路非常艰辛，要有忍耐和拼搏的精神。只要你能不屈不挠，总有成功的一天。

做了这些分析以后，希望大家列一份各自的创业清单：第一，家庭状况，允许自己创业吗？比如父母身体不好，需要自己照顾家。因为创业的前期可能没有什么收入来源，甚至还会亏本，这个状态就不适合创业，可以把这个梦想延后一些，先把自己的家庭建设好。第二，盈利模式，希望大家一定要关注社会热点，才能够创造一个好的NGO。第三，资金筹集，我很反对用父母的钱创业。缺乏资金的话，可以寻求开业组织的支持，有前期贷款和中期贷款，无论在什么地方创业，都可以寻求当地街道的扶持，咨询当地区的开业指导专家。

首先是技术能力问题，假设要开一家披萨店，是不是有操作技能是首先要考量的。其次管理能力同样要考量。行业知识和背景，如果本来就是非常有名的做披萨的师傅，创业成功的概率比较大。其三是市场机会，当市场上有很多披萨店开张的时候，你需要观察开一家新的披萨店有意义吗？大家都知道上海人特别喜欢吃馄饨，现在有一个馄饨品牌叫吉祥，大家都知道吉祥，但大家可能已经忘却了他之前的老大叫什么，叫京师傅馄饨，可是这个品牌现在已经消亡了。我考察过这两个企业，他们两个的老板是不一样的，京师傅的老板是一位草根，而吉祥馄饨的运营者是由多位硕博士学历的人组成的一个团队。同样一个生意，他们会做前期诊断。一段时间之后，我们就看到一个异样的情况出现了，在京师傅馄饨店里面还有人在卖烧饼，因为卖馄饨赚不到钱，就开拓多元化经营，慢慢地这个品牌就消亡了，这就是两种不同的经营手法和模式。

接下来是你的营销手段和渠道，最后是人脉关系。讲到这里，有的可能要问我：张老师我缺少好多条件，我还能不能创业。你要认清创业的是一个团队，资金没有，可以引进一个有资金的团队成员；技术能力不行，团队可以引进一个有技术的成员；管理不行，可以配一个管理好的助理，所有的问题都是能被解决的，一切皆有可能。

小微企业团队建设的核心就是选择最合适的人。企业的“企”字，当把人字头拿掉以后，它就是一个“止”字，人离开了这个企业就停止了。因此，人是在企业当中最重要的因素之一。可见小微企业首先是选人，再确定战略方向，这是我的观点。人没选好就找项目，毫无意义。

一个优秀的项目，如果没有合适的人才，最好是放弃。在人才中，我们把忠诚度和能力做纵向指标，忠诚度高，能力强的，叫作人才，会给你的企业带来无穷无尽的收益。

忠诚度高,能力不高,也叫人才,是可以加以培养的人。能力强,忠诚度不高,也叫人才,但他只有才能。能力不高,忠诚度不高的,这类人,只能算一个人头,但是没有什么作用。德在首位,才是其次。有德有才方是正品;有德无才是次品;有才无德是毒品;无才无德是废品。缺乏忠诚度的员工,没有一个企业愿意冒着巨大的风险来雇佣他。

一个创业组织的带头人,应该和什么样的人合作。第一,很多人的创业都是因为不甘心,要做出一番成绩来实现自己的人生价值,因此,最大的危机是没有危机感,最大的陷阱就是自我满足,安于现状,慢慢被社会淘汰。第二,学习力强,我们需要学习力,掌握未来。学历仅仅代表过去,说明你学过这些东西,不代表你会使用它们。第三,行动力强,这很重要,很多企业要培训领导力和行动力。我上次去一个企业培训,一点钟上课很多企业高层领导都没来,我就把大门锁上了,把他们关在门外,因为一个企业的领导自己都缺乏执行力,怎么可能要求你的员工具有执行力。从自己做起,后来他们进来之后,全体领导一字排开,向员工道歉,没有任何理由,就是晚来了,有担当。没有担当就不要做领导,担当很重要。

行动不一样,结果不一样,知道不去做或是做了没有结果,都等于没有做。想杰出先付出,很多人不愿意付出,不要去说社会的环境问题,更不要说老板好坏,首先你自身是怎么样的。同样的一堂课,不是每个人都会产生共鸣的,但我希望有更多的人能有共鸣。

正像苏小妹和苏东坡曾经有一段对话。苏东坡说佛印,穿的袈裟是土黄色的,佛印看起来就像一堆牛粪。于是佛印说,牛粪的眼光里都是牛粪,而佛的眼光里都是佛。苏东坡很开心地跟苏小妹说,佛印被他给修理了。苏小妹就笑说你才是一堆牛粪。一堂课,我不求每一个人跟我有一样的想法,可能有很多课程太正能量了,有的人不了解不理解,但我是没有这个想法,我希望透过这个讲座,各位能真正感悟体会到更多。努力可能没有用,不努力是绝对没有用。我个人也在努力,在不断地学习。希望大家有奉献精神,如果没有奉献精神是不可能成功创业的。你的付出很重要的,不要一谈付出,就说我需要怎么回报。

不为企业创造财富,企业怎么会有财富,员工怎么能够和企业共同成长,最后得不到任何东西,说你为企业创造了什么,再说你应该得到多少,是不是企业亏待了你。

有强烈的沟通意识,沟通是一种态度,不是一种技巧,多和人沟通,多和人谈心。诚恳大方,每个人都有不同的立场,不可能要求利益都一致,摆上桌面,开诚布公地彻底谈清楚,不要委曲求全,免有后患。诚信是合作的最好基石。比尔·盖茨讲这点,我也很强调这点，很多团队的裂变产生在什么情况下，往往不是在最艰苦的时候，大都是在成功的时候。我曾经看到一个创业组织，两个人创业，股份对半分的。其中一个人买了一辆车，是公司列支。另一个人就说了，我到这个企业上班，没有工资，你却买辆车，开的汽油费一半是我出的，一半车钱也是我出的，我也要买辆车。这样的企业不垮可能吗，果然一年后就垮了。

德者领导团队，智者出谋划策，能者攻克难关，老者执行有力。希望大家记住这句话。一个创业者周围要集聚六种人。第一，灵感之声，推动者；第二，动力之声，传播者；第三，理智之声，互补者；第四，前进之声，独到者；第五，合作之声，外联者；第六，权威之声，标杆者。有这六种人在你身边的话，你的创业还会不成功吗？

老板和员工是博弈的关系，当你的企业成长以后，你会招聘很多员工，当你招聘员工的时候，你一定会这么想，是不是我能找到一个全能员工。老板期望少花钱，用最少的员工，获取最大的利益，所以是博弈关系。当一个员工不努力工作的时候，想跳槽的时候，企业的损失很大，当员工跳槽到别的企业去，这个职位就空缺了，就产生了成本，当另外一个新员工接替这个岗位时候，不可能全盘接手，是有损失产生的。因此我们更希望员工长久地为企业服务。

这张幻灯片是你们必须要考量的东西，第一个，我们来看，精兵简政，我们要建立能打胜仗的很精简的部队。二八原则，20%的人创造企业 80%的效益。有人问我，张老师，能不能剩下的 80%的人不要了，只用这 20%的个人。可如果没有这 80%的人，那 20%的人还会存在吗？肯定不会存在。为什么呢？因为团队的配置上有一个非常困难的点，在人力资源上，称之为内耗。举几个例子，第一，性别，两位员工都是男性的话，他们两个会竞争吗？可能性比较大。配一个女性员工和一个男性，他们两个会产生竞争吗？比两个男性要好些。第二，年龄，如果有两个员工都是 40 岁，他们会竞争吗？肯定会。相差 5 岁以内也一样。一个总经理 40 岁和一个副总 30 岁，又是女性，他们会竞争吗？会少很多。第三，学历，有一个博士生的总经理和有一个本科的副总，他们会竞争吗？会好很多，这是很多实际案例的调查报告所显示的。第四，毕业院校的档次，一个是哈佛大学毕业的，还有一个是上海大学毕业的，两个人竞争会好很多。上海大学毕业的不太可能跟哈佛毕业的人去斗，他更可能会寻求与之合作。很多企业当中，有总监，我看到过有一个企业很可笑，总监、副总监，部门经理、副经理，一大堆，一家民营企业为什么要那么多领导。一个总监领导一帮主管就够了，成本一下子降低很多，中间环节都消除了。内耗和个人喜好也有一定关系，两个人都很喜欢一类东西，他们会比较团结。但如果两个看到这个对方爱好非常不舒服的,会出现问题的。

在选择员工的时候,或者选择适合自己的合作伙伴的时候,我们必须要对他们进行一些测评。但测评结果并不是唯一的恒量标准,不能测出来结果不好就武断地下结论,因为测试结果只是做参考。鲍尔宾问卷八种分割类型给我们的启示:团队缺少实干者,一定会混乱;缺少协调者,领导力就弱;缺少信息者,团队就会封闭;团队缺少监督者,就会使你的团队大起大落;如果团队缺少凝聚者,企业的人际关系就会紧张;如果你的团队缺少完美主义者,企业的管理就会粗放;如果团队缺少推进者,企业的效率就会降低;如果团队缺少最重要的创新者,团队的思维就会干枯受限。网上有问卷,可以做,也有做好的答案,可以对照一下,看看你是属于怎样风格的人。每个人承担的角色不同,就会具有不同的风格,假如很多东西都类似的,就会产生问题。

有些团队所以能取得辉煌的成就,关键是这些团队中的成员能够进行优势互补,且目标统一,每个成员都能发挥自己的效用,逐渐形成一个越来越坚强的团队。

下面,我们再回到鲍尔宾的话题,团队成员九种关键角色分析。第一,行动趋向角色特征,有鞭策者、执行者和完成者。第二,人际趋向决策特征,有统领者、和事佬和外交家。第三,理智趋向的角色特征,有智多星、评审员、专业教师或者专家。这是九种角色分析当中的关键角色。

一看到这样张图片就知道,这是一张关于三国的人物图片。统领者是刘备和曹操,评审员是智多星诸葛亮和司马懿,和事老是外交家鲁肃和关羽,执行者是张飞和赵云。整个团队的角色都是有定位的。所以形成一个非常好的团队。寻找最合适的人安置在最合适的岗位上,做合适的事情。这是核心,也是非常重要的点。

我们再来看下一张图。这张图综合了很多心理学的元素,有内向外向的,也有直觉和感性的。比如招一个做财务的,你会选择什么样气质类型的人?选抑郁质的,当然不是情感抑郁,抑郁质的人比较适合做财务,比较内向。招一个管理者,选多血质的。招人力资源、行政以及后勤的岗位,用什么样的气质的员工比较好?黏液质,黏液质是比较适合管理岗位的一个气质。营销团队的成员应该有亲和力,选多血质的气质类型的人比较适合。

所以寻找最合适的人在合适的岗位上做合适的事情,是任何组织任何企业都要做到的非常重要的事情。在困境中我们相互依存,收获时我们共同分享,失败中我们之间相互安抚,这才是团队的文化和精神。

听众:我现在处于一个团队选择时期,刚才您说团队有很重要的一点,首先要有共同意愿。但是在创业初期，并不是每个人都有像你一样的共同意愿，要花很多时间了解一个人，有没有比较好的方法去了解，因为一个人的技能可以通过测评来了解，但他们是否具有共同价值观，是如何判断的。

张晓曙：这位朋友讲了一个问题，在初创期，需要哪些人，招来的人跟我不是能同甘共苦，同心同德。那就是你的选择，你是为了选择而选择的，不是为了团队而选择的。如果缺资金，而这个人有资金，不管他跟团队的默契度，先把这个人引进来。这在经营过程中容易出现问题，最后必然会背道而驰。一百个创业者，能留下的人不多，这就是，你在前期挑选合作伙伴的时候，就要看清楚，他们为什么跟着你，他们想要达到什么样的境地，最终目标是什么。在北京有一个房地产企业，在前期，房地产市场非常好，他的创业团队也因此获得了非常好的收益。可最后这个企业的总裁对我说：他在前面跑，回头，没有一个人跟着。怎么办？最后想出一个办法，让他们做顾问。我说不如全部辞退，换一批新人。所以在初创的前期就要告诉自己，这个人是不是你所需要的，不要委曲求全，什么事都放在桌面上，我有什么，能给什么，而你要什么。你不要想为了要某个东西，而暂时放弃原则，后面就会变成很大的问题。俗话说：不是一家人，不进一家门。一定要敢于请不正确的人下车，请对的人上车。

听众：刚才听您讲的过程中，我觉得您讲的团队大概分两个阶段，一个是我们有一个比较完善的组织机构的条件下，我们可以选择团队。还有一个更偏向于创业团队，创业团队经常意味着在初创时期几乎没有什么可选择的余地，在这种情况下，个人可能饥不择食。所以，我想可能在建立创业团队的过程中，面临的困难和机遇会更多，也许您可以在这方面多做一些介绍。有两种情况是很普遍的，一种是一群人在没有选择的情况下，一起去创业；还有一种是有了一些好的项目，他想找合适的人合作。这两种情况，都有不同的落点。您在这两种情况下有什么建议，谢谢。

张晓曙：您讲得非常好，这是关于如何治理管理团队的问题。我是这样认为的，还是建议大家，先组团队，后找项目。因为团队很重要，项目再好，没有好的人同样是失败的。这是我很强调的观点，因为我做了这么多年创业指导工作，经历了很多类似的案例，有了项目，匆匆上马，马上抓一帮人干事，可越到后来问题越多，最终创办人每天就忙于解决各种矛盾。变成了一个问题解决者，并不能高效集中地工作。这就说明企业还是靠人的经营，靠理念，靠更好的团队去操控，这非常重要。做好一个企业不容易，但是要做坏却很容易、很快。希望大家将团队放在首位，有了团队，再开发人脉寻找项目，分析哪些项目是可以做的，是能够完成的，千万不要贪大。很多创业团队一开始就谈上市，空口说白话是毫无意义的，先把自己养活了再说。同时，小步子快走，不要大步大步往前走。很多环境变化太快了，船小才好掉头。你要适应这些变化，这是我个人观点，仅供参考。

听众：张老师你好。刚才第一个问题我是很赞同，单单因为是资金而把人拉进来，不如找志同道合的人。人是关键的，像诸葛亮之所以被刘备发现，是名声在外的因素。而我们怎么才可以找到和自己志同道合的。比如我是从事教育行业的，怎么找到对口，又愿意跟我们一起做的人，是通过中介，还是通过自己的人脉，还是通过公共平台，还是通过其他方式，这是我想请教的问题。

张晓曙：我们要干一项事业，要三同一亲一邻。三同是什么？是同乡、同学、同事。一亲是什么？是亲戚。一邻就是邻居。你要干那么好的事业，首先告诉身边的人，让身边的人推荐，哪些人跟你志同道合，可以走到一起，这是最基本的。很多大学生创业，都是靠同学，几个志同道合的同学可以一起创业，我不建议为了找合伙人而找合伙人，为了缺这样一个东西，就一定找这样一个人，这样会产生很大的问题，我希望宁缺毋滥，慢慢自然形成。要做一项事业，一定告诉你身边的所有人，我要干什么事业，哪些人脉、生意、关系可以介绍给我，宣传很重要。

听众：我去年刚刚毕业，刚工作一年，在贸易公司上班。我非常想知道，从大学毕业到现在这个阶段，是怎么走过来的。我非常想了解您的成长经历。因为刚毕业的人是非常迷茫的，我们江西在全国经济排名是倒数第二，能考上上海大学是非常不容易的。我非常希望您能给我一点建议，创业是某个人非常有经验或有资金，别人将你纳入这个团队，像我们这种刚刚毕业一年的学生，怎么去积累，能分享一下吗？谢谢。

张晓曙：这个问题在座很多朋友都想听，其实我是最反对大学生盲目创业的，因为你职业大学读过，社会大学却没有读过，不懂和人沟通合作，不懂企业的操作规范，不懂行业经验、行业技术，因此你创业成功很难。我希望你在自己的岗位上，好好工作几年。几年以后，你的心还是那么不平静的话，我希望你再创业，这时候你就是有目标的创业，而不是现在你自己都很迷茫。创业者一定要有一个坚韧不拔的心，而且不屈不挠，一追到底。

谢谢。

互联网商业创新思路

陆建平

1991年毕业于华东师范大学，情报学硕士，留校任教至今。现为华东师范大学商学院副教授，主讲“电子商务”和“网络营销”课程，任华东师范大学MBA、MPA《电子商务》《网络营销》课程讲师，教学效果良好，连续多年在毕业生评教中名列学校第一，曾多次被主流媒体报道。

大家下午好。我今天和大家分享的主题是：互联网商业创新思路。确实是互联网行业让我们看到了商业创新的一些有意思的东西。刚开始我放了一个视频，是关于无人飞机的，这是一个很特殊的领域，但是那个小飞机像拥有智能一样扔一个小乒乓球并自行接住，它有智能吗？没有。但为什么会有这样结果？它每秒钟进行20次以上的计算，调整飞机的位置就可以表现出这样智能的结果，其实它只是一台机器而已。所以数据和算法其实可以改变很多东西，这是互联网商业跟以往传统商业不同的地方，所以今天互联网行业让我们看到了三个创新或者创业的重要点。

第一个点就是平台，所谓底层的平台，我相信问一下在座的每一位，用智能手机就没有不装微信的，不管使用什么型号的手机，运营商肯定会预装微信的，这样的平台如此之大。今年初腾讯搞了一点活动，像抢红包，两天之内用户就捆绑进去2亿多张银行卡，其实这些用户就成了微信的下游，传统产业的上下游就迅速被颠覆。像去年6月份余额宝推出跟阿里合作的那一方是天弘基金，是一个多年亏损，甚至要倒闭的基金，但是跟阿里合作9个月到现在，天弘的余额宝规模是5 500亿元，已经成为世界第三大货币基金。阿里巴巴用支付宝9个月就颠覆了整个基金行业，这就是因为他们拥有巨大的平台。而这一种做法在互联网行业相当明确，尤其是腾讯的QQ有了8亿多个用户，现在腾讯正在越来越清晰地把业务扔掉，腾讯不做业务，只做用户平台。

第二个点，因为做平台，所以他随时可以杀进另外一个行业，在这种情况下互联网公司就会把产品和目标收入的市场分开。举一个例子，银行向我们大家提供金融服务是有收益的，通信运营商把彩信卖给我们是有收益的，美的卖空调给我们也是有收益的。但是互联网作为新闻，在新浪看新闻是免费的，百度的搜索也是免费的，如果做生意上淘宝开店仍然是免费的。现在很多人电脑里面都装 360，可以很方便杀毒等等。但是还是那一句话，这些都是免费的。这四家企业的业务完全不一样，从新闻到搜索到店商到杀毒软件都不一样。但是这四家企业背后的收入来源都一样，他们营收的 70%以上来都自于广告。所以只要他们广告产生足够的收入，理论上来讲，他们就可以进入任何一个行业。Google 里面有无人驾驶的汽车，他们研发进入第五个年头，去年业内传言 Google 打算用他无人驾驶的汽车向全世界提供免费的出租车系统。你很难抵挡这样的企业，他是免费让你乘坐出租车，但是坐在这个车子上，又是无人驾驶的，连一个人跟你聊天都没有，你可能很无聊，给一屏幕你只要上网，Google 就会有收入。Google 去年的总营收 598 亿美元，全球的用户 12 亿，除下来每一个用户的价值 50 美元，而全世界现在有超过一半的人口没上网，四五十亿人口，这些人口处于贫困、落后、交通不便的地方所以电话线光缆拉进去不方便，就没有做。我简单算了一下，去年一年 Google 每一个用户贡献了 50 美元，相当于产生了 50 亿美元的广告费的收入，这只是一年的收入，现在没有上网的人口至少有 40 亿，40 亿每人价值 50 美元，整个规模超过两千亿美元。所以很多人觉得这个公司真好，像一个活雷锋，不是，他要挣钱，只是不单是把他的产品卖给你来获得收入，还会把他的产品或者服务免费提供给你，然后从另外一个行业得到收入。商业只是变得比原来更复杂一点。这样一来他们常常在多个行业交错，就形成第三个点，会在多个行业里面做跨界整合。就像小米，做手机的时候，其他手机制造商其实是有意见的，接下来小米推彩电，海信就说我们做了多少年，而你根本没有制造的经验，你根本不会成功，但是实际上小米都做下来了，而且产生的影响越来越大。

简单来说，小米除了硬件之外，小米还有游戏中心，去年用户达到 3 000 万，小米去年卖出去的手机有 1 800 万台，中国有一千两百万人用其他品牌的手机刷小米的系统，所以去年四月份的软件销售收入为一千万，七月份达到两千万，年底达到四千万，在不断地上升。小米系统里面有游戏中心、应用中心可以为游戏的开发商、应用开发商做游戏和@的应用发行。

第三大收入来源就是小米的主题商店，他把整个设计主题开放出来，让各种各样的设计师自己去设计，完了之后放在小米主题商店来卖，靠这样的方式来实现第三大收入，第四大收入是小米阅读，手机你可能一年两年换一次，但是你在手机上看新闻、听音乐、看视频，每一天都在进行，即便小米不直接向用户收费，也可以向内容供应商收费，小米拥有5000多万的用户，你想做就过来，我有读者。所以小米有多种多样的收费形式，除此之外小米线下的实体店还卖很多的东西，小米的公仔，各种各样的商品，都可以带来利润，而这些利润可以用来补贴小米的硬件开发，小米今天做手机、做电视机硬件还可以有利润，但是随着竞争的激烈程度，小米可以把硬件的利润逐步压缩到零利润，甚至负利润，这个时候单纯的制造商就没有办法来应对了。正因为这样，所以TCL今年启动了十几年来最大的转型，除了卖硬件之外，他们上了两大平台，内容平台和用户平台。他们不光把电视机和手机卖给用户，还利用用户打造平台，将用户平台向全行业开放。正因为这样乐视网才宣称乐视网是中国唯一一家知道每一个用户看什么电视节目的公司，以前电视机工厂将电视机卖给你，你看什么他不管，但是现在，他们都要管了，所以说这就形成了跨界整合。跨界整合最重要的做法就是在所有业务的底层，在互联网上，在服务器端对用户行为的数据进行分析，以此来引入更多的应用。

所以这样三个点就是今天讨论的重要内容，关于平台化的思路最出色的企业是腾讯，腾讯是用免费QQ聚拢8亿的用户然后再去做可以变现的产品，360也很清楚，就是比腾讯复杂一点，360是三层架构，最底层是杀毒、安全客户端，这些都是免费的，以前还是花钱买瑞星、金山杀毒的软件，现在就不需要。360免费，所以大家就用这个，凭借这个，360得到了超过五亿的用户，五亿用户的电脑装了360装了之后，360提供给你更好用的浏览器。所以用户用着用着发现上网的时候IE不见了，弹出来变成360安全浏览器了，这个浏览器用得不错就拿到四个亿的浏览器用户。360还在浏览器里面做网址指导，做营销、做广告业务。因为浏览器是360的，所以你上网的行为习惯360都有记录，这样做广告就可以做到精准的营销。

所以相比其他的广告商来讲，360拥有海量用户行为，上网的浏览行为数据，所以在他那儿做广告投放，精准度就高，这就产生了竞争力。所以三层架构，运营上非常清楚，对360来讲杀毒会做下去，永远不会收费，这是吸引用户获得数据的手段，靠这个盈利是没有必要的，因为靠这个数据进入广告领域，能取得更好的收益。

反过来如果企业只是靠杀毒软件卖钱，就永远会面临别人的竞争。今年你卖100元，别人卖50元，虽然这个卖50元之后可能会倒闭。但是明年又会出现一家新公司继续和你争夺，永远也摆脱不了。但是用杀毒软件积累用户，积累用户上网的行为数据，然后通过广告来盈利，这样别人做广告就没有办法跟 360 竞争，阿里巴巴也是一样的。

我们在阿里巴巴上买东西，在淘宝上开店都是免费的，但是阿里巴巴可以借此积累数据，然后通过广告、营销等使数据增值带来收入。这是腾讯历年的营收，看起来很漂亮，很完美。去年腾讯的营收为 604 亿人民币，净利润 190 亿。印象中我们一直在使用腾讯的各种产品，但是如果用一句话来描绘腾讯的业务，你会说什么？你想想看，做聊天？你脑子里只有微信、QQ，但这些都不是他的收入来源，腾讯最大的收入来源是游戏，他是中国最大的游戏开发商，但是对于大部分的人来说，印象深刻的还是他的微信，但是微信上并不需要盈利。所以腾讯的股价也一样长了十几倍，一开始是 3.7 港币，最高达到 500 多，是世界上第五大互联网公司，这就是平台的价值。

腾讯的业务有一块在 2005 年之后就蒸蒸日上，就是互联网增值业务，这一块业务大概占腾讯营收的 70%，而这项互联网增值业务里面，70%是游戏，所以腾讯每年的营收一半来自游戏。为什么会做成这样的公司，怎么会走成这一步，腾讯早年做 QQ 挣不到钱，做到 2003 年时，QQ 已经很有名了，上网人都使用 QQ，但是腾讯挣不到钱，因为腾讯发现在中国互联网上这一批用户既是世界上最可爱的网民，也是世界上最苛刻的网民。如果 QQ 要收费，哪怕一个月收一块钱也收不到。对于中国的网民来说，只要你敢收钱，我们就用别的，我们就用免费，不管收多少钱，一块钱都不行，不是钱多钱少的问题，是态度的问题，我绝对不会交一块钱，而且可以找到免费的。所以腾讯发现这个没有办法收费，然而企业必须有盈利，于是腾讯 2003 年开发了游戏就挣钱了。后来上线运营的时候，腾讯意识到有一件事情可以做，2005 年稳定了公司架构，整个运营分为两层，底层做 QQ 永久免费，不断地聚拢用户，几千万几个亿的用户永久免费。上层做一些可以盈利的产品，比如说游戏，接下来只要把用户从 QQ 上想办法引导到游戏就可以盈利了。而在 PC 上这个事情很容易做，一登陆 QQ 就弹出来游戏界面，你不玩就每天都有弹窗，用户慢慢了解到腾讯有游戏平台了，十年前很多人上联众打牌下棋，但是现在还有吗？联众现在还活着，但是跟死了一样，大众都忘记了它。腾讯游戏平台做大了，那么就没有必要自己开发游戏，别人开发游戏腾讯拿过来，我这里有几个亿的用户，拿过来运营，收入大家分账，预示腾讯成为游戏行业的底层平台。开发游戏的公司有很多，但这些公司自己开发了产品以后，自己去运营，你却找不到玩家。而腾讯有几亿个玩家，跟腾讯合作就可以，只要你能挣到钱，腾讯就有收入，不再需要自己去干这些技术活了，紧抓着八亿用户就可以了。所以腾讯的营收去年达到了

604 亿，QQ 活跃账户到去年底是 8.08 亿，今年 QQ 已经达到 8.48 亿了。

简单来讲，腾讯抓牢了 8 个亿的用户，无论你做什么业务。像别的企业开始做游戏，后来腾讯发现游戏他能做得更好，于是腾讯 2008 年超越网易，超越盛大。盛大被超越之后，在各项业务上似乎都无心恋战，去年就听说盛大把所有的资产都打包卖给了腾讯，盛大玩家的数量够多了，但是依旧比不上腾讯的八个亿，用户没有他多怎么可能赢呢？所以在互联网业内常开玩笑说，在中国只要做互联网，一辈子有三件事情跨越不了：生、死和腾讯。你永远别想跨越，他有八亿用户。这样一来全互联网人都把腾讯称为全民公敌，无耻、抄袭。别人做一个腾讯跟一个，他有八亿用户你肯定被他灭了，所以成为中国最大山寨王。

但是我们常看体育比赛，特别是长跑，世界上优秀的跑步选手前半程都是躲在别人的后面，等到后面的时候这些人才会发力。这样的选手我们会说人家战术比较好，但腾讯这么干的时候就要骂腾讯无耻吗？

第一你出来创业，你做一个业务，你明知道腾讯会抄袭为什么还要做？你有基本的判断力吗？第二腾讯抄袭了模仿做一个，他能做大就证明这个业务适合腾讯，不适合你，你不要觉得冤，这个世界上没有绝对的公平。姚明穿大衣很潇洒，你拿来试试，你老和姚明比篮球，你肯定会死的，但你跟姚明下围棋，那么姚明就不一定了。所以说你跟腾讯比用户数和流量，如果你只有这两个点就没有办法跟腾讯抗衡。但如果你把业务做深入一点，腾讯就没有戏了，腾讯会寻找标准化、简单化的产品，不会把业务做得很深入和复杂。所以你可以从一个深入复杂的业务做起来。很多人有一个问题，这样做起来我永远都很小，不是的，这就是考验人的能力，怎样变成平台化。

我自己创业，碰到很多创业人经常讨论，通常每一个创业人都有一个好想法，这个不用多讨论，只有自己都认为这个东西很好才会做，通常我会问他，假设你这个东西做得很好，三年之后你干什么？很多人说三年后把这个东西继续做大一点，不是这样的。这三年你拿一个好产品只是用来得到你未来的基础，如果你没有考虑过三年后干什么，只有这一个产品，我个人觉得，你就不要费这个劲了，三年后你一样会被别人灭掉的。因为腾讯以前这样做的时候，一开始也没有方向不知道做什么，后来腾讯自己做游戏发现了这样的平台化思路。京东也是一样的，阿里巴巴从一开始就做平台，所以到 2009 年京东也想做平台就没有办法，所以京东就卖货，后来随着商品多了，手上用户多了再慢慢平台化，京东现在逐步减少自营，增加第三方平台的业务，一样可以形成平台。即便中国唯品会原来做女性用户，做打折这些事，现在进军卖汽车，而汽车最主要的目标客户人群是男性。一般女性用户好挣钱，男性用户很难挣着钱，女性用户每买十件衣服，男性只买一件，所以从卖货的角度来讲，女性用户绝对是最有含金量的，但是唯品会为什么还要男性用户？就是想平台化，将来自己不卖货，让别人来卖货。

这一点至关重要，平台才是你能够长期活下去的东西，腾讯在互联网行业是最大的平台，腾讯不惜去年把自己做得不太好的搜索，送给搜狗再贴补一些钱，控制搜狗20%左右的股份，然后今年又把易讯商城卖给京东，然后又有了一些股份，自己的O2O做不好给大众点评，这样又拿了20%的股份，腾讯不断把自己做得不好的业务全部扔掉，现在腾讯是集中精力地做用户平台，就跟水、电、煤一样是整个行业最底层的。无论哪一个公司都可以做，如果你要切入就一定要这样，所以说你摆脱不了其他公司跟你拼价格。所以说这个日子很难持久，要从这样的日子脱离出来，这个是非常重要的。这样会让人觉得似乎创业都要做平台，我个人觉得你可以不做平台，但一定要有平台的思维方式，这一点一定要有。否则你想不明白腾讯为什么会这样，腾讯的营收为什么会这么大，看上去好像并没有做什么事情，这才是平台的价值。

第一，关于市场跟产品分开，有两种表现，第一种是刚刚我们列举的，这几年，虽然各个企业的产品都不一样，但是他们的目标市场很相似。在这个里面，我们以阿里巴巴为例，这一家公司特别有意思。阿里巴巴的业务大家都了解，我想在座的不上淘宝、天猫买东西的人不多，你也应该了解，阿里巴巴最近要上市，刚刚发布上市登记书，2013年阿里总营收435亿人民币，净利润率43.8%，一看就知道卖广告，根本就不是零售，阿里根本不是店商，阿里从来没有做过店商。阿里巴巴从成立到现在从来没有碰过商品，你在淘宝、天猫上买东西，如果要索取发票就会发现阿里巴巴永远不会开发票给你。阿里巴巴给你干的是这个活：造两个高楼，一个楼叫淘宝，一个楼叫天猫，淘宝里面可以开店不收费，摊位不收钱，但是这里面有七百多万家店，这个生意不好做，你想生意好做可以打广告，阿里收广告费；到天猫里面有几十万家店，天猫里面开店收钱，这个至少几万还不低，一样，你要交易好、销售额好还要打广告。所以说阿里巴巴2013年四百多亿的收入70%左右是广告的收入，跟百度、新浪、360是一样的，只是他的表层业务看上去像是店商，而本质上还是卖广告的，只要看他的净利润率40%多，你就知道，只有广告才有这么高的净利润。如果做零售，你的毛利能做到20%就非常出色了，40%根本做不到。当然这个事情再往后退一步，阿里淘宝、天猫2013年一年达成总成交金额，商品成交总额有1.5万亿，占中国社会零售总额5%以上了，中国社会零售总额5%在一家公司手上看起来很吓人，但是这不是阿里巴巴的营收，阿里去年的营收是四百多亿，这些事情让很多人幻想，阿里巴巴仅仅靠这一点广告费似乎可以盈利，但也就是广告独大吗？不是。举一个例子，淘宝上天猫上都有大量的卖家，阿里巴巴有一个批发的平台叫 1688，你在淘宝上买的衣服就是由这些卖家从 1688 进的货到淘宝卖给你的，就是小额批发，2013 年那个批发平台每天成交金额有四个多亿，一年一千多亿，但是在 1688 上累计的批发商超过 1 亿家，七百多万家卖家零售商，加起来这些人，这些企业总要贷款，假如一家批发商每年贷款贷 10 万左右，银行业的头就开始大了，阿里巴巴手上有十万亿级别的贷款需求，阿里巴巴带着几十万亿贷款需求跑过来找银行，你们银行把钱贷给这些卖家并由阿里巴巴担保，银行就痛苦了，这个业务想做，没有风险。但是问题是这些客户都是阿里巴巴的，你做得越多将来被他“欺负”就越多了，这就叫阿里巴巴开了水龙头，众银行过来抢水喝。中国银行第一次发现他们成了别人的下游，银行从来没有想过会有这样的一天，这就是阿里的平台演变。

你不要以为他在店商上挣钱，不是的，几年前王健林和马云在央视打赌，马云说十年后中国零售总额店商达到一半，王健林不信就打赌了，当时我就在银行培训，我就说准备好苦日子开始，这两个人要杀的都是金融业，所以说有这样的平台才能让他们越做越大，仅仅守着一个行业那是以往的做法，中国改革开放几十年来，格力、TCL、创维、海信他们做得很好，但是现在的时代改变了，跨多个行业的经营时代出现了，这些互联网公司在商业上做出了更大的创新和净化，事情比原来更复杂了，原来的那些东西做不下去，所以中国进入了产业交叉、融合、升级的时代。所以才有格力跟小米打赌，小米你做所有的事情都没有核心，都是外包的。问题就在于对于董明珠做格力来说做得很好，几十年来盯着就是生产多少台冰箱、空调卖出去多少，整个公司的运作，整个公司的组织架构都是按照生产任务从上游到下游整个生产链来安排的。但是小米不是的，小米核心的东西不是硬件，而是用户以及用户给他带来的数据，小米手机将来可能在小米的市场版图里面连 10%都占不到，小米现在做彩电，也许有一天小米就做豆浆机了，甚至于做电动汽车了也无所谓，这些都不重要了，这些东西都是小米抵达用户、获得用户数据的手段，小米真正让人警惕是小米路由器，所有的一切要上网斗争离不开路由器，这个才是小米的平台类产品，他拿数据作为平台对外开放，简单来讲小米是需要一个家庭的网络中心，如果腾讯拿到是每一个用户，小米就是抓住中国每一个家庭，这个才叫平台。所以说把小米当成手机公司，真的太小看人了。

所以阿里巴巴也是这样的，这就是商业的进化，我们以前做商业，做一行管一行就可以，但是现在不够了。在这个世界上做数码相机人最痛苦，好不容易颠覆了传统的胶卷，可还没有做起来就被手机行业给取代了，现在都用手机拍照和录视频了。互联网把报纸杂志搞得很惨，广播电台却活得不错，很多人开车听广播，出租车司机都爱听。可是滴滴打车又出现了，司机天天忙着抢订单，广播就没人听就被淘汰了，你什么都没有做错就被外行给去掉了，这种情况越来越多了。所以说这需要做交叉的考虑，所有的一切表面业务只是得到数据，得到用户数据的手段。

京东刚上市，昨天还看到关于京东的采访，零售是其得到用户数据的手段，他们不会通过零售来挣钱，而是通过后面的物流平台化。所以千万不要把他当成一个卖货的公司，因为如果你把他当成售货商你会很痛苦，他可以五块钱进货四块五卖出，他还赚钱，售货商没有办法这么做。首先要分清楚，你的对手到底是谁，这是一条，第二条反过来，这个更少见一点。产品相同，但是目标市场不一样，这两家公司产品一样，苹果做手机、ios 系统，谷歌做安卓系统，但是这两家公司得到收入的来源完全不一样，目标市场也完全不一样。苹果 2011 推了听音乐的硬件，他里面装几百首歌，后来他就发现用户很麻烦，要到处下载歌曲，所以 2012 年就创建了卖音乐的平台。销售 100 亿首歌整整用了 67 个月，五年半时间里苹果领悟到一个全新的经营模式，用一个出色的硬件来制成平台，后来就改变单纯硬件方式，还会卖内容。所以说苹果可以让消费者在手机上订到杂志、音乐、电影节目、电视剧，使报纸、杂志、电影、电视、出版等行业都成了苹果的下游，只要你把内容放进去，只要收钱，苹果要分 30％的盈利。这些行业原本跟苹果没有关系的，但是靠 iPhone、APP 就拿下所有内容行业，苹果成了上游。诺基亚曾经是世界上最大的手机工商，同时用诺基亚手机的用户在全球有 15 亿，诺基亚手机也有一块屏幕从小到大，从单色到彩色，但是诺基亚没有意识到这 15 亿块屏幕是媒体平台，苹果就做到了。这就是苹果真正的商业净化，除了在产品硬件上做了创新，苹果最大的颠覆就是把内容拉进来了，形成了硬件＋内容＋服务，三位一体的经营方式。硬件工业单纯做硬件不可能存活，如果不转就没有未来。当然在这里面我们看到 Google，更有意思的事情是 Google 也有应用商店，但是很不争气，2011 年 1 亿，2012 年 4 亿，2013 年 10 亿的销售，这个跟苹果比差太远。现在安卓手机很多，占全球手机 81％份额，全世界安卓机数量 10 个亿，这样海量的设备却跟 Google 没有关系。广告对 Google 来讲是老本行，在 PC 上做搜索，Google 做到全球第一，拿搜索广告在世界上最多，后来拿视频广告也是全球第一，现在靠安卓开源拿出全球移动广告第一，在移动广告商 Google 是一家独大，能发布广告的地方他都要占，所以这是很正常，我们比较能理解。

第二，关于数据这个事情有一点绕，我家里有PC台式机，我这个人用Google的服务比较多，所以我的Google账户常年保持登录状态，Google时刻记载我搜过哪些关键词，他很了解我，根据IT地址他知道我是在上海，但是上海哪里不知道，所以在家里Google上搜索参观，点搜索他就知道把上海的参观排在前面但是上海哪一个区放在前面Google不知道，后来我用安卓手机，也要登录，通讯录同步，所以就知道我在哪儿。例如，每一天晚上停八个小时不动就是你家，你每天拿手机去哪里Google去几条街都知道，所以在电脑上收入参观点搜索Google就知道把我家边上参观列在最前面，这叫精准营销，数据通过精准的营销来投放，来获得收入。

同时，Google让大家生产安卓机，所以这一家公司很聪明，看上去是一个活雷锋，实际上不是的。他用全世界手机供应商来替他搜集用户行为数据，然后拿这些数据去赚钱，而且没有分账。手机行业这样，他鼓励所有家电厂商都用他的系统。今年年初长虹做了智能冰箱，这种冰箱把门拉开，把一条鱼放进去在门边上装了摄像头，会记录你放了一条鱼进去，晚上就向您手机推送做鱼的菜谱。海尔今年做了洗衣机，洗衣机有一个放洗衣粉的地方，用完就到宝洁上买洗衣粉，所以智能家电都有一个系统，如果我家的冰箱也是用安卓系统，Google就知道我家冰箱里面鸡蛋只剩一个了，只要我上网Google就会知道应该给我看什么广告。所以其他人在报纸、杂志、电视上做广告怎么做得过Google！利用数据优势，通过广告业务来变现，这就是商业的进化。

关于跨界整合。跨界是在云端的，等到亚马逊、苹果都卖音乐，Google也卖音乐了，这些人开始在服务器端放出了25GB的空间，你在亚马逊上买音乐或者是电子书或者是其他地方，买完下载下来，现在不需要下载，放在云端服务器上就可以了。你就放在上面，因为现在的消费者是很多人手上有多个手机、平板，拷来拷去很烦恼，就倾向于放在网上。你在家里，家里的电脑上网听音乐，看电子书，走在路上手机上网看很方便，亚马逊也方便，既然你在服务器上听音乐看书，亚马逊就知道你什么时候上来听音乐，什么时候看书，你喜欢看什么书，每天看书的时间是多少，你每天看书的速度有多快，你现在目前看的书的进度大概几天看完，下一本推荐书在哪一天推荐给你最合适？所有这一切都是可以计算的。这才叫效率。零售是一个靠天吃饭的业务，每天开门，门一开就等客户来，今天阳光灿烂你生意就好做，今天刮风下雨生意就难做，这些人在服务器端捕捉每一个用户你买过什么东西，浏览过什么商品，以此来了解你的需求，你是什么品味的人，喜欢什么样东西，然后向你做个性化的推荐，而且会在恰当的时间点上给你推荐。他们把商业做得更加积极、主动和更有效。所以这就是他们的思路和做事的情况。

现在苹果、Google、亚马逊、微软四大家族正在把全世界各行各业中间的一些业务，慢慢在归拢。这四家公司原来出生是完全不一样，但是这四家公司现在都能做完整的媒体业务。完整媒体业务包括两方面，第一他们贩卖各种各样的数字商品，第二他们同时还贩卖消费这些数字内容的硬件，如手机、笔记本、平板等等。他们把硬件跟内容混合起来打造完整的服务，就像亚马逊 CEO 称"不会通过把硬件卖给你而挣钱，而会通过使用这个硬件来获得利润。"这些人把这两样东西混合起来，打破原来传统产业分割。在中国很明显，电视机归制造业管，电视剧传播归广电部门管，电视内容拍摄是电视剧制作公司，但是现在这四大家族把所有行业全部整合起来，掌控在自己的手上。

所以他们最早让报业受到冲击，然后是杂志，电视行业最晚一个，这是一个持续了十几年的情况，当年互联网公司颠覆了报业的做法跟今天阿里巴巴颠覆银行业思路是一模一样。小米用同样方式去对垒线下传统制造业，这个手法跟新浪对垒报纸杂志一模一样，这个方式做了十几年了。而且互联网行业诞生出一个规律，两个行业可以颠覆，第一种银行这种利润特别高的，冲进去跟他分账从他利润中分一半，互联网公司可以得到收入，因为利润高；第二种行业利润极薄，就是制造业，互联网公司进来把最后一点利润拿来推一把给卖了。中间半高不低的行业不去碰，等过几年要么高，要么低，那个时候再来做，这个已经成规律了。所以说他背后的思路都很清楚了，他们会把多块屏幕贯穿起来，打通像 Google、苹果以及打通现代人类每天要面对的三块屏幕。手机屏幕、计算机屏幕、电视机屏幕。所以如果我家里用 GoogleTV，Google 对我太了解，我每天搜索什么，每天去过什么地方，每天看什么电视。所以他们的思路就是海量数据接管全人类的生活，这也是为什么微软去收购手机公司诺基亚做手机原因，而亚马逊做机顶盒，亚马逊的手机九月份也会上市，因为我这个人走路看手机比较多，经常被人一碰手机就掉下去，如果我用亚马逊手机掉半空中，这个手机四个角会弹出安全气囊。所以说手机工厂诺基亚很郁闷，他擅长生产通信设备，万万没有想过弹安全气囊的东西，所以太痛苦，用户需求不断转变，不断往前走，才给这样的行业带来比较大的影响。

再往前走一步，当在服务器捕捉用户行为之后、数据之后怎样做整合，我们就要讨论亚马逊这一家公司，因为他有亚马逊中国，所以在座大部分人都会熟悉，都会当成零售商。其实不是，这家公司于 1995 年创业成立，在经历了八年巨亏之后，第九年才盈利，甚至有一个季度亏过1亿美元，但是后来活过来，就是平台花巨额亏损做成的。到2013年我们看到他的总营收744亿美元，净利润7.45亿美元，利润率1%，你会觉得这个太差劲，摆一个地摊盈利率都不止1%。我们经常批评京东，京东经营到现在九年了还不赚钱。如果要赚钱，你初中毕业就可以工作了，到菜场里面摆一个摊也可以赚钱，为什么要浪费父母的钱读高中、大学、硕士、博士浪费家里几十万。当然很多人会说我这样到海外留学是为了未来，你这个未来是明确的吗？到美国读了博士就一定有好的未来吗？事情就是这样"现实"。你不愿意花这个代价就没有未来，但是愿意花巨额亏损代价会有一个不确定的未来。很正常，现在就看你愿不愿意，这个未来不确定，你现在的损失看得见，你能不能忍受，如果可以就做下去。但是确实有可能会失败，但是他可以让你一次又一次接近成功，我能够忍受失败，但是不能忍受没有成长的失败。

创业是一个过程，在经历了一次又一次失败后的不断成长，最终才有机会抵达那个点。雷军做过多少次公司，现在小米做成了。这之前雷军被称为没有能力只有钱，后来只能当董事长，他投别人钱当董事长，亚马逊就是这样，要付出巨额代价才有机会造就比别人更大的机会，否则根本没有可能。你想赚钱又想做好事是没有可能的。就算有，你运气好，你找到了，我过来一看这个不错又赚钱名声又好，我不赚钱我就一定把你灭了。如果你也不赚钱我就亏，我也能把你灭了。所以到最后看谁能忍受更大的亏损，而且在亏损的情况下，还能真正的逃离出来。有这个能力，你就有未来。事情就是这样。

亚马逊做了很多创新，三个产业链级别上巨大的创新点，它怎样把东西卖得便宜同时又能赚钱，首先是长尾效应。在线上开店不管你卖什么东西，是必须要畅销热卖，而且每一个人都能买，那么生意就可以好做。但是追踪亚马逊就不是这样的。亚马逊是世界上最大的书店，销售的图书品种在450万种以上，所以很多人就好奇，这个公司为什么去卖冷门书？然后去追踪他的销售结构，发现，亚马逊的早期营收大体分两半，有一半销售收入来自于品种不多而极其畅销的热门品种，还有一半的收入来自于一年销售三次以内很冷门，但是品种极多。如果你是亚马逊经营者你就会这么做，第一你把你的热门书，传统书店也卖的书，以低定价（亏5%）出，以低价冲击传统书店，抢他们的业务和市场，然后亚马逊还有一半冷门书，一般书店不卖，就亚马逊卖。这类冷门书的定价盈利在6%，两项加起来有1%的利润。传统实体店没有办法这样运营。互联网所有的颠覆都是从长尾做起，余额宝有六千多块钱，他跑到银行，银行不理你，银行卖理财产品五万起。余额宝这些用户就是小单，但是阿里巴巴把这些人聚起来，这些人数量很庞大，加起来的总额足以颠覆原来的行业。都是这样做的。欢聚时代，把新东方英语培训拓展到网上做，现在在线教育平台英语培训完全免费，把别人挣钱的业务又拉到免费，靠什么挣钱？很多人跑上去学英语不需要花钱，但是这个人读书学习，除了学习英语之外还有别的，每一个人都有一些小众需求：像学一学怎样在家里做饼干，线下做这样的培训班不方便，太小了，招一个班就只有几个人，但是在网上学习的人不少，用这样小众长尾的培训，收费来补贴热门培训的亏损，就可以颠覆原来行业。这就是互联网公司经常变成零利润和零价格的原因，其实是赚的，只是把你的利润拿掉，他还是赚钱。所以长尾是一个让人震撼的东西。

其次是性化推荐算法。亚马逊正因为这么做，所以亚马逊要了解每一个人的需求，是需要冷门商品补贴，就需要你买一点冷门商品，就需要了解你这个人，就根据你以往的交易分析，后来亚马逊做个性化推荐算法。个性化推荐算法分三个部分：第一每一个顾客、用户用数以千计指标来描绘你这个人的特征，然后相似人之间做交叉推荐；第二亚马逊对每一个商品有几百个指标，描绘商品特征，然后在商品和商品之间进行关联销售；第三亚马逊对于购买同一种商品不同人之间寻找交叉推荐可能性。1999年亚马逊成立算法部门，这个部门的数学博士超过五十个，这才是亚马逊真正的核心。2003年亚马逊就宣称在60秒钟之内可以为任何一个商品找到卖家，而这个，才叫电商。所以说电商并不简单只是网上卖东西，正因为这个他自己可以做这么复杂的运算，所以2007年说明他公司计算能力很强，他后来把他们计算平台开放出来叫AWS，这是世界最大的云计算平台。亚马逊是世界上最大的云计算厂商，全世界的云计算行业里面亚马逊一家的份额超过六成。去年亚马逊在云计算上面的营收超过了A股、微软、IBM等等。

所以说在互联网行业我们常说这句话，在这个世界上做店商有两种人，一种人叫亚马逊，第二种叫其他。亚马逊真正核心是云计算，做零售只是抵达用户获得数据的手段。进行云计算得有数据，所以千万不要把亚马逊当成零售商，他从成立第一天起，就从来没有承认过他是做零售的，他一直是帮助用户做出更好的购物决策。亚马逊是帮人做数据分析的，根本就不是零售，他把零售业打得落花流水，千疮百孔是他自己挣云计算的钱，这就是商业的净化。

2007年亚马逊开放平台，让别人到亚马逊上开店，亚马逊为开店主找到买家，安排送货商人，然后抽10%多一点的佣金，这样就可以不用进货干体力活，这就涉及仓储和物流了。我们看看这是亚马逊的仓库,我们看到只有这个角落上有几个人在做审核,左下角有几个人,这样巨型仓储,亚马逊在全世界有96%,每一个仓储中心面积达到15万到20万平米,每一个仓储中心只有上述几个人做订单审核。整个仓库的运作管理,货架转移调整都是由计算机自动来做的。地面上的机器人可以移动指定的货架,可以把货架顶起来转移,这个运作是计算机无人执行。所以店商把商品卖到低价的背后有非常高的技术含量,不是一般企业可以做的。当用户下了单,亚马逊把货架上的商品按照用户的订单来检货。亚马逊有两条检货的流水线,一条是人工,另一条是机器人。这两点亚马逊在十年前在其物流仓储成本中占比22%,经过十年努力降到7.8%以内,这是世界上物流仓储成本占比最低的一家公司。他的成本比别人低,那么他的利润就应该比别人多。但是最有意思的事情出现了,2013年开始很多人在网上疯狂传这样一张图,深蓝色的线是亚马逊的营收,销售收入,十几年都是曲线上升令人赞叹。最让人赞叹是下面黄色净利润,十几年来这个公司净利润从来没有超过1%。想想看,他的成本比别人低,而他放弃了净利润,别人还能活吗?别人只有一条路——亏损。所以亚马逊在美国有一个绰号叫行业杀手,他不只是灭公司,是来灭行业的公司,他会一个一个行业的灭掉,这样的做法让整个零售业拖到亏损的轨道,他为了这样长期的目标会毫不犹豫牺牲眼前利益。亚马逊盈利从来没有低过一千倍,这些年他居高的盈利高速增长,如果这些年有亚马逊的股票那么就会超过持有苹果的,这是他给股东长线回报最多之一。他很自豪宣称他是世界上唯一的一家低利润率的高科技公司。我们从来没有听过这种高科技公司还好意思谈低利润率,低不以为耻反而是荣耀,就是因为他是来颠覆社会行业的产业结构。这样的公司1%是极其伟大的。

当然他的仓库做了,送货上门不做了,用FUIFIL来做。事情是这样的,如果你在亚马逊开一个店,商品入库,他帮你上价找到买家,送出上门交易,做完亚马逊跟你结账,如果是五美元那么亚马逊会出五块钱送货费,你给五块钱亚马逊,亚马逊跟联邦快递每年的大合同就低于五块钱,比如四块钱,所以亚马逊帮助你达成交易,在物流上就可以赚一块钱,还不用出门的。站在亚马逊的立场上要增加营收就要增加交易次数,而要增加交易次数就是消除买卖差价,五块钱进货五块钱卖掉,这是买卖差传统零售赖以生存基础,亚马逊把这个基础拿掉,自己竟然可以靠物流来赚钱,这一点就叫颠覆,就像360把瑞星杀毒软件收入掐掉,思路是一样的。

第二件事情,如果你在上面开店面开放了五年,亚马逊知道你这家小店每月销售额是多少,亚马逊就开始给你放贷款,我们知道小商家经常有一点流动资金进货,亚马逊给你放贷款，进了金融业，银行之所以能放贷的原因是因为银行控制贷款的风险管理，银行有风险控制的能力，银行的风险控制能力源自与银行的信用评估体系，但是得到风险能力的控制并不一定要靠信用，别的方式也可以的，像交易数据就可以了。因此店商就有机会进军金融业了。银行挡不了这一点，银行没有交易平台没有办法做这件事情，所以行业之间的隔膜被他打破，这个事情就相当可怕。

第三件事情就是他进一步提高自己的效率。亚马逊发现既然他擅长配对，了解用户需求就不应该把东西卖给用户，把东西卖广告，这个就能直接变现了。2012 年他杀进广告市场，一年广告营收 10 亿美元，占总应收 700 多亿美元的占比很小，但是广告是有史以来利润率最高的业务之一。这三件事情是第二个创业几乎完全颠覆零售行业，首先传统零售几千年来以商品为中心，书店卖书，鞋店卖鞋，在亚马逊这里就消失了，以人为中心的时代开始了。其次传统零售业的利润来源是低价进货高价卖出，这样的买卖差价是传统零售业生财基础，在亚马逊这里消失了，他甚至可以倒过来做。亚马逊从出版社十块钱进一本书进来，放在亚马逊平台上八块钱卖掉，还可以盈利，因为做一单交易可以得到一块钱物流、一块钱广告，等等，最终还是盈利的，所以传统零售是没有办法与之应对的。这是亚马逊做的事情。同时我们也发现亚马逊第三个创新。

这家公司没有停止，苹果 2007 年 6 月推出 iPhone，亚马逊推出电子阅读器，2007 年 10 月这个终端买贵了，是 486 美元一个，挺贵，但是书很便宜 9.95 美元，而这个电子书是电子墨水，没光的，所以很好，里面可以装一两千本电子书，充一次电可以用一个月，所以出版业觉得亚马逊真不错，不仅帮我卖纸张书，还把我纸张书做成电子版再做一次。出版业后来知道上当了，因为电子书比较便宜，所以很多消费者买，使得欧美电子书的销量不断加大，到 2010 年欧美发达国家电子书销售数量超过纸张书。因此买这个终端人越来越多，这个终端不断降价，到现在就是四五十美金，在亚马逊八百块人民币就可以买了。2009 年亚马逊开始找作者商量，将书稿直接给亚马逊做成电子版全球发行。2009 年底出版业就意识到这一点，于是双方闹翻了。2013 年初世界上最大的两大出版商宣布合并，合并的目的只有两个单词，对抗亚马逊。2011 年底亚马逊推出这个业务，成立了 KPT 部门，第一次向全世界做这个业务，对于作者来讲，如果写一本书跟亚马逊合作，亚马逊可以把这本书销售金额 70%作为稿费，所以你有机会得到更多收入。而对于读者来讲拿这个东西买书可以花更少的钱买到更多的书，这就叫社会进步，这就是技术改善生活。出版业由此被埋葬了，所以说 2011 年底亚马逊副总裁第一次站起来讲，我们认为读书领域两种角色必不可少就是读者和作者，其他所有的中间环节都可以忽略的。图书领域有三大市场，图书出版、图书批发、图书零售。亚马逊成功拿到图书零售之后迅速把上游灭了，直接做内容。我们前面讲你要避开腾讯就做业务做深，亚马逊一开始就做得很深，只做图书零售是很小的东西，但是最后你看到，这样的企业平台太吓人了，这只是图书领域颠覆掉了。乔布斯发现，这是一个好机会，2010 年乔布斯趁机推 iPad，也卖电子书。当苹果做硬件平板卖书进入亚马逊领地。在 2011 年底亚马逊推出平板，主机苹果，因为苹果 iPad 毛利很低，所以大家就觉得这个东西做这样的配制几乎没有办法赚钱，所以很多人都不敢做，最终苹果控制美国平板市场。到 2011 年底，亚马逊推出自己七寸小平板，售价 199 美金，比 iPad 还低，这个推上市场就很有意义，后来亚马逊凭借这个小本占领了苹果 18%的市场份额。所以 Google 就兴奋，Google 就找华硕签约生产七寸平板，三星加大这个力度，后来就宣布做 iPad 迷你，后来苹果宣布 iPad 迷你，就是十寸版，接着亚马逊推出 8.9 英寸的平板。后来 2013 年第二季度苹果 iPad 在美国杀到 50%以内，亚马逊靠自己拿下 30%的份额，付出的代价是巨额亏损，因为 199 美金卖，是低于成本做的。

事情还不仅仅如此，我们一直怀疑，如果我作为用户，我买了亚马逊的平板，就会在亚马逊购买更多的数字内容，亚马逊肯定了这一点，但是拒绝透露相关数据。我找了几年第三方数据合理估计是这样，我假设他内容利润率为 20%，三年的内容消费可以让亚马逊得到 240 美元的利润，这 240 美元足以抵消这块硬件的所有成本，也就是理论上来说这个平板可以白送你，只要用三年，亚马逊就可以连平板、内容一起盈利。这是世界上第一次有人明确地把硬件跟内容混合起来打造完整的媒体生态的做法。这也意味着在这个世界上，只卖硬件的公司从长期来讲根本没有未来。相当的清楚，一步步往上走的企业不断在进化，所以在 2013 年亚马逊这个平板一个季度亏了 2.74 亿美元，而且他会让亏损加大，财报发布股价暴涨 10%，所有老股东就知道亚马逊巨亏本就要盯住下一个市场。2012 年 5 月他开放了影视市场，向全世界征集电影电视的剧本，如果有好剧本亚马逊买下来帮你拍，然后放在平板电脑上全球发行。这一次是颠覆全球电影、电视工业的革命。在图书领域他做成这件事情，在其他领域如法炮制，这是我们常见的做法。挑一个小领域跑通，数据可行，就行了，拿了钱高速扩张，一个一个行业来做，这是非常清楚的。

美国的电影、电视行业已经投降了。去年美国的电视行业的 IM 奖第一次被三家互联网公司夺了，就是亚马逊、Google。他们用行业数据去分析用户看电影习惯，然后找编剧、导演、演员来结合。美国上网多，碟片就没有生意做，就是在线视频点播，他的业务就是电视剧制作公司把内容买过来放在网上给用户付费使用，因此赢得了美国4400万付费用户。亚马逊记载了4400万用户看电影的习惯，他会追踪个人一直看什么电影，喜欢什么演员，不喜欢什么样的演员。因为当你在线看电影的时候，这个情节播放到那个演员出来了，你在下面就在点快进，那就说明你不喜欢，他们把所有这些交互数据拿过来，同时他们对每一部电影做内容拆解，划分了七万七千多种类型，不同时间、拍摄的情节、手法各种各样的维度，对电影内容做标注，当你看电影的时候，再用这些内容标签来标注你这个人，所以他们了解四千多万人，每一个人看电影的需求和口味都是很精准。2012年亚马逊就自己拍了电影，买到英国BBC的纸牌屋，到美国自己来拍，后来上线刷新美剧收视率的新高，后来就说你们演员选的好，导演好，所以这个节目就热，观众就多，其实选主角就是以海量数据为基础选。今年纸牌屋第二季又刷新了，每年都会推出很多新剧，成功率为30%，而70%新剧会被灭了。所以说目前来看存活率有70%，这是跟亚马逊合作的结果，比电视台都要高，这就是进化，真正的进化。2012年亚马逊开了一个新站，开始卖工业用品。2013年2月亚马逊跟通用电器签了合约，他利用全球工业体系搭载亚马逊传感器，打造覆盖全球工业互联网，这个挺好的，这是一家零售公司吗？确实是卖尿布、啤酒、生鲜、牛肉，但是还拍电影、放贷款、做云结算、卖工业品，我们从来没有见过这样的企业。这样的企业叫作有中心无边界，他的业务是没有边界的，但是所有的业务有一个中心点就是数据和算法。亚马逊是真正专业经营数据和算法的公司，其他表面的业务你都不要当真，只是得到数据的手段而已，那都不是他的核心。这才是店商真正对社会的贡献，商业上的进化。所以我一直认为，很多传统企业都在做店商，像国美都是这样，要求公司IT部门做电商，但IT部门不懂这个东西，让财务部门来接管还有道理一点。起码财务部门的人知道利润的交叉补贴。这是商业的进化跟技术是无关的，这种思路可以应用在所有行业，包括传统行业里面，这就是为什么有人到传统行业里面去杀。就像小米不挑互联网公司打，就造手机、彩电打你，用这样思路进军传统行业很容易脱颖而出的，这是商业上的真正的进化。

所以亚马逊这样的做法跟传统的商业有非常大的区别，就像“嘀嘀”“快的”这两个打车软件，这种打车软件在2011年下半年就出现，有几十家，最后只有“嘀嘀”“快的”活，因为有钱。其他人是没有钱的，贴不了，嘀嘀当初每单在上海贴13块，每天的补贴就将近一千八百万，两个月烧掉14亿，不是每一个公司都有这么多钱，所以别人就没有办法做，几十家打车公司都转型，有的是转型到家政，所以身边朋友说做互联网人好玩，去年做打车，今年做保姆，你们什么行业都懂。其实打车和保姆是同一个思路，对我来说这是一个意思。打车软件以你当前站的地理位置为中心，对所有出租车司机做排队，保姆也是一样，把最适合的保姆派给你。然而这对传统商业来讲是完全不同的两个行业。

回过来再讨论一件很关键的事情，亚马逊早年为什么要卖书这件事情，这是很关键的。我以为主要有三个原因。

第一，图书是一个标准化的产品，我们不需要看色差，适合远程销售，适合远程购买，交易量容易做得比较大，交易量大，数据量就大了，因为他要的就是数据。

第二，一个人读书的需求很稳定，读书的需求基本上十年变化都不大，便于亚马逊根据你的购买行为记录，用程序来捕捉你的需求。如果你的需求一天到晚都在变化，他就没有办法做了。举个例子，《凡客的成年》认为，中国女性消费者在网上买衣服什么算法都没有用，因为她们买衣服是没有理性的，她都不知道买什么。图书的重复交易次数很多，你上一个月买了书，今天还会买，下个月还会买，不断增加新数据可以纠正算法的偏差。所以说苏宁拿冰箱来卖没有意义，我看那家苏宁冰箱便宜就竞争，然后就买了，买了之后十年之内就不会再来，没有意义。我一直真心实意劝苏宁如果真想做店商，别的不说先来卖三年书再来谈别的，图书是积累数据，迅速算法最好的品类，如果想挣钱卖货，做女性用品卖衣服是最好。如果做数据和算法书才是最佳选择，所以看上去叫电商，绝对不是简单地把东西拿到网上卖，亚马逊真正要做的是互联网对接供需双方，用互联网来消除所有中间环节，而这两年讨论的互联网金融，也一样。所谓互联网金融的未来不是说把线下基金搬到网上卖，不是互联网金融未来是互联网对接接待双方，消除所有中间环节，银行、小贷、信托公司中间环节，这才是互联网金融。苹果 2012 年申请了专利，iPhone 的用户，手上没有现金，需要十块钱，就掏出 iPhone 输入要借 10 块钱，就可以找到周边人，你就在我边上就几十米远，你有十块钱借给我就完了，跟银行没有关系，当然，你担心一件事情，信用，你怕我拿了钱走了，行，我往后走一步，信用可以有很多种方式得到，假如说这个时候万科告诉你，向你借钱这个人在万科有一套房子，你放心吗？我逃不掉，我有偿还能力，你把十块钱给我就完了，不需要银行的，这才叫互联网金融。所谓互联网商业颠覆在这里，不在于只是网上卖，只是另外一种柜台，打破原来的社会产业链，这个才叫革命，这个才叫商业的进化。

这是我今天要分享的内容，谢谢大家。

主持人:非常感谢陆建平先生今天精彩讲座,接下来我们进入互动环节,大家有什么问题可以向陆建平先生提问题。

听众:陆教授您好,我有一个问题想请教,您说电商对实体商业冲击很大,自己也感觉到,很多人买东西都在网上。像淮海路的一些摊子都空了,但是有一些商业还是不错,像恒隆、港汇等等,从近四年来看,处在市中心的购物中心,还有存在的必要,如果有必要,他的发展方向在哪里?会不会里面有一些业态会没有。像所有商场现在最好的是餐饮了,因为网上买不到,必须要到里面吃;还有体验性,看电影享受那些东西。但是像服饰、书籍等物品的销售目前慢慢朝下走,所以就不知道商业和商场的未来在哪里?

陆建平:线下实体店一定会存在,不会消失,在美国网购也只占6%。因为实体店除了交易之外还有很多别的功能,如体验、休闲、娱乐等。但确实,在标准化的商品上,网购远远比线下要强。像服装就属于非标,而图书是标准商品,标准商品在网上很好做,非标准的商品在线下仍然可以经营。将来线下的娱乐、体验会丰富,单纯交易功能会越来越少,甚至每一家企业会有不同的思路,像苹果店在全球做法是这样的,线下做展示,可以用可以玩但不卖,下单都在网上,这也是一种方式,线下没有交易,线下有店可以让你看可以用,如果买就在网站上下单了,这也是可以的。将来有多种不同的形式会同时存在的。我可能也接触不少传统的零售业,他们也想做电商,但是我觉得通常会跟他们讨论一件事情,你是把电商做成交易的方式,还是做成你未来整个公司的基础?如果你只是做成一个交易的方式,那么上天猫开一家店就可以了,不难,到天猫卖货。如果自己想建立在电商基础之上,那么就要很大的颠覆,这个很难的。所以说这个目标一定要清楚了,就是简单的缩小到你是想做平台还是想卖货。

听众:陆建平教授谢谢您的回答。我是同意您的观点,就是很多的实体商业开店,到目前为止没有一家是赚钱,全都是亏的。但是另外一个问题,就是您说的体验性是去商场,零售是上网,马云说,我们一直在做一件事情,就是把中国的差价给拉下去,所以说中国商场餐饮业就几千,都是空空荡荡,真正赚钱的就是服饰和化妆品,如果说这些东西全部被取代了,那么这些商业能够承受的租金会下降,租金下降带来物业本身价值的下降,会导致房地产价格下降,同意吗?

陆建平:对。

听众:陆老师的演讲很好,我觉得是不是可以这样概括,您所说互联网创新就是一种基于消费者心理学的服务创新。因为我听您之前很强调平台,其实一个平台就像生态系统，就是说有这些商业模式都在这个系统上衍生出来，然后一个个吞噬掉产生黏性，实际上他自己并没有创造有形的产品出来，只是基于对消费者的了解对吗？

陆建平：对。

听众：如果是这样，为什么做 SNS 的社交网络发展不起来？他们可以了解消费者爱好，所有的一切，甚至他们还可以基于这些用户资料去做相亲，为什么现在没有相亲软件？电子商务有一个瓶颈，就是很多东西用虚拟的，就有一些购物是无法替代，像超市不仅仅是卖一个东西的场所，更大是因为生活习惯，要去超市里面挑选，这是电子商务无法取代的东西。所以我又在想，您这种基于消费者心理的算法，是不是存在很大的局限性。谢谢。

陆建平：其实，算法不是心理的，是基于数据层面来产生。刚刚提到亚马逊算法很牛，事实上美国这两年出现很多新的电商，国内也有，如唯品汇，是盈利的，像京东是做采购的。唯品汇是买手电商，他们对时装很敏感，什么样的衣饰比较好卖，这样就支撑起买手迅速盈利，这个时候他比算法好，算法是大多数平均水平，但是买手对于时装了解，所以效率高于平均值，就是用买手来做。当然继续您刚说的思路，再往后做，如果买手出来，你怎样颠覆买手的电商。用算法调整买手的效率，这就是商业一步一步进化的过程。去年就讨论亚马逊算法是平均水平，买手更强，如果这些买手再用算法调整买手再往前推进，效率会越来越高的，照样可以进军的，还是有机会的，永远都会有的。第二说明一下，您说的社交腾讯不够吗？你说还有社交没有起来的？这两家都是很大的社交网。

这就是我一开始说的，平台是最有意义的，业务是能抛就抛掉的，阿里巴巴在这一点上不如腾讯进化彻底，腾讯全部抛出去，做平台最好，现在用电脑都用 Windows 系统，微软就只做这样所以不做是对的。

听众：谢谢陆先生的演讲。我听下来觉得作为年轻创业者，如果在互联网上创业机会在哪里？分析下来，腾讯和天猫占据很多资源，包括资金还是人脉。如果年轻人想做互联网的东西，如果你找到机会他搞免费或者比你更低价，你会很快被消灭，这个时代你如果从起点开始，机会就不如马云那个时代，这是第一个问题。说相对于金融来讲，如果对于法律事务方面您怎样看待有互联网的思维。您的思维很超前，希望点拨一下。

陆建平：法律是产业力量博弈的结果，今天非法的业务也许明天就成为合法的业务。不是一个超脱的，法律只是一个现有产业力量博弈得到的结果，今天宣布违法的东西，到明天就并不一定是的。关于法律只能说这一点。关于创业机会很多，大的方向有两类。第一传统行业弱点。传统行业发展几十年了，已经很清晰，有做得好，也有整个行业大家都做不好的地方，这就是几十年不可能做好。以传统思路方式是做不好，用互联网去做就有可能。第二新市场。举一个例子，现在有可穿戴设备，这类市场的机会很多，但是问题就是为什么一直盯着腾讯和阿里的业务，他们想做就让他们做，有太多的机会。去年拿了一个公司，然后又做了第二家公司，项目很多，在座每一位的公司都有网站，网站上都有流量，流量有办法分析吗？你知道有多少人来看最终转化成几个订单吗？做这个就可以了。那么多企业有网站，没有人讲得清楚这个网站有用吗？很多企业都认为网站没有什么用，其实很有用，只是你不知道。所以有很多的东西可以做，太多了，不要向阿里和腾讯去看了，新市场的机会太多了。

找到需求上的痛点，任何行业都是这样，IT 或者是传统行业都是，在这个行业做深入研究，我一般是三个框架思路：

首先看商业看市场。找一个市场整个趋势是往上的，里面有很多问题，解决不了的，我们挑这种行业，这是第一。

第二，去了解这个行业里面原来有哪些人做，做好的在哪里，做不好在哪里，我们怎么切入。

第三，做产品。要找到最重要的一个点，通常做到产品的时候，我们会做用户调查，会做各种各样的测试，找到打动用户最重要的那一个点，只做一个点。举一个例子，传统企业造车思路是造一个轮再造第二个，再弄底盘最后是壳子，这是传统企业。现在就是给两个轮子，小孩子玩的滑板，第一步我给你交通工具可以跑只是简陋，第二给你一个头，第三步给你多一点的轮子。但是从第一步开始这个产品就是可以用的，从基础主线需求上满足用户需求上是可以跑通，会把所有精力集中在一个点上，把这个点推到极致，这就是做最小可行产品的思路。这个东西立马就可以用，跑数据只需三到六个月的数据就可以找投资人谈，你拿了钱再来扩张，所以说这个事是比较清晰，就是有一套做法，还是蛮精确的，还是可以做的。

谢谢大家。

创业成功核心密码

杨守彬

丰厚资本创始合伙人，黑马会常务副会长兼秘书长。首届中国世纪创业大赛冠军，2013 全球创业周中国站导师，中国青年天使会创会成员、副秘书长。黑马大赛+南山创业之星大赛等嘉宾评委，财经及创业投资活动+论坛主持人。

首先感谢大家的掌声。

来到现场一看，除了看到非常多年轻的创业者的面孔，我也同时看到了非常多差不多是我的父辈母辈年龄的大叔和阿姨们，顿时让我觉得上海的创业氛围无比的浓厚。马云在 36 岁创立了阿里巴巴，柳传志在 42 岁创立了联想，任正非在 44 岁才创立了华为，而孙悟空被压在山下 500 年以后才跟着唐僧去取经。所以创业只要开始，在什么年龄都不晚。谢谢各位今天的光临。因为我本人还不是名人，所以我有必要对我的身份和经历再一次跟各位做一个小小的汇报。

首先我是丰厚资本的创始人，丰厚资本是由我和盛大集团的联合创始人，盛大集团的前总裁，纳斯达克上市公司盛大网络的董事长谭群钊，和史玉柱先生共同创立了巨人网络的岳弢，以及原曾投资过蒙牛和南孚电池的英联投资的副总裁吴志勇，四人共同创立的。我们在中国的投资界也被戏称为“丰厚资本的 F4”。丰厚资本主要投资于基于互联网的大消费、泛娱乐，进入创新的早期投资项目。

我第二个身份是黑马会的副会长兼秘书长。黑马会在中国最早有着广泛基础的创业者会员组织，目前正式的会员有 1 500 名。在这个组织里也浮现出了非常多成功的创业者，包括我们在上海的《十月妈咪》的创始人赵浦(是中国孕妇装第一品牌)，酒类店商酒仙网的创始人郝鸿峰以及准备去美国纳斯达克上市的捕鱼达人的创始人陈昊芝等等。我是这个组织的常务副会长兼秘书长。

第三个身份是中国青年天使会的创始成员、副秘书长。中国青年天使会目前是中国最大、最有影响力的天使投资人组织。新东方的联合创始人徐小平老师是这个协会的荣誉主席。我也在这个协会里面担任职务,服务于中国最广大的天使投资人。当时徐小平老师有一个非常好的投资案例,是刚刚在美国上市的聚美优品,这家公司在四年以前创立的时候,徐小平老师向这家公司投资了 38 万美金,约合 250 万人民币。但是四年的时间这家公司给他带来的回报,各位想一想是多少?聚美优品在纽约交易所上市的时候,市值达到了 38 亿美金,徐老师占股 8.8%,这个股份大概是 3 亿美金,四年以前一笔 38 万美金的投资,4 年的时间变成了 3 亿美金,约合 18 亿人民币,达到了 600 倍以上的回报。这是一个特别成功的投资案例。

我今天不能保证每一句话都是精彩的,每一句话都是让大家喜欢听的,但是我一定保证我跟各位分享的所有内容是结合我 30 多年的成长、创业和投资的历程,真诚地跟各位分享。

有一天真实和谎言一起到河里洗澡,洗完澡以后,谎言先上了岸,他穿了真实的衣服走了,而真实洗完澡以后上岸一看自己的衣服被谎言穿走了,所以他宁死也不穿谎言的衣服。导致人们宁愿相信穿着真实的谎言,也不愿意相信赤裸裸的真实。所以我希望我分享的所有都能让大家体会到真实。

所以我跟各位回顾一下我成长的经历,我今年已是 38 岁,但是我在十年之前就长成这样了,因为年轻是女人的通行证,沧桑是男人的信用卡,所以成功的背后不是肮脏就是沧桑。每个人的经历,包括我个人的经历就是在这样一个沧桑和各种困难挑战之中成长起来的。我出生在山东青岛,确切的是出生在青岛下面的一个县,县下面的一个镇,镇下面的一个村,那个村还在山上。所以我说青岛只是为了让大家便于记忆。

在 90 年代的中期,考大学到了北京,而那个时候考大学其实还是蛮难的。考大学到了北京,因为 6 分之差没有考上当年收分最高的北京大学国际金融专业,那个时候一心想做一个银行家,做一个金融家,北京大学录取分数线已经非常高了,而国际金融专业是北京大学所有专业里面收分最高的,而我差了 6 分没有考上,原因很简单,在高中就开始早恋了。实际上按照真正的学习成绩,我应该是非常有可能考上北京大学的,所以说其实人生有很多经历都是不可以覆盘的,如果让我重新选择,当然也有可能不去谈那场恋爱,而是好好地读书,考上北京大学。当然有可能走那条路径就没有今天的演讲,就没有可能走上创业的道路,有可能在北大读完书就去了银行、去了金融机构,甚至去了华尔街工作,那都是另外一种路径。所以直到今天我也认为其实一切的发生都是上帝最好的安排,包括我今天跟在座的两三百人的相遇也是如此。

我家里有三个孩子,有姐姐和妹妹,我是中间那个。同时在我的前一年我姐姐也考上了大学,所以家里的经济条件非常差。我到北京去的时候,连青岛都没有去过。我是一个人拿着行李,拿着家里连借带凑的4 000块钱,一个人买了站票到了北京,交上学费、杂费后手里还剩了大概270多块钱,而我本人就用这270多块钱度过了四年的大学生活。当然这仅仅是开始。在大学四年结束的时候,我个人账户上的存款是147万。

很多创业都是被动的,本人也是如此。上了大学以后只有这点钱怎么办?最早除了能做家教,别的也做不了,所以就开始做家教,我买了一辆自行车,还是借钱买的。每次骑很远到北海附近给一个家庭去做家教。我从10月份开始到第二年大概5月底、6月初的样子这个孩子就考上了北京四中,也是北京最牛的高中。所以后来他家亲戚的孩子都让我教,最后我是一对七,小学、初中、高中都有,课时费也从15元提升到了70元,所以我一年的时间基本上靠做家教解决了自己生活的问题。

因为我读的是国际贸易专业,也加上确实生活紧迫,所以除了家教还做了非常多的事情,如推销。北京火车站地下通道的第一块灯箱广告是我卖出去的。那是在1997年的年初,那个时候灯箱广告很少,北京火车站地下通道一共50块灯箱,那时候灯箱广告还是一个特别新鲜的事物。一个广告公司开发了灯箱广告牌,但是他们所有的业务人员,两个月没有卖出一块,就到我们学校去贴招聘广告业务员的小广告,我撕了小广告就去了。我用了两个多月的时间卖出了第一块灯箱广告牌。当然如果这些故事展开讲时间就太长了。卖给了北京和平里的毛家菜馆,就是毛主席的家乡菜。最后如何谈成的,就是因为跟老板谈毛泽东思想,我们共同对主席的两万五千里长征产生了缅怀的情感。广告公司给我的底价是17 000元,最后成交价是25 000元,所以我挣了8 000块钱。在1997年的时候对于一个在校的大学生能挣8 000块钱,还是很困难的。

后来我也做了很多第一,我们现在非常多成功女性的看的《瑞丽》杂志,我是《瑞丽》杂志的前三个创办人之一。那个时候叫《瑞丽服饰美容》,这都是在大学里完成的。我们今天讲的主题是创业,很多伟大的事物在覆盘来讲可能机缘都是很小,很偶然的机会。就是因为人民日报海外版主任想出一本杂志,我因为卖出了一个广告,轻工出版社是广告公司的股东,就请我吃饭,跟我聊。说把日本的《主妇之友》杂志拿到中国来翻译一下、编辑出版,就叫《瑞丽服饰美容》我说可以。我大四的学姐是学日文的,所以这本杂志从日本寄给我，我交给大四的学姐做翻译，翻译完了以后我再做编辑，这本杂志就这么出版了。这本杂志目前在中国已经裂变成六本杂志，每年的营业额在十几个亿。在我们创办了一年多以后，轻工业出版社就花钱把这个杂志的版权买走了。

当然也有很惨的时候，包括在学校创业，后来的创业都有最惨的时候，并不是每一个都有故事，背后也有很多的事故。大概在 1998 年的时候，我其实那个时候已经挣了很多钱了。旭日升的冰茶、暖茶的市场是我带着北京 280 多个大学生给企业创立的北京市场，采取地毯式的铺卖点、超市、餐厅。这一件事就挣了一百多万，铺了大概五万多个零售的摊店。重庆奥妮的百年润发，皂角洗发水的北京市场，也是我在大学的时候带着大学生为商家打开了市场。更换了北京所有的理发店的门面，都是百年润发赞助，三分之二是百年润发的广告，三分之一是店名。所以现在在北京，一般二流的出租车司机都不如我认路。因为我曾经骑着自行车把全北京骑了一遍，坐公交车把北京逛了一遍，也开着车把北京逛了一遍。铺过几遍的北京的市场，挣过很多钱。

但是也栽过一次。我们上大学的时候没有 MP3，没有手机，但是我们学生有一个叫随身听，索尼、爱华都是比较著名的品牌。偶然的机会我找到一个渠道，可以非常便宜的进爱华的随身听。我就把我所有的积蓄全部砸给供应商，一卖很挣钱。我又加上自己所有的积蓄，并且跟我们学校后面小餐馆的老板借了五万块钱，然后加起来几十万，一下子就进了非常便宜的随身听，因为那个时候我所带的大学的同学的销售团队已经几乎垄断了随身听在北京大学的市场，所以也很挣钱。但是一把几十万钱给供货商后，这个人就再也没找着。那是因为这个供货商是在天津塘沽做走私的。他可能被抓了，我至今也没有联系上这个人，因此我前几年的积蓄再加上借的餐馆老板的钱全部打水漂了，我一下子从学校的“买单先生”变成了一个“负翁”，所以那一段时间是非常苦的。我也在这个之前出了一套书，跟中国的“点子大王”何阳合作，书名叫《中国企业启示录》，但是很不幸，坏事总是接二连三，何阳在宁夏因为给别人做担保，被拘了，这个书也没有卖出去，投入的十几万块钱也打了水漂。没有办法，我就把这个书不断的当废品来卖，然后换一点生活的钱。那个时候脚面的皮鞋擦得非常亮，但是实际上脚底下垫了四双鞋垫，因为那个时候鞋底已经被磨破了，在冰冷的冬天，要用鞋垫当鞋底。所以这些过往的经历，都给了我非常多的启示，让我更加珍惜今天的生活，更加珍惜现在的每一天。

当然我也是中国最早的研究互联网和电子商务的人。我在大学毕业之前，在大四的时候，就以一个电子商务的方案，叫“明天到”，做办公用品的配售，以线上线下结合的方式，拿到了现金奖50万人民币，这是中国最早的第一届大赛，在那个时候也有非常多的媒体报道，说互联网下一个新贵就产生了。我在大学毕业的时候写的论文，我们所有的导师全票通过，我写的是《中国电子商务的第三方物流》。那是1999年，那个时候我已经预见到今天的顺丰、今天的圆通，这些第三方物流公司的发展。为什么全票通过呢？因为所有的导师都听不懂。他说你写得很好，通过。在1999年的时候，中国的电子商务还面临着三座大山无法发展的时候，在面临着信任、支付和物流三座大山的时候，我写到了电子商务将成为未来的商业主流。而电子商务的第三方物流也会因此得以巨大的发展。当然在大学毕业的时候本人因非常严重的小农意识，所以当我因为电子商务拿到了50万的奖金，并且也跟日本软银签到了400万美元的协议，但是最终我放弃了这个投资协会，我去参加了公务员考试，进入了国家公务员工作。为什么呢？因为作为一个山东农村的孩子，到了北京，非常渴望有一个北京户口。如果创业我就是北漂，没有户口，我的孩子和我的未来在北京就是漂着的。所以非常的小农意识去考了公务员，放弃了创业，放弃了400万美元的投资，而去进入国家机关工作，做了三年半"没有灵魂"的人。

当然我觉得我依然属于创业，所以三年半以后，其实那个时候工作也是很好的，在国务院经济体制改革办公室，参与国家开发区的管理工作。但是我依然认为我的人生属于创业，我更希望在阳光下赢得财富，赢得自由。所以就开始创业。创业也不是一帆风顺，有成功、有失败，简短讲，因为要回到我跟大家分享的主题，叫成功的秘密。我结合36年确实找到了创业的秘密，我会跟各位真诚的分享。

当然我在出来创业的时候，第一家企业做的是健身设备，也做得很好。在我26岁的时候已经有400多名员工和107亩占地的工厂，一年有几个亿的收入，当然一切回到人性，年轻的人在这个时候过早地获得了成功，就骄傲了。你再夹着尾巴也会骄傲，所以在那个时候就开始有些自我膨胀。做了很多横向的投资，后来就遇到了一些失败。失败以后再重新振作。又做了一家企业，也还相对可以。最后到今天把所有企业的股权转让、卖掉，转身成为投资人，来帮助更多的创业者成功。

结合我个人这么多年的成长、经历、挫折和奋起，我总结下来，创业的根本到底是什么？我们要去获得创业的成功核心的密码到底是什么？可能导致一家创业企业失败真正的原因到底有哪些？我相信在这一点上，我还是可以有一些内容分享给各位。

首先作为一个投资人，我几乎每天都要看很多创业者的计划书，每天都要跟很多的创业者做交流，去看他们的项目，去跟他们交流，做一些投资，但是实际上客观地讲，我们现在几乎会收到150份商业计划，然后会选择其中的大概30～50家进行交流。最后才会投资1～2家。为什么会有这样的一个小概率的投资理念或者方式呢？即使是这样，我们所投资的企业也未必能保证都成功。而其实我们在座的各位也好，中国的所有创业者也好，我们看到的都是那些创业成功出来了，我们没有看到的是那些死掉的、倒下的。我们永远都是被这些成功的企业所激励着，这当然很好。结合我本人的创业和投资的经历，我们去看一个投资项目是否值得投资就会从这三个方面来做。

第一，跑道要宽大。非常的简单，审核一个创业项目，首先跑道要宽大，什么意思？你创业所在的市场，所在的领域，无论是现在还是未来，尤其是未来，要有足够大的市场。创业一定要到最肥沃的土壤里去种粮食，而不是在最贫瘠的土地上去付出，要找到最肥沃的土壤。宽大的跑道是什么？是我们基于现在和未来的技术的发展、需求的演变，我们要找到那个大的跑道。现在来讲，其实我们大家都应该可以看到，大的跑道有哪些呢？首先第一点移动互联网，在这里稍微展开谈一点我对移动互联网的看法。现在每个人都有手机，现场没有手机的举手？没有一个人没有手机。互联网，尤其是移动互联网才是真的互联网。而互联网要解决什么问题？要解决的就是革除一切以信息不对称为壁垒的商业生态工具，而手机类似于一个"黑洞"的产业，为什么？从硬件来讲，手机每增加一个功能，就会吞噬一个行业，我们今天在座的各位，你今天带着数码相机来现场的举手。一位、两位、三位、一共有三位带着数码相机来到现场。但是在过去有这样的讲座和这样的会议，至少应该有30个带数码相机。而今天你带着手机来就可以了，手机的照相功能一强大，数码相机就没有市场了。在座的三位有两位是主办方安排的摄影师，有一位是我的朋友。手机的照相功能只要分辨率一提高，照相机就没有市场了。而今天还有人拿着，包括这位师傅是拿着专业的单反相机，因为这是不可或缺的。但是如果在未来手机通过技术把单反功能也可以用手机功能解决，还会有人拿着单反相机来吗？第二个是手机的摄像机功能强大了，摄像机就没有市场了。五年以前、十年以前，我家里第一台数码摄相机，我花了三万八千块钱，现在还会有人买吗？不会。手机摄像功能一强大，单反也快没有市场了。手机的存储功能一强大，我们过去还拿着闪存，拿着移动硬盘，现在手机就有存储的功能了。手机的音乐功能一强大，MP3播放器就没有市场了，大家都是看着手机每强大一个功能，就消灭一个市场。

软件上也是如此，当然在软件上最厉害的当属微信，微信一崛起，苹果商店也好，还是三星的分发中心也好，那么APP就没有市场了，微信的阅读功能一强大，过去那些中文网站、写小说给大家看的软件也就没有市场了。当微信的商店功能一起来，很多电商就没有市场了。当微信的支付功能一强大，很多支付工具就没有永远了，一个红包就击垮了很多的支付产业。手机黑洞这么厉害，这是我们未来创业的主要的方向，为什么手机如此之厉害。

我个人总结过三个“十”。第一个十，是十小时。大家想一想，现在不管是人还是物，每天陪伴我们十个小时以上的是谁？是你的手机。我们每天早晨出门忘了拿钱包、忘了雨伞都不会紧张，但是忘了拿手机就会紧张。为什么会紧张？因为你已经跟它形影不离了，手机已经成为我们体外的器官。当然很多人是因为手机里有各种“门”和各种“照”，要拿着手机。到了晚上你身边可能没有人，但是你身边必然有手机。你会把手机放在你的枕头边，而不是别的地方。所以手机每天陪伴人10小时以上。

第二个十，是十厘米。我们看电视、看户外广告、看其他任何的东西，我们可能距离那个媒体、媒介10厘米以上，但看手机必然在10厘米以内，它是离我们所有人视线最近的媒体、最近的信息中心。

第三个十，是十秒钟。我们打开手机看，不管短信、微信都是十秒钟以上。所以这三个十让手机成为未来一切的中心，我们要创业就要基于这样的方向去创业。要找到最大的跑道。

当然第一个方向。我认为是健康的领域。现在的人吃饱了以后就要考虑健康。如何要长寿、更幸福的生活，这必然是更大的领域。所以这就是我们做投资要看大的方向，就是好的赛道，好的跑道。第二个要精良的赛车。精良的赛车是指你的商业模式，就是你要驾驶的这辆车作为你公司创业的商业模式是需要非常精良的，要是一个简单可复制、有价值、有创新，甚至有颠覆的，它需要可能对过去的生产效率、价值做重塑。

基于互联网的商业模式我也简单谈。基于互联网好的商业模式一切都是把复杂问题简单化，简单问题极致化，极致问题标准化，标准问题才能规模化。有投资价值的事业最后一定都是非常简单、可复制的，可以一个产品卖给所有的消费者，一个服务卖给消费者，而不是一个产品一个产品的卖给不同的消费者。这里我也不展开讲了。

最后一点，也是最重要的：就是车手要卓越。因为对于投资来讲事在先，人为重，钱跟上。这个事儿就行了，人作为一个重心又是可以的，资金跟上就可以做出来。包括我们看到的这些非常成功的案例，最近的包括我们讲聚美优品的陈欧也好，还是唯品会的沈亚也好，这个事对客户、对消费者都有非常大的价值，然后他又重新创造了一种价值。唯品会奢侈品特卖一下子满足了中国非常多中产阶级的需要，他以低价去买奢侈品，去满足我们对一种生活品质追求，甚至可能是虚荣心的需要，包括京东。京东在上市的时候这家企业依然亏损，但是为什么还有这么高的市值，因为有人认同，因为资本永远是为未来买单，而不是现在。他们相信这家企业在未来有非常大的价值。所以这些人也是最重要的。

谈到人就到了今天要跟各位分享的最核心部分。其实一家企业核心的密码，大家想一家企业其实在一定程度上，他在刚开始创立的时候，就几乎已经注定了成败。大家看所有成功的企业，我们最后会发现这些企业所做的商业模式，所做的事和他创始人的能力，是高度匹配的。我们会看到所有成功的企业，都是人剑合一，就是剑是创立的事业，人是人，或者叫人车合一，这把剑看起来就是为这个人准备的，而这个人拿这把剑就是最合适的，这是“基因匹配”。

当然如果基因匹配了，接下来就是刚才分享到的，我们要去找到未来的肥沃的土壤和宽大的赛道，再通俗讲就是风口，说创业，如果能够找到台风口，算是一只猪也会被吹飞起来。但是现在很可悲的是，当我们努力去爬到风口的时候，却突然发现那里已经有一堆猪了。怎么办？这就是我讲到的第三点，创业核心密码第三点，就是要坚持。

每一个创业者他们都有一双翅膀，但是只有极少数能在空中翱翔。绝大多数都掉在锅里熬汤。为什么？因为只有极少数在不停地扇动自己的翅膀，所以要坚持。一家企业三者最核心的密码，我一个一个展开来给大家。什么叫基因的匹配。基因的匹配又分为三点，第一你做的这件事情和你的能力是不是匹配的。我总结为，叫你所创立的事业，是不是你的能力所及，这是第一点。谈到能力所及就非常简单了，我们可能每个人在小的时候，或者在成长的时候，尤其在现在，我们有很多人想，我可以做总统，我也可以做总理，这是你的想法。但是你是不是真的有能力去做呢？其实包括我个人在内，随着岁月的增长我越来越觉得，其实我真的没有这种能力。连一家企业，几十人、几百人、上千人的企业我经营起来都如此之难。所以我越来越感觉到我没有能力。虽然曾经也一度梦想过，是我在初中的时候，看了影响我人生至今的一本非常重要的书，第一本就是我初中的一个同学从他上大学的哥哥那里拿来的一本书叫《美国总统传记》，那个时候我就埋下了想当未来总统的一颗种子。但是随着人生的经历，我突然发现其实我没有做总统的能力，那得有多难。所以我今天对所有创业和所有从政去经营、去服务于这个国家的人，我内心都充满了理解。

当年有很多人说，马云长得不怎么样，却说要做全球500强的企业，要成为全球电子商务的什么老大，所以马云本人成为中国智慧跟长相成反比的男人。还有朱敏赛尔伯乐投资的。很多人说他吹牛，我就站出来说，对所有创业的，甭管成功还是失败的，尤其包括那些能够把企业从小做到大、做到伟大的人我都先心存敬意，因为创业实在太难了，实在太不容易。所以人与人之间，坐在一起，人一虚伪就疲惫。所有人都说马云吹牛，我说哥们，你做一个试试，其实真的很难，这是第一个越来越认识自己的能力和自己多么的渺小。但是我也同时非常感恩我当年看了这本书，虽然随着年龄的增长毁灭了我做总统的愿望和能力，但是同时会说我曾经有做总统的梦想，有这样的愿望，也为此而努力。虽然我没有做总统，但是比没有总统梦想的我活得更好。

所以我认为每一个创业的人都要有一个梦想。创业者第一个密码是能力匹配。对于所有要创立的企业，每一个企业、每一个你所进入的行业，对创始人，尤其对前期的创始团队的能力要求是不一样的。我们看今天所有成功的企业，百度、阿里、腾讯等等这些企业的性格、这家企业的基因都跟创始人能力是直接相关的。马云他就是一个思想型的企业家，他就是靠战略来设计从而推动了阿里巴巴。而百度就是一家技术公司，因为李彦宏本身就是个技术宅男，他不会社交，他不懂社交，也不愿意社交，一般的政府领导找他，他也不太愿意出面，就是研究技术，所以百度是靠一家技术引领发展的公司。而阿里巴巴成为一家靠思想和战略引发的公司。腾讯是马化腾在今天数百亿身价的时候，依然会在凌晨三点看腾讯的产品，看QQ、看腾讯的邮箱，提出这个产品他认为的不足，发邮件给这个技术经理，提出改进，他就是一个产品型的人。所以腾讯就是可以孵化出伟大的互联网产品的人。

每一家企业创始人的能力和他所做的事业的高度匹配，是非常的重要。如果创立的是一价销售型的企业，而创始人是一个非常内向的人，那肯定不行。如果创始者是一家技术引领的公司，创始人像我这样整天出来演讲，必然就做倒闭了，因为他在家要写代码、研究产品。当你创立了一家媒体公司，如果没有媒体的整合，那也不行。所以第一个是能力所及。

第二个密码叫兴趣所致。这非常的重要，为什么？因为我们看到成功的创业家，其实那些成功的创业者，在最后你会发现，成功只是结果，并不是他最开始的目的。你会看到他去干这件事情的时候，即使不挣钱，即使没有人投钱给他，他对这件事情依然充满了激情去钻研、去雕琢、去投资。而不是说为了成功、为了财富才去创立这家企业，只是对某个事情有兴趣，这是任何人影响不了他对这件事情有痴迷的兴趣。

比尔·盖茨是微软的创始人，在辍学创立微软的时候，他说我要让全世界每一个人都用上电脑，这是他创立这家企业的兴趣所致，这是他的梦想。他并没有说我要成为全球首富，而去创立微软，而是让全世界每一个人都用上电脑，作为他的志向。苹果的创始人，两次带领苹果重现辉煌的乔布斯，他说活着就是为了改变世界。中国的马云说，创立阿里巴巴是让天下没有难做的生意。每一个伟大的企业家在创业的时候仅仅是因为兴趣，而不是为了那个目的。当然如果你秉承这样的兴趣，最后那个成功的结果，已经在不远处等着你，它只是结果而不是目的。当然大家一定要分清结果和目的的区别。

在乔布斯执掌苹果以后，他提出来说，我们要造只有一个键的手机，内外所有人哗然，这怎么可能？说一个手机最起码要有十个数字和26个字母，哪怕一个键最多放三个字母和数字，还要十几个键，怎么可能只有一个键呢？所有人都质疑，内部董事会也反对。说你为什么坚信一定要造一个只有一个键的手机。乔布斯回答说，因为消费者需要。既然消费者需要，满足消费者需求就是乔布斯做科技创新的兴趣的原点，他真的做出来了。我们今天用的手机只有一个键。所以说兴趣所致是非常重要的。只有你对这件事情有极大的兴趣，而不是说要做这个事情怎样赢得别人的尊重，那些都是外力，不是真正驱动你内心的力量。

第三个密码叫幸福所向。即能力所及，兴趣所致和幸福所向。什么叫幸福所向？因人生非常的苦短，所以人生苦短必须性感，人生就像北京的一号线一样，我们从北京CBD出发，CBD是国际的贸易中心，非常的繁忙；地铁到了天安门，我们又幻想权利，那里是中国权利的中心；这条地铁到了金融界，我们幻想财富，因为那里集中了60%的银行财产；这个时候地铁到了公主坟，我们又幻想华丽家族，那里是还珠格格的宅基地；这个时候地铁到了玉泉路，我们依然雄心勃勃，这个时候一个声音飘然入耳，“各位乘客，八宝山到了”。

今天在座的各位年龄层次各异，但是我问问在座的大叔和大妈，我还没有怎么着，就到了这个年龄了，会不会有这种感觉。人生就是这种感觉，人生每个阶段做什么事情，决定做什么事情一定要考虑好，这是不是你整个人生想要的，它是不是跟人生的终极追求相吻合，因为幸福的人都是“最好是这样，最好是那样”，我干这件事情最好、最舒服了，感觉最快乐了，感觉最有激情了，而不是不得不这样。痛苦的人都是不得不这样，一个人痛苦的程度就是在于你做了多少不喜欢的事。创业也是一样的，很多人创业就是为了挣点钱，如果它跟你的人生终极目标不相吻合的话，你会干得很痛苦。如果这个是跟你人生最终极的目标相吻合，你会干得很幸福、很快乐。当然这个过程都是一个找寻的过程，因为每个人在生下来的那一天开始，你就是天才。天才并不是说你小学、初中、高中，每次考一百分，进了北大、清华叫天才。天才叫天生的才能。每个人从娘胎里坠地，都有与生俱来天生的才能。而真正的天才就是用一生做了你最适合的事。而蠢材就是用一生干了最不适合的事。

这是有科学依据的，美国的加德纳教授在过去的智商和情商的理论基础上，又提出了人的天才智能领域科学理论。每一个人，无论孩子也好，在座的中年也好、老年也好，都是天才，都有你天生的才能，一共有 8 项，每个人至少有一项，如空间、语言、梳理逻辑、运动智能等等，只有找到最适合你的智能和你的事业做匹配，你就是既幸福、快乐、又是容易成功的人。对孩子的教育培养也是如此。很多中国的家长给孩子报很多学习班，学完英语学数学，学完数学学舞蹈，学完舞蹈学象棋，学完象棋学钢琴，最后孩子什么也没有学会，家长倒都会了。你根本不知道你的孩子天才智能是什么，可悲的是很多家长自己都不知道。我本人为什么会勇敢地放下所有的创业企业，转型做投资，这是因为我找到了自己的天才密码。

因为经历比较多，有各种各样机会接触到创业者，所以我有更多的投资机会，如果你可以把自己的能力变成你的兴趣，然后兴趣再变成一种竞争力。对，这就是第一个，叫基因匹配。第二个叫找到风口，其实我刚才已经讲过，未来的风口是移动互联网、健康等等很多领域。

当然第三点需要坚持。其实成功的路并不拥挤，因为懂得坚持的人很少很少。大家都知道中国的白酒是谁发明的？中国的白酒发明人叫杜康。在那个远古时代口碑相传，说有一个叫杜康的人发明了白酒，说喝了这个东西的人会飘飘欲仙，如醉如痴，感觉非常的舒服。当时一个村子里有三个年轻人，一起结拜，去找杜康。请教这个酿酒的秘方。然后杜康用今天的话说，也很开放，就把这个秘方告诉了他们三个人，说首先要用粮食酿造出酒糟来，酒糟再放到坛子里用泥巴密封起来，然后再把坛子埋到地下，要埋七七四十九天发酵，哪怕到第 49 天的白天还不行，还要埋到第 49 天晚上，听到第三遍鸡叫，这个酒就可以喝了，这三个人得了这个秘方，一起感恩拜谢以后就各自回家，按照这个方法去酿酒。可想而知，他们三个人多么的着急想喝到白酒。到了第 49 天晚上三个人都睡不着觉，都在家里等着，不睡觉，听第一遍鸡叫，其中一个人说，哎呀，我已经等了七七四十九天，也听了一遍鸡叫，不差那两遍了，先喝吧，就把酒取出打开，并没有喝到甘醇的美酒，而是闻到一股臭味。第二个人听到第一遍鸡叫又在那里等了很长的时间，几个小时后，到了午夜时分，又听到第二遍鸡叫，他说我已经等了七七四十九天，我也听到了两遍鸡叫，不差那一遍，就喝吧，所以他就把酒打开了，扑鼻而来的是一股酸味，所以他也没有喝到美酒。只有最后那个人，他其实也是急不可耐，也已经着急得不行了，急到已经抱着坛子要做好准备了，但是他告诉自己坚持，坚持，再坚持。所以他终于等到了那最后一遍鸡叫。当他打开的时候，他喝到了甘醇的美酒。

其实用这个小故事是告诉各位。创业有可能需要你比别人多坚持一年，有可能需要你比别人多坚持一个月，也有可能只需要你比别人多坚持一小时，甚至只需要多坚持听一遍鸡叫而已，所以坚持很重要。

我们大家都吃过螃蟹，螃蟹放到锅里煮的时候，它肯定热的难受，就会往外爬，这个时候我就把盖子一把摁住，告诉他，想红就必须忍着。螃蟹只有煮熟了才会红。创业也是一样，就像每天在这样的高压锅里，你要想成功、要想红，就必须忍着，这就需要坚持。所以我说创业成功的三个核心密码，其实就这么简单。

一个人或者一个企业要想成功，是非常非常难的。因为一家企业成功，需要十个因素都到位，我们叫天时、地利、人和各方面都要到位。但是一家企业失败却很简单，一个链条的环节断了，企业就死掉了。但是如果你掌握了创业的核心密码，那就变得非常的简单，简单到只要把人性所共有的缺点克服掉一部分就可以了。

我们所有的人共有的缺点第一点懒惰。所有人的共性的弱点。我们能不能比别人更勤奋一点。你只要比普通人更勤奋一点就可以。第二个是自私。自私是所有人的缺点，这是天性，不可否认。如果你想作为一个成功者，如果你想作为一个成功的创业者，你要做出选择。大家想一想，在这个社会上成功的人士多呢，还是碌碌无为和失败的人士大多呢？一定是平常的、碌碌无为的和失败的人是绝大多数，而成功的是少数。如果你想做那个成功的少数，如果你们共性上做的是大多数，而你又想取得极少数的成功那怎么可能。所以如果所有人都是自私的，你能不能比他们更不自私那么一点。大家交朋友的时候愿意交更自私的人，还更不自私的人，每个人都希望交比自己更不自私的人。但是每个人都希望交比自己更不自私的朋友，可是没有一个人先这样做，那么你是不是可以先做这样的人。如果你先做这样的人，你一定是朋友最多的人，一定是得到帮助和支持更多的人。有一句俗语，“人敬我一尺，我还别人一丈”，我们中国人被这句话“害苦”了几千年。

今天我们做一个比喻，在座的300多人，每个人都敬我一尺，我又还每个人一丈，最后是我亏了,还是大家亏了。你们敬我一尺,我还每个人一丈,我每个人多给了九尺,是我亏了是不是?占小便宜吃大亏,永远等着别人对你好,你才对别人好。而真正的智者是我给所有人一尺,他是不是还我一丈是他的事。所以说下等人是人人为我,我才为人人,中等人是我为人人,希望其他人能人人为我,而上等人是我为人人,不求人人为我。你如果真正的创业者,却没有这样的智慧,没有这样的胸怀和格局,你是不可能成就什么伟大事业的。

所以我本人的座右铭也非常的简单,"做你所期望的别人"。你期望别人对你无私,你就要先对别人无私;你希望别人对你尊重,你就要先尊重别人;你在寂寞孤独的时候希望别人陪伴你,你就要先陪伴别人。你在希望别人给你友善的时候,你就应先对别人友善。就是如此之简单,这是宇宙的观念。我们每个人释放了什么,就会收获来什么。大家看到过一个整天抱怨的人成功吗?没有,因为他释放的是负能量,宇宙也给他负能量,其实这就是宇宙的秘密。我们整个人是宇宙的一个物体,释放什么就会被回应到什么。所以所有人都是自私的,你能不能比他们不自私一点。

所有成功的企业家、创业者,没有人一开始就是成功的。我刚才谈到乔布斯、比尔·盖茨、马云,还有另外两个是值得我们去从他们身上学习更多的一个是跟中国清朝胡雪岩齐名的商人,也是电视剧《商道》的主人翁,叫雷上沃。我从2002年开始,看《商道》这个电视剧,每每看都会看到泪流满面,因为雷上沃说做生意不是为了赚取金钱,而是赚取人心,商道即人道。还有另外一位是至今全世界仅有的一个经营过三个世界五百强公司的人,他叫"道圣合夫",今年已经是八十几岁的老人,他自己创立了"今兹",成为世界五百强,同时又创立了KDK日本第二个电信公司,也是世界五百强,在他76岁高龄的时候受日本首相之托接手了一个连续亏损11年的日本航空公司,为什么一个老人,有能力去扭转亏损11年的一家企业,就四个字,叫"敬天爱人"。

所有人都是自私的,你能不能比他们更不自私一点;所有的人懒惰,你能不能比他们勤奋一点;所有人都是虚伪的,你能不能比他们真实一点,其实你只要克服掉人性所共有缺点的一部分,尤其是想做企业,想创业的人更要如此。

我们讲成功的三个密码是基因匹配,找到风口,懂得坚持。在经营企业、创业的最大成本是什么?市场和渠道、朋友、时间、人力资源、渠道,还有机会等等。

这些都是一个企业的成本,也是非常重要的成本。但是我要告诉各位的是,一个企业经营最大的成本是老板的无"知"。这个"知"是企业经营和社会最本质的规律,是经营的哲学。谁先找到了企业经营的最核心的规律和本质,谁就越容易成功,叫闻道有先后，术业有专攻，闻道对于一个企业的创始人而更重要的并不是你比你的下属能干，而是你比他们懂得规律合作。吴承恩写的《西游记》，告诉我们什么是一个团队最佳的组合，叫贤者居上，能者居中，技者居下。猪八戒有一技之长，见了妖怪抡耙子，如妖怪不怕他，他就跑，所以他是这个公司的业务员、业务代表。沙僧会两件事，第一件事挑担子，第二件事一看唐僧不见，就喊“大师兄”，所以他是办公室主任，负责化缘、挑担子。孙悟空能力非常强大，是一个能打妖怪，一个跟头十万八千里，能搬救兵，综合能力非常强。但是他也只是这个公司的销售总监。而唐僧，他没有任何的能力，化缘他害羞，动不动被妖怪掠去了要煮了吃，还等着徒弟救他。但是他为什么是师傅？为什么是这个公司的总经理？因为他有梦想，因为他懂得事物最本质规律，他有信仰，他能够解脱和解救造福更多的人，是贤良淑德的人才，所以是贤者居上。而能者居中，技者居住下面，所有一个企业的创始人，你想让你的企业变得更好更大，最重要的就是修炼自己，让自己更有智慧，更懂得事物的本质规律和企业的本质。西游记这家公司的董事长叫菩萨，因为他投资和赞助了这次西天取经。所以说创业最大的成本是老板的无知。

我举个例子，马云创立阿里巴巴以后，很短的时间就制定了阿里巴巴的价值观，我讲的这个知就是规律、本质和价值观，创立一家企业的价值观。那么在中国我们叫经营哲学，在世界上叫价值观和文化。彼得德鲁克也好、杰克维尔奇也好，都讲一家企业的成功并不是你做什么产品和服务，而是秉承什么价值观和文化。我们在看马云创立阿里巴巴的时候他说，阿里巴巴的价值观是什么？阿里巴巴的价值观是顾客第一，员工第二、投资人第三。把顾客排在最前，而任正非在创立华为的时候，大家知道华为是多么伟大的一家公司。在 2012 年的时候，年营业额达到了 2 700 亿人民币，是全球最大的通讯企业，当然因为任正非的老二哲学，他永远不承认是老大。在 2012 年的年底，我们中国传统过春节的时候，华为向所有员工派发了的过节福利和 125 亿现金。大家要知道中国有多少家企业一年的营业额能达到 125 亿？更不用说利润了。他是拿出 125 亿来派发给所有的员工。所以能达到今天如此之伟大，也在于它的价值观，叫以客户为中心，以奋斗者为本，坚持长期艰苦奋斗。它成为全世界最伟大的通讯企业之一，这也是价值观。

我讲一个更鲜活的例子，突然从 2010 年开始千万家企业都开始干团购，那几年突然出来一堆团购，24 全、窝窝团等各类团，我们都被团过，都参与过团购。有几千家做团购的企业，但是到今天还有几家做团购的企业做的非常好，接近成功呢？只有两三家，是不是？美团、大众点评、糯米、仅有的几家，有的不见了，有的在苟延残喘。同样的一个模式，没有秘密，就是拉一堆商户，限时特价、便宜，模式没有任何的区别，一层窗户纸，没有秘密，说了大家都知道。相同的模式，也有非常多的企业都融了资，都融了几千万人民币、几千万美金。著名的拉手融了几千万美金，可最后都在那里躺着呢。为什么美团在这个团购领域相同的模式、相同的资金下，而它胜出了，为什么？引领这家企业最后成功，是一件非常偶然的事情。而这件非常偶然的事情引领了这家企业走上了最正确的道路。在2010年底的时候，美团每个月只有几百万营业额的时候，它们跟DQ冰淇淋联手做了双色球的冰淇淋项目。美团团购25元，市场价是50元，便宜一半，顾客肯定是趋之若鹜，开放了两个小时就11 168人参加团购。突然DQ就下架了，DQ冰淇淋发了一纸声明，说我们和美团的联合团购协议只是在洽谈阶段，没有形成正式的合同，我们无法对这次团购兑现，因为我们的门店资源不足来兑现这些团购。按照一般的中国的企业，这个时候美团也可以发一个说明，说美团和DQ签合同的只是一个临时工，不是美团正式员工，所以美团无法对此事进行负责。大多数的公关都是这样做的，发一个声明完了，大家都没有责任。但是美团创始人王新没有这样做，而是召集所有的高管开会，讨论这件事怎么办，11 100多人参加团购，怎么办？就这一个简单的事情，讨论了两天。两天的封闭会议大家在一起大吵，到底应该怎么办，意见肯定不一样，公关部说发一纸声明就算了，消费者都健忘，过两天就忘了。新闻爆炸让大家都快速的疑问，再加上反主流，这个话题两分钟以后回来接着谈。

我前两天在番禺，做了一次演讲，叫未来商业模式的去化，去中心化、去平台化、反主流化，我们创业都要了解这些。

回到刚才讲的，美团就开会，研究到底怎么办，最后做出两个决定，第一美团对所有参与团购的人补偿25元，让DQ冰淇淋给每个人兑现，这一笔至少赔偿了多少钱呢？25万，这对一个初创企业来讲是一大笔钱，却形成了美团的价值观和文化。王新说我们做一个团购，未来依然会面对很多的消费者和商家的纠纷。在面对与商家的纠纷，以及美团员工和客户的纠纷的时候，价值观和文化就是这个企业所有人的价值取向和行为规范，就是一个价值排列，到底是先满足谁，先服从谁，后服从谁的问题。无论是谁跟美团的客户发生冲突，必须先满足客户，先解决客户的问题；商家第二，跟美团合作的餐厅、电影院、所有的都排在第二；员工第三，投资人第四，王新第五。王新把创始人放到最后。所以是一个偶然的事件推动了这家企业找到了企业经营的本质：一家企业为什么存在，一定不是创始人的需要，而是因为别人的需要。如果只是创始人的需要，这家企业能做大吗？一个人的价值和一个公司的价值都是如此。因为你被他人需要，尤其是被社会需要，这才是公司存在的基础和理由。

所以一家伟大的企业一定不是为创始人而生的，而是为员工和顾客而生的，为社会而生的。当然很多人喊这样的口号，都贴墙上，但是有几个人真正的践行，所以我说叫无知，这就是您真的是不是抓到了这个本质。所以一切企业的本质，都是照顾好员工，服务好顾客。只要抓住这两点，其他都是可以解决的。这两点是最本质的核心。一个企业的失败可能有很多种原因，但是归根到底只有两点，要么你远离了顾客，要么远离了员工。海底捞为什么成为这样一家伟大的企业，叫海底捞谁不会，大家去吃海底捞，大家想一想，你能记住的真的是海底捞的火锅好吃的不行吗？真的是海底捞的火锅里加了罂粟、鸦片吗？不是的，因为他的服务里加了“罂粟”，你需要的是海底捞的火锅跟别的产品并没有极致性的差别，而是他的服务是别人学不会的。因为张勇从内心就树立了一个员工与服务的心，他把员工服务得幸福了，员工才会真正地服务好顾客，这是一家企业的本质。

创业的最大成本是老板的无知，你越早的接触到本质，你越成功。

一个企业经营最大的风险是什么？创业一定不是基于你自己的需求，而是基于顾客和他人的需求。一个年轻漂亮的女孩子在晚上 11 点下班回家，回到小区，小区里只有几个昏暗的小路灯亮着，所有人都睡觉了，这个时候出来几个歹徒，把她按倒在地，歹徒不是劫色就是劫财，这个时候她就喊救命，喊了三声没有人出来。她脑袋一转，重新喊，说救火啊，起火了。大家都冲到公共场地，在她几乎被强暴的地方。她喊救命的时候是不是基于自己的需求，是希望别人救她的命。同理，如果你喊自己的需求，顾客根本不关心你卖什么，顾客也不关心你需要什么，顾客只关心他买什么，他买什么。所以那女孩喊救火的时候，是说出了别人的需求。其实道理就是如此之简单。但是绝大多数人都在喊救命没喊救火。创业就是这样。

我再给大家讲个故事。

2014 年元旦我到海南三亚度假，度假之余到中国最南的寺庙南山寺，求教于南山寺的主持。因为我关心两个问题：第一个，我这一生能不能取得极致的成功；第二个，我能不能做到长寿。抱着这两个愿望就去了，大师给的密码非常简单，大家想听吗？我问他第一个问题的时候，他说来小伙子举起你的左手，我就把左手举起来了，大家跟着我一起来，大家一起看一看你是不是一个可以成功的人，举起你的左手，然后再举起你的右手，大声说跟着我来，停在这里不要动，大师说小伙子你看一看，你的右大拇指在上，还是左大拇指在上，我一看是左大拇指在上，他说恭喜你，你一定是可以成功的人。他说当然，右大拇指在上的除了成功还可以更幸福。所以其实成功很简单，就是不断给别人掌声。

当第二个问题我问他如何做到长寿，他说长寿的秘诀就是坚持、坚持、坚持呼吸别停。接着分享我们的风险。

一个企业经营最大的风险就是企业倒闭，或者企业创始人被抓，你看天天有创始人被抓，天天有企业倒闭，天天有企业经营不下去了，被封了，入不敷出了，这都是企业经营的风险。一个企业经营最大的风险是什么？我的观点，企业最大的成本是老板的无知，企业最大的风险是老板的无耻。为什么是老板的无耻。我分三点来谈。

第一，离法律的边界远一点。西方是讲究人人平等的法制社会，中国是接受不平等的人情社会。在西方你在花园里看到一个人在修花草，你跟他交流，他会告诉你，他当然地认为跟奥巴马是平等的，只是他不愿意做总统而已，这是真实的态度。但是在中国，因为人们生下来以后就是接受了君臣父子、夫妻等不平等的伦理纲条，所以我们都认为接受了不合理的平等，所以中国是一个人情社会。人情社会使很多做企业的走入了误区。就是权钱交易，各种灰色地带，各位要经营企业也好，做任何事也好，一定要离法律的边界远一点。

为什么告诉大家这是第一个，什么叫无耻，就是一个企业家、一个创始人只有知止而不耻，知足而不辱，你只有知道停止才不会受到侮辱，只有知道知足才不会失败，这叫有边界。你不能无边界做事，第一个边界就是法律，一定不能碰法律的红线。我在这里举两个小例子。在2005年的时候，我在做第一家企业，做健身设备的时候，我每年在这家企业大概有1 000多万沉淀的税，我的上家开给我发票，但是我有很多客户不要发票。我每年有一千多万的税票，我只要开给别人，就可以从别人手里拿到一些返利。我一个朋友跟我说，你一年一千多万的税，把税都开给我，增值税17个点，给你5%的返利。在那个年代把这一千多万的票给他，我至少有50多万的纯利润，这个钱我自己拿着也好，企业拿着也好都不是小数字。但是我在思考良久以后，告诉他不可以。当然我有犹豫过。这笔钱在那个时候在北京可以买一套非常好的房子，可以买一辆非常好的车。但是一个人在经营企业的过程，就是抵御诱惑的过程。我经过思考后说，既然连国家机关的工作都可以放弃掉，出来创业。我为什么要冒这样的风险，无非想挣阳光下的利润，有本事就多挣一点，没有本事就少挣钱一点，但坚决不能做这么套税的事。当时我心里其实也有些许不平等。因为我眼看着他从开捷达接着开奥迪、开宝马，最后在北京买了七套房子，买了五六辆车，雇了几个保姆，这些是他开增值税发票所获得的。但是不久，大概一年多以后，我现在依然可以在这里演讲，而他却在监狱里。所以一定要离法律的边界远一点。我有一个朋友写了一本书叫《你离监狱到底有多远》，其实你就住在监狱的隔壁。做企业就是如此。

第二，知止而不耻，知足而不辱。在去年在 2013 年马云宣布退任阿里巴巴，李永好宣布退任新希望，好几个企业的领导人宣布退休，把权利让给新的人。这就是真正的知止，叫急流勇退，而不是把一个企业熬到不行了，才让年轻人去接班、去工作。因为花无百日红，春夏秋冬的更替都是自然规律。但是很多人都认为自己行，认为自己有能力。而实际并不是这样的。所有都是自然规律的更替，就知道停止，我们也看到很多不知道停止的企业，企业家其实把企业做到没落。所以古语有云，金玉满堂，不能长久保守；富贵骄横，心随身退。要懂得退，懂得风险，创始人不能一味地进取，想想所有人说我要期望企业一年一百倍，五十倍的增长，这都是人的欲望，其实不符合自然规律。“企者不立，夸者不行”，要符合自然规律，才没有风险。

大家想想一个人单腿站着可以站多久，一个人平均的步距约是 0.75 米，你非要一步跨 1.5 米，你天天这样走是不行的。所有做企业的都贪快，这都是人的欲望，但是自然规律告诉我们，这不可以。自然规律告诉我们，所有成功的事情，都是“道生之，德畜之，物形之，势成之”，最后是靠势能的成功，而不仅仅是人的努力，这是最大的风险。企业经营最大的障碍叫老板的无舍，不懂得舍才是阻碍一个企业发展最大的障碍。谈到这里我也分享一个例子，是王石。我有幸有三次以上跟王石本人做过深入、深刻的交流。得到的启发和指导是非常多的。

第一次我跟他交流的时候，大家就知道为什么我说要离法律的边界远一点。万科是一家公开宣称不行贿的企业，大家要想在中国这样一个政治体制内，如果一家企业公开说我不行贿，他应该是不受待见的，到各地去拿地都拿不到中心的地，都是拿着偏远的，没有人要的地，在五环以内都没有万科的项目，都在五环以外。我就跟他交流，我说王总，你公开宣称不行贿，要做一家健康透明的企业，是不是给企业经营带来很多的困难。他反驳我说，你认为行贿就很容易吗？因为他的不行贿，他拿不到便宜的地，他拿不到通过权钱交易、地段好的地，但是逼迫了王石和万科把更多的精力没有放在跟政府打交道，没有放在跟别人兑现的时间和精力上，而是花在面向中国中产阶级最精良的品质房子上，万科的房子和万科的物业也是，虽然也不是完美的，但是已经是深受拥戴和认可的，具有高品质的中产阶级的房子。他把最多的精力、最多的时间花在整合房地产上下游资源上，做出最好的产品给客户。虽说这逼迫了他，其实做得最正确的事情就是以客户为本，做出了客户的产品。同时代的我们看很多的房地产企业现在在哪儿？房地产企业的老板？据我所知，至少我知道北京有很多房地产老板，连同海淀区的区长、朝阳区的区长他们都在一起，他们依然是好伙伴，只是换了一个场地。

正因为他逼迫了企业不去做这样的边界，他知足、知止，而万科成了现在世界上最大的房地产公司，一年有三千多亿的营收，全球最大的房地产公司。

谈到舍，王石也是一个懂得舍的人。所有的企业都谈规模、谈知名度，但是要看事情的另一面，王石是在不断地舍。首先在1998年的时候，王石和万科的高管，有机会通过MBO的方式把万科变成自己的，他们只需要2.56亿人民币，当时只要筹集到2.56亿人民币，他们就可以成为上市公司万科的控股股东，因为在这之前他们都是万科的职业经理人，包括王石本人在内都是打工的。王石就召集包括余亮在内所有的公司高官讨论，坐下来大家商量说，余亮说这个机会千载难逢，我们是给别人打工，如果我们有了2.56亿马上就是企业的主人了。王石就问所有人两个问题，第一如何筹得千载难逢这笔钱，第二我们这么做的目的到底是什么？他们财务就给出招了，说万科现在有这么多钱，我们想办法在外面成立一个公司，把万科里面的钱通过一种方式倒出去，倒到我们自己的公司，我们自己公司再出钱把万科收购了。王石听完以后觉得此法甚好，但是坚决不予执行。要舍，因为他们那个时候没有钱，筹不到2.56亿，只有用这种洗钱的反向方法来做。但是王石没有这么做，舍弃了对这家公司的控制。同时在那个时代有机会这么做的企业家，包括伊利的前董事长在监狱里待了好几年。所以要懂得舍，不是自己的，不是正当手段就要放弃。同时他问所有的高官，大家告诉我，我们这么做的目的是什么？所有人都说我们要控制这家公司。王石说，如果我们所有的决策不是为了发展这家企业，而是控制这家企业，都不能做。所以万科有了这样的价值和文化，是因为他第一步舍得了金钱，抵御了金钱的诱惑，万科才能在现代企业制度管理下健康的发展。第一步是舍得金钱，第二步舍掉了权利。他最早是董事长兼总经理，但是他为了让万科有更鲜活的生命力，为了让万科有更大的发展，就只做董事长，让出了总经理位置。而那个时候其实王石本人还正值壮年，他把总经理的职位让给了余亮。大家知道一个自己没有股份的公司，做高级职业经理人，你让出这个权利，就有可能被别人挤掉，被别人遗忘，这是多大风险。但是王石依然坚定的让出了总经理的职位，当然他一开始很痛苦，他依然不放心，所以余亮开总经理办公会的时候，他常常在隔壁听着他们到底说什么，后来实在觉得欲望无法彻底解决，他就选择登山去了。所以舍掉了权利。第三步舍掉了名声。王石在近三年以来几乎不出席所有的财经论坛,不接受任何媒体的采访。他到美国去做一个访问学者,在美国做访问学者期间也收获了爱情。他今年开始可能去以色列游学,要变成领悟人生真谛的人,舍掉了名声。我第二次跟他交流的时候,他说你说我一年年薪 1 400 万,到哪里出差干什么都有公司负责,当然登山是自己的费用,也有房子,我还需要花什么钱。所以他说少就是多,"曲则全,枉则直,洼则盈,敝则新,少则得,多则惑。是以圣人抱一为天下式"。他说我就是一,我有 1400 万年薪,每年还有几家公司找我做代言,因为做得少,每家最少一千万,又是两千万,足够了,要那么多干什么。所以又是舍去。正是因为不断的舍去名声、金钱、权利,他才真正拥有这些,而真正要求的人,求之不得,要得而就失去。所以这才是人生最大的智慧,其最大的障碍是创始人的不舍,很多人就是因为不舍而陷了进去,我们做企业的也是如此。

我把今天的分享做一个总结,其实人类所有最高级的智慧都是跟人的欲望相反的,叫正言若反,我们要去自然里面寻找事物的真正规律,而不是遵从人的欲望。人的欲望只会把人引向深渊。从人的欲望另外一面去看,会得到真正的智慧启迪。牛根生创立蒙牛的时候,他说,我所秉承的价值观非常的简单,就是我小的时候,而且是他的养母,告诉他的两句话,第一句:与人为善,第二句:要想知道打个颠倒。你一定要想知道一件事情的本质,知道一件事情的真相,从反面去考虑。为什么说人的所有的最顶级的智慧都是跟人的欲望相反的呢。因为人的欲望就是自私、懒惰和虚伪,而真正的智慧都是与此相反。弟子问佛陀说,佛经的精髓是什么?佛陀说佛经的精髓是财舍者才得。只有真正懂得舍的人才真正懂得获得。弟子问耶稣说,圣经的精髓是什么?耶稣说圣经的精髓是爱人如爱己。你爱别人要像爱自己一样。那么老子没有弟子,但是老子的道德经有云,上善若水,让我们修善。最顶级的智慧让我们修舍、修爱和修善,但是这些都是跟人的欲望相反。一般人都是希望别人对自己善,别人爱自己,别人对自己舍,而自己却不做这样的人。

老子的道德经说"上善若水,水善利万物而不争,处众人之所恶,故几于道。居善地,心善渊,与善仁,言善信,正善治,事善能,动善时。夫唯不争,故无尤。"其实是告诉我们,人的欲望都是人往高处走,这都是通俗所有人的想法,是不是?但是真正的智慧是水往低处流,真正的叫高者处下,柔弱胜示刚强,真正厉害的是水,而不是人的欲望,这是自然的规律。当然还有一句话非常有必要分享给各位,是真正给我们能够有智慧启发的,是《道德经》第八章讲的。其实道德经是给我们创造了中国最多成语的一部经典，最多的成语，上善若水、大器晚成，这些都是道德经上的"天长地久"。大家想一想，我们在座的各位，所有地球上的人，和这些物体的生命都是有限的，但是天和地会存在，天长地久，为什么？因为这里面背后的哲学就是天长地久。天地之所以能够长其久者，以其不自生固能长生。就是天和地不是为自己而生的，才能长生，为自己而生的都有生命的周期。所以我们做企业也是一样，你为自己而生的都非常短，为别人生的生命周期可能会长一点。叫"以其不自生故能长生。是以圣人后其身而身先，外其身而身存。非以其无私，故能成其私。"最后这句话特别的经典，"非其无私邪，故能成其私"，你做一件事情的时候你的出发点越无私的时候，越是为了别人根本不考虑自己的时候，客观说会成就自私的自己。

听众：杨老师你好，我有一个问题，你刚刚讲的这些东西，我觉得都是精神层次很高的，提到很多，比如服务员工、服务顾客。我是一个在眼镜店上班的年轻人，刚刚上班。你一味地去给大家服务，一味地给顾客服务的话，可能我自己看来觉得不是很能调动员工的工作积极性。我同事他们都说很简单，公司给我多少钱，我给公司做多少事。所以我想在这方面你有没有什么建议；还有跟调动员工的积极性有什么好的处理方式？

杨守彬：这个问题恰恰是你这个年龄段能提出来的问题。我从三个方面尝试回答。这里面存在因果的关系，大家要想谁是我们的衣食父母，一定是顾客。一个企业拿什么对员工，只有去满足了顾客的需求，从顾客那里创造价值，才会有条件对员工好。我举一个例子，为什么海底捞会做到今天这样的一个成功，他每年大概现在有30～40亿的营业额，3～4亿的纯利润，这在餐饮企业是非常少数的。它的前提是整个服务链是由内而外的。我说了你为什么会有价值，因为你被他人需要。未来其实行行都是服务业，环环都是服务链，人人都是服务员，你只有对别人服务好了，才会有机会获得价值。大家想为什么海底捞的这些员工那么卖力，那么热情，然后又那么勇于创新？首先一点他肯定有非常好的福利。他的幸福是由内而外生出来的，你说他三个月没有发工资，吃了上顿没下顿，他有这种热情服务顾客吗？所以首先要满足员工。满足员工要从顾客那里拿到收益。张勇在这一点可以称为伟大。北京也好、上海也好，过去这些餐饮店的老板招员工都是农民来的剩余劳动力，来城市里面工作，绝大多数的老板都是给员工租地下室、半地下室、上下铺，这种员工怎么服务好的顾客，有可能吗？张勇首先做到的是来海底捞工作的所有人，住北京最好的公寓，三居室，三居室每间房子最多住三个人，而且给他们请保姆，给他们洗衣服。首先来说，他做到一点是什么？让这些人有归属感，从外地来北京工作，首先有归属感。其实他做到了一个最基本点，就是把人当人看，所以这些人就得到了尊重，有了归属感，有了幸福感，他才会愿意为别人服务。他们服务的热能一爆发，海底捞的翻台率是别的企业的5倍、10倍。你到了海底捞店，无论你消费多少，服务员都会笑容满面的给你拿来。他不是说为了获得你的利润，他天生的认为海底捞存在的价值就是为顾客服务，就形成了一条服务的链。老板把员工服务好，员工把顾客服务好，这个企业就理顺了。到底是先服务好员工，还是先服务好顾客，这是一个鸡生蛋，还是蛋生鸡的问题，从哲学的角度来讲首先要服务好顾客。因为即使老板对你不好，你作为一个人在这个世界上你能够成长和发展，也是你首先要对别人服务。不管你现在是打工也好，未来创业也好，其实你要想明白一件事情，你不是为任何其他人而工作的，都是为你自己工作；都是先为别人，最终为自己工作。我不知道是否回答了你的问题。

听众：可以看出杨总很注重企业文化这方面。我想问一下，小微企业生存和企业文化怎么做才能兼顾？

杨守彬：这是非常好的问题，有很多人疑惑，只有企业大了，你看他墙上贴着标语，顾客第一，员工第二，才会有企业文化收获，才会有企业文化宣导队来讲，才会有关于企业文化的文章。也有很多人会说，别听他们的，他们只有成功了才会这么说，他们小的时候也怎么样，我想说的是，其实成功的人都是先相信，然后才能做到。失败的人都是看到以后才相信。非常简单，如果没有一个优良的适合这家企业的企业文化，这家企业即使做大了，也不可能长久。所以说如何去平衡企业文化和生存的关系，这是一个辩证的关系，就是说企业文化不是解决企业挣不挣钱的问题，企业文化本身解决不了挣不挣钱，而企业文化是解决这家能不能持续挣钱，能不能基业长青的问题。因为任何一家公司的经营都需要多角度、全方位的配合，你的商业模式，你的产品，你的销售，你的企业文化的整体配合，我觉得在一开始，所有的企业，从开始到成功，都认为是因缘和合，水到渠成。所谓的因就是种下一颗健康、优良、自信、积极的种子。所谓的缘就是环境、条件和元素，你不断地培养它，不断的努力，最后的成功就是水到渠成、瓜熟蒂落的事情，这就是因和缘。企业文化和企业事物之间的关系，一个是内一个是外的事。我是这样认为的，这两者都非常的重要。当然我们也看到非常多企业，天天在家喊口号、天天在家喊战略文化、天天开会，但是不做任何一件对员工、对顾客有意义的事情。光喊口号也不行，像一个外国记者在延安时期，就对延安的人为什么有那样浓烈的持续的革命热情，他很疑惑，吃都吃不上，条件那么差，国民党统治地区车水马龙,革命地方那么穷,但是热情却那么高呢。他从上海一个多月才赶到延安,还没有到延安的时候,就看到一个农民,农民扎着头,在那里跳着秧歌,在地里耕种,他就过去说,大爷你为什么如此的有激情,为什么如此的投入,如此的开心的干这么辛苦的工作。这个大爷说,我们为了实现共产主义啊。他说共产主义是什么?他说共产主义就是:吃啥有啥,想吃什么就有什么。这位记者就很疑惑,大爷你现在也没有啥吃为什么这么开心,大爷说为了实现共产主义就有啥吃啥,这就是企业文化和企业经营的问题,这是分阶段的,需要企业文化贯穿企业的始终。

谢谢大家。

OTO 全民电商时代推想

李　烨

淘宝大学OTO战略企业讲师、天下网商电子商务资深分析师。现为中国第一家专业户外烧烤服务品牌——原始烧烤创始人，中国第一家烧烤餐饮业大型连锁机构品牌——小李炭花创始人。具有十年电子商务行业经验，熟悉电子商务运营，擅长创意性策划和营销。涉及的主要知识领域：电子商务营销、淘宝运营、OTO品牌打造、传统企业电商化、电子商务同城物流搭建等。涉及的行业有：食品、餐饮、户外用品、家居、会展等。

大家好！非常开心在这里跟大家分享一些我的创业经历，对未来的全民电子商务时代谈我的一些感想，讲得不当之处请大家指正。

今天我演讲的主题"OTO全民电商时代的推想"，达摩是我的代号，因为我们公司叫古龙文化，在我们公司里面会有燕十三、小李飞刀这些代号，这也是武侠文化的一个缩影。

希望大家了解一下我本人，虽然我长得比较老成，但我只是一个80后，也是中共党员，做过电子商务，断断续续也做了各种其他行业，比如化妆品、女装我都做过，而且都取得了一定的成就。最后在网上卖烧烤。在网上卖烧烤，大家可能觉得很奇怪，后面我讲一下我的创业经历。

这是我的荣誉，2012年很荣幸被阿里巴巴评为全球十佳网商荣誉——2011年阿里巴巴全球百强网商荣誉。我之前的经历，如果说熟悉关注过淘宝，或者是经常网上购物的人也许会看到我，包括柠檬绿茶、温州的斯米尔、偌水电子商务，还有大家在聚划算上面买一些打折券、休闲券这一种模式我算是探索者吧，全国第一家网店是我做的。另外一点，我创业之余也是乐于跟大家分享的讲师。我讲的东西都是非常贴近实战的，希望跟大家分享。

大家先看一下我们在2012年参选十大网商的视频，我们现在的规模是当时的6倍左右。看了这个视频，大家可能会讲，今天我们讲OTO，那什么是OTO？因为今天听众的年龄跨度非常大，我想在这边跟大家解释一下，OTO从英文的理解，叫线上和线下，网络我们可以叫线上或者是移动端，然后线下是实体，其实OTO真正的概念是把中间的这个T给做好。不管你是在线上到线下，还是线下到线下都是可以实现OTO，这都是一种OTO的部分。大家看一下最近比较出名的新闻，顺丰又开了实体的嘿店，大家可能关注，一夜之间多了很多的嘿店，这个店里面什么都没有，但什么又都有。进去以后直接扫码，或者是说直接在店里下订单，给你送到家。这也是一个进步，包括1号店、全家等，在各个小社区附近都已经开始布局自己的OTO了。换句话说，在未来的5年，不管你是什么商业模式，处在线上还是线下，如果说现在OTO不去布局，在未来的5年后必将会落后，甚至消亡。

OTO概念我们理解了之后，我们做一些推想。我推想什么事情？本来我的取名叫做猜想，后来改为了推想，因为推想是有依据的。下面从我自身的一个创业上面跟大家分享一下。

创业是为了什么？很多人创业，很多年轻人自己创业，那么在座的能否回答一下创业是为了什么？用几个字或者是四个字，说一下创业是为了什么呢？

听众：实现理想。

李烨：还有吗？还有人在做创业的吗？下面应该有自己做企业的业主的？

听众：创业最终就是改变你的收入。

李烨：我们来看一下，很多的时候其实实现理想，实现价值，在赤裸裸的讲赚钱，赚钱越多越好，只要能越来越多都是好的，只要堂堂正正的赚，谁都愿意的。创业无非是两种，一种是为了改变，一种是为了改善。我是白手起家，在成长环境当中是处于无资金的状态进行创业，我寻求的是改变，改变人生，改变我目前的轨迹，实现自己的价值，实现自己的梦想。而改善有很多种，比如说家境相对比较平实、殷实的，觉得我应该更上一层楼，这也是一种创业的态度。总的来说，只要你走上创业的道路，一定会比你上班更加的辛苦，但是会更加的充实。所以说不管你选择改变还是改善，最终的目的虽然有所偏差，但是走过的路一定是一致的，当你选择了改变之后，就更加需要破釜沉舟了。

我对创业有一个总结，首先要有远大的梦想，我们讲韬光养晦，创业者必须要韬光养晦，在过程当中要未雨绸缪，然后破釜沉舟。真正做了就要破釜沉舟了。我的朋友圈里有很多都在创业，大家都说不进就是死，只能往前走。对我来说，我理解的创业和就业，无非是从生存到生活这两个词的转变。很多人用了将近一辈子，我不是说这种平淡的生活是没有意义的，因为 90%的人因为各种情况在平时的岗位上踏踏实实地工作了一辈子，而一百个创业者里面可能只有一个成功。为什么呢？我们在追求生存和基本的需求需要满足以外，还要追求一些创意、变化，要享受生活，这就是创业和就业的不同结果。

机会究竟在哪里？很多人跟我讲，因为我是 2003 年开始做 eBay，2005 年开始做淘宝，2007 年我第一个淘宝店的等级已经是两皇冠了，2008 年进入了柠檬绿茶，是当时的淘宝第一店，开始做电子商务。我经历了整个淘宝历史阶段，从 2003 年淘宝开始，十多年的一个发展。在这种情况下，很多人跟我说机会没有了，现在各个行业的老大都有了。我说正因为 OTO 时代的到来，所有的格局都会再洗牌，重新洗牌，因为线上线下的份额是完全不对称的。别看阿里巴巴去年卖了 350 个亿，但是这个 350 亿也仅仅是线下很小一部分的销售额。所以当 OTO 时代追求的线上线下互动和平衡的这种商业模式到来之时，这点销量几乎可以忽略不计。

我们讲一下机会是怎么产生的？首先第一条，生活。我们大家都是为了生活，每个人都要生活，所有的消费品，消费服务都是围绕着生活。而“生活”有 3 个级别：第一是需求，第二是需要，第三是欲望。这三个级别大家应该都很明白。我需求喝一杯水，意味着我很渴；我需要喝一杯水，我就要挑了，到底是喝白开水还是纯净水；当有欲望的时候，我要喝 10 块钱以上的水，这是非常简单的区别。围绕一杯水满足不同层次的人的心理变化，就会产生出消费品、快销品、奢侈品等不同的水产品。在这种过程当中，围绕着生活，其实不仅仅是我上面写的这些词，所有的变化都会产生新的购买欲望，不管是购买服务还是购买产品。当消费品回归到生活以后就会产生更高的价值，所谓的价格战会被慢慢地弱化。

我举一个例子，当我渴的时候有人把水送给我，比如说我在户外很渴，二维码一扫，别人把水送给我，那我愿意支付给他多一些的费用，而不是说便宜一点。当产品融入生活以后，附加值会更加的提升，而不是说挂一个图片，打折再打折。这样对商家、消费者其实都不是好的营销之道。

刚才讲了一下我个人的理念，和本次标题讲座的一个解释。我只是一个用心做烧烤的人。在 20 多岁的时候，我一直都在做加法，我在 30 岁之前，出了一次大的车祸，头上缝了 17 针，在医院躺了一个月。在这一个月当中，我仔细在想，是否把所有的东西都剥离了，开始做减法。人生就是由加到减，不断地在变化的过程。我觉得我现在会做化妆品、女装什么的，我可以去分享，但是我绝对不会再去做了，尽管这些可能会赚钱，但是这些钱不是我想要的，我希望我能用心做一件事，而这件事会让我做一辈子。

我出生于餐饮世家，父母基本都是在江苏做餐饮。到 2001 年我上大学的时候家庭餐饮倒闭破产了，2003 年破产后的父母到江苏扬州去养螃蟹，可是又碰到了非典，还遇上了发大水，自然螃蟹是“颗粒无收”。我 2001 年辍学，2003 年出来打工，所以我 2001 年刚进大学就打工的第一份工作是到电脑城给人家扛箱子，住在楼梯下面放煤炭的小地方，就一个门板，一个小木栅，工资是拿 300 块一个月，其中 100 块钱交房租，所以每天都是数着花生米，吃着蛋炒饭。这些经历可能对于很多贫困，特别是一直处于贫困状态的人来讲不算什么，但是对我来讲，在 2001 年之前，我们家资产大概有 2 000 多万，我在 20 多岁之前，基本不知道钱是怎么来的。上大学的时候，我每个月大概有 5 000 多块钱的生活费。

我父亲做了 10 多年的餐饮，我对餐饮这一块还是比较熟悉的。父亲当初创业的一些技能，包括我当时的专业是英语。到了 2003 年，我尝试了很多的项目，发现这些事情要么需要技术，要么需要各种各样的门槛。唯独发现做烧烤这件事情，不仅门槛相对比较低，而且资金积累会非常的快。但是那个时候，我就跟着很多当地卖得比较好的烧烤摊做帮手，晚上去打工，不要工钱，跟人家学做烧烤，学会后就教给我父亲。那时我在路边烤了两个月，平均一个月可赚 1 700 多块钱。2003 年到了 11 月份的时候，我父亲终于跟我讲：儿子你的大学梦我还想帮你圆一下，没念完，咱们就继续高考，继续念，而且一定要读普通高考，不能参加成人高考。为圆我的一个大学梦。2004 年，我在没有任何复习的情况下参加了江苏省的高考，考了一个专科的水平。后来觉得自己很有信心，于是又去打了半年工。2005 年的年初，我去江苏盐城的一个中学当插班生，然后参加了普通高考，最终考上了上海出版印刷高等专科学校。

当我的成绩是在江苏的本二以上，我是整个考场年龄最大的，考上大学以后我发现我是整个系第二老的，除了老师以外。三次高考，两次上大学的经历，使我显得特别的成熟，也特别的老气。

到了 2006 年，除了高考那段时间，我一直是处在网上开店的状态。2006 年到 2009 年的时候，我家在杨浦区延吉路那边摆烧烤摊，生意还是不错的，到了 2008 年以后我开始做网上烧烤。到了 2009 年我家不再做路边摊烧烤了，因为路边摊忙活一天还顶不上我一天的订单。我父亲今年是 50 多岁，他对互联网是非常的不熟，但是现在他可以当培训师了，因为他对淘宝非常地了解。当初他跟我讲，你做这个只要一天做 500 块钱，一天能销售 500 块钱，一个月也是 15 000，只要这样我就跟着你干。这个目标，我大概用了半年的时间就实现了。

这是整个原始烧烤项目的经历。所有的企业在初创期的时候都是非常艰难的，我们也是一样的。在这里向大家解释一下为什么叫原始烧烤？因为我觉得在中国，我在做这个店的时候已经注册了这个商标，包括英文名字 Yesbbq，包括它的一个文化。第一点我们所讲的线下烧烤店在全国范围内是没有一个标准化的烧烤店，不像麦当劳、肯德基一样的，没有一个样式的。也就是说你们看到的烧烤店可能样式都一样，但是他们的肉到厨房看，可能他们会自己在串，自己现场采购。第二点，烧烤的从业人员的操作标准化也是没有的。因为也不知道怎么烤，大家都觉得很牛。大家如果有兴趣可以做一个实验，附近如果有路边摊，你可以问一问，说师傅我花 5 000 块钱一个月，你做我的烧烤师愿不愿意？我告诉你，得到的答案十有八九是不愿意的，因为他赚的比你想象当中的要多得多。

在这种情况之下，行业门槛、标准门槛都非常蛮荒的情况之下，我将来有一天能代表中式烧烤，能够站在韩式、日式这种高端的连锁企业的高度跟他们打拼，打出民族文化。所以我觉得烧烤来自于原始社会，于是我注册的商标叫做原始烧烤，是希望中国的烧烤能够得到全世界的肯定。

2009 年以后，我的一个在昆山花桥的客户通过网络向我的“原始烧烤”下了 200 多元的订单。这个客户到现在已经在我的网店订了第 6 个年头了，从来没有改变过，他的账号、ID 我都记得，因为这个对我人生来讲意义太大了。200 多块钱的订单，我是用天天快递发过去的，中间追单追了十几次，他给了我好评。他也是第一次在网上买烧烤，因为餐馆销售平台根本就没有“烧烤”这个词。当时网上搜“羊肉串”一搜全部是卖竹签的，没有肉。后来淘宝进步了，我们知道鸡翅、物化肉，等等，全部统称叫做羊肉串，这明明不是羊肉串，因为淘宝系统没有升级，变不出来。后来我们也做了很多的整改。

这是我们所谓的第一家门店，比较“模糊”。我们是整个杨浦，摆烧烤摊当中第一杆旗子，因为人家摆烧烤摊都怕出名，这也给我省出了很多的老客户。这是在路边摆摊的情形。这是我当时非常不专业的拍摄手法，但是事实上万事都是开头难。

我是上海出版印刷高等专科的，所以我注册的第一个公司是零首付。当时我的公司注册在上海杨浦区复旦创业园。因为公司拿到了很多的B2B的订单，就是企业活动，因此都需要开发票，对此我始终坚持不开假发票。这一步对我非常的关键。因为我觉得现在提到这一点，其实有很多的创业机会，很多的创业政策不是不存在，而是你没有去了解，如果了解了会发现机会还有很多。

这是我们2009年的时候维持着百分之百的好评。2009年是6千多点，我们现在已经是7万多点了，三皇冠。我们一个羊肉串去年在网上卖了100万串。

在2010年我们门店有了70平米，店的等级升到1个皇冠。2010年的5月份，4月28号到5月8号这10天，“原始烧烤”的每一个成员每天只睡3个小时，6个人做了10万的销售额，连客服带送货，带配货。当时我的女朋友，一个晚上要切800串土豆。因为土豆这些东西很容易变色，我们一般第二天的订单都是在夜里加工，才能保证第二天是最新鲜的蔬菜。所以只有订了，才能供货，不订就没有。那天晚上切完以后，她的手就直接起血泡。到了5月8号当天，我们家所有的货，连架上的饮料全部被抢光了。很多的客户跑过来抓了一把金针菇说这多少钱？估一个价。我说我还没有串好。没串没有关系，土豆拿两个给你5块钱吧。可以想象5块钱可以到市场上买多少土豆，他到我这里拿了两个土豆，而且是自己动手拿一张报纸包了2个，然后拿一个小塑料袋装，把5块钱给我。在5月8号的时候开始意识到，以我们当时的“吞吐”量已经支撑不住整个市场的发展。所以我们又开了更大的店铺。

在当年我们的店铺到了6月份的时候，做完上半年盈利的资金全部用来砸在下半年，就是视频里刚刚看到的门店，在翔殷路隧道的附近，应该大家看到过，叫原始烧烤上海旗舰店，实体体验店。这是我们70平米的门店。

2011年我们销售额大概在150万，门店等级升到了2个皇冠，也参加了双十一、双十二等活动，以及我们也跟正大一些知名的食品合作。我希望做的东西很大，我在每一步布局的时候，没有把利润放在第一位，我希望把规模化、正规化，更多的钱投到后端生产的标准化上面。当时的一个排名，现在的排名是我们一直维持在整个淘宝，现在生鲜行业是10万多商家，我们一直维持在前100。这是当时的一些照片，这是上海餐饮的一个证件，说起来不怕大家笑话，当时我的注册资金只有3万，因为那时我的资金确实很紧张。

2012年的十大网商，2011年的百强网商颁奖。不太清楚的，这个照片网上有，马云先生也跟我们站成一排。我这个项目是阿里巴巴的马云先生点名关注的。在全球十佳网商当中，我的销售额是最低的，当年的销售额是280万，其他的基本上在8 000

万以上。在这种情况之下，为什么选择我们？因为我们代表了马云的下一个计划，OTO时代他的双百万计划，也就是将来淘宝又会产生新的100万家年销售额在100万左右的店，这些店可能不大，但是他们会活得很好。

这是我的十大网商的奖杯，全国拥有这个奖杯的，做电子商务的有90个人，一共只有9届，我们是最后一届。因为马云先生不做CEO以后，这个活动就终止了。这是我在浙江大学的一个电子商务创业讲师的聘任书。

在困顿的时候我有一个梦想，什么时候能在百度的第一页搜到我，我不做任何的广告，不做SEO这些优化的情况之下，终于有一天我发现了，不用在网上搜烧烤李烨，直接搜李烨，一定会在第一页搜到李烨的相关新闻。最近一段时间，我们一直都会有很多的媒体关注我们的成长。这是2012年的截图，网商李烨，烧烤李烨，央视李烨，我是做烧烤的，我做了很多空前的事情，例如，我是做烧烤的第一个在这里讲课的。同时我是第一个做烧烤，从正面宣传进入央视一套，接受易中天采访25分钟。央视7套45分钟的节目，央视的一个记者跟了我10多天，拍了一段纪录片。另外还有一个全球比较知名的媒体。目前除了人民日报没有上，其他的报纸，或多或少都上了，今年的文汇报在大年初一头版，新华日报双文版4月1号，大家回去可以搜一下，双英文对照的，都是一个整的版面，央视网的报纸上是两个版面。这些是我作为创业的经历，希望大家能够从我身上学到东西，得到一点东西。我不是那种打印广告去说我的东西多好，我创业不是说一个人在做，我是希望越来越多的人认识我，我们来互相的学习。

这是我的一些截图，基本上在网上都可以看到，有解放日报、扬子晚报，各大媒体电视。电视是上海电视台的外语频道，还有跟央视国际的。我的主要目的还是赚老外的钱，代表中国人赚外国人的钱。所以当外国人到中国来了以后，他们就很苦恼，在国外他们的生活方式就是BBQ，到了国内就只能在超市买到，于是乎我们就脱颖而出了，我们有幸成为中国BBQ的食材供应商，去年我们13个烧烤师为他们组织了圣诞party，供应了850人的烧烤，这个订单大概在12万左右。这是客户认可的一些截图。

通过这下面两段文字讲一下我们的项目，所谓的核心竞争力，很多的投资商，搞经济的都知道，我们要有核心竞争力，就是利用电子商务与线下实体连锁结合OTO模式，开创中国烧烤行业的标准化、渠道化、品牌化、国际化的先河。在现在众多的行业当中，都处于一个红海的状态之下，我踏进了一个蓝海，这个蓝海不是我的竞争对手，这个是整个行业的规则，以及所有的标准都没有，而且还没有“老大”。所以，我希望这一块能够做成渠道化、品牌化，再逐渐走到国际化。大家可以看一看，我们的物流也是自建的，在上海的任意地点，任意门牌号，任意路口，比如说你穿了一件红色的衣服，开着一辆什么车，停在什么路口，我们提前约好时间，9点15分到，我迟到一分钟，可以退你一块钱，这就是我的物流。任意的公园、路口都是我们的送货点。

目前，我们上海的团队共有35人，其中大专以上的占60%，也有研究生和本科生。现在的实体体验店以及办公场所已经有两家了。刚刚看到的那家是不可以堂吃的，现在又做了一个真正的体验店，是可以烧烤堂吃。冷藏的储量达到400吨，2012年的时候是30吨。而且2013年之前，我们基本上都在上海运营，而现在我们已经分布在苏州、北京、深圳、南京、常州、广州、南宁这些城市，且都已经建好了分仓，就等着线下店铺入驻，而且这些城市户外烧烤的全城配送已经开始了。我们计划是在两年之内在江浙沪开200家店，上海是50家以上类似于像肯德基一样标准化的店。我们的店里除了堂吃、外卖还预定烧烤的半成品，以及BBQ的红酒、糕点、水果、烧烤师、户外烧烤的门票，等等，可以说说什么都想做，旅行团的服务我们都有，还有导航，APP的导航我们也会做。除了这些我们还有设计一个APP的游戏，是为了抓住15～25岁的未来潜力客户。这个游戏是可以打猎、钓鱼、养猪，完了以后可以收回来，加工成肉串，可以升级烧烤炉，没事可以点一点，玩烤肉串的游戏。最好玩的是，烤完以后可以到我们的烧烤店免费兑换，也就是说你可以真正地免费吃烧烤。相信这个游戏会有很多的人会感兴趣。

10年之前，我们是因烧烤而生，10年后我们为烧烤而生。如果没有烧烤这件事情，我都不知道我现在会在干什么。通过我整个的项目，我们现在就是在做老百姓最关注的——吃什么？在我的品类当中有海鲜、粮油、干货、肉食、蛋奶等，我要让人们吃出幸福感。

民以食为天，做餐饮这一行一定要本着严谨，对品牌负责，对社会负责的责任感。前一段时间被曝光的串老鼠肉这些事件，我们陆续也接到检查通知，前天杨浦区的药监局突然检查。我拿出所有的单品的每批次的检测报告交给他们审核。他们觉得，一个做烧烤店的怎么会拿得出这么多的单据。因为我们的需求量比较大，与供货商是有谈判权，我们只需一个电话，供货商就会把所有的批次，所有的证件都会拿过来。另外一点我们为什么能够做成功？我们是在江苏地区做的为数不多的，生物原体DNA检测，只要你拿过来任何一块肉，不管是牛肉羊肉，我都能检测出来。换句话说，我们从最后的产品质量那一块，国家的质监目前可能只能质监出螺门杆菌、大肠杆菌这些卫生状态，是分不清里面是什么肉的，但是我们自主采购的仪器，对食品原料的检测的技术含量很高。所以说请大家放心，我们卖的东西一定是非常有品质保证的，为消费者负责的。

其实我在建这个公司的时候，给员工培训的一个理念，要相信我们做的事情，能够让百分之七八十的人认可，但更多的是希望顾客说我们在做“玩”。其实吃和玩的区别，当你在吃的状态当中，你会对这个口味非常的讲究，因为你是为了吃而吃；当你在玩的时候顺便吃，会有一个很大的愉悦感。大家都知道，商务宴请也好，聚会也好，重点不是在于吃，而是跟谁吃，在什么状态吃，为了什么事情而在一起聚会，这一点很重要。我更希望的是通过我们的努力，能够让更多的人，比如说在办公室的，没有时间出去玩的，可能一个电话一个微信发给原始烧烤，原始烧烤可以为你承接，不管春夏秋冬可以承接在同一城市半天就能完成的休闲活动。这里面重点的，作为烧烤是贯穿在里面的。而由我们来牵头，会带来很多，比如说农家乐、钓鱼等等，这些东西我们在上海周边已经找了很多的农场在合作，包括崇明。也就是说我们在替大家规划，比如说明天要放假半天，这半天用来干嘛呢？吃饭、睡觉、上网，还不如去户外运动运动。

我们还有一个文化被称为家。因为我们希望的是让大家更有时间陪陪家人。刚才我提到了，在欧洲较为流行的周末家庭聚会，几个家庭聚在一起搞烧烤，里面有红酒、糕点等等。在中国，大家可能会说没有空间、时间，我觉得这些东西都是可以创造的，眼光放得宽一点，会发现其实生活当中有很多趣味性的东西，而我们正在努力替你们发掘这些事情。

我们能够把小小的烧烤做得更大，我希望在中国能够创一个百亿级别的烧烤品牌。网上我们看一下，第三方平台，就是我们现在在一号店有旗舰店，在淘宝商城有官方店，我们的微信上也有。主题导购，就是官方网站的导购有社会化的营销，微信端、微淘端，以及其他的一些论坛，这些方面我们都有人在做，而且会带来一些订单。

线下同城渠道的拓展，全国连锁加盟，加上同城速递，将来原始烧烤可能会有自家的物流公司，这个物流公司可能和京东一样的，但是我们跟他们是有区别的。现在很多大的物流公司，很大的优势就是城际物流，而我们则是重点在城内物流。这同城物流，会带来很多的就业机会。

户外烤烧的定位有户外烧烤、餐饮烧烤、聚会烧烤，俱乐部等不同的定位。往后延展，可能会拉动地区性的农业产品链的发展，因为我们所采购的东西特别多。接着是产品加工业，比如说咱们的炉具、木炭这些东西都有可能。第三是绿色旅游可以将目前我们小小的烧烤商业模式做得更复杂。

讲到做企业，不得不讲一下我们企业的理念。以保护自然环境，城市环境为己任。大家不是说做烧烤就破坏环境吗？但是首先，城市如果没有这个行业，我相信不管是哪个行业，哪个时代，吃烧烤的行为不会被“消失”。国家说不让卖烧烤，不等于说你不会吃烧烤，只是换一个方式去做。而对我们来讲，我们正好是在换一种方式做，如利用标准的连锁模式，首先用科学的方法解决烧烤的排烟，排水，城市绿化，道路的脏乱差等一系列的问题。另外我们对整个的操作方式，一次性的器具都是可以做好回收工作的。

第二，将取之于自然，回报于自然为己任。因为我们烧烤里面有两样东西，在我的理念当中是损耗的。一个是竹签，因为我们坚持用一次性的竹签，竹签是不回收的，第二个就是木炭。这两点，我们在这5年当中一直在做研究，希望得到客户和社会价值的认可。我们5年以来，从当时赚很少钱的时候，利用淘宝的平台，给每一笔订单都会捐出2分钱用于公益，大概是利润的1/50，一直如此。烧烤的燃料我们尝试用秸秆代替木炭。这样产生的污染相对会减少，我们现在正和河南的一家工厂尝试用秸秆制木炭，这一块样本已经出来了。

第三，创造就业机会。因为在我们江苏，政府招商引资已经给我批了一块基地，办公室是1200多平方米，我们是做OTO的，不是单纯做网络的，员工有很多是50多岁的，他们有的下岗退休了，到我这里来帮忙，打打包，数数串子，当然年纪小的有1994年、1995年出生的。所以说在这种情况之下，我们各个岗位提供的就多了，其实熟悉原始烧烤或者是你们了解的，我们是不断地在招人，岗位需求很容易达到的，解决就业也是回报社会的一种方式。

第四，食品安全。做食品的要强调这一点，我们源头上面首先强调溯源，其次中间环节卡住的环节是DNA检测。同时消费端，流通端怎么解决呢？我们的烧烤店是没有采购权的，财务端是用财务软件来监控，用ERP系统进行进销存的管理。另外还有一个细节，我们每一根的竹签上面都会有我们的一个logo，除此之外上面还有我们的一段自编码，我们的每一根竹签都是唯一性的。是不是我们的肉串，我们电脑系统会识别，这根肉串已经在某一个门店几分几秒卖出去了。所以说这是从整个的流通环节进行整个烧烤的数据化把控。

营销这一块大家可以看一下，微博、微信、微淘、无线店铺、手机APP以及手机游戏这些东西我们都在做。包括我们跟车友会、旅行团、农家乐、还有一些团体组织，以及一些大型创业的企业和一些餐饮企业都有合作。

刚刚讲到了产品端、技术端、服务端大家可以看一下，在没有标准的情况下，我们坚持我们的羊肉串都是机器串的，这样第一个效率得到了提升；第二个大小、包装、口味都一样。技术端，在中国我是第一家成立职业烧烤师培训班的。厨师当中是没有烧烤师这个评级的。因为烧烤这个行业在中国可能都被认为是很低端无技术含量的。但是在国外，烧烤师是需要聘请的，因为做高端BBQ的时候，请不到烧烤师会很耽误事。所以我们的烧烤师在选料、配制、腌制、搭配等等方面都有课程，我们的课程基本已经编好了，这一块我们会在江苏招很多技校毕业生进行6个月左右培训。一方面为我的连锁店输送，为我的加盟店输送技术型人才，一方面他们可以利用原始烧烤的货源营销，自己开店，在我们原始烧烤的联盟旗帜下进行开店，我们会让他分享烧烤订单。

我们的烤炉可以在大礼堂下面烧烤，大家看不到任何烟。国家重油烟的标准规定是85%，而我的净化率是92%。在木炭烤肉的情况之下，在大礼堂烤出来，大家只闻到肉的香味，闻不到任何油烟的味道，这是我们在技术端进行的一个升级。

服务端就不用讲了，线上线下，在同城里面我们的服务是无所不在的。

讲了这么多大家可能理解了什么是OTO。OTO商业模式，把中间的T拆掉，大家想象一下这是两个人的脸。所以说OTO我认为就是face to face。当网络产生的时候，大家觉得这个生意很好做，你看不到我，我看不到你，我可能在这边跺脚，我只要打出来的字是好的，你就感受不到我的愤怒。在这种情况之下，我觉得OTO可以让互联网走下神坛，对所有人都是一样的，你做任何的一件事情都是做电子商务，活在这个网络当中，就不要去排斥。电子商务是手段，OTO的商业模式也是手段，不在乎你赚什么东西的钱。而face to face把网络的间隔融化成面对面的形式，所以是OO模式，不是OTO的模式。

跟大家分享一下，为什么说会颠覆整个的企业竞争格局呢？大家留意微信的都知道，最近京东上市，下一个月阿里巴巴上市，预计有2 000亿的估值，成为美国上市历史上最大的一个上市项目。在OTO的时代，竞争格局会有电话网、传统渠道网、直销网，现在很多有直销，你会发现很多人在你的微信上发一些卖包的，卖鞋子的，这个是靠什么？就是靠朋友圈，你推荐我，我推荐你，我帮你点一下赞，很多朋友圈都这么玩。事实上都已经把自己置身在营销的链条里面了，他们能做，你们也能做，只要理解到这里面你们的客户如何来知晓，就可以成功。另外一个实体连锁、桌面互联网和移动互联网。我在去年的时候看到了一个英国的报道，说英国人一辈子75%是面对着屏幕，经常会看到屏幕，4岁小孩就会玩iPad了，玩的游戏比我们成年人玩得好。

为什么说咱们还有机会？创业的，或者是即将创业的，在OTO时代都是一个机会。我得到一个体会，也是我多年研究的总结。从 2003 年到 2008 年，当时淘宝商城还没有开，淘宝网和 eBay 在竞争的时候，北有当当，上有麦考林，到了南边有腾讯，杭州有淘宝，这种情况下，电商各自守着自己的阵地，用互联网在网上对骂打仗，那叫空对空的。为什么 2013 年是电子商务的元年？从 2008—2013 年的时候，淘宝商城开了，京东网也开了，到 2008 年的时候都进入到了白热化，国美、苏宁都是在 2008—2013 年期间开的，很多的 B2C 的网站全出来了，大家做了同一件事——建仓，在全国各地建立自己的布局，自己的物流。有实力，没布物流的，在这个阶段都已经被大浪淘沙清洗掉不少了。在那个阶段大力发展物流的，现在都起来了。投在物流能活下来的，比如说京东，在 2008 年到 2013 年在全国布了若干个大仓。到了 2013 年以后，发现整个的商业模式，不管你是处在新疆，还是处在西藏，或是处在海南岛，互联网无所不在，只要你能定，付运费，就能给你送到家。这种状态下，线上和线下像打架一样的，互联网发展已经到了白热化的阶段。

现在到了战争的最后阶段，叫巷战。战争总有目的。那么战争的目的是什么呢？可能是为了占领城市，为了统治，不可能是为了毁灭。所以说当他获得最大的价值的时候，必须要进入城市。进入 OTO 的时代，大家会发现，原本放在松江、嘉定的时候，是满足不了城市的高速度高频率的配送需求，我们理解了 OTO 的巷战产生了。在 OTO 巷战当中两条腿，一定比四个轮子快。不知道大家有没有这种感受，我从杨浦到松江，如果是在白天，最快的速度一定不是开车，而是乘地铁。在城市内部就是这个样子。

我们讲一下商业模式，线上线下的平台，利用这个平台搭建一个品牌主体。提供什么？提供消费者的两大方向，第一到店消费，所谓的团购，到那儿团购了一个券，到店消费。第二，同城物流。从商品端是这样子。但是从服务端呢？从服务端是由内向外扩的。所以“星星之火，可以燎原”。在 OTO 电子商务时代，为什么叫全民化，因为不可能产生大的巨头，会分散。每个人最幸福的时候是赚到 100 万～200 万的时候，因为到了 100 万～200 万以上会发现很累，各个环节都要上系统，要布局等等。在 100 万～200 万的时候一家就可以做到了。而 200 万赚的利润和我 2 000 万赚的利润是一样的。在 OTO 的时代，我开了一家沙县小吃，我也可以买车买房，这是一样的。很多人咨询我，李总你在运营这方面很有经验的，我想知道我的新品牌怎么样占领市场？我跟他们讲了，先把身边的市场给占领。我今天来这里讲课的时候，我就送了一单货，开着我私人的车，我跑到人民广场集散地，送了一单 2 800 块钱的烧烤货。

对客户，不管我以后身家达到多少，我都会走到第一线去体验，因为这是我身边的客户。身边的客户远远超出了北京的客户带来的东西。他们看不到我，只能通过网络来了解我。面对面看到我，我还留了电话给客户，因为经常会搞活动。以后这些事情会有人做，但是我们的公司高管必须从送货开始做，必须理解我们的服务，理解客户因什么而快乐。我每个星期都会送一到两单，都是最难的单，时间最早的，比如说要8点钟到货的，或者是说9点钟要到滴水湖的，我在外环上面开车要开一个小时才能到滴水湖。在这种情况下，没有不成功的理由。

之前我在上海电子商务分会上分享了这张图，上海可能也会做的，叫作社区化电商。不管是看顺风的店也好，全家的店也好，无非就是解决了线上线下立体营销以及生活主题的营销。跟线上线下不太一样的是，当一个产品，当一瓶水放在这个位置的时候，它是没有价值的。但是我拿了这瓶水招待某一个客人的时候，价值就变得很多了，我出去旅游必须要带这瓶水的时候，它的价值会更高。很多的时候买一件衣服，是因为互联网的广告，看到它打折了，但是它不是你的必需品，然而生活当中会不会有这样一种状态，我今天或明天要出差，突然有朋友来了，我要买菜，突然脑子糊涂了，不知道要准备什么。未来的互联网巨大的漏洞就是在这里，换句话说，可以去这家网上超市一号店去买酱，买肉，买面条，买什么东西都可以。但是脑子是分散的，你就只看到这个类目，脑子里没有这一盘菜的形象，没有大家坐在一桌子上吃菜的形象，这都是商家可以提供的，但是这都是目前缺少的，没有人在做，做得很少。

分销加推送，有物流服务的推送。服务就是比如说我们发一个微信给你，打折了。同城OTO最大的一个秘诀就是及时响应，当你不渴的时候我送水给你，或者是打折，这个没有什么效果。但是当你最渴的时候，我送水给你，你应该非常感谢我。当在外面下雨了，可以选择在便利店买一把伞，但也可以选择坐在咖啡店里面用微信点一下，有一个人打了一把伞，送了一把新伞给你。所以说未来社区化电商解决的问题，我觉得在座的老年人也会非常的受益。因为现在小区里面有很多的快递的车开进来，老人小孩比较多，可能会造成事故，还有陌生的快递员进小区，会有安全的隐患等问题。未来电子商务如果一旦到了OTO时代，到了社区化电子商务发展的时候，最后的一公里，一定会有标准的公司承接最后一公里，而且是用两条腿送到的。当你定了一箱牛奶，一袋大米，没有人往上拎的时候，现在为了强占最后一公里的市场，谁都愿意“拎”，包括顺风、天猫超市，我们也愿意“拎”。

总结推想，得出的结果什么呢？O就是没有了，有一些东西被颠覆了。我讲的话，我对我任何讲过的一个推想都负责，这是带着我个人的想法，但是会触碰很多专业人的一些利益。因为我是一边做一边想，一边推测的，而不是在研究。

第一个O爆款没有了，大家都知道淘宝爆款，一种鞋卖8万双，这种状态在OTO时代很难做到。有一些现在已经知道了，网上卖东西现在销量集聚在下降，一个单品卖不到那么多量了。为什么呢？因为人越来越冷静，买家越来越专业。卖家专业的同时，买家更专业。而买家会适时而动，而不是冲动型了。也就是说未来的销售该怎么做呢？我举了一个例子，比如说我身边有一个大润发超市，今天卖鸡蛋，这个鸡蛋本来5块钱一斤，今天变成了4.8块，就有很多的老爷爷、老奶奶在排队。有时候排很长的队，我去看一下，买什么？原来今天便宜了2毛钱。我不知道为什么能搞这个活动呢？我在想，做电商的未来我们想赚什么钱？我想赚的，不是说我一个月11号一下子卖到了一万斤鸡蛋，后面好了，整个的公司调动去发货、调货，忙得要死，然后差评一大堆，货源又不能保证。在这种情况下，看上去利润高了。但是事实上在OTO企业不是这样的，第一个加了地域了，在这个情况下，要知道，多少的人群，在做大数据的背景下，要了解周边的环境，就像超市一样的，更希望每天卖出300斤，代替一天卖出一万斤。每天卖出300斤，到了节假日高一点，上班的时候备货就少一点，东西新鲜一点，另外一点，今年就可以推测出明年的销量，备货也很简单。这就是OTO的理念，OTO是建立在局域的数据调研的情况之下，你才能知道这个店能不能开，每天卖多少货。比如说同样卖鸡蛋，可以到广东或者是哪里网上去买鸡蛋，但我相信上海也有，当这两个地方都有鸡蛋，你将会选择上海的还是广东的，我相信正常的人都会选择上海的，因为更新鲜、更靠谱。

第二个O，零库存。我这里的零库存是一个概念，不是说真正的一点库存都没有。我觉得OTO会带来两种，一种是定制化的。水没有生产出来就已经有了，我已经要了，我的肉串还在工厂，订单已经下了，我现在就是订单制的，到周末要活动，不可能说周五晚上脑袋一拍，说明天要活动，这可能性不大，但是就算你脑袋一拍，也没有货。我的货是只够一个星期或者是两个星期周转的，特别是素菜，不预订是没有的。另种是零库存。零库存是什么概念？未来在城市中央，不可能出现1000～2000平米以上的集中式的仓储规模。京东也不可能把大仓储开到城市中间。未来是什么导向呢？我觉得英雄所见略同，顺风也是意识到这一点，会有若干个将近2万平米的大仓库，划归成200个100平米的小店，就是这200个100平米的分仓。这个分仓既可以营业，又可以仓储，还可以派送。就像快递网点一样的，不同的是前面是店，后面是仓库，而且是分布靠近小区最近的地方。利用这套系统，总仓的货，按不同的品类分布到不同的分仓里面，这样管理成本会下降。调拨成本，可能用电瓶车就能解决了，这样子配送最后一公里也会达到非常的极致化。换句话说，在城市内部是不可能有巨型仓库的。而我们的原始烧烤为什么在上海要开50家店？这50家店是我们自己的门店，也可以有自己的烧烤，也可以自己盈利，但是更多的是我户外烧烤的配送点，可以到它那订货、拿货，也可以到那附近30公里的配送。

第三个O，巨头。未来不是说肯定阿里巴巴不存在，这个我不敢说。如果是那样子想，会很悲观，因为巨头确实有了，也不可能再产生第二个阿里巴巴，不可能再产生第二个腾讯，时代造就英雄，但是我们做的事情可以有很多。我相信阿里巴巴是一个伟大的企业，腾讯也是伟大的企业，他们各自有特点成为一个巨头。99%的人不是想成为巨头的，你想考试考第一也不一定能考到。我觉得人最安逸的状态是考中上游就OK了。我觉得做第一很累，在OTO的概念当中，所有人，不管是卖包子的，比如说杭州有“甘其食”，上海有“芭比馒头”。杭州“甘其食”开了1 000多家店，卖奶茶的，“coco奶茶”开了很多，卖炸鸡的，有“豪大大”、“鸡排英雄”等等，去看看每家店都过得很滋润，80%～90%的店，如果自己不认真地对待创业肯定是不可能成功的。认真对待了，赚钱多少，跟你的快乐是没有本质上的，也不可能成正比例的，因为你会过得很快乐，也会赚到很多的钱。马云先生有一个句豪言，叫作“100万家，100万个店”，这个在OTO的时代一定会实现，甚至更多。因为截至去年有675万家淘宝店，每家淘宝店算有5～10个人，整个在阿里巴巴还不算淘宝商城，不算B2B，有多少人在互联网上面工作。本身这些人都是卖家，也是买家。我们家所有的东西，除了车没有在网上买以外，就是那种大的东西，1万块钱以下的都是在网上买。

第四个O，零距离。换句话说，在座的从事各行各业，在OTO这一块，大家不能有隔阂，因为你的客户就是我的客户。你是做化妆品的也可以跟我合作。2012年10月份，我在烧烤店里面卖了2000张面膜。我就推荐客户说，户外烧烤回去以后要做一个皮肤护理。所以说客户毫不犹豫就买了。为什么呢？因为我们的面膜就真的是针对于去除皮肤里面的杂质，因为油脂、杂质是在户外烧烤以后一定要解决的。第二个我也卖了500多套的户外儿童玩具，因为户外烧烤容易烧伤、烫伤，我们有适合四五个小孩能玩的玩具，会给你配送。以后有机会大家到我店里去体验也会发现，我们店里男士吃完烧烤会送你中式的茶，三角的茶包，女士会送面膜。有很多的创意，为了什么？为了跨界。在OTO里面讲究跨界营销。大家都生活在城市里面，每个人的行业可能不同，但是大家需求的目标行业是一样的。在OTO以后，会发现首先这些广告的成本已经上升到一家能够单独做了，所有人的目的都是一样的，为什么不合着一起做事情呢？我开玩笑，一个成功的BBQ无非是四个元素。第一是烧烤，第二是糕点和西点，第三是果蔬，第四是酒水。四类东西，其实我只做了一样，但是我们的目标都一样的。上海的很多红酒厂都会找到我们，因为我们是帮他们配送的，而且解决了客户的便利，客户获得了利益最大化。

这些是我的猜想，然后我们关注了企业文化，关注了两个词语，一个是heath，另一个是happy。我觉得有happy，没有heath没有用；有heath没有happy也不行。我们做食品，我们关注食品安全，关注食品健康，也关注食品的美味，我们也更关注你享受这个过程你是否快乐。我们不仅仅卖烧烤，我们会拓展到OTO的各个领域，我们希望跟很多人合作，真正的创想不是来自于我们这些人，而是来自于即将踏入行业里面，你们有一些猜想可能会出乎我们的意料。专家讲的东西都是通过分析讲出来的，我会去听大学生讲创业计划，很多的专家认为他们想得很天真，但是我认为很多的想法都是从天真开始的，不天真想不出好的创意。

最后我讲的，既然是创业，创业是一种瘾，这是一种好的瘾。看过我经历的人，大家可能会点糊涂，我一直在讲我怎么创业、上学，我上学和创业是同时进行的，没有资金，没有外来的投资。到目前为止还没有借助外面任何一个资金，我在外面作为一个专科生拿到最高的薪酬是年薪40万，加1%的销售额。我觉得对于一个专科生来讲，已经是非常棒了，当然以后可以进修EMBA什么的，这以后自然会有机会。既然你选择了创业这条路，应该是一辈子快乐的事情，如果是不快乐，要么就是你的方法不对，要么就是时间不对。其实冲动也是一种快乐，先上了场以后，一如既往，再破釜沉舟的前行。我希望每个人在OTO的时代当中可以获得自己的辉煌。

主持人：非常感谢李烨先生今天带来的精彩讲座。接下来我们有一个互动环节，大家有什么问题可以和我们的李烨先生进行现场交流。

听众：李老师我想问一下，您讲OTO关键是一个服务，那您的服务信念是什么？

李烨：你刚刚讲服务信念，让我总结，我就讲这么一段话，最成功的OTO，最成功的商家，就是给客户设计购买场景，购买路线，围绕他的心理去做一些路线。比如说海底捞、小肥羊为什么能够成功？这些做餐饮的做得很大了，但是服务还是很好，一咳嗽别人就把餐巾纸送过来，其实真正的服务是既在意料之中，也在意料之外。作为一个商家，一个OTO的商家应该有更好的策划。策划什么？不是策划如何打折，如何营销，如何推广，而是告诉你，今天来了一个客户，用他们的嘴巴来替我们宣传。他认为这是一个很好服务的商家，但是你的出现又会出乎他的意料，比如说别人摔了一跤，你把他扶到座位上，甚至帮他揉一揉。这可能只是细节，有些人曾经也有过反对的意见，觉得太不把服务员当人看了。但是，我认为我的管理理念，其实所有的东西标准化到最后，人和人服务的时候，一定是发挥每一个参与者的作用。比如说我的服务员，我的客服，他们为客户所想，而不是老板在背后策划一个多么完美的爆点，OTO 真正的概念就是服务，服务是意料之中又是意料之外，这是最好的。

听众：李老师你好，我问一下，您现在也是招加盟代理，您招的加盟代理和其他的行业、其他的企业的加盟代理在服务上有什么区别？有的服务就是为了圈钱，圈了钱以后，还不说你好，还说你傻怎么给我投钱？我想说，你怎么服务加盟者，怎么样能够达到共赢？

李烨：我回答这个问题可能会有一点广告的形式。目的不是让大家加盟我，我们这个烧烤店，首先提供什么？第一，可能是除了房租，因为需要你自己要找店面，其他的甚至连人员都是我们替你做。刚才看到了，货是我们标准供的，采购不用做，什么切、串、腌制这些东西全部不用做，烧烤师我们提供的，培训都是我们做的，整个门店这一块，所有的理念、装修，网上订单是我们帮你们接的。比如说我们总部接好了上海的订单，我们货会按照区域，门店的区域，派给指定的门店，门店承接完这单之后，会分到一笔利润，户外烧烤订单的利润。

除此之外我觉得我们做这件事情，大家会发现在上海、北京也好，有很多摆路边摊的小商家，老百姓，我觉得他们做不好这件事情，做不大烧烤的原因有好几种，一是因为知识，二是能力，三是资金等等，都有这方面的瓶颈。我们给他们提供的是品牌的合法性，食品安全的合法性，包括烧烤技术，烧烤炉具的先进性。另外一点我们在加盟费这一块几乎是没有的。我们相信如果做出来，我们可能在上海会是另外一种状态，大家都知道美罗城下面有个大时代，我以后可能会在上海的某一个周边，交通环境比较便利的情况下，路边的烧烤可能吃不到了。但是我们会摆一个大的平台，中间全都是烧烤，下面是街景，公园的一角，把大排档的氛围营造到我们的店里面去。加盟店也会在我们的烧烤卖场里面，大家看着大屏幕，甚至是拉着大投影看大球赛。就是这样的一种状态。

我觉得首先我们的加盟商要认可我们的理念。我的人生不出意外的话，不会变傻，不会死亡的情况下，我会做 20 年，做这个牌子会做到 50 岁，因为我不希望这个牌子在我手上砸掉。可能目前还没有那么完善，但是所有的加盟商跟着我们，基本上我们赚钱，他们也一定会赚钱，从单体上来讲，我们的利润可能是占到10%，而加盟商占到了50%，成本是40%，我们的毛利可能在60%左右。

听众：老师您好，我想跟您请教一下，您的背景是先有实体店，再去网上开店。我们在座这么多年轻的创业者，现在应该是从网上开始，还是先从实体店开始？网上成本进入比较低，但是竞争很激烈，但是网下一家店面的成本都是比较高？您觉得应该怎么做呢？

李烨：这个问题属于新创业的一个问题。首先一条，我觉得互联网真正比较适宜开始创业的时代已经过去了，开一个网店的成本不亚于开一个实体店的成本。我要讲的一点是，我是先有网店，后有实体店的。我爸妈摆路边摊时，我的电脑还是2003年配的。换句话说是互联网线上做到线下的企业。我觉得这个问题要看你是做哪一行，不能一概而论，像我一样做餐饮的，我们开玩笑说的吃喝玩乐这一类行业，线下非常重要，线下让你活着，线上变成了推广。如果是做那种衣食住行，有可能是线上，为什么呢？因为同城的量可能是把握不住，身边的目标人群找不到。

现在还有一种概念，在OTO的时代当中，不可忽视的就是刚才讲的社区化电商的发展，这个东西怎么做呢？很简单，有能力的话可以去看一下房产开发商，他们对于附近的人群数据的认定。比如说我现在在做一件事情，我们对江湾体育场，五角场向北那一段去做考察，这些数据是房产公司拿过来的。他们的构想是什么？如果做餐饮的话，会根据行业内老大。

第二个我要讲的一点，在互联网线上也是，在线下也是，做一个好的商业，不是在你自己多好，在不知名的时候，就是一个商标。什么时候变品牌呢？当你意识到要以谁为邻？跟谁做邻居，是最能够印入人家的眼帘的。比如说你是卖鞋的，是一个不知名的品牌，跟百丽放在一起去卖，或者是跟百丽处在同一个广告空间当中，不会比它差。当你身边都是大牌的时候，你自然是大牌。原始烧烤的定位就是以谁为邻，这一种已经有很多成功的案例了。比如说85℃，85℃盯着谁呢？盯着星巴克。进来建店的原则很简单，身边的店有没有别人开的类似的消费能力的店？如果有，我就倒不掉，这是肯定的。

这个理论让你不要纠结在线上到线下，还是线下到线上，这个东西不是刻意的，而是看你的行业，你的行业确定好，是跟生活最贴近，还是跟快销品最贴近，什么时候买都没有关系的产品，那么就从线上开始推；如果说要设计一个场景，买我的东西必须在我的场景当中才可以买到的，那么必须在线下推，这样你就能成功。

听众：你好达摩。我们公司是专门以OTO形式构建的，企业家和金融投资机构的精英设计组织。刚才您讲到，您最早以烧烤为聚焦的，后面又讲到OTO的全行业，在您做的过程当中，产品线拉长之后，如何解决运营团队的建设问题？

第二个问题是，刚才提到江浙沪地区想做50家连锁，全国要达到2000家连锁，餐饮行业如何达到标准化，现在是否有烧烤行业的标准？是否背后有专业的治理机构的支持？

李烨：这个问题非常专业。大家看到我的产品线，我构想的是OTO每个领域发展的方向。民以食为天，做任何一个行业，一定是牵一发动全身的，而烧烤这个行业，我一定会执着地做下去。刚才听我讲这个方向的时候，有一点存在误解，我做这么多的东西，就是把我的烧烤品牌做得跟肯德基一样，当然不一定能实现，这是我的一个目标。

我们公司核心的人员跟着我创业6年，从推烧烤摊车，到路边摆摊开始，我们的人员流动率非常的低。原因是因为，第一我选人才从来不会看他的简历，我只在乎他跟我的聊天，或者是我的人事，因为大家都是核心团队。聊完了以后，我们初期的时候对人力成本各方面，可想而知这是一个非常有激情的团队，跟任何一家创业型的公司都是非常类似，但是原始烧烤只能做得比他们更加的有激情。表现在哪呢？

我们会定期对团队成员进行培训，以及我在外面跟别人交流的东西，这些东西会跟他们交流，拓展他们对行业的感触。因为作为行业的从业者，必须要有感触的。很多人大学生毕业后到我这里做烧烤师，做烧烤师之后，回去以后不太好说，因为大学学了四年后去做了一个烧烤师。但是我会跟他们讲，我们的烧烤师在哪里？其实我们就是在培养一个很多企业在建规则，而我在破坏规则。破坏规则的原理就是我只有一个规则，就是把员工当人，把员工当人来看，不是当成机器来看。

所以我们对客服品质不好的，不理解公司理念的，人品有问题的，直接剔除。如果说他只要为公司所想，为工作做想，我们叫创造性的人才，这种是我公司一直留着的，会源源不断给他试错的机会。在我的公司，做错一件事情不会被罚，反而会被奖励。我公司有这么一个情况，如果定了我1000块钱的烧烤，如果说不送出去东西，必须要通过各种手段，不管是售后售前，客服必须要送出50块钱左右的东西给你，如果送不好是要被罚的。最笨的就是送你一些东西，你买一点多送你一点，那不行，这种是最低端的。他会花心思告诉你，以后到我店里吃，吃烧烤，带着小孩，小孩一哭，送一个棒棒糖。这些东西不是我店里面买的，是他们发挥自己的服务构想的团队理念。

讲了这么多，我的团队里面的薪资都不高，到了我团队里面，马云先生也讲过，我们是为了创造一个伟大企业，而不是因为我是一个伟大的企业而来到这里。这是我的团队理念，每一个人来，只要待下去到半年的，都是跟着我们起早贪黑的干，男男女女都是这样。昨天晚上我们配货到两点多钟，因为今天天气特别好，订单特别多。这种情况下，目前我们处于一个生存期，过了生存期就是高速发展的状态。在江苏培训基地，把我们的服务理念和操作的标准化要引导他们，而不是强制的塞给某一个人。团队这一块不是我们最担心的，烧烤这个行业，能够把烧烤做成这个样子的团队，我觉得在中国估计是没有的。

第二，您刚刚讲的，我如何做连锁这个事情。连锁我刚才已经讲过了，标准化是我的第一步，也就是说这个行业是没有标准的，这个肉串是多少重，几块肥的，几块瘦的。就像当初的汉堡来到中国一样的，没来中国，谁都不知道汉堡是这样的形状，如果是肯德基、麦当劳现在卖的汉堡都是五角星的话怎么办呢？你可能认为汉堡就是这样的。你去问 10 个烧烤摊，谁的东西最好是没有标准的。这位小姐刚刚讲的是我心里所讲的，第一要想做这一个行业，目的不是自己赚到钱，如果这个行业只有我一个人做，那肯定做不起来。所以说我很喜欢跟同行，上海很多的烧烤店我都基本上是吃遍了，有一些值得我学习的地方我都不断地去吃，不断地理解它的模式。

我觉得标准化，食品安全，不管是器具、食材还是流程服务我们有很好的模板，标准化的东西必须可复制，90％的东西我们先辈已经在做了，比如说肯德基、麦当劳甚至是中式的真功夫这些，只不过操作流程上有一些变化而已。这个东西，现在的模板，我相信我能拿到数据，你们也能拿到，只是在中间变换了一下是不是我自己的部分。另外一点，因为在我们这块，我相信类似于像 10 年前的小肥羊或者是 10 年前的火锅市场一样的，靠我一己之力，滚雪球是做不大行业的。这一块，类似投资机构，包括政府的也有，像盐城市政府，市委办公室也有领导到我们这里来，基本上政府的关注也是有的，还是不错的。盐城是我老家那边，就拨了 5 亩地给我们造了厂房。今年 9 月份可能会把呼叫中心和运营中心迁过去，这些东西都是我们努力的结果。

资金上我们是有很大的缺口，但是现金流非常的健康，只是我们在控制速度而已。我要讲的就是说，很多的投资人说，我是不是给你一点钱，我们一起投一下。我要讲的事情是，这些事情我既需要，也不需要。目前做的事情，在全中国的烧烤行业当中，应该不会超过 5 个人在做。想得这么复杂的应该没有，即使我把整个的商业模式商业计划书拿出来，跟别人来分享，我相信做烧烤的 90％可能还不理解，理解了可能也不想要。

创业的新思维新模式

李　洪

上海科技大学创业与管理学院副院长，经济学博士，毕业于中国人民大学和哈尔滨工业大学，英国伦敦大学帝国理工访问学者。十年高校教学、科研和管理工作经验，近二十年商界从事管理、投资和创业的经历，曾任数家上市公司CEO和某投资管理公司董事长。具有深厚的经济管理理论基础和丰富的中国企业的实践经验，是一个理论联系实际的探索者。个人的关注方向是：创新、创业和创投，目前致力于创业教育和创业生态系统的建设。

在座的各位大家早上好。

可能在座的很多人都不熟悉我们的学校，我简单介绍一下。上海科技大学是一所2013年刚刚成立的普通高校。它的举办方是中国科学院和上海市政府，所以是一所公立的普通高校，2013年10月份成立。2013年我们已经招收了200名研究生，2014年开始我们招200名本科生和大概500名研究生。学校共有4个学院，其中3个是理工科方面的学院，一个是人文科学学院，就是我现在所在的学院，叫做“创业与管理学院”。

今天非常荣幸，论坛的主办方邀请我来跟大家做关于创业方面的分享。今天跟大家讨论的题目是“创业的新思维”，或“创业的新思维新模式”，那是主办方提出来的一个话题，这个话题很有意思，我也一直在思考，也有一些感悟，今天利用一个半小时左右的时间，跟大家一起来分享。

在今天的话题会涉及三个问题，第一，要跟大家讨论一下，讲一讲我们为什么会关注这样一个话题：创业思维模式为什么很重要。第二，作为创业的一个最本质的事情就是创新，作为我们个人创业者应该有什么样的事情跟我们有关系，怎么样通过自己的一些主动行为，能够提高我们自己的创新意识。第三，今天话题最核心的问题，要跟大家讨论一下，如果我们要有创业的新思维，我们应该有什么样思考的方向。今天讲座会涉及这三个问题。

我们先从一个故事开始讲起。

大家看过这本书或者知道这个人的请举手？基本没有。就讲讲这个人和这本书(《思考致富》)的故事。这是一个美国人，他的名字叫拿坡仑·希尔，他出生在上世纪初期的美国，原来是一个报社的记者和专栏作家。大家知道美国上世纪初的时候有一个钢铁大王，叫卡内基，是一个苏格兰人。他成功了以后很想做一件事，他说我成功了，我身边也有很多人成功了，但是这些成功人有没有共性，有没有可以归纳总结出来的一些经验、方法。他就很想把这些东西整理出来。所以他就找人做这件事情。一个偶然的机会他就找到了这个叫拿坡仑·希尔的人，就告诉他自己的想法。他说我可以给你提供一个机会，不是给你钱。因为我是成功人士，所有美国多数的成功人士，洛克菲勒、爱迪生、福特，当时，上世纪(将近一百年前)美国所有的成功人士我都认识。我可以给你写介绍信给他们，你可以一个个拜访。然后你把他们成功的经验全部总结整理出来。这拿坡仑当时还很年轻，他用了不到一分钟的时间就做出了决定接受这项工作。然后他拿着卡内基给他的所有人的介绍信，花了二三十年的时间，一个一个去拜访当时美国最成功的商界、政界的名人，然后完成了这本书。

所以这本书我可以告诉大家，如果你们还没有看过这本书，但想创业的话，我觉得你们应该先去看一看这本书。我看过很多成功学方面的书，我认为这是最科学、最严谨、实证性最权威的一本书，它影响了美国很多年，也影响了全世界，这本书现在也有中文版，名字叫《思考致富》。

大家看这个名字非常有意思，我们通常的观念，会讲勤劳致富，现在更有意思了："拼爹"。这个思考最后的结论就是思考致富，什么意思？换句话说，成功、致富是由于思考所带来的。思考是成功致富最合适、最本质的原因，他也没有讲勤劳、也没有讲"拼爹"，更没有讲"潜规则"，脸蛋长得漂亮等等。所以他在将近一百年以前，通过研究成功人士的经历，就得出了这么一个非常有意思的思考方向。

什么意思？思考的深度和质量决定了你在社会生活的质量和成功的程度。现在很多人讲的"思路决定出路"，你们讲这个话的时候有没有更深的背景在里面，这本书就告诉你这个道理。所以如果你们没有看过这本书，建议可以去看看。

再讲一个故事。一百年以后，苹果公司的乔布斯，大家都熟悉。我给大家放两段视频，一段是苹果 iPhone 发布会的视频，这很经典，大家都在模仿它，小米的雷军。

(播放视频)大家看到这一段是标志性的经典视频。苹果公司的乔布斯用这种方式来发布他的产品。

下面再看苹果公司一个广告。(播放视频)这段广告是乔布斯曾经被赶出苹果公司,他重返苹果公司以后,准备要推出他的产品,四个产品,第一个是 iPod,就是一千首歌放在一个口袋里的小东西。之前苹果公司做了一个非常轰动的广告,很多人可能不懂英文,没有关系。实际上要表达一种理念就是“Think Different”,不同的方式去创新,这是创业的一种理念。

刚才讲这些例子是告诉大家,其实从很早以前到现在,从不同的角度,大家如果要看创业、看成功,有一个很重要的关注点,就是这些人的思维方式、理念、看问题的角度,他们成功不仅仅因为他们做了不同的事情,更重要的是他们做这些不同事情之前,他们有一些不一样的想法,想法之前还是行动之前,做事情之前,应该逻辑上先有想法,然后再有行动。所以要问这些人为什么成功,他们一定是做了一些不一样的事情。为什么他们会做不一样的事情,因为他们看自己、看世界的角度、思维习惯、理念是不一样的。这就是我们讲创业的时候要从这个角度来思考一些问题。他们是怎么想的,他们这种想法有什么特征?跟我们一般想法有什么不同?这就是我们要讲的关注思维、关注想法、关注思维习惯特征的理由。

所以从这两个例子,你们可以看出,很多不同的研究、不同的角度,最后其实都是归纳到一个话题——想法决定了一切。所有的成功、所有的财富源头往往在于一念之差。很简单,这就是我今天在这里想跟大家讲的。

第二个问题,我想讲一讲创新思维方式。创业者的想法跟别人是不一样的,其中最本质的一块叫“创新”。“创新”和“创业”这两个词有时候经常会混。“创新”这个词是很大的,很多事情都可以跟它扯上关系。一个人如果想成为创业者,就要让自己的思维方式有创新性。或者要让自己更多地像成功人士那样去思考问题。因为成功人士最核心的东西其实就是创新思维这样一个概念。这个概念其实是一个很大的概念,我们展开讲可以讲很多。今天时间关系就讲两个最重要的问题。

作为个人来讲,怎么样能够培养自己的创新思维方式?第一个就是要有好奇心,要会问问题,要发问。好奇心是每个人与生俱来的东西,大家观察小孩,在学讲话、上学之前,其实小孩有很多的好奇心。那个时候人的好奇心是最强的。人随着成长好奇心慢慢就会少了很多,这是因为我们进入社会以后,有太多的束缚,有太多的规矩,有时候我们人会很违心、很不自愿的,慢慢把本性的东西丢掉。其实有些问题大人想不清楚的时候，问问小孩，小孩讲的话很有道理。因为他很纯真、很好奇，没有那么多顾虑，我们大家想很多事的时候会用其他的一些东西，首先给我们设定一个框框，在这个框框里面问问题，不要显得我无知，不要显得我很愚蠢，不要显得我很不合时宜，你在单位、在机关、在家庭、在某一个环境里面，比如讲课，我们中国的学生不大爱问问题，因为我们从小学、中学、到大学就不鼓励学生问问题，有一个模子框起来。国外不少小孩就很爱问问题，每次有问题都举手，讲自己的想法。

其实好奇心和问问题是非常相关的，能够问出好的问题，其实你离创新就已经很近了，我给大家举几个例子，讲几个故事。大家知道爱因斯坦是著名的科学家，发明了相对论。他的问题是什么？大家如果学过自然科学、物理学的话，会知道，在物理学中有牛顿三大定律，这是传统物理学的基石。牛顿三大定律的前提是什么呢？时间、空间是固定不变的。一把尺子这么长，放到任何地方都是一样的。光是一种物理现象，有传播速度的，这速度很快，快到我们人基本上感觉不出来。下雨天的时候，你看到闪电一定是比听到雷声要早，也就是说光的传播速度比声音快很多。爱因斯坦的问题就是“如果我以光的速度前进，会看到什么”。这个问题提出来以后，就不断地在思考。爱因斯坦经常在各种场合讲这么一句话，如果我能问出一个好问题那就好了。大家知道爱因斯坦是一个犹太人。犹太人家长问从学校回来的小孩第一句话就是“你今天在学校问到好的问题了吗？”而中国的家长一般会问小孩“你今天在学校学到什么新东西。”思考一下这两个问题有什么差别？其实犹太人有很多优秀的代表。以色列这个国家这么少的人数，这么稀缺的国土面积，在全球创新领域里面表现却非常出色。大家知道美国有一个纳斯达克市场，这个市场内有几千家企业，美国公司是第一大群体，第二大群体大家知道是来自于哪里吗？就是以色列。这就代表着创新力要从文化根源去找，他们很喜欢问问题。家长跟从学校回来的小孩第一句话就是“你今天问好问题了吗？”如果我们家长也跟小孩这样交流，可能就会慢慢形成一种喜欢问问题，喜欢问好问题的一种习惯。这是一种习惯，一种文化。它不是书本上的东西，却是思维方式的变化。这是爱因斯坦的故事。

另一个人是一个管理学的大师叫 Peter Drucker。学过管理学的都知道，他写过很多关于管理学的书。他在五六十年代就预言到现在知识经济的很多现象，这个人现在已经去世了。我很喜欢读他的书，他的经历也很有意思。他有一本很著名的书叫《管理的实践》，其中有这么一段话“最重要的不是找到答案，而是要问出正确的问题。因为世界上最无用甚至最危险的情况就是：虽然答对了，但是一开始却问错了。”我再给大家比喻一下，你要爬梯子，怎么爬上去是一个问题。这个梯子搭在哪个墙上，搭对了没有，也是一个问题。所以他讲的意思是一开始这个梯子就要搭在正确的墙上，你再往上爬才有意义。

我再给大家讲一个故事，这个人叫迈克·戴尔，他开创了电脑的直销模式，也叫戴尔模式。这个人很有意思。1980 年的时候，他大概十六七岁，过生日，父母送给他一台苹果电脑，那个时候是苹果第二代的电脑，在当时是很贵的。他拿到电脑以后回家就把电脑全部都拆开了，拆成了零部件，父母就很生气，这么贵重的东西就给拆的乱七八糟。他很好奇，把电脑全部拆开，就是想看看这个零部件都是干什么的，这个是内存、电路板等等的。然后他就拿着每个零部件都去问人家价钱，结果就发现一个问题，所有这些零部件的价格加在一起大概就是五六百美金。但是一台整装的电脑在电脑商店的卖价，通常高达 2 500～3 000 美金。他看到这里面存在的差距，他就发现装电脑既不需要专利，也不需要技术。他想我是不是可以把这个零部件买来，按照客户的需求组装卖给他们，这样就可以比商店更便宜的价格去销售电脑。他的问题就是这个。为什么售价是零件价格的五倍？所以他上大学的时候就开始尝试做组装电脑这个事，结果市场反应很好，因为他装好了以后加一点价格也可以比通常商店卖的价格低很多，迎合了客户的需要，既省钱，功能也都一样，而且还可以按照自己的需求来订制。所以他刚刚起步的时候，互联网还不普及，就用电话营销，后来互联网普及以后，这套方式就非常的有利。所以很快就取代了之前的 IBM 康柏、惠普，这些都是当年电脑界的大佬。戴尔就是一个学生在学校的宿舍起家的企业，最终就成了一个上市公司，对全世界的客户进行销售。他现在在个人电脑的市场销售份额是非常大的。一个模式的产生也是来自于一个很好的问题，这个问题就是“个人电脑的零部件和个人电脑整机有几倍的价格差”。大家从这个故事里能不能感觉到问问题的重要性，和问对问题会带来什么样的结果。

我再讲一个苹果的案例。这是乔布斯问的一个问题，他推出了听音乐的产品，卖了几亿台，然后就推出了 iPhone，革命性地重新定义了手机。其实这个技术不是他原创的。大家都有感觉的，苹果推出手机之前，手机业界格局完全是另外一个版图。那个时候有摩托罗拉、爱立信、诺基亚、东芝。苹果做手机的时候，摩托罗拉都笑，它懂什么手机。但是苹果出来以后就是以横扫千军的力量占领市场。iPhone 之后，乔布斯又问了一个问题，iPhone 是一个智能手机，和我们桌上用的笔记本电脑，这两个产品是不同的类型、不同的场合下用的。就问这两个东西之间有没有一个新的东西，苹果来造怎么样？然后把这个问题不断地去具体化、细化，最后出来这么一个产品。这个产品也很成功，因为它很边界，我原来出差都带一个笔记本电脑，现在觉得太沉了，就拿一个 iPad，就看看邮件，机场等飞机的时候看看新闻，就是一些简单的，要真正做复杂的文字处理，还是要回到办公桌上。这个产品非常符合科技、娱乐、休闲结合在一起。

讲了这么多，其实告诉大家问问题很重要，问问题就是我们创新思维的开始。我们怎么样培养自己的一种能力，其实自己都可以有意识地训练自己，每天花上 5 分钟、10 分钟或者 15 分钟时间问自己这么一些问题。这个东西是什么？它的原因是什么？为什么它会这样？为什么不那样？如果换一个角度，或者如果有些条件改变的时候它又会怎么样？这四五个问题如果你们养成一个习惯，每天都问自己，每天都问身边的人，我相信你就会在生活中、工作中很有创意、创新意识。一定会问问题这个东西是训练出来的，“知道”和“成为一种习惯”这不是一个概念。有一句话“性格决定命运”，这个话说的对，但是也不全对。这个话要说全了是这样的：“首先是想法决定你的行动，这是第一步”。

首先要有想法，我为什么要讲思维模式，有了想法，才会有一些行动，这个行动不断地重复、训练，就会变成一种习惯。习惯是一个动作不断地做就变成你的潜意识。由有意识跟脑子里潜意识的一些东西，能够变成潜意识，潜意识就是你的习惯。习惯是需要训练的，运动员就是一种习惯，就变成肌肉的记忆、神经的记忆。习惯固化到人的身体里就变成性格。

这个人很爱说话，这个人做事有一种特定的、很有规律、很有时间性，部队出来的人就很有时间感，很有上下级关系。我原来有一个部下，从部队出来见到我就是领导有什么指示，报告完毕，就是这种语言，这种习惯。这种语言就是部队训练出来的。他有了工作经历以后就固化到生活里面，讲话就带有这种痕迹。“领导有什么指示”，这种话都是在部队里面的人讲的，我们在社会上的人不会讲这种话。然后变成性格的一部分。最后性格才是决定命运，命运就是结果。想法决定行为，行为决定习惯，习惯决定性格，性格决定命运。

第二，创新的方式就是想象力。什么是想象力？就是把没有关系的东西连在一起。这就是想象力，也可以说是做白日梦。梦很重要，我们都讲中国梦，这是一个大话题，人是需要做梦的，人是需要做白日梦的，需要一个安静的环境发呆。人要有创造性，就不能天天紧张地工作，要让他有休闲的时间去发呆，天马行空地想问题。没有关系的东西能不能连在一起，这是一种想象力。乔布斯讲过一句话，他说创造就是把事物联系起来。其实苹果的成功是想象力的成功，它是科技、人文、艺术高度的结合产生出来的产品成功，你们能感觉出来吗？乔布斯有一次在斯坦福大学毕业演讲时讲过一个故事，他曾经讲过一段，他上大学没上几天就退学了，他当时上的学校叫立德学院，学费很昂贵。乔布斯是一个私生子，他是由养父养母抚养长大的。当时他的生母把他交给养父养母的时候要求他们承诺一件事，因为乔布斯的生母是大学里面的知识分子，养父养母是普通的工人，所以她要他们承诺，以后一定要把这个孩子送到大学里读书。所以他的养父养母虽然自己很贫穷很困难，但还是把乔布斯送到大学里读书。但是乔布斯进了大学后发现大学里的东西都不是他喜欢的，而且学费很贵，上了几天学就退学了。但他在上大学的时候发现有一门课特别有意思，美术字怎么写？这门课现在很多家长看了以后都觉得没有用，乔布斯非常喜欢这个东西，因为美术字写得非常漂亮，就自己旁听了这门课。这门课若干年以后，当他推出苹果的第一代、第二代电脑，他的图形界面文字的那些东西，其实很多灵感都来自于当时对这门课的学习中激发出来的东西。

乔布斯又到硅谷斯洛的研究中心，看到他们当时有一个鼠标图形，那个东西不是他发明的，但是他是最早应用在电脑上，而且最早应用在苹果的产品上的，所以现在我们看到的这些东西、微软的都是源于苹果，学苹果的。再早追溯过去就来源于乔布斯年轻的时候上的这门课——美术字。他说在人生过程中有很多东西，你当时是不知道它的意义，但是最后的生活就像一根线一样，会把这些珠子都串起来，这就是一种阅历、经历的联想，联想是需要素材的，这个素材就是你的联想、你的经历。所以为什么要读书、为什么要旅行，为什么要跟不同类型的人做朋友、交流，为什么要开这样的研讨会，我相信这里面最本质的东西就是给大家提供一个创新的空间和氛围。联想就是把一些看似没有关系的东西，如果可以看到它们之间内在的东西，那么就会产生一些新的东西。

这句话大家都听说过，爱因斯坦说“想象力远比知识更重要”。很多时候我们学到什么知识，现在教育的悲哀就是很多学校的功课安排，让大家学了很多知识，但是我们的好奇心没有了，我们的想象力没有了。这是一个大问题，没有想象力，怎么出创造力、怎么出创新、怎么去创业？只能模仿。所以想象力也很重要。

所有能够让你们大开眼界、积累经验的事情，你们都可以去做。你可以做一些看似无关的东西，现在我们的教育、学习太功利，什么东西都要有关系，其实未必，一个人的素养、一个人的能力，一定是一个积累的过程。这是对我们现在教育有很大挑战的问题。当然这个话题也很沉重，不是我们今天能解决的。我只是要告诉大家，如果你想有创新，你首先要会问问题，要有好奇心。第二要有想象力，不要让任何东西束缚自己的思想。尽可能去想。毫不相干的事情，如果能看到它们之间的联系，说明你有想象力。这种能力是可以培养的，作为个人我们每个人其实都可以做到这两点，你们都可以自己有意识地去训练自己。其他的一些东西就大了，观察、社交就很大很大。所以我今天跟大家讲的就是创新思维的大概念，对我们创业者来讲，这两个方面非常重要，你们可以很好地去关注、去训练自己。这是乔布斯创业时的搭档，也是计算机的天才，这段话是他写的。“让思维跳出固有的束缚”，think out of the box，让你的想法跳出盒子，才可以改变世界。这个人退出了苹果，乔布斯早期的时候他们是铁哥们，这个人也是一个“天才”，叫史蒂夫·沃兹尼亚可。或者创业成功者在创业成功的时候除了做什么、怎么做以外，首先要思考他们是怎么想的。

我们再花点时间讲讲一个人，这个人可能是下一个乔布斯，还活着的创业英雄，叫ELON MUSK，《钢铁侠》看过吗？他出演的，他是企业家，在南非出生，他的母亲是加拿大人，后来到了美国宾州大学读的本科，斯坦福大学读的研究生，但是没有读完，碰上网络热，就去创业了。他跟老师说，我有一个想法，要去创业，过两年再回来读书。老师说可以，老师都创业，当然也鼓励学生。他最早创办了这个公司 Paypal，被易贝收购了，它是网上购物的祖师爷，拿了一个多亿美金。重要的不是这个动作，而是后面几个动作非常有意思。

他创办了一个电动汽车公司，叫 Tesla，这个车已经在中国有卖了，这是一个纯电动的汽车，非常漂亮，外观跟一辆百万跑车是一模一样的，而其驾驶性能都是智能网络终端，就是一个触摸屏。这辆车的驾驶体验跟我们传统汽车完全不一样，只有一个油门、一个刹车闸，没有换挡之类的，电动汽车不用换挡，几秒钟就可以提到一二百公里，这车人民币售价一百万不到，在美国是 8～10 万美金，现在在上海大概有七八辆，北京也约有十辆，在北美的一些城市能看到这个车，非常的漂亮、非常酷。他不是做汽车的，做汽车有上百年历史的企业是通用、福特、奔驰、宝马，他把电动汽车做出来用了十年的时间。这辆车现在刚刚投放到市场，我相信未来他是很厉害的一个竞争对手。他从来没有汽车工作的经验，Tesla 公司已经上市了，大概估值是两百亿美金。

更惊人的是，美国航天局，主要职能是探索太空、运营人造飞船、火箭发射，美国觉得这笔经费花得太多。但是空间站的人还得上去，于是政府组织民间招标。他成立了一个公司叫 Space X,X 是太空探索的缩写。经过了很多次的努力,有几次差点就破产了,因为他发射一次火箭就失败一次,两三次就把自己的钱全砸进去了,差点就没钱了。他说最危险的一次是离破产就几天的时间,但是他坚持下来,成功了。成功地把火箭发射,然后准备把宇航员送到太空站。而且这种事情在我们一般人眼里,只有国家资源的投入才可以做到,他只是一家民间的企业,而且一开始是一个很小的公司。而波音、马丁公司这类很有实力的企业并没有做这件事,而他做出来了。非常有想象力。他还想把火箭发射以后再回收,因为火箭发射燃料成本是很少的一部分。因为我们原来是火箭发射完以后就不知道火箭到哪里去了?所以成本很高。他现在的想法就是把火箭发射以后再回收。而且他的目标就是未来人类在火星上建居住点。火星上建居住点,首先火箭也要回收,发完以后再收回来。这些想法如果没有听说过,是不是超级有想象力。想象力无与伦比,这个人是很羞涩的一个人,他那次到上海来一天还是两天的时候,我们校长就把他请到我们学校来,但是他的想象力非常丰富。一个国家做的事情,他一个人敢做,汽车工业一百多年的大佬都在那里,他没有做过也敢进去,他可能就是下一个乔布斯,他会颠覆汽车行业,会颠覆太空,可以实现人类很多的梦想。我们可以在地球以外的地方有居住点,首先就想怎么出去,怎么低成本的出去。如果说到太空旅行,就像去一次欧洲、美国,再多十倍二十倍的钱,人们也愿意去。

创业其实核心是创新,创新最基本的东西就是要有想象力、会问问题。

下面我们讲创业的一些思维模式,当一个特别有意思、特别新的东西出来后,有很多东西就会发生改变。如果我们要创新创业的话,首先自己的思维模式就要适应这个环境的变化。我们重点讲讲这三个问题,创业新思维的三个维度,这是我归纳的。讲到创业、讲到新思维现在有很多方法,互联网的新思维,有很多人总结了很多。我也跟他们交流过,也在思考,其实我把这些东西全部都过了一遍才发现,最核心的东西也就那么几个。我今天跟大家讲这三个东西,其实这是最核心的东西,你把这三个东西都吃透了,思维的框架就有了,思路也就有了。

我们来讲讲创业新思维的三个维度,第一个是客户。现在看客户要有一些新的思维方式,这是最基本的。因为所有的商业活动最核心的一个事情,就是客户关系。不管做任何东西,首先要问你的客户是谁?你跟他是什么关系。传统的经济活动里面,生产者和客户是不平等的,就是信息不对称。老百姓有一句话,“从南京到北京的,买的不如卖的精”。这句话背后的道理、经济学的原理就是信息不对称。卖东西的人一定比买东西的人对这个事情真正了解的更多一些,他有些信息不告诉你。所以传统的消费模式里面消费者是处于很弱势的地位。现在由于互联网的普及、各种技术手段的应用，这种关系在悄悄发生革命性的变化。消费者的地位在提升，消费者的话语权在增大，消费者和生产者原来的一种不平等的地位或者说对立的一种关系，变成了平等的伙伴关系。这种例子你们身边应该很多。

首先客户不是你的对立面；其次他跟你是平等的；第三生产者和客户之间的界限正在变得模糊；最后，最极端的情况，现在很多互联网的大佬总结的一句话叫“得屌丝者得天下”。客户就是最草根的群体。这种思维方式如果没有，在现在创业、创新可能会碰很多钉子。在一个产业链里面，也一样，考察一个产业的产业链，谁离最终客户越近，谁的话语权越大，这种现象也是跟这个道理是一样的。所以这里面最典型的例子，有点岁数的人都知道，苏宁、国美这两个公司，都是卖电器的。他们起家的时候市场上有一大堆的电器生产企业都很有实力。那个时候有长虹、飞跃等品牌，很多都是生产产品的企业，都是些很大规模的企业，都很有实力的。苏宁和国美就是“个体户”。他不断地开连锁，在各个城市开销售店，很快他们的发展势头就处在这个产业链上层，他们跟消费者近、知道消费者要什么东西。所以跟厂家的矛盾就很大，有很多厂家就退出这个销售渠道。但是你退出了这个销售渠道从哪里找消费者呢？厂家不可能投入费用建渠道。他们就是建渠道，渠道也建立起来了，所以这个渠道很有价值。而且在这种较量、博弈的过程中就占有很主动的地位，所以就发展很快，有两家公司是最典型的，在生活水平提高，对家用电器的消费需求到一定程度以后，是成长起来最明显、最快的两家公司。这两家公司都上市了，成为行业的领军人物，一家是苏宁是南京的企业，一家是国美是一个广东人开的公司，在香港上市，最后虽然出现一些问题，但是这个公司本身的盈利模式就说明谁离消费者近，谁的话语权就大。

所以创业新思维，第一个思考的方向，就是怎么看客户。客户再也不是过去那种，你给他东西，他掏钱的这种关系。现在客户和厂商是合作伙伴的关系。

我再讲讲什么是合作伙伴的关系。现在很多产品的销售，很多公司不做广告，小米不做广告，刚才讲到的 Tesle 也不做广告，苹果其实做的广告也很少，而是把每一次的产品发布会作为一种营销活动。乔布斯刚才那个非常经典的，就一个人一个产品告诉你我的理念、我的产品怎么好。现在很多人学他，微软发布产品的时候也学他，中国的小米也学他。很多人在学，因为好用，大家都学。

销售其中有一个很重要的销售方式，叫作“口碑”。“口碑”谁给你传？一定是客户给你传。现在很多人买东西，网上找，再看客户有什么评论，这个东西好不好，因为客户是最客观的。当然这里面也不排除有些注水的东西，乱写。但是大部分正常情况下，很多客户还是把自己真实的信息写出来。如果向自己的亲朋好友推荐的话，大家一定相信你的。比如说找餐馆吃饭，哪一家好。那家我去吃过，东西好吃，又便宜。你做美容哪里好，一定是找自己的闺密去问的。所以口碑是一种营销方式，口碑传播的这样一个过程中，消费者就扮演着一种合作伙伴的关系，他帮你分享。直销也是这样一种模式。直销就是用户自己用，用完以后分享给身边的人，也是一种口碑相传的营销模式。所以生产者和消费者实际上界限已经在模糊，发生本质性的变化。如果在这个角度看到这种现象，形成一种思维模式，我想我们在创业的过程中，我们对创业的模式、创业的定位，找对自己的客户，我想是会有帮助的。一定要注意到客户关系的本质性的变化。这是我想讲的创业新思维的第一个维度。

雷军就是实现这样一个理念比较成功的案例。小米公司成立时间很短，也是一个商业奇迹。我看了一下这个公司的资料，大概情况是这样的，这个公司成立到现在大概也就四五年的时间，2011 年成立，2010 年准备，2011 年开始，成长轨迹是惊人的。我告诉大家几个数据：他们 2011 年的销售额就是几十个亿了，大概是 30 多亿，这是 2011 年的数据。2012 年达到 160 多亿，具体数字记不住了。2013 年增长到 300 个亿。2014 年预计为 700 个亿。一家企业成立四五年不到的时间，一年一个大步，全世界去找，有哪家企业能有这样的业绩。所以不得不承认，这套对客户思维的理解，是一定有过人之处的。我刚才讲了几个数据都是真实的，没有任何的水分在里面。我只是告诉大家一个数量级的概念，准确数记不住，2014 年上半年第一季度末的时候雷军亲口讲出来的，因为已经有第一季度的数据，现在只有一款小米手机，将来还有更多的产品会推出来，有电视、有智能家电。这样一个公司在互联网环境下成长起来的，背后是什么？是他对产品的创新、对客户的理解。

第二个维度，讲讲产品本身，很多人对这个话题没有感觉，其实产品是企业的理念，是企业和客户的界面。现在我们讲到创业成功者，他们本身都是很出色的产品经理，从乔布斯开始，乔布斯对产品品质苛刻得不得了，很多苹果产品都是在他的理念下做出来的。当年他做笔记本电脑的时候，原来的笔记本电脑的外形，包括联想都做得很大、很厚。他有一次跟工程师开产品研讨会，他就拿一本杂志，往桌子上一扔说，我们的产品以后厚度就这么样。一本杂志只有这么厚，大概 10 个毫米不到。当时有很多问题很有挑战性，电脑要发热，用的时候要散热，很多元器件根本没有达到这种程度，怎么做到这么薄。但他就是要求这么薄。最后苹果笔记本电脑就真的薄到只需一个大号信封就可以装进去。这个产品就是这样，这都源自于他的理念。

很多公司就是不想，于是真的就做不到。想都不想怎么可以做到。企业家和工程师就不一样，企业家也需要一个好的工程师，但是光有工程师的思维模式是不够的。企业家有很多想象力，有很多执着，有很多理念是不一样的。Elon Musx 就是这样一个人物，他做电动汽车的过程中，把很多太空的技术都用进去了。火箭发射，原来从来没有人想过要回收火箭发射的壳体。像中国、美国能发火箭的国家也没有几个？我们国家以举国之力做这个事，人家一个私人公司就做出来了，想想也是创新的力量，想象的力量没有边界的。现在基本上成功了。火箭发射完了以后，一节节脱掉以后，就不知道脱掉到哪里去了。在火箭发射过程中，燃料所占费用在 2%～3%都不到。现在火箭壳体可以回收，就不用再重新做了，去火星就可以来一次两次了，所以有时候问对问题需要有想象力。

过去讲产品就是这个东西好不好用，功能好不好、性价比高不高，这是传统经济的思维模式。现在讲产品讲什么，讲体验、讲感觉，讲酷不酷，看了以后有没有“哇”这种效果。现在做产品要怎么做，才可以做到这种程度呢？一定是非常极致，非常简单的一个东西。所以现在产品在这样一个思维模式之下，不是简单地说是客户，而是粉丝。什么叫粉丝？从情感上就认可你，对你有一种没有任何理由的喜欢。现在产品跟客户的关系是进入到情感世界里面，千斤难买我愿意，这个东西你说喜欢跟他讲多少钱都没有意义。明星的演唱会这么多人去看，两千块钱，我们很多人不理解。这就是粉丝经济。现在雷军也一样，苹果乔布斯也是一样的。有很多人在苹果新产品发布的时候，国外的店都排队去买，大家以第一时间能用到他的产品为荣为耀。这么多选择的时候还有这种现象，也是不可理喻的。雷军也在模仿乔布斯的做法。现在也搞发布会，所以就叫“米粉”。你们有用小米手机的吗？我们不大用。

有很多人就不理解，一个小青年一个月挣不了多少钱，也要花四五千块钱去用这个手机。这是一种理念、潮流的象征，他觉得用这个很酷、很潮、很时尚。用我们的思维理解不了，这个东西已经是情感层面的。没有任何理由的认可，而且一旦认可以后，想去改变就很难，基本不可能。就有一种联系，其实全世界的商家最头疼的是什么？我的客户怎么跟我连在一起。这是所有做生意的人都要琢磨的一个问题。有些人就很简单，有各种各样的手段，用积分、优惠，这都是一些最简单的、最初级的。最有力量的就是让消费者从情感上认可你，认可你的品牌。

我原来在企业工作时会经常出差，需要住酒店。若干年以前有一次我去北京出差,结账的时候服务员就说:“先生祝你生日快乐,这是我们的小礼品”。那一天确实是我的生日,我自己都忘记了,因为我出差住酒店,让我觉得这个酒店很人性,在入住的时候要看我的证件、身份证,准备了一个小礼品,其实也没有什么。但是表达了一种关怀、一种人性。所以做事情一定要讲人性,情感就是人性。把你的情感需求、人性很微妙的东西都可以激发出来,这个商业活动就一定会成功。不是说性价比,不是说便宜不便宜,这个商场打多少折,这种手段是最初级的,走不远。因为网购比商店里面便宜多了。现在网购拼什么?京东、阿里拼什么,也是体现。京东的商品上午订单下午就送过来了,今天订单明天就送过来了。阿里要三四天才可以到货。你用过京东的服务再去上阿里,就发现这里面有一些差距。为什么?京东所有的物流都是自己建的,自己公司体系内的东西。阿里是第三方物流体系配送的,所以只能送一些小东西。送不了电器,就算能送,也是很麻烦。所以未来电商,五年以后我估计京东会超越阿里,因为在电子商务这个行业,他有很好的基础在里面。京东的小伙子有很多是我们人大毕业的,社会学系的。做电子商务不拼爹,拼自己、拼团队、拼能力。

这是产品进入到情感,要记得,把营销和服务紧密地结合在一起,减少对广告的投入。Elon Must 做汽车也不做广告,有一天视频网站上有一个广告,但是这个东西不是他自己拍的,是别人拍的。有一个广告公司老总,他就想做一个广告出来,到网站去。人家就问 Elon 你不做广告,怎么有一个广告在网站上。他说对不起,这个不是我买的,有人说这个产品这么好,怎么没有广告,他就为了这个好产品做了一个广告,这个广告公司是为了这个产品花钱自己做的广告,所以有些东西做好了以后,你都有一些想都想不到的结果。

这是雷军对产品的一些说法。产品不是由工程师拍脑袋定义,是由客户来决定的。这个产品推出去以后,推动社区、平台互动,收集了客户很多的信息,马上就进行相关的更新和升级。现在很多做产品不像传统的,都弄好了以后再到客户端。现在做产品有一个初步的产品就推向市场,得到市场的认可,失败也要快速的失败,然后再寻找新的创业方向。这是一个方法论,这个话题很大,有机会我可以再跟大家讲讲这个话题。小米就是这样的,先推出一些基本的东西,收集完以后定期的,一个月、一段时间就更新软件,而且硬件都会有不断的更新。这样跟粉丝就形成了一种社区、一个平台互动的东西。所以就可以非常紧密地去互动,得到这种信息。他自己总结的就是关注、极致、口碑、快。跟我们刚才讲的都很有关联。

刚才讲了客户的关系、产品。第三个讲讲商业模式。

什么叫商业模式，做一个事情有不同的方法和手段。这个事情其实商业模式早就有了，只是说最近这几十年，随着创业、互联网的兴起，这个问题比较让人关注。创业公司经常从技术、从产品上创新也是一个方向了，但是除了这个以外，其实创新还可以从商业模式创新。我们刚才讲到戴尔的模式，其实他就是一个商业模式的创新，产品还是那些产品，甚至连工厂都没有，也能做成一个很大的企业，就把原来分销商、代理商传统商品流通的机制，变成了厂家直接跟客户对话直销，戴尔也是直销，也是一个商业模式的创新。乔布斯更是这样了，手机很多技术都不是他原创的，但是他把手机iPhone做出来以后，还有很多基于这样的硬件后面的平台，很多应用的软件APP，包括原来Apple以后还有一个音乐下载的网站。把这些东西都连在一起以后，原来行业生态就颠覆了，用一种不同的方式来做生意，想取代它也是很难的。所以商业模式创新，是我们创新、创业很重要的思维方式。要经常琢磨有什么不同的方式做这个事。因为不同的方式做一件事情，结果可能会完全不一样，利润空间也不一样。

有一个很著名的研究机构前几年做了很重要的调研，研究了很多的高管、企业成功人士，他们发现产品服务的创新和商业模式的创新，这几个事情中，可能商业模式的创新更重要一些。所以这是一个很值得我们关注的一个方向。商业模式这里面也是一个很大的话题，我看里面有些讲座，涉及这类东西，怎么去创新，怎么弄。这里重点讲一个事情，在商业模式里面，最近有一种现象，叫平台商业模式。这个东西是在互联网企业，现在这样一个环境里非常有活力、也是非常有影响力的一个事情。商业模式有一个定义，平台商业模式。什么意思？看到的创业成功的企业后面都有一个平台，阿里巴巴、淘宝、天猫就不用多讲了，京东也是一个平台，Facebook实际上也就是一个社交平台。这个发明者是哈佛大学的一个学生。当年就是因为好玩搞的一个小玩意，他把一个女孩的照片放到网上去，让大家来打分，评定这个女孩子漂不漂亮。就是这样一个小东西，大家就响应得很热烈，很多人呼应他，就从一开始评价女孩子漂不漂亮，打分这样一个简单的思路，就扩展到同学之间的联系，甚之哈佛以外的，美国东部的一些学校，发展得非常快。还有学校内部的一些人联系，使得客户数不断地增加，成了一个社交的网络平台。Facebook现在就成长为一个巨大的非常有影响力的一个互联网公司，这个小孩子三十岁不到，女朋友也是一个华人，他在学中国文化那一天开始就想要进入中国市场。如果这个要进入中国市场我相信是很有力量的。

我讲讲这个平台背后的原因是什么。这里面有两个东西是值得我们关注的。第一个原来传统企业的价值链是上下游，你的供货商是谁，客户是谁，只是单向的。现在出现一种新的现象，价值链在颠覆性的变化，即多项价值链，网状的价值链，这是这个平台形成很重要的一个机理(原因)。首先这是一个东西，第二这个东西就是网络普及以后，网络的力量。这里面又有很重要的规律，关于互联网有很多规律性的东西，网络的定律，是一个叫梅特卡菲这个人定义的。他认为，网络的价值和数量是有关系的，数量越多越有价值，是用户数量的平方，可以几何级数的增长，$2^2=4$，$3^2=9$，$4^2=16$，……，做到后面，这个数是很大很大的。网络一开始小范围大家不知道，其实这个网络大了以后，超过十个、数十个，上百个的时候，这个价值就非常大。

就是说为什么当年很多互联网公司，包括Facebook，包括京东，上市的时候还没有挣多少钱，就可以上市、有价值。这种规律已经颠覆了传统经济学的判断标准。比如说要有现金流，有利润，这个公司才有价值。不是的，只要有客户就有价值。

给大家举个例子，世纪佳缘大家听说过或用过吗？这是婚恋网，很多年轻人可以试试看。它也是一个上市公司，模式就是免费注册，把资料提交给他，男女都可以提交。你会发现当里面男的注册用户品质很好的时候，高大上、很多很有钱的，很多女孩子都愿意到这里面找对象。都是一些白富美的女孩子在上面，男孩子肯定也都愿意到里面找对方，基本服务都是免费的，但是你要认认真真在这里面找一个终身伴侣，谈恋爱，婚恋锁定目标的时候，你就要这些人的资料、通信方式，这个时候就要交钱，这个时候是增值服务。所以平台模式有很多很有意思的现象——就是免费。这也颠覆了很多传统经济学的方式和思考，怎么可能不要钱呢？就是不要钱，自会有人掏钱，羊毛并非一定出在羊身上。就是这样的，收费是一条死路，马云为什么可以打败易贝，就是免费。前几天他们讨论微信要不要收费，我说不要收费，收费一定会死。在微信之前用短信，过节假日、春节的时候，一天短信的量几十亿条。中国移动、中国联通坐在那里一天就收几亿，短信收钱到现在还在收。现在有多少人在用短信，现在都用微信，微信不要钱。我可以告诉大家过不了多久短信也不要钱，但是这有什么用。已经没有市场了。免费是互联网数字经济，他要收钱会在别的地方收钱，不会在这个地方收钱。这是互联网的思维方式完全不一样，你不理解就会出局。

这是一个平台商业模式，有很多，我只是随手抓了一个有眼球的，谈恋爱都会上这个网站的，这是一个很严肃的网站，就一个平台。上面这些可能是掏钱的客户，很多人就是看看，养养眼，饱饱眼福的，你就不要注册了，搞几张照片放上面就可以了，出来亮亮相，增加一点好印象没有关系。但是真的要认认真真找婚恋对象的时候就要掏钱了。这个量很大，上亿的客户，有一两千个、几百万人，或者上千万的人愿意掏钱，就可以了。你们能想象吗？几个亿的客户，有几百个人掏钱就够了。

平台有一些特点，第一个是生态圈，这个概念也很重要，现在做事情，我不是说你和我，我和你的概念，而是互相依赖、互相共存的一个关系，这是一个生态圈，大的生态圈、小的生态圈，相互包容的生态圈。平台就是一个生态圈的概念。生态圈就是一个共存的概念。任何一个参与者都有自己的定位，不是说你重要我不重要。创业也是一个生态圈，创业不是创业者本身个人的事情，从社会角度来看，参与创业的过程是很长的过程，有很多参与者，我随便举个例子。高校、科研机构也是一个参与者，培养人才、培养产品。创业要有人才、要有产品，也是创业生态圈很重要的参与者，为什么上海科技大学专门成立一个叫创业与管理学院，这样的学院用这样的名字来命名的高校还不多，我们是第一家，说明我们是关注创业，要培养创新创业的人才。学校、科研机构，出人才、出产品。我们论坛的主办方是创业促进中心，也是一个参与者，提供很多政策的支持、资助和孵化等等，他们也是参与方。除了这些以外，天使基金、VC、金融机构也是参与者。他们会给这些创业活动带来很多资本的力量，让创业活动更普及、更发达。还有一些中介机构，比如说会计师、律师会给这个创业活动带来很多其他辅助的东西。所有的这些东西都在一个生态系统里面互相依存，没有说政府就比我高一头，每一个参与者都是平等、共尊的，互生互动的，这是生态的概念。这里面没有三六九等，民主、平等、共存，这是生态圈的概念。这个概念在我们设计商业模式的时候要有这种思维。用这种思维看很多东西就可以看得很清楚，就知道这个事情应该怎么去做。有很多传统的东西都有差距。

第二个是免费。免费是一种数字经济、互联网时代的必杀器。360杀毒大家知道吗？原来在它之前有很多软件公司，专门杀毒的，就培养出一个很怪的现象，有些人专门放毒，有些人专门杀毒。他们也是一种生态圈。就不断有人时不时搞出一些毒来，然后什么公司又出来一个产品，可以杀这个毒。杀毒软件要花钱买的，中国也有，外国也有。你们喜欢电脑的很多，中国瑞星、外国也有很多。后来有360就说全部都免费。当然有很多人说你疯了，就把这个生态全部改变掉了，就是不要钱。杀毒软件免费，那些公司还有饭吃吗？

所以免费以后还有很多，基本服务免费，增值服务收钱。还有最后羊毛出在狗身上，有人出这个钱，百度、Google，你搜索的不用出钱。但是厂家、广告发布商，希望你搜索的词，右边有一栏都是很相关的东西，第一页和第二页都是要花钱的，而且排名越往前挣钱越多，根据点击的关联度，包括相关性收钱。有人愿意出钱，你不会觉得那个东西跟你不相关。你要找一个东西的时候一定会想，跟他关系的有什么，比如说搜索看牙，你会发现我要看的话，哪个医院好等等，就会旁边有搜索内容，关联度很大，你会觉得它是你需要做的事情的一部分，他来掏钱，你不用掏钱。这种商业模式新思维还有很多，我只是随便举个案例。

最后简单总结一下，创业的新思维，讲了为什么思维很重要，新思维有两个工具，一个是好奇心和发问，然后是想象力；讲了三个创业思维的维度，一个是客户关系，一个是产品，第三个是商业模式。面对多变的环境，我们还是从改变自己的思维模式开始，适应这个环境的变化。思维模式变了，想法变了，生活就会变化。

听众：李老师您好，我想简单地问一下，刚才您讲有一个叫 Elon Musx，因为他最近又有一个新的颠覆性想法，把他公司里面的一些专利已经公布于世了。我的问题就是想请您把他这件事情的真实情况简单地介绍一下。另外他的这种想法的确也是颠覆，因为国内或者国际上对这种专利是作为一个企业发展潜在的掌握在手里的东西。他的做法对未来的风险有多大，当然常人的想法只是企业做强做大，赚钱。第二个问题，国内现在一些企业能按照这种模式走吗？

李洪：这个模式特别有深度，特别前瞻。我不可能告诉你他全部的东西，我只能告诉你我怎么看这个事。我也只是旁观者，跟你一样。你关注到这个事情我也看到了。第一听到这个消息，我很兴奋。我的感觉跟刚才听到免费的感觉是一样的，这恐怕也是一个趋势。IT 知识产权有它的作用，但是也有它的局限性。这个问题没有一个标准答案。知识产权是用有限的保护来换取发明者公开信息的一种机制。这个话题讲起来很大。作为消费者、作为不是发明人，他一定是愿意公开的。但是作为发明人他发明一个专利，发明一个 IT 一定花很多的时间、精力投入，没有一种补偿的机制，可能也不利于社会的进步。所以这样一个协调的产物就出来了——专利制度。专利制度对社会的进步有贡献。爱因斯坦一开始就是一个专利局的工作人员，美国很早就确立了专利制度，当时美国的总统富兰克林也制定了专利的法律，所以专利对社会是有贡献的。但是它也有局限性，比如说网上都免费一样，杀毒也要钱，现在杀毒也不要钱了，一样活得挺好。第二我很期待他能成功。他作为这个行业的领跑者，来公开分享他的专利，这是表达了一种社会责任感，很值得尊重，我认为他很有境界。所以我对这个事情的观点是积极的。因此，第一我很兴奋，第二我很吃惊，第三我很看好它，以后会怎么样，我们一起来看，现在还不知道。

Elone Musx 他是 1971 年出生，现才 40 多岁，我认为他这个项目一出来会对上百年历史的汽车工业带来很多革命性的变化。他凭什么做汽车，比他有实力的企业很多。福特，GM、克莱斯勒、宝马，哪个公司不比他强，这些公司没有他这么用心，这又讲到另外一个话题。创新，我在跟研究生讲课也讲到过，创新这个事情通常不是大企业做出来的，都是革命性的创新，都是边缘性的小企业，所以小企业不要灰心，很多革命性的变化，大企业的文化、理念就不适合做创新。所以就是这种搅局者、跨界的人，他凭什么做汽车，比他有条件、有实力的人多的是，但是别人都做不出来，就是他做出来了。

第二个问题，电动汽车行业是集大成的领跑者，公开权利是不是对这个行业很积极，很无私，其实最大的自私是无私，他为别人服务的时候一定有更大的利益等着他。所以从哲学角度来讲自私和无私的关系是这样的。俞敏洪是新东方的老总，当时他拉了几个合伙人，从美国回来的时候，人家就说了，我不是看好你现在有钱，而且我们上学的时候你这个小子天天给我们寝室打水、扫地。他是无私给人家做事情的，所以最后人家愿意跟他一起来合伙。有一个电影叫《中国合伙人》，就是讲他们的这种故事。为别人服务，无私地去服务别人。这种境界应该弘扬，就像公益活动一样的，不收钱，就是为了有很多想法、很多经验，愿意跟创业有关系的、关心创业的人一起来分享，全世界的创业者都应该团结起来。

所以小企业，为别人做免费的时候，它也有自己的商业利益，至于利益源在哪里。所以你这个问题我回答不了，可能要个案处理，因为每个人都有自己的局限性。

听众：我今天听了您刚才说的小米、世纪佳缘，您刚才说了他的创业是以免费思维来做，现在是一种互联网思维。我个人有一种困惑，对于一种创业性公司，我认为用互联网公司的时候表示我是免费，我生意模式在推广时，提供好的服务势必增加成本，作为创业型的企业做这个事情怎么生存下去？像小米免费思维很大一部分是人脉和资源。在世纪佳缘的时候，世纪佳缘的小龙女差一点倒闭，后面因为一点事才活下来。这个思路很好，但是对初创期的企业怎么规避这个问题，想和李老师探讨一下这个问题，我觉得互联网思维一定是非常好的，对我们的生活一定有改变。但是对于初创期的企业怎么存活下来。

李洪：大家听懂他的问题了吗？还是用传统思维来看互联网思维。免费的力量不用讨论，它非常强大，这是第一点。第二点，比如说 Facebook，在发展过程中有很多机会，当时有人家要买这个东西，有一本书叫《Facebook 效应》，有很多人愿意出很大的价钱买这个公司，他就是不卖。所以做互联网企业，要把自己的理念搞清楚。先别想哪里挣钱不挣钱，钱一定要挣的，不是说不挣，但是可以看到把挣钱放在第一的人往往挣不到钱。第二很有社会情怀、很有理念的这些人不想挣钱都很难。比如说刘强东，京东的老总，他现在挣钱吗？挣钱了，大老板。他其实也是很难的。京东的物流系统的建设投了几十亿人民币，上市前（大概两三年之前）每年都是很大的，当时马云就说，我们是轻资产，互联网企业，这就是不同的思路，京东也一直在亏损，才刚刚挣钱不久，也挣钱不多，但是为什么现在估值那么高，有几百亿美金。只要把这个理念想透、立足点不是挣钱，而是你的客户的痛点是不是被你找到了，你的商业模式是不是可以为他提供很好的服务，是不是有成长性，是不是能够被复制，是不是有不可替代性。这些问题想清楚了，你的企业就有前景。创业者通常在创业起步的时候是用自己的钱，成长的时候一定要找到认同他理念的投资人、合作伙伴跟他一起把这个企业做大、更有价值。都是这样的。所以如果能够讲清楚你怎么挣钱，很好，但是很多时候现在来看腾讯、微信，微信本身不赚钱，但是它还做，几年的时间就从零发展到几个亿的用户，现在中国城市里面有多少人不知道微信的。年轻人要发语音、图片、信息都是微信。原来的短信只能发文字信息，现在还可以发图片，到那里玩的时候秀一秀，很酷。微信到现在本身还不挣钱，为什么有价值？所以要有一种商业模式和理念。

第二是怎么活的，活的生存法则也是创业很重要的法则，能活着就好，好不好看和漂不漂亮，不重要。所以要想办法活着，这是第一个。活着要告诉人家，我为什么这样做？我的理念是什么？未来是什么样子？你要是没有想清楚可能也是一个问题，所以生存和挣不挣钱有关系也不见得简单地划等号，这里面是不一样的问题。很多互联网企业早期是先找客户，把客户积累到一定数量的时候，然后他才挣钱。你怎么做到这一点，除了创业企业本身，创业者还要有这些投资人，合作伙伴一起跟你走这段路。很多企业，京东的财报也没有挣多少钱，马云一开始上去的时候也不挣钱的。但是风投机构就很看好它，很多人不知道电子商务是怎么回事的，有人就几千万投给他了，他拿着钱就可以做了。京东也是一样的，上市前做了九轮融资。投了几十个亿建物流体系，建物流体系不是简单的事情，每一个大城市都要建网，数量单子不到一定程度会亏本的。如果达不到数量固定资产投进去，是会亏本的。但是没有基础就不会有今天的爆发。所以挣钱、商业模式和生存这里面关系有一些不完全一样的地方。免费不是你说好，也不是我说好，就是一种存在，不得不这么做。

在这样的环境下投资人判断企业的价值标准不完全是挣钱。这个我可以明确告诉你，因为我做过投资，我身边也有很多投资人，我们看企业的时候都有很多标准。这个标准就是这个企业的价值在哪里。不是说挣不挣钱,今天不挣钱,如果有价值,明天一定会挣钱。今天挣小钱,明天一定会挣大钱,就是这样的。中国、外国都一样,所有互联网的企业随便去看,一开始都不挣钱。马云一开始不挣钱,腾讯现在还不挣钱,Facebook一开始不挣钱,但是他不断地找方向,越来越大了,平台建立起来、网络建立起来,狗就自然出来了。想法很重要。

谢谢。

成功创业复制秘诀

袁雪峰

宝盒速递创始人，中国自助式快递与城市智能联合配送行业开创者、上海理工大学客座教授、杨浦YBC创业导师，12年市场经验与数次成功创业经历，在营销战略、品牌传播、团队建设等领域有深入的研究和丰富的实战经验，在“销售与市场”、“中国营销传播网”等多个权威媒体发表过众多文章。

非常高兴有机会给在座的各位分享我的创业经历和心得体会。今天在座的各位冒着那么大的雨来，我内心是非常感动的，这么大的雨并不能阻止大家的热情，表示在座的各位是真正的创业者。

我的PPT很简单，今天就聊一些干货。我把我12年几次创业经历和大家做比较真诚的分享，也不怕把自己的短处暴露给大家，更多的是把自己的心得和各位进行交流。大家看了宣传片里有很多人，我也非常荣幸有这样的机会，跟成功的他们一起交流创业的机会。

最近有个新闻比较有意思，是关于有一家大公司可能破产的消息，不知道各位有没有关心过，就这两天。这家公司是索尼。你们从这里面解读到什么信息？我是这么看这个问题的，前阵子柯达倒下了，又过了一段时间诺基亚卖给微软了，现在索尼可能挺不住了。这一系列事情充分说明创业有多好，这么多老企业一不小心掉沟了，我们有大把的创业机会重新进入全新的市场。创业给了我们进入市场的新机会，往往新进入者没有包袱。而大企业转型特别困难，国美、京东……京东直接做电商3C，传统的国美、苏宁有现有的包袱，包括现有的实体店零售商；沃尔玛也面临重大转型过程。对我们来说，我们进入这个新领域里没有包袱，只要战略正确，资金到位，团队正确，一般来说我们比老企业更容易获得战略上的成功。我对索尼可能破产这则消息的解读，认为这恰恰证明创业的重要性，证明创新力量带给我们这个行业的颠覆性。我提一个问题，你们觉得在中国有没有比乔布斯更伟大的创业者，有吗？

听众：有，我认为褚时健就是这样的人。

袁雪峰：褚时健，我个人也很敬佩他，75岁还在创业，每当我有困难的时候就会想，褚老先生还在创业，更不要说我们了。你们觉得还有谁比乔布斯更伟大的，在中国，除了马云，还有吗？大家既然来到这里，不妨就当是做一次创业的充分的分享，你们觉得还有比乔布斯更伟大的创业者吗？

听众：马化腾先生。

袁雪峰：马化腾很厉害，还有其他人吗？

听众：刘永好也是很厉害的创业者。

袁雪峰：确实有好多著名的创业者，我个人认为有一个人最厉害，这个人叫毛泽东，他“创造”了这个世界上“最大的企业”，这个“企业”叫中国。看看中国的GDP产值，还有企业比中国还大吗？没有了。但是退回六七十年，在那么困难的条件下，“老毛”的创业是从零开始。他当时创业从煤矿工人调研开始，一直到井冈山，带的是一些从城市里没有打赢仗的那些人，被迫进入井冈山，再重新创业的过程。“老毛”能成功，我总结有三个非常重要的要素：第一，打仗有理论指导，千万别认为创业是凭勇气，凭运气。不是的，创业有成功的法则。“老毛”用的理论是最重要一条。

第二，他能把复杂的理论简单化，跟农民说马克思主义说不通，但他两句话就把农民的创业热情搞起来了。打土豪分田地，我们有美好的明天。在战略层面里只有方向，没有具体的打法，但是毛泽东是一个非常值得尊敬的人，他的战术都是非常结合实际的。

第三个重要要素，“老毛”在打仗前期以及创业早期是非常重视调研的，他在安源煤矿以前，都会花两到三个月时间跟当地的农民，矿工吃住在一起，做深度调研。我们有的创业者，在我们创业前期没有做过非常深刻的调研，这样创业是有风险的，创业不是那么轻松的一件事，所以要做深度调研。

再从实践途径来看，在中国有没有哪个地方创业成功率特别高的，有没有哪个区域创业成功特别高的。

听众：是温州。

袁雪峰：温州，确实不错，温州人创业成功率特别高，你觉得什么原因？

听众：温州是靠做鞋子起家的。

袁雪峰：非常不错，你们认为普通创业者尤其是温州人创业成功的概率大幅增加的原因是什么?

听众:积累大量经验再拓展到大的市场上。

袁雪峰:从小入手,还有吗?

听众:想做老板。

袁雪峰:想做老板,还有吗?

听众:有创业氛围。

袁雪峰:有创业氛围,我是浙江余姚人,我现在在想为什么非要创业,可能和我小时候有关系。在我老家,我爸爸是一个非常德高望重的医生,我两个叔叔开厂,我的妹夫是做五金生意。我读大学的时候,我的初中同学已经开始跟着长辈学开厂,我高中毕业的时候人家已经开着别克来开同学会。这种文化是深植在心中的。创业是有文化,就像巴西足球踢得好,他是有文化的。在那个土壤里你耳闻目染,你自然的就会认同创业是一种重要的出路,尤其是那些没背景,没有前辈的财富,没有很多财富积累,没有很深的政府背景,你很难获得资源。创业是打破格局,不然就看不到希望,不知道自己的路在哪里。

浙商,他们的创业成功率在50%以上,在我身边的那些哥们,我真的很少听到他们把生意搞砸了,部分搞砸也是到后期,规模太大了,初创的时候不太容易失败。袁岳有一个总结,叫免除市场。意思是,在创业早期,先跟着别人创业,这样创业成功率会大大增加。我有很多例子,舅舅开了一个五金厂的门店,侄子毕业,没事干,跟舅舅管店,管半年到一年,他就自己在杭州开店,去绍兴、无锡、南京开店。在复制过程当中,他掌握了一个重要的东西,一个是经营的方法,这是运营的理念,还有重要的是掌握渠道资源,他有相同的进货源头。你发现,扎堆创业成功概率挺高的,著名的快递帮,桐庐帮,80%都是桐庐出来的人,它的方法就是我前面说的。村里一个人搞创业,搞了个快递,那是辛苦的活,2008年以后感觉到快递量一下上去了,在2008年以前,“饿死”了很多快递公司。村里的伙伴去向这个师傅学习,学习完之后再去别的地方。每个行业都有门道,圈里人都认识,打个招呼,别人就愿意帮你一起弄,反正这是我的地盘,中国大了,中国那么多城市,市级县,都可以复制。假设你真的创业,你对某个领域特别感兴趣,我强烈建议你去相关类似行业的同行里干半年以上,你的成功概率会大幅增加,他犯的错误你不会再犯,你所看到的问题跟他基本一致。

从现实路径来看,这种方法是一个非常重要的创业学习手段,也是非常值得我们学习的一种方式。我们的课题是如何成功复制,不是瞎复制,复制失败没用。成功复制两个观点，一是找到理论支撑，越是难的事越是需要理论支撑。如果你投资一百万还有把握，而你做一千万的事却没有理论支撑，你不害怕吗？二是找方法论，要成功一定有方法，看看中国那么多区域里，浙商的成功一定是有道理的，就是文化加上模式。所以这是非常值得我们借鉴的。

我自己的创业经历里，我的第一轮创业。现在讲的创业三大关键要素，你掌握其中一个，或者两个，你现实创业成功概率就会大幅的提高。我是杨浦区 YBC 的创业导师，这个平台很有价值，我进入这个平台以后，看了大量的创业项目，我坦白说，能进来的项目不多，10 个里面挑一二个，大部分的项目都是拍脑袋的想法，不靠谱。一个是心很大，干什么事和他拥有的资源不匹配。他的创业基点本身是错误的，完全没有实现的可能性。我们从浙商创业成功的经验来看，他们掌握了非常重要的三大要素：渠道、资源、创新。

渠道很重要，这是指货源，做产品的能力，浙商成功 50%是开店模式，开店的背后是管店的方法和产品，有很多货源找不着，或者组合后再卖，所以这种渠道的能力是需要你掌握的。原来我们大学里有一个女孩，她家里开厂，这种渠道都掌握在她手里，她要创业比别人容易多。我有一个好朋友，他早期创业时有个同学家里是做皮货生意的，他和同学说，我从你厂批货在网上卖。现做到京东销量的第一名。靠小商品渠道开始做生意，掌握生意门道以后再逐步放大。掌握渠道特别重要，掌握渠道核心方法，你最好去同行店里打工一段时间，如果你有耐心，不出半年这些渠道都会掌握的，除非这个老板特别精明。

没渠道怎么办？我们可以掌握第二个东西资源，资源我认为也是可以后天获得的。渠道和资源都是可以先天获得和后天获得。资源是什么东西？我是 2000 年毕业的，当时学的是应用技术专业的模具专业。我为什么选模具，是我老爸建议的，因为我是浙江余姚市人，在当时的余姚塑料厂，模具行业特别发达，因此当时学模具很安全，起码回老家一定有活干。那时候我在毕业前期，进到实习公司是做互联网的，这打开了我的思维，让我看到互联网的创新能力。我在 2000 年互联网第一波高潮尾巴进入那个领域，我在里面做了一年半的 IT 程序员。很快发现，这个似乎不是我的“菜”，高手特别多，有很多编程达人。我这辈子就算花十年时间都超不过他们，我开始总结自己的优势，我在学校里特别爱玩社团，喜欢跟人交流，参加学生会、校报、校记者。逐渐发现我去那家公司，往往不务正业，最后那些项目洽谈都是我去的，我懂技术，我比资深老工程师更容易跟顾客交流，我觉得我应该改改方向。在工作一年半以后碰到了一个导师，他说一流人才做营销。我是那时候放弃了手上不错的工作，从零开始创业。我放弃了七八千块的工作，那时候找工作，七八千做 IT 很轻松的。然后拿一千块开始跑业务，跑了 4 个月没有跑下来一个单，结果老板把我炒了。我很感谢那个老板，那 4 个月让我学习了很多东西。创业初期骑着自行车，每天走十几个客户。原来我们去金茂拜访，去跑业务的，在下面站 8 个小时，连门都没敢进去。那时候我觉得我要改变自己的命运，就选择了通过进入营销，做销售来进入这个领域。

做销售之后，给我打开了一个天地，他让我通过某一个公司可以掌握第二个创业要素是资源，最重要的资源就是人。我是在那个时期开始跑市场的，找到了跟客户沟通的方法，信任技巧。在后面第二个老板的时候，我说服了他做了第一个创业项目："白领传媒"。那时候我发现写字楼里面没有广告，在 2003 年是一片空白，分众传媒之前。现在广告这么火，一个户外大牌一年赚几百万，如果弄到写字楼里应该很赚钱。我就建议我们老板做这个项目，我们建议老板做的这个项目，在一年半以后，我们投了两百万，最后八百万卖出。

当时写字楼里租金很高，一块瓷砖两三万块，进场费谈多少合理。一两万付不起，一两千别人也看不上。别人进不去也是有原因的，并不是没有想过，只是没有想到好方法，我们后来想想，是不是把灯箱结合一个使用功能，这样更轻松。我们在琢磨什么服务。后来琢磨到一个服务，五星级宾馆里有一个标准服务，擦鞋。我们跟那些写字楼说，我们现在有全新的服务，你们五星级的写字楼应该提供五星级的宾馆服务。我们就在灯箱下面结合一个自助擦鞋机，成本两百块，好处是随后的两百个进场，50%是免费的。最后用得最多的是物业保安，每天擦鞋，开心得不得了。甚至那时候有个保安更夸张，他把家里的鞋子拿来一堆。这个原始创新小点子帮我们开始创业的第一个梦想，这个产品现在网上挂在分众名下，也是当时我自认为一个很幸运的机会。这个项目给我带来一个现实的回报，两个东西。第一个是现实回报。创业第二要素，如果你手上没有渠道，没关系，你通过销售可以掌握资源，资源就是销售基础。第二个回报，上海大大小小的写字楼几乎都跑遍了，一圈下来，一年跑下来，起码见过 500 个以上的重要物业经理，一两百个开发商。那些资源给我带来非常重要的基础——人脉关系，从而使我在这个资源里重复创业。

为什么把这个产品卖掉？卖掉原因之一是竞争压力很大。第二个原因，坦白说广告我不懂，我们是属于半路出家，进场容易，卖广告难。这个广告资源掌握在广告公司手里，原来不清楚，拍着脑袋进去了，进来以后发现这两百媒体在我手里一年只卖了两百万，到分众手里卖了几千万。在分众待了半年，总觉得心里空空的。虽然轻松了，不用承担各种压力了，但是觉得不是自己想干的，跟钱没关系。

我在琢磨，当时有一个非常有意思的，我们带客户看楼的时候，其中一台机器放到金贸的地下车库，金贸不让放到一楼大厅。我带着一个房地产商，是绿地集团的经理，他对车库特别感兴趣，他告诉我当时500万的牌子一定是开30万汽车的人，是那些白领。我开始琢磨，地下车库有广告吗，没有。我们有没有可能让媒体传播可以更精准，如果我只是为了捕捉10%的高端人群是浪费的，聊了很多汽车厂商，都是私下聊的，趁机聊了客户的机会，随便调研了一个市场，聊聊客户、物业，你这个场地多少钱，你清不清楚。我第二次出来再创业，三个合作伙伴筹了50万，搞了第二家媒体公司，我不好意思跟同行说我这50万是创业的，但创业就是这样，在资源完全不具备的情况下，就是要创业。

我第二个项目，又一次踏进了行业第一波，做的灯箱是写字楼第一波进去的，做的第二个媒体就是这个，跟马良合并了，这是新天地车库下面的。第一个创业带给我了资源，资源有了做第二轮创业。这样一个车库，一年销售额可以做到10万以上，汽车车库理论可以做七百万，对于我们创业者来说七百万什么概念，成本两三百万。我干了半年以后，市场上多了4个公司。只要你看中一个东西，成功了，必定有人来，除非你太小，别人看不上。当时几家公司一起来，我没有更多的钱，后来我总结，我没有足够的资源把这个盘子放大你会面临直接的竞争，一竞争后，我出五千，他们出一万，我出一万，他出两万，我跟不起，因为我的运营能力没有他们那么高，最后还不如联合。联合，我兜了一圈，其他几家看不上我，我找了马良传播，我说与其自相残杀，不如联合起来。谈了一个礼拜，把所有的资源给了他。有时候大的合作往往会很轻松，一年以后我们开始和李总一起做了公司，很快我们拿到第一个融资是五百万，有了钱以后，就不一样了，我反过来打压其他人。开始在北上广深建立子公司，开始大规模运作，最疯狂的时候一年销售额做到了一个多亿。你发现资本可以迅速放大你的价值，其实我没有变化，我只是有了资本以后，我可以把我的价值放大，我以前没有运作过全国公司，现在全部运营了，让我开眼了。

我第一轮创业经历带给我的重大启示，趋势的重要性，你要踏进一轮新的趋势，2000年是互联网趋势，这里面诞生了新浪、搜狐、腾讯。2002年房地产创业，包括房地产中介都赚的不得了。2002年以后可以贷款买房子，2003年的时候，非常幸运的是，风投传媒时代，这个时代起来以后，带来一大波的狂热。这里面有多种机会，一种机会你有可能融到资金,你能成为操盘者。还有机会,即使你没有机会你也很容易出手。你不干,会有人进来。如果你进入了没有增长的行业,你会很痛苦,你孤独地活着,要么干要么自己死,趋势非常重要。站在风口上猪都可以飞起来。你做的差不重要,你看到趋势要很快起来。风投收购了框架,其实当时挺不聪明的,如果拿了股份可能这个盘子就值两个亿了。趋势的重要性,一个趋势走了八年时间。第二轮创业还是在风投时代,是分众聚焦了 FIA 公司的品牌传播理念。第二个创业给我带来很大的体会是资本的力量。第一轮让我见识了趋势的力量,第二轮让我见识了资本的力量。我自己在创业时期,一开始就获取了资本,不会像再次面临跟马良传播一样的格局,在早期你太小,被别人消灭掉。

第三轮创业,我选择了一个品类创新,这不是特别成功的案例,是我创业的第三个案例。这个案例没有自己亲自完全介入,有个创业团队找我,我们一起合作的,我以投资人加顾问的身份介入这个项目。这个项目让我充分见识了不在趋势中的痛苦。这个领域一直崇尚创新,发现这个领域里,他是典型的有品类没品牌。不知道你们了解菜饭的品类吗?像大娘水饺,以前水饺没有品牌,拉面也只有兰州拉面。它们很容易被整合,当时建议做这个项目,我们开了一个店以后有很大的痛苦点,在这个区域内的消费能力容积量是有限的,刚开业初期还很火,后来一样,在一个区域内高度密集的竞争,客户群就这么点会被切割切割再切割却没有增量,到后面的结果就是不死也不活,维持在那里。你的复制后期会形成阻力,这个项目着力点有品类没有品牌。他 30 秒就可以出菜,整个餐饮行业,他没有行业增长趋势,不像传媒时代来的那么轻松。传媒时代是可以借风势的,如果你只值一百万,但你在风头上可能就价值一千万。在餐饮业里面做一百万就是一百万的生意,他的生意太实在,行业如果没有增长趋势,你创业的难度相对较高,不是不能创业,是难度更高,你要面临竞争关系。这个项目之后我做了现在的宝盒项目,宝盒这个项目来自于第二个重要的东西:资源。因为我本身是学理工学模具,IT 和技术,我懂边界,好不容易我发现我学的老本行总算用上了,我了解很多边界东西。

2004 年以后,有一个非典疫情,非典成就了天猫的快速成长,包括 2007 年、2008 年金融危机,大家都缺钱,在网上淘遍便宜货,写字楼的快件从原来一、两百,单爆增了 5 倍,楼下的快件堆得像小山一样。我在琢磨这个有没有可能性创业,凡是有矛盾的地方就是你创业的机会。我找了国外资料发现,德国有一公司发明类似东西,德国是做直营的。中国是十几家快递公司瓜分天下,用这种方法是可以整合成一个国内的全新商业模式。我们做了实践，普通人每天送快递 80 件，京东、天猫都是这么送的。在区域内开通自助模式，快递公司自己用，快递公司非常喜欢，基本投放一两天就全部买下了。我们就在这里设立中心仓库，让快递公司的货在我们仓库集中。我们投一百件包裹要 15 分钟，传统配送的一百件送到家里要 8 个小时。原来每家公司只送 5～10 件，一个小时跑 10 次，10 个快递公司 10 个快递人员，现在一辆车就可以。所以它可以实现人均 500 件的运营总量，它颠覆了整个快递行业，用新的模型重新变革了整个行业。这是我们的自主模式下面的运营，我们一般在社区里投这个东西。这是在上海理工的处理两千到五千的中心仓库。

它带给我两个东西，第一是资源，这个创业成功的前提在于我们比别人熟悉，进入这个群体，别人需要五百万，我只要一百万，别人需要一年，我要三年。你要进入某个领域里，最好通过别人走进这个渠道，在创业成果不大的情况下能降低三分之二。第二是创新带给我的力量，第一趋势、第二资本，这个创新的时候，一开始对接了目前的资金，我们捆绑了 GA 资本，有了资金支撑，这个项目已经投入五千多万，在全国形成一个局面。也比较讨巧，政府现在在提倡智慧城市建设，提倡公共安全，这个也是物联网的项目。第三个带给我核心的体会是创新的力量，一定要有很深度的创新，完全颠覆甚至完全推动行业的前进。在未来 5 年将会成为快递很主流方式，一句话，我很想，没关系，我发现风口在那里，拿把凳子在那等着，风来的时候你就飞翔了，找到风口很重要，这是创新带来的力量。

我刚才讲的创业三个核心要素，第一渠道，第二资源，第三创新，创新太重要了，没有创新你就只能是复制别人的资源，或者复制别人的模式，如果你有创新，你就具备核心能力，企业战略能力，它是可以以小搏大，以少胜多的。

讲个小案例，我是如何获得创新能力的？在我的几轮创业过程中我自己有成长，第二个马良传播让我了解理论知识，我发现把理论运用好没那么容易。跟你说游泳这么游，还得自己游。我想到拿别人的项目来做：一段时间给自己定了目标，每年我要无偿帮助 5 家企业，帮他们战略营销。一开始你不是高手，你去求人家出点子，人家不把你当回事。我帮你出点子，你是谁。通过这个方法，你要脸皮厚，你发现一直这么干，马上就有人找你了。我在几年前有一次，凡是碰到企业做得不好，店开得很糟糕的，管理不好的，会想尽方法出点子。有一段时间加班特别多，那天晚上 11 点，连续三四天了，我都不好意思回去了，我觉得要买束鲜花。我住在杨浦区，只有一家鲜花店开。这个店你看起来很小，为什么他还开，他每天有一个婚礼彩车，其他的都已经关门了，那个店已经不干活了，他比较敬业，年纪比我轻，跟在座各位差不多，很努力。我进去说我买束花 88 块钱的。我琢磨，是不是给他出个点子。我脑子转了转，问他，你生意好不好。他说生意很痛苦。我看周边有 5 家鲜花店，都是一模一样的，什么婚庆一条龙等等，没有任何的创新和差异。我建议你把你的店改一改，改成心扉鲜花店。他说不行，霏霏是他女朋友的名字。你下面加一句话，这边都是一条龙，没特色，叫敞开心扉，感动真爱。如何敞开心扉，感动真爱，你那边有墙，堆东西也难看。建议你每次给别人送花的时候，跟拿到鲜花的人一起合个影，把那堵墙贴满。我说你开花店的目的是什么？赚钱呀。我说错了，赚钱是对的，但是你不能跟客户这么说。你开这个鲜花店的真正意义是见证人间的真情真爱。他一听有点感觉了。以后每送一束鲜花，就贴上去，叫见证人间真情真爱，所以你出去的鲜花跟别人是不一样的。别人送的是鲜花，你送的是人间一份情感。有很多人羞于表达、道歉、爱慕、尊敬，通过你转达这份情。那时候还没有微博微信那么发达。我建议他开论坛，鲜花通过某个网站表达出情感，你可以每个月选十大感动人物。那些特别感动的故事你鲜花送给他，你送一次他给你传播一百次。我当时给他一个建议，现在这个行业内卖一百块以上的鲜花，有人知道吗？没有，但是会有送高端领导，特别来访的嘉宾，国外友人，超级豪华女友，是不是要送很贵的，这都是很便宜的，你可以在网上开虚拟店，就是卖珍贵的，把两者结合起来一起开。用这个方式开就火了，可能要开连锁店，因为你的店跟别人不一样。

他如果听了我的建议就会很成功，就是寻找差异，战略的核心是定位，定位的核心是你所有营销原点都是基于差异化来放大。后面又启发了一波浙商，那时候浙江鞋子太多，因为进口出口贸易有一段时间很受打击，很多鞋厂老板没出路，内贸没有通道，外贸堵塞。厂里的员工没活干，很痛苦，怎么办？五六个温州鞋厂老板，我听他们聊得很痛苦。我想想，这挺好，这不是重要的展现才能的机会吗。突然我有灵感了，我说各位老板，我觉得这个行业，现在内销是出路，你做的产品没有差异化，销路打不开，应该要创新一个品类，努力成为这个品类里的第一名。我怎么干的，我们可以关注一下，你现在鞋子的分类很明显，有没有可能创新一种新的鞋子。发现很多女孩爱漂亮，喜欢穿高跟鞋，但是穿高跟鞋很辛苦，平时在外面要形象，穿高跟鞋很挺，很辛苦。到公司里后都是要看脸因为不需要“显摆”了，有很多人是备了两双鞋子。有没有可能把这两种鞋子合二为一，做成可以伸缩鞋跟的鞋。这个创意跟他们传播的一年半以后，微博上真有人这么干。我讲了这个创意以后，那 5 个鞋厂老大，每个人给我名片，让我去现场参观给他们指导。你的创新点越来越接近于时代，后来微博那家公司做可拆卸，技术上伸缩困难点，鞋跟一拔就没了，插上后就是高跟鞋，开创新的品类。这些品类里有形成足够的差异，差异的好处可以避免跟你的对手直接竞争。

我还有“忽悠”过一个朋友，很好的伙伴，他是复旦大学大三时候开始创业，做月饼生意。他在会上分享它的月饼厂，他给克莉斯汀做代工，你们吃的月饼里可能有30%的概率是他们厂里做的。问题是钱给大品牌赚了，做代工很辛苦，每个月饼只赚那么点毛利，没办法。他心里不甘，每年销量这么大，赚不到钱。我说建议开创一个新品牌，想了想，我们传统人吃月饼都是大月饼，特别大的，有人吃一半放回去，有时候在车上不方便。有没有可能做成特别小的，名字叫一口香月饼，做成拇指大小的，迷你小月饼。我做了这么一个建议。你知道这种做企业的，都是有兴奋度的，都是市场上摸爬滚打的，你给他的建议只要到位，很快就能获得他们的支持。王晨当天晚上召集了他们的工作人员开会。我给他的这个建议在当年就创造了三百万的利润。他把小月饼卖给了谁？现在上海市80%的幼儿园的生意是这个人做的，没有专门给幼儿园小朋友服务的月饼，这个是空白的市场。现在上海80%的供幼儿园的月饼是他做。你知道就这个小小的创意、创新带来的力量有多大吗？我这么多年，每年要帮助我们的伙伴成长，帮助他就是帮助了我自己，这个方法我自己觉得我的能力得到很大的提升。而且现实也帮助了很多朋友，这些朋友一旦得到帮助以后，就会成为非常知心的朋友，你帮他赚钱，你还不是他的贵人吗。但实际上他才是我的贵人。这就是创新带来的重要的力量。这些创新原理的运用就是定位理论。我是掌握原理通过实践进一步掌握理论运营。

这个环节讲的是创新，创新是由理论支撑的，核心体系就是战略定位体系。李斯写过一本书，就是讲这个理论的。我不是他们的销售，我是他们的粉丝，我获得了好处，跟他们分享。做一个企业无论大小，都需要定位，定位的核心就是放大差异，所有原理都是讲差异，怎么做能跟别人不一样，你就有活路。我讲讲定位理论的重要用法。原来光明是上海本土牛奶企业最好的，2011开始年被两家比下去了：蒙牛和伊利。光明当时犯了比较大的错误，原来光明的核心优势是鲜奶。2011年没有有效防御进攻，蒙牛牛奶是从内蒙古运过来的，他需要用到利乐包装，说白了这个奶已经不新鲜了，营销界里面没有这个想法，只有认知，好坏不重要，是用户怎么认为才是重要的。光明没有深化现在的定位，当时这个东西好卖，没有把战略高度统一，就是用比较好的奶。蒙牛进来以后，和伊利很默契地联手，他说我们是来自于内蒙古大草原的奶，听起来很绿色，其实不绿色，因为已经不新鲜了。光明奶，潜台词是城市工业奶。光明忽略了这个战略定位，相互差异，他还是在全国扩张。在武汉、南京等地收购很多公司，没有解决出口，这是定位差异问题。最后东西卖不出去，到底是一样的，缺失了定位。定位可以让一个企业上升，也可以让一个企业快速下降，为什么诺基亚会到这种地步，为什么索尼战略缺失。战略可以帮助小企业成为伟大企业，蒙牛和伊利联手推广我们是来自大草原的奶。几年以后开始推特仑苏，特仑苏定位高端市场，重新放大，谁先做谁就赢。淘宝这么牛，现在还有一家公司紧跟其后，也是很成功，名叫京东，京东的做法跟淘宝反着来，淘宝里面的店是小店，他没有直营体系，你买的货有可能是真的，有可能是伪劣产品，于是京东干脆做直营体系，别人开平台，我做直营，京东靠这样的定位，总有用户不放心的愿意多花几块钱到京东上买，我现在买电子产品，还是去京东。定位一旦确立以后是不太容易改变的。定位在符合趋势性下也是很恐怖，我们的几轮大生意都是随着大趋势来的。2000 年互联网造就了战略，腾讯的伟大在于可以持续创新，腾讯在互联网时代掌握了重要特征，进入移动互联网时代，它掌握了重要的入口。相反，其他公司很痛苦，诺基亚为什么最后退出了，因为他没有把握住趋势。微软也没有在这个里面掌握非常有利的主动权，目前还处于被动趋势。移动互联网一来，当时几个相关的移动互联网一定是颠覆性的，我现在在家里打开电脑的时间特别少，5 天里只有 1 天。战胜微博的是微信，这两家公司打不到一起，最后是因为用户没有时间发微博，全改发微信了。定位核心不是来自于你想干嘛，我说我要搞一个像腾讯一样的微信一样，可以吗？有一家易迅尝试了，但干不起来，因为它没有自己的核心差异。所以一定是要有战略性差异，而且这种差异是在创新价值的基础上。

医院都去过，去医院最痛苦的事情就是排队，买药、挂号都要排队。这个矛盾有很多创业机会。在美国有一种只卖常用药的，你去医院买的药由医生帮你开，避免大医院排队，这在美国发展不错。最近在微信上传播一个新的创业案例，有了新的支付手段以后不需要排队付费的。利用微信平台做医院支付，坐在椅子上可以挂号、排队、支付，可以让整个医院排队效率提高 80%，这是非常厉害的创业思路。山间堂起家也不容易，他们是姐弟两人创业，早年先加盟了永和豆浆，加盟以后去外地开店，在外地自己发展，有了资金以后，再回上海。在上海开了两层楼的面馆，最后挣不到钱，亏了。餐饮竞争特别激烈，那个行业没有增量，要抢别人的生意必须要找出路。当时调研了一圈，最后找到一个小品类，在山间堂门前有一个小的瓦罐汤，江西赣州的特点就是瓦罐汤，有没有可能变得高大上点，你们都去过豆捞坊，把海鲜植入进去，就有价值了。我要请一些人去吃火锅，我得有面子，就去豆捞坊。这个店一开，马上火了，全国 20 多家店，单店盈利都能够非常可观，这就是一个创新能力。创新的某一个品类。假设我有一家普通的鞋店，有很多卖鞋的，几乎没有什么差异，怎么做到有差异？

听众：可以定做鞋子。

袁雪峰：我们有时候创业基于现实创业，我想了很多东西但是实现不了。有家鞋店突破性很强，他发现每个人进店都要脱鞋，穿鞋，再脱鞋。他干脆铺一个垫子，所有进去的人都把鞋全部脱掉。然后他叫一个服务员在门口擦鞋，就这一个差异，火了。基于现实的创业，这是创新带来的力量。实际上写字楼里的饮水机也是有创新的，不知道你们发现没？一家有50人的写字楼的企业，你倒第三杯水的时候水没有了，现在写字楼里用的都是家用饮水机，不是商用的。基本来客人，第一杯热的，第二杯还可以，第三杯茶叶泡不开，人多的时候还排队，因为要等。完全可以采用全新的商用饮水机，找到困难点来突破，你做的东西跟别人打不着，没关系，完全不参与进来，你自成一体。

定位里面一再讲的是差异，差异是由外而往内的，不是我想做微信，就有机会做，别人做了微信，你有没有可能做跟别人不一样的。差异是做别人不做的事情。我们的创业先考外部竞争，再反过来定位自己，如果别人卖得便宜，你就卖贵的。我们做所有事情，我们做一个产品品牌，植入到用户心智里去，让别人记住你。中国航天第一人是杨利伟，第二个人是谁？第三个人是谁？说不清楚了。假如我是航天员，我怎么让别人记住我？很简单，我变成女的就行了，中国航天第一个女航天员是谁？

当你排名到后面去的时候，你要想办法靠前，重新创造一个定位让人记住你。品牌背后的心理学，创造位次的排名第一。做航天员我不是第一名，我可以做第一个女航天员，其实还是航天员，没差别。快递公司已经一堆了，饱和了，怎么办？我做中国第一家联合配送的，我也是送快递，我做联合配送的我是第一家，宝盒就是自助式联合快递公司，第一名是自己封的。然后在营销里就有作用。当你干不过别人的时候，你想创新一个新品牌，成为第一。王老吉能干起来，是因为他创造凉茶新的品类。在饮料里太多竞争对手，百事可乐，鲜果类有果C，功能饮料里有脉动，我再做一个可乐有机会吗？没有，强敌很强大，你再怎么进攻作用很微弱。我搞一个凉茶，形成一个核心定位，怕上火喝王老吉。如果你运营不能支撑，很容易被谁干掉？加多宝把王老吉干掉了，为什么？它的平台有时候定位很好，平台不足以融资能力。要么做最大，要么做唯一。艺家，这个品类是几年前调研，这是没干过的。我跑了很多成都的艺术家园，还有上海苏州的，当你买画放到家里的时候发现，买不到适合在家里挂的。这些都是我们当时随便拍的，你们觉得这些适合挂在家里吗？都不适合，艺术家的想法天马行空，所以我发现一个新的市场机会，做一种适合在家里挂的艺术品，不是我卖艺术品，这个定位有落地可能性，倒过来说，如果我这么做，请一些高手写一写脚本，家里面适合哪些，有的人特别喜欢宠物，有的人特别喜欢足球，有很多喜欢创新空间的东西，或者他对某个品类的爱好，归纳以后写成脚本。我们有可能打造一种全新的适合家居艺术品，把这个品牌叫艺家，我的细心要素是让艺术触手可及。

这是另外一个案例，张楠，她开始先做迪士尼玩具租赁，发现运营并不好，有些公司搞活动，她提供玩具。她说很想干这个事，最后业务做不起来，只能是搞几场活动拿点钱。我的观点很简单，首先要拨云雾看本质，实际上这家公司的核心点不是租赁，他的实质是主流模型。实际上亲子类型的大型活动，这个行业是空缺的，有人专门搞婚展婚庆，有人搞品牌公司，就是没有人搞亲子活动。租赁市场太散，这个着力点太难，完全可以做成一家专业的亲子活动派对，他提供产品，服务导师、游戏，跟大的公司合作，强烈建议放弃其他业务，专向做这个。事实证明我们的建议是正确的，她现在生意做得非常好，联通电信是她的合作伙伴，每一场开的价格很高，因为这个领域没人做，找到了战略的着力点。

我们原来在安远路上有一家面馆，不赚钱也不赔钱，我看了以后跟店主参谋了一下，跑去看这家店的装修非常欧化，有点像西餐厅，面是彩色的，很实在，但是价格有点高，20 多块。边上我逛了一圈，左边一家西北拉面店 10 块钱，隔壁一家兰州拉面，吃饭的时候就他家不需要排队的，别人都是排满队。我们逛了一圈以后，仔细观察现有业务核心要素是什么，我们砍掉容易的业务，放大最核心的业务。我发现来他店里的人 80％都是一个群体，女孩。因为那些女孩不愿意和隔壁的人挤在一起，因为 10 块钱，边上的快递员、出租车司机、民工都在一起，一个女孩在那里，我观察她特别难受，因此那家面店去的都是女孩，事实是女人支撑了这家店的生意。我发现一个问题面吃不完，量太大了。我说你这个店很好弄，怎么弄，首先还是改名字，就叫女孩子的面馆，从此不做男人的生意。第一家把价格提高，20 块太便宜了，30 块没关系。女孩吃饭有个特点，他喜欢搭配很多零食，你把面量减半，加一个酸奶、小冰激凌、西式甜点，30 块钱不多吧，这个组合更有利于你的营销。第二，请几个帅哥来做服务，越帅越好。我建议他把画册都改成特别女性化的。在门口张贴海报，谢绝男生进入。然后可以提供平底鞋，让她们觉得这是女孩的天下，把这个定位做深度传播。他现在店没有定位，面馆多了，如果是女孩子的面馆，就会形成口碑，趋之若鹜，一个女孩去过以后，里面又有帅哥，又有西点、冰激凌吃，她就会传播。这么改了以后，店具备做加盟了，其实跟鲜花店是一样的。当时我花了半小时的时间讲完，讲完以后他就傻在那了，很长时间才缓过来，跟我说，今天碰到高手了，这个定位你们可以想一想。

做到排名第一，这是原创的，有两个好朋友找我，技术能力很强。他们都是60多岁的创业者，一个人60岁，一个人65岁。他们来找我，他们是中国发明协会第一代发明人，他们有一些新的技术，但是不知道怎么运用，最近雾霾很严重，这个项目在成长中的。他的技术我们发现一个市场需求，现在做雾霾的厂家很多，机器很多小型化。问题是，冬天是没办法开窗，夏天也没有办法开窗。中央空调可以把新空气抽进来，但是我们家里是没有这个条件的，我们应该利用现有技术开发出一款可交换新空气的迷你净化器。别人都是净化器，我是可以换新空气的净化器。营销上完全创新，我们做产品营销，不能是做完产品以后再想这个东西怎么卖。在没卖以前，要把这一套的思路全部想清楚。通过解决两个核心问题，第一热交换，夏天一送新风就把热空气带进来，空调就没有威力了，所以他们现在用一种超导传热，实现超小型体积的热风交换，通过一些设计理念，不要全置换，使得体积变小。我们可以做到什么程度，我给他建议在墙上打一个洞，把这个东西塞进去，没了。我们现在是放到家里的，像一个炮弹一样，用手机遥控。我想叫信封胶囊。第二个名字叫净空大师，这都是原创的内容，还有一些名字，不一定注册，这种名字是有力量的，这么小的东西，可以解决40平米的雾霾问题。接下来再反其道行之，我们走传统渠道，在京东上卖。这样的创业项目有好多，最近逛了一次婚博展，有大的婚庆公司，唯一缺一类公司，缺做喜糖的。你们说几个喜糖的品牌名字。

听众：花嫁。

袁雪峰：花嫁、史蒂，假设在座的都是土豪，结个婚花一百万，很过分吗？送出去的礼品，他嫌糖太便宜了，所以往里面塞两包中华。定位很简单，做高端喜糖，做价值两百块以上的喜糖。现在喜糖你看看5块、10块，放到桌上有些人都忘了，别人不在乎。做高端的市场，做价值100块以上的喜糖。我们创新市场的能力是可以通过产品创新，也可以通过积累创新，也可以通过价值创新，有各种方法和渠道获得市场机会。

了解定位原理，掌握产品力表达。产品力表达包括起名字很关键，我起过几个非常高大上的名字，我有哥们几年前创业，做LED节能灯，他的灯比普通的灯寿命延长三倍，这个灯怎么营销，如果说，你跟别人说节能，有人比你更节能，我跟他创造一个位次排名，这个灯比别人寿命长三倍。他的品牌是这个行业里寿命最长的，我们广告词叫一生只用三盏灯，他那个灯做得很结实，我拿那个灯在桌子上砸，客户却怕了，这是灯吗？你没搞错，这就是我们节能灯，手一放，掉地上，拿起来是好的。这个灯叫什么名字，叫微能，很好用，跟宝盒一样，已经注册了，节能时代已经过去了，微能时代正在来临。当时很小，如果做零售难度更高，我建议他做专业渠道，他现在研究的是路灯，一款八百瓦的路灯，他只要六十瓦就解决了。我想过很多名字，包括刚才讲的公司，都在注册。微能是来自哪个灵感呢？那时候看了一个电影叫《微光城》，是讲城市污染的话题，人都搬到地下城堡里，在地下生活，那个城市叫微光城，我突然想就叫微能，一去注册还真没人，节能时代称之为微能，很有力量的产品力表达。

产品力表达是非常重要的，好产品不会吆喝，一样不会把你憋死。看完这个视频你就知道产品表达力的重要性，它极其重要。一个产品要做好，定位寻找，定位表达，位次表达，产品表达和关系表达。比如卖豆浆机的，在微博上这么卖，一般豆浆机讲质量好，他就塞个苹果进去，呼啦一下，苹果没了，塞个香蕉进去，呼啦一下，没了。接下来塞个苹果手机进去，呼啦一下，苹果手机没了。说明这个豆浆机是好的。以前侯总卖手表，产品力表达能充分的把产品完全释放出来，非常重要，现在手段太好了，有微信微博各种东西。

前几天遇见一个老乡，他说他现在在做女装，宁波有 5 家门店，以前做过设计师，自己也能创作，现在实体店生意并不好。问我怎么办？他目前代理别人的品牌，在网上买，拿别人一样的货，价格上卖不动，利润空间有限。我建议他自创品牌来做，我结合他的特点，想了想，我电话里跟他说，我们一起搞一个品牌叫作“少女的色彩”。现在互联网打开淘宝，京东上看衣服，各种鲜艳的色彩，你应该这么干，你原创一些产品，这个产品是抄袭现在比较流行的服装，把它改良以后变成自己的东西，名字就叫少女的色彩。接下来去山区老的建筑物门口拍，形成强烈反差，房子是老房子，少女的衣服非常鲜艳，拍回来以后把图修饰成所有背景都是黑白的，你要有一种同一个风格表达，你店里所有服装，只有人和衣服是彩色的，其他是黑白的。我建议他把自己包装成少女色彩大师，去马路上给看起来有包装潜质的少女，免费给她包装。你找 5 个，会有一个人很忐忑的和你合作，你把这个事情记录下来。什么东西最好看，花絮最好看，别人就要看你怎么出丑的，最后怎么搞定的。进来普通少女，在你店里包装一下，穿上少女色彩的衣服出来以后，发现变成美少女。最好去马路上找，去学校里找校花。在微信微博再结合品牌营销，销量一下子上去了。你把少女色彩做成店中品，这个价格由你定，在互联网上卖东西，最好毛利润百分之两百，一百块钱卖四五百没关系。你一旦传播到位了以后，有很多人被吸引进来，有很多上了年纪的人都认为自己是少女，在你店里买东西。他听了很兴奋，如果我们有机会，一段时间以后可以再来分享原来沟通的品牌，看看他们有没有成长，如果没做起来我们总结哪里没做好，如果做起来，我们就获得自信，再次验证理论的重要性，我所有的创业都基于理论基础再做实践。

一个小姑娘是一个学院大一的学生，她发现树上树洞很无聊，她就以树洞作画，现在还没有毕业，很多设计公司招她，她设计能力很强吗？不见得，是她做了一件创新的事。创新可以补你的短处，让你展现出特别有能量的价值。这个产品现在有一种胶囊咖啡，是替代传统咖啡的，传统咖啡冲很麻烦，现磨的咖啡机很贵，现在有一个发明，胶囊咖啡，分到小瓶子里，再卖。我有一个创业伙伴想干这个事，他觉得这个东西挺好的，但是如果他做的话，会面临一个问题，要么卖得比国外品牌便宜多，要么做的跟他们不一样。产品如何表达？我们聊天，可不可以这么干，这个东西看起来像果冻，所有企业的产品胶囊是一个造型，但是我们想要表达品牌，我建议他叫咖啡豆，怎么弄呢？你们见过咖啡豆吗？把咖啡豆放大 20 倍，把外观做成咖啡豆的造型，把体积放大 20 倍，这个东西变成咖啡豆了，他能充分的表达出你的产品意愿。

产品力表达很重要，打开你的思维，有很多很多的方式，当你找到定位，寻找位次表达以后，你充分展现你的产品力，把你的产品变成明星中的明星，高手中的高手。提高创新能力的方法，总结出来一点就是实践，学理论通过大量的实践来提高，你别担心把你的伙伴给弄死，弄不死，如果你出的是馊主意他们是不会执行的，如果是好主意你就获得很多好朋友，我用这个方法结交了很多朋友，这是非常好的一种方式，因为通过他你没有付出一分钱的现金，你是贡献了你的智慧，最后获得一次训练，结交一个好朋友。

企业跟打仗一模一样，做企业就是没有硝烟的战争，四种打法，你见过所有的大公司、小型企业、中型公司，无外乎这四种打法，这四种打法涵盖了所有的营销原理和战略模型。进攻战，当你排名第二第三名的时候你有能力打进攻战，当你很小的时候你要干天猫，算了，当你是京东的时候再做。打进攻战有一个核心原理，我们通过案例来表达。《中国好声音》，创造了这个领域里收视量第一，绝对是价值 5～10 个亿的。《中国好声音》是屌丝逆袭的机会。这个电视台干了以后，别的电视台就没有机会了。如果我变成其他的电视台，我怎么办，怎么设计？你们想想，在你们看过的片子里有一个成功的进攻战，打得非常好。《我是歌手》的进攻战，进攻《中国好声音》，打法跟天猫京东的打法是一样，天猫做了平台，针对屌丝，京东做了直营，针对品牌。《中国好声音》

针对平台性公司,《我是歌手》反其道而行之,既然你请草根,我就请专业歌手。创造相同的品牌价值就是《我是歌手》,这是进攻战的核心。站在竞争对手的对立面来打他,站到你主攻的对立面,这是最有效的进攻方式。

有一个很倒霉的品牌,他跟随了《中国好声音》,最后就没什么声音了。如果你不做定位差异化,最后会导致潮流被别人淹没掉。就像加多宝来了以后,后面还有二三线的品牌,就是我做一个亿,人家做了一百个亿,道理是一样的。还有一个品牌,我们肯定见过,但是他做得是非常没有声音的,《声动亚洲》,他是跟随《中国好声音》,跟随是没有力量的。如果你要干掉《中国好声音》,正确的做法就是做到他的对立面,做《我是歌手》,你获得跟他相同对等的价值。这就是进攻战的核心。从强势中找弱点,是进攻战争的核心中的核心。一般一个企业只有一个定位,你做定位的对面,你的对手没法反击你。既然做屌丝他就不太兼容做专业歌手,所以站在对手对立面,然后聚焦所有力量突破一个力量,你就会成功。京东就是这么逆袭的,他是一次非常成功的进攻战争,分众传媒也是一次非常成功的进攻战,传统的媒体都做电视、报纸,我就渠道逆袭。

侧翼战,相当于偷袭,我排名没有到第一第二第三,但是我有足够的机会打一次偷袭战,迅速进入排名,我们称之为侧翼战。侧翼战的核心打法是悄悄打,趁对手反应不过来,在竞争将对手带入无争的地带进行进攻。《中国好声音》品牌很大,《我是歌手》干不了,我做一个什么品牌能分到一杯羹,他做10个亿,我分两个亿,切割当中一部分市场做。想一想,在你们印象里,有哪个频道是这么干,也是唱歌类型的,但是它的市场份额没那么大,在那个市场份额里,是最牛的,我不抢你,我只做我这个。是《妈妈咪呀》做已婚妇女的唱歌节目,这种没人来抢了,这个市场足够小了。这是无争的地带,别人不去竞争,我们创业大部分考量这种,你跟一线品牌对着干,你要很大的资本,你干得过吗?对方很容易把你消灭掉,这种打法是比较科学的,找一个无争地带进行。如果竞争对手市场很大,我们逃到外面继续去找。非常可乐的做法就是在可口可乐不竞争的地带,一种说法叫错开主流竞争带,不跟他混在一起,还有一种是可以混在一起,切割一块更专业的市场。比如已婚妇女的市场,屌丝群就不可以去。原理很简单,如果我撒两颗种子放在一起,你会发现,如果两颗种子挨得特别近,两颗种子很难同时长成大树,一定是一颗大树和一颗小树。你想要成为大树的方法就是离那颗种子远远的。我去重庆,发现重庆城市发展的特别好,为什么?因为他离北京、上海、广州都挺远的。你发现上海周边哪些城市特别好,杭州好吗?南京好吗?离上海太近了。道理是一样的，离主流选手远一点，他没工夫抢你的市场，等他起来，他做了标杆，这个市场这么可靠，你可以跟着他干，在他没精力做的地方做。如果你想跟他挨在一起，你必须是不同的品种。其实商业生态和生物生态是一样的。

京东现在通过侧翼战切入主流，京东和天猫的比配是 1:10，天猫做一百个亿，京东做 10 个亿。如果再抢，我们就考虑打游击战，永和豆浆、框架、分众、京东这些都是侧翼战的典型成功案例，非常典型。宝盒也是，申通、圆通、顺丰都是千亿的市场，一百亿的市值，我们宝盒算什么，一千多万丢进去，连水花都没有，怎么办？我们搞一个跟他不一样的，现在宝盒还在游击战队列，还处于更早期。打侧翼战争的核心是在对手无争的地带，不要形成正面竞争，突然发动，创造出无争的局面难以阻挡。如果别人卖高价位的东西你就卖低价位的。西南航空公司，他是美国最便宜的飞机票，他的飞机票比火车票贵了一点点，他没有头等舱，不提供行李托运，他把头等舱变成普通座位，他的飞机全部用波音 737，所以机修人员特别少，地勤人员很少，别人飞机下去要打扫很多时间，托运行李要两三个小时。他的飞机半小时就起飞了，他比普通飞机多载 20%，只飞短途，他是“911 事件”以后，唯一盈利的一家航空公司。巴贝拉、宜家都是采用这种策略。再看高价位策略，现在比较典型的就是特斯拉，别人都卖便宜的你就卖贵，越贵越好。看苹果手机、哈根达斯都采用高价策略，反其道行之，如果你的同行都在做便宜货，我就卖贵的。

我们可以预见未来两三年这个品类，是不是如我所说的，这个品类价值 10 个亿。刚才讲的雾霾，也是的，普通机器卖一两千，我卖四五千，我跟别人不一样，特立独行。小型战略侧翼战，别人做大设备，我们做小设备，原来实德公司做的复印机，后来专利保护取消以后，小型复印机，打印机一下崛起了。别人做大产品，你做小产品，别人做小的你做大的。有一家网球拍公司，他做专业网球拍不好卖给别人，怎么办？他把网球拍做得比别人大一圈，结果特别好卖。为什么？因为那些打的都是非专业的，他做了大球拍以后，生意就很好，生意好了以后，他开始得意忘形了，以为做专业的肯定也做的好，就又杀回去，最后发现杀回去又不赚钱了。

大型产品，你们可以想象一下，结合自己要做的可能或未来做的生意，有没有可能创新。渠道侧翼战，电视购物节目，美丽飘飘，袜子销售。我一个好朋友，在解放日报做的，很年轻的女性创业者，2012 年搞了一个公司，她当时是怎么弄的？她要把解放日报卖出去，解放日报不太好卖，因为那个内容太专业了，怎么办？她就研发了新的渠道，她跟出租车谈好，把成都日报和解放日报搭在一起，放到出租车后面，有出租车司机买。一下子就把这个生意做起来了。最后成都日报收购回去，现在是非常成功的创业。渠道侧翼战、分众也是一样的，渠道和卖过的方式。露得清的品牌卖得还不够好，她要包装这个专业，像医生一样专业的，她就去药店卖，露得清在药店卖得特别好。侧翼战还有产品类侧翼战。产品侧翼战比较典型的就是O2C的公司，Excel公司，Photoshop公司，都是典型的产品侧翼战，聚焦某一块做。

大部分屌丝创业早期是游击战，游击战是我们保命的重要措施，游击战的核心原理是什么？选一块大队看不上的阵地，死命守住，挑一块小市场，别挑大市场，大市场一起来，我的第二个公司为什么会卖？因为我没有平台。会有比你有钱有资源有手段有闲工夫的人跟抢。游击战要选择市场小，不被人关注的。比如有家做蛋糕生意的，很多做不好，很多蛋糕店做陈列，鲜蛋糕放两天就坏了，他就做假蛋糕，现在一年销售八千万。他还干了二件事，一是很多蛋糕店要模子，他做了很多设计；二是卖书，一本书要卖四百多，他就靠这两样东西。这就是典型的游击战，选一块别人看不上的。我的哥们去京东上卖袜子，选了一块特别小的，别人都看不上，袜子谁都不关心，他就去做袜子，结果现在京东排名第一。

《中国达人秀》很强大，有什么办法可以跟他对抗一下，做游击战的，选一块小的市场他不会做的，一个人的市场，这家伙一年做一两个亿，一个人，用最少资源获得最大的回报。还有如果《一周立波秀》成长为一个品牌以后，我们还有什么方法跟他对抗。《今晚80后》，我觉得策划者也挺聪明的。如果说《中国达人秀》是大品牌，《一周立波秀》和《今晚80后》都是游击战的典型，一个人的市场，几个人几条线，就可以打游击战。你们可以想象一下，在你的领域里，这种方法是可以类比的，可以相同性操作的。游击战重要的原则是找到一块小的足以守住的阵地，死命把它守住。第二条建议，如果有大鳄进来的时候不要恋战，一旦恋战都会灭掉。我们做车库的时候，我跟马良联手拿一两千万资金以后，基本把对手消灭干净。你的创业成果都会被消灭殆尽了，所以赶紧把你的公司卖掉，把人保住。

存地存人，人地皆舍，地没关系，项目多得是，人保住钱保住就有创业机会，这是典型游击战。不要有点钱就认为自己开了了不起的公司，永远记住自己是游击战。无论多么成功，都不要像领导那样行动，大规模投广告，你会发现你的钱很快会花光，这样死掉的企业很多。用钱来大规模建渠道，大规模投广告，最后把自己耗死了。游击战有很多案例，上海有一个品牌好的例子，这么小的东西，小品类，做的不错。泡芙工厂，都是极小品类，如果产品类型，不抢市场，就从那里挖一点。

防御战，柯达、诺基亚、索尼都没有打好防御战，防御战只有一类人打，就是行业的老大。防御战的一个原则是，自我抨击，自我革命。你要知道智能手机是诺基亚发明的，最后自己不敢用了，因为要灭他自己。数码相机是柯达发明的，因为他推智能相机，会灭了这个市场，所以他不敢动，最后失去了市场。你不革命自己，别人会革你的命。你要想永葆青春的核心秘诀是无数次革命。天猫很聪明，原来是淘宝，淘宝自我革命是天猫店，他发现京东力量以后，马上树立天猫，用来对抗京东，你要主动防御，要形成跟你的竞争对手对应的干扰品牌。有很多品牌是用来赚钱的，还有一些品牌是来封杀干扰对手的。如果有强大的进攻，你必须马上进行防御，一旦反超，再拿回阵地的难度就非常大。我们现在看微软，在移动互联网逆袭中，微软的优势在于传统互联网。这既是优势，又是劣势，劣势是，他是霸主，到新的领域里，传统渠道会成为障碍，苏宁电器也是一样。苏宁、国美都会面临相同的问题，苏宁的机会已经消失殆尽了。

总结一下今天讲的核心内容，三个创业经历带给我最大的价值，让我体现三种力量，让我理解趋势力量、资本力量、创新的力量。如果我要做一个创业项目，我非常强烈建议大家要有一个理论支撑，你获得理论支撑以后，建议先去公司做实践。三种东西，必须掌握其中一，或者掌握渠道，或者掌握资源，或者掌握创新能量。创新能力的核心是定位理论，整场分享，太极 36 式，全部去掉，都不管他，就两个字，差异。太极 38 式全部去掉，只有一招，就是差异。所有企业都是研究差异，所有的战术只是战略战术，就是实现差异。所有市场，无论企业多大多小，无非四种打法，就是刚才讲的，进攻战、侧翼战、游击战、防御战，其他没有。

今天所表达的东西都已压缩在两个小时里，谢谢大家。

初创企业如何对接资本市场

李悠扬

纽信创投创始合伙人。早年留学加拿大，毕业于上海交通大学MBA，拥有多次海内外成功创业经验。2011年，出资成立纽信创投，投资领域为“TMT”和“大消费”，投资额度在50万至500万之间，主要专注于天使期的风险投资，特别是以技术创新和商业模式创新为主要驱动力并具备良好市场发展前景的项目。投资理念为“和创业者一起创业”，不仅向具有创业精神和技术天赋的人才提供资金帮助，而且还向提供企业经营管理和发展需要的多种资源帮助，相信通过适当的资金投入及更重要的企业经营管理经验的分享，能够帮助那些创业企业取得更快的发展和成功。近些年主要投资项目有：青客（白领公寓连锁）、钛马（车联网）、诚数（互联网金融）、极致蛋糕（电子商务）和快乐妈咪（智能硬件）等十数个项目。

大家下午好！现在创业非常热，大家的热情很高。今天讲的主题是：初创企业如何对接资本市场，今天就这个主题跟大家分享一下。

先简单介绍一下我自己是谁，让大家认识一下。我是有多次创业的，最早第一个公司是开在加拿大，后来回国以后继续创业。回国我做过两个公司，第一个公司的项目失败了，第二个公司做得还行，最后并给了一家上市公司。完了以后又出来创业，对创业非常有感情，也非常喜欢创业，喜欢跟创业者在一起，所以选择做了天使投资这个工作。目前做的事情，主要还是投在大消费和TMT上，是属于一些高科技的项目。大消费是B2C市场很喜欢时，投资额度在50万～500万之间。

今天主要讲三大块内容，第一个是简单说一说什么是资本市场，另外从风险投资角度来看，一般是怎么选项的，实际操作的时候是怎么评选的？另外一个我们的干货，怎么来写商业计划书。

现在资本市场非常热，资本市场大的可以分成两个阶段，一个是公募，包括IPO

以后的债券市场,包括二级的股票交易市场。在IPO之前,首次公开募股之前,基本上是属于私营企业,那里面有私募股权基金会做了很多的投资工作。私募股权基金分成三个阶段,第一个阶段叫天使投资,后面一个阶段叫做风险投资,再后面是叫PE投资。我们看一下PE投资是属于什么时候的?PE投资基本上是企业已经属于成熟期了,马上要进入IPO了。很多时候PE基本上是非常后期了,帮你最后冲一把。前面几年PE是非常热的,包括像九鼎这样的投资做得非常好。最近因为国内IPO关闭了一段时间,基本上国内的PE市场不是那么好做了,好多的项目前期差不多了,创业板上去了,其中都有PE在推动。

在PE之前,有一个比较长的周期,都是靠VC基金,或者是风险投资基金。VC基金主要是做什么事情?在企业得到一定的规模或者是在一定的商业模式,公司运作到了一定的成熟阶段以后,帮你扩张。扩张需要很多钱,比如说在上海的市场,产品服务已经做得差不多了,但是如果是想扩展到全国市场去,想进入北京市场或者是其他的市场,或者是在别的行业做得不错,想快速的扩张,那个时候一般会进来,投一些钱,帮助企业快速的发展。我们听到很多的词,A轮投资,B轮投资,C轮投资,其实大部分是属于VC投资,是在天使投资之后,中间的那一段基本上是VC投资。在资本市场上看到的,大部分都是VC投资。很多VC投资者也往前面做了,现在很多的项目竞争也非常的激烈。

另外一个阶段,就是在企业初创的时候,在刚刚做的时候,叫天使投资。天使投资看名字就知道,做天使的事情,很多的并不是以经济回报为目的的。我们看到后面的VC都是以基金进来,目的非常明确,就是赚钱,通过股权交易公司。但是天使并不完全是这个,在很多人初创的时候没有钱,都是从家里、亲戚、朋友那里借的钱、凑的钱,父母可能是你最最主要的天使投资人。因为天使投资风险非常大,太早期了,绝大部分投资的这些人都是你的朋友,认识你,才敢把这个钱给你。因为刚开始投的时候,什么都没有,就只有一个想法。

我们简单说一下,资本市场主要是分这么几个阶段,今天主要是聚焦早期天使投资和VC投资的阶段。

天使投资,或者是早期的投资,为什么你要去拿投资人的钱?除了要投资人的钱以外,一般能带给创业者什么方面的帮助?归纳了一下有这么四个方向:第一个战略帮助。因为你在发展的初期,公司的定位,战略的选择,商业模式的确立,包括进入市场的节奏,这些可能都是需要有人来帮你去做。相当于一个非常有经验的人帮助你在这方面探讨、完善,一起做好。很多的投资企业,对于这方面的需求都是非常强的。这里为什么叫跟创业者一起创业,最主要的是我们会非常深的进入到企业里面去,帮助企业做很多的事情。

第二个在初创期的时候,企业是非常弱小的,创始人的资源也是会比较少的,那时候会需要更多的资源,大部分人说,人家能做天使投资或者是早期投资,很多的时候是一个成功的企业家,或者是在某些方面取得一定成绩的人,所以才来做天使。很多的时候都有一定的社会背景,或者是社会资源,可以帮助到大家,帮助被投的企业,包括社会资源、政府资源,特别是一些应用上的资源。因为天使投资一般会专注在某些领域,在这些领域里面,这些企业都会互相的帮助。

第三个比较重要的,就是更好地对接资本市场。因为企业跟资本市场,我们大家都知道资本市场是非常挑剔的,目前来看,整个的资本加一起,也没有多少。据不完全统计,到目前为止拿过投资的企业也就 2～3 万家,实际上是非常少的。这么少的被投的企业,因为资本要求非常严格,对企业的要求非常严格,各种方面的要求都是非常严格的。在很早的时候,通过天使也好,个人也好,帮你打造企业,很多的时候让你这个企业在经营过程中,朝着资本比较喜欢的方向去发展,这样子后续的融资会比较容易。很典型的,像我们经常出去做评委,看项目。获得天使投资的项目,比较明显的,会比没有获得投资的要来得更好,至少在做的时候会更好,因为至少知道这些投资人是想要什么东西。一般来说,天使投资对资本市场比较熟悉,有很多的人脉。

第四个,这是我在做天使之前没有想到的,叫创业伙伴。实际上刚刚做的时候没有想到这个需求会这么大,特别是我们投了几个不错的案例,我们和创始人都成了好朋友。他们告诉我们,在创业的时候,特别是早期的时候方向不是很清楚,路也看得不清楚,非常的孤独。那个时候主要是靠创始人自己一个人在摸索,很多的东西都不敢跟家里人商量,跟员工商量。那个时候需要在一定的高度,比较懂他的那个人在他身边跟他对话,跟他一起帮他做投资决策。稍微形象地打一个比方,如果把创业比作开一辆车,创始人基本上是开车的驾驶员,要带一群人往前走。天使投资或者是早期的投资人,一般是坐在副驾驶位置的人,虽然不会抢你的方向盘,但是前面有坑什么的,会稍微帮忙说说,或者是帮你看看地图,甚至在无聊的时候给你唱首歌什么的。绝大部分他们都是坐在后面,还是以乘车为主。但是早期的投资人,会坐到副驾驶跟你一起做。

通过这个大家可能初步了解了什么叫作资本市场。后面的内容是比较多的,我们直接进入到风险投资怎么来看项目,怎么来投项?这个大家可能会比较感兴趣。

总的来说,基本上所有的基金,不管是VC阶段、天使阶段,实际上看项目,就是看三个方向。我总结一下,是三个字“势、事、人”。第一个势是大势,是看一个大的市场。我们把它拆开来,分成商业机会和进入市场的时机。我们先看大势的势,商业机会,如果企业要走资本市场,企业一定具备以后能赚大钱的机会,这个市场一定要非常大,不能开一个小笼包子店。所以我们一般看的,就是这个市场是一个非常大的市场,以后具备赚大钱的机会。

第二个,我们看商业计划书写了什么。中国有13多亿人口,这个东西是卖给所有人的,所有人都有机会成为我的客户。如果在这13亿里面有1%的实现机会,这个市场就非常巨大,实际上这很多的时候并不是真实的市场。为什么叫做投资真实的市场机会?就是你能够在这个大的市场里面,这个市场是你的产品市场,你的产品未来能够覆盖到的市场,不能大范围的说周围全部都是我的市场,这是不可能的。

第三个就是要解决客户的痛点,产品和服务真正能够解决问题。商机很多的时候都是这样来的,我们投的时候,大部分的企业都是在他自己的领域做了一段时间以后,发现这方面有商机。就是在某个领域里面,有一些问题没有被充分的解决或者是很好的解决,那时候商机就来了。如果你能够很好的解决,那就可以启动创业了。要看这个东西能不能真正解决这个痛点,投资还是要投这种刚需的东西。

第四个投资主要投的就是你的未来,对当前的东西我们会做一些评估,但是最重要的就是未来,你创业的未来可能会变成一个大的企业。

下面说一下时机。我们都知道把握时机非常重要,雷军同志有一句非常出名的话,在台风口一定要注意,别吹起来。就是说一定要找到台风口,要找到时机,找到你的大势。这句话就涵盖这两个意思。时机切入的时候很有讲究。大家都知道,创业是九死一生的,绝大部分的企业,能活三年是非常幸运的,大部分都是一两年就关门了。所以创业本身是一个九死一生的事情,大家都是在“死人堆”里面爬出来的。有的人做了烈士,有的人做了炮灰,我们说爬太早的是做炮灰,有的是在市场还没有成熟,就冲上去,成了烈士。烈士还算好的,还听到一个名字,大部分是炮灰,连名字都没有,大家都不知道你做了这样的事情。所以时机如果是太早不行,如果是太晚的话也不行。太晚的话,人家时机已经把握好了,市场都占差不多了,你再冲进去,最多是算一个勇士,可能你的能力特别强,可能可以做一做,但最最重要的时机错过了,你的先发优势没有了,也就很难再切进去了。所以时机把握的时间点非常的重要。

这个点非常的重要，但是有些人把握住了，有些人却把握不住。这个就是我后面要讲的创始人商业的嗅觉。你有没有这个商业嗅觉，能不能知道，对大势的判断，对小的时机的判断，能不能看到这个点？这个实际上是对创始人能力要求非常高的。

我在这边大概列了三个方向的时机来说一说。第一个什么是市场时机？我们要把握好，刚才说到的天使要找到台风口。第二个我们怎么来看这个时机，有两个方向，一个大时机，一个小时机。什么是大时机？比如说移动互联网刚刚兴起的时候，那时候很容易投资，但是现在去做的话，难度已经非常大了，时机已经过去了。现在很多的APP都已经成熟了，在细分市场，切分市场就比较难，最好的时机已经过去了。还有我们当前的市场，哪些是我们热点投资的方向，或者是比较关注的。我不说医疗什么的，主要说TMT，在TMT里面比较热的主要是两个行业，一个就是互联网金融，还有一个是智能硬件，这两个现在是非常热门的。我跟大家简单说一下我亲身投的项目。

我在两年前投了一家企业，是做微博上面的精准营销的，做大数据分析。大数据分析在前两年是非常热门的，现在也是非常热门的。我拿这个案子来跟大家说一下什么是大时机。当时投微博的时候，微信还没有那么热，很多的大V、广告都会去那儿砸。这家企业当时是做微博的精准营销，在微博上面的投资商、广告商进入的定位是谁？你的粉丝是谁？到底要投谁？哪一个是你的目标客户，是做这个事情。前面做得非常好，客户也非常多。但是做了半年，微信起来之后，微博的热度马上就下去了，因为里面的数据，一开始就能测试出来，活跃度都下降了，包括很多的“僵死粉”也都冒出来了，大家玩的不那么多了，都玩微信去了。微信是一个封闭的，数据抓取不到平台。那怎么办？当时我们判断有一点失误，等于说大势没有判断对。所以基本上这个项目就不行了。

这个创始人比较好，因为原来他本身是做银行背景出来的，后来发现互联网金融挺热的，马上转身去做互联网金融。大概做了三个月的产品，是工具性的互联网产品，产品出来之后就开始去找客户。大概再过了两三个月就拿了一笔比较大的投资。现在是比较热门的项目，很多人现在都找我，说这个项目让我进一点。

这个就是当时找到了非常好的时机。我们刚才说投未来，要有未来的眼光，要投未来3～5年以后的东西。所以现在就开始找，找的时候发现这里面太多人要做这个事情了，市场非常大，但是很多人没有去做，可选择的余地非常低。不管是否是初创，真正做出来就敢于去赌，就是要在赛道里面先占一席之位就行。这个项目很典型的，就是说前面开始选择的大势非常好，后面碰到一个非常好的时期进去了，所以非常好。

未来运作到底好不好，我不敢说，但是我感觉现在是挺热的。

另外一个是小时机，要看公司的团队，包括产品。就是你们要有判断，在这个时间点上面能不能踏准这个角度。什么意思呢？很多时候产品开发是需要时间的，市场也是需要一定投入的。所以这时候，你前面的判断和自己的要对应起来的，包括资本要花多少钱，也是要对应起来，这就叫作小时机。刚才说的是大市场，这个是我们投资人会看的小时机。

我们很多的时候是说投资看人。合作的时候第一句话就会说你是做什么事情的？你的产品是什么？服务是什么？商业模式是什么？这个就是所谓的事。我们看一下这个事，也是从三个角度来看。

第一个是从空间角度来看。前面说了，市场规模一定要大，你所处的位置，市场要大。另外一个非常重要的，未来有没有可能高速成长。在投资里面，高速成长是非常重要的。我们碰到很多的公司要估值，PE 值很高的。PE 值就是指你的利润乘以多少倍就是你的公司的估值。不同的行业 PE 值为什么不一样呢？实际上 PE 值前面的倍数决定了，是按照增长速度来的。增长速度越快，倍数就越高，公司就越有价值。所以我们最好是选择未来发展非常快的，这是非常重要的。如果是比较快，换句话说就会有比较大的市场空间、机会让给你发展。

第二个是商业模式。商业模式是比较复杂的，真的要讲的话，商业模式可以讲一天。我现在简单说一下什么是商业模式？总的来说，看所有的企业，大部分来说，除了公益性的项目，基本上企业都是分成三个类型。第一类叫项目型，第二类叫产品型，第三类叫平台型。项目型就是说一个一个项目去接的。很典型的是，一些软件公司很多的时候是接项目的，或者是一些系统承包商。接完一个项目要再去接另外一个，这样才能够维持企业发展。所以项目型的企业，最容易生存下来，进入的门槛最低，自己起步最容易。但是价值是最低的，因为是项目型，一个个都要做，做到后面就很累。项目型的类型，投资人投的是非常少的，除非有特别的原因，绝大部分项目型的项目，去找 VC 投资，一般不会有兴趣的。但是我们市场上，大部分的企业项目型的比较多，特别是在中小企业、小微企业，就是有一些单子可以做，基本上就自己做了，这叫作项目型。

第二个产品型。最典型的就是微软，微软就是卖光盘的，现在光盘都不是了，直接卖数字，一串码卖多少钱。开始就把产品开发好，然后就复制。它提供标准的产品和服务，可能在一定程度上是有定制的，但是主要的产品还是标准的，可以卖给很多人，这样可以获取比较高的利润。

最后一个类型叫作平台型,平台型是最好的。我们所有的投资人都说,要找到一个好的项目,大部分都是处在平台型的项目,因为平台型的项目是商业模式最好,利润最高,进入的门槛最高的,因为要有很多的资源,使得后面进入的门槛越来越高。218就是典型的平台型业务,最早的时候主要撮合买方卖方。从腾讯做社区,百度做流量入口,做搜索,基本上都是平台型业务。只要把机器扩张,利润就会跟着扩张。做项目型的业务,需要找很多人,因为一个项目就需要那么多的人力投入,成本就会很高。但是平台型的业务一旦成熟,背后的投入就不需要这么大了,所以这个公司就可以做得非常大。但是为什么平台型的业务做的人这么少?道理很简单,因为平台型业务非常难做,对创业投资者的要求非常高,需要具备所有创业者的素质,才有可能做好平台型项目,失败概率是特别高的。平台型业务的一个典型的特点,早期的时候是纯烧钱的。目前为止京东商城,已经8年多了,现在上市了,还是亏欠的。主要是因为这个企业要烧好长时间的钱,大部分的企业在半路的时候很难坚持下来,特别是创业型的企业,在没有走多远的时候就已经停下来了,坚持不下去了。我们在VC市场看到的大部分是产品型业务,平台型的是很少的。

这是我们总结出来的三个类型,自己看一看,是属于哪一个类型。

投资人还会看另外的,就是商业模式里面有没有创新。创新可分两个方面讲,一个是商业模式的创新,二是技术的创新。所以我们很喜欢去投资技术创新,但是很难投到非常好的项目。真正的技术创新在中国还是比较难的,现在看到的创新比较多的,就是将一些新的应用技术,应用到一些领域里面去。在商业模式上,传统领域中用新的模式去做,获取一些更好的创新点子。

我给大家举两个例子,刚才讲的是平台型的业务,先给大家讲一个平台型业务。这是我自己投资的,目前是算投得比较好的案例。这个项目听起来和平台型有什么关系呢?现在有很多人是买不起房子的,要租房子住。很多的时候,刚刚学校出来,连一套房子都租不起,需要跟人家合租,所以现在延伸出来了一个市场叫群租。现在群租被打压,不让做。两年多以前,有一个叫作白领公寓,公司叫青客,最近在高考的时候,解放日报头版头条登了这么一个东西。实际上是很简单的,业务是非常的传统,是做二房东的业务。就是把房子从房东那托管过来,统一标准化装修好,主要是租给白领。白领一人一间来租这个房子,不是合租的模式。为什么现在好多的投资人要投他,认为这以后是一个很大的市场。原因很简单,一开始的时候是管房子,后面就管人了,管一个社区了。为什么管人、管社区呢?房子量大了就会管社区了。像如家、汉庭这种经济型的酒店，大家都知道，这种是短租型的。这个是一种长租，住在这里面的人基本上是要一两年的，要签约的。那么住在里面的人，生活上有好多的需求，除了住房以外还有很多的其他需求，如要存款，要看电影，要出去旅游，要找男女朋友等等，各种各样的需求都有，所以做到后面已经变成了一个平台了，量大了以后，各种各样的服务对接起来，就变成了一个平台业务。

我当时投的时候只有三个人，是跟他们一起策划，一起做。为什么会做得越来越好呢？主要是做了很多的创新。刚刚我提到了，创新并不一定是说技术上有多大的发明，更主要的是商业模式上的创新。我们做了两件事是非常牛的，应该是目前做得独一无二的。第一个是在这个房子出来之前，就头一年时间去研发 IT。目前的话整个公司有很多的人，很多的房子，但是全都是无纸化 IT 系统管理。因为所有的东西都是标准化的操作流程，所有的规章制度、操作流程都固化到 IT 系统里面去，包括对新的一些 IT 的应用。举一个简单的例子，门锁、水、电、煤都是物联网的技术，远程控制、管理。大家都知道房子要装修的，我们是自己做装修的。装修上去的时候，是有机器人的，现在家里有机器人是扫地的，在扫地的机器人上面专门做了一个红外线的摄像头，往那一放，机器人就往房子里转一圈了，整个房间的结构设计图全部传到了后台的 ERP 系统里面去了，设计人员就可以根据这个 CAD 的图，直接出设计图。然后设计出来之后，到仓储，泥工什么时候施工等等，各种各样的时间表就全都排好了。现在最快一个房子只要 7 天装修就完成了，这个在中国可能是很多的公司做不到这样的。应用了非常多的 IT 技术，使得公司发展非常快。

第二个举商业模式上的创业。因为我们知道房子市场是一个非常传统的市场，租房子总归就是付三押一什么的。是这个房子还是按月付的，从公司层面来说，是一下子拿出两年的房租。还要装修房子，也很花钱。怎么把这个钱拿回来呢？创始人想出了一个非常好的办法，专门做了一个融资消费贷款，跟银行做金融工具的对接。来租房子的人签一到两年租赁合同，但是付的钱还是一到两个月去付。但是把这个合同拿到银行去做抵押贷款，银行就放两年的租金给这个公司，公司再付点利息给银行，这样的话就非常好地解决了公司的现金流的问题。现在就是造一套房子钱都会多出来，所以后来现金流就做得非常好。这种事情实际上都是一个微创企业，利用了很多的金融工具，使得项目做得非常好。这是一个平台型的业务。

我后面再举一个产品型的业务。我投了一个项目，去年年底投的，当时是做丹麦蛋糕。我投资了以后，帮他重新设计改造。大家知道蛋糕市场是非常传统的行业，竞争也是非常激烈的。怎么能够在蛋糕市场脱颖而出呢？所以我帮忙设计了一个互联网蛋糕。什么叫作互联网蛋糕？就是每一个月做一款蛋糕，根据星座的主题来做。生产的时候，一开始做了好几个，会召集很多的粉丝，粉丝过来看了之后选，选出一个投票率最高的蛋糕，接下来一个月就卖这一款蛋糕。因为一个月只卖一款蛋糕，所以价格做得非常低。为什么非常低呢？是不是因为材料非常差？并不是的。产品的材料都是全部进口的，知道蛋糕的食材都是很重要的，甚至刀叉都是用不锈钢来做的。最后一个蛋糕出来，三四个人吃的一个蛋糕才卖 58 块钱，又挺好吃的。没有任何的门店，全都是通过微信、微博、淘宝来卖，把中间所有的环节都省掉了。最好的产品直接到用户手里，把中间的成本降下来了。

还有一个更牛的创新，蛋糕都是刚刚做出来才比较好吃，隔了一天口感就会稍微差一点。因为是一个月只卖一款蛋糕，可以做到一个小时送到你家里来。快递都是他自己做的，有很多的快递。每个快递员出门的时候，背包里都背了很多的蛋糕。每个配送员手上都有一个手机，一个订单下来以后，这个信息直接就跳到最近的一个快递人员的手机上，所以很快就送过去了，而且卖得非常的便宜。现在都要抢购了，因为一下子做不出那么多的蛋糕来。这也是一个非常典型的例子，虽然是卖产品，是非常传统的业务，但是利用了很多创新的东西，创新的经营模式，创新的商业模式出来，使得产品卖得非常好。

第二个壁垒。壁垒这边大家比较清楚，有行业壁垒和公司自身的壁垒。很多的行业，比如说医疗行业，新能源行业，这种行业是比较特殊的，如果不是这个领域的人，去做这个领域，估计是比较难的。很多行业有行业的门槛，很多的东西不知道，不知道这个领域的一些人脉等等。行业的壁垒主要是技术、渠道、资金和人才。这是公司里面最重要的一个竞争优势，很多的时候大家是会忽略的。实际上我们投资看商业模式，最重要的一个判断标准之一，就是你的毛利润率。为什么是毛利润，不是净利润呢？早期我们主要是看毛利润。所谓的毛利润，特别是公司把产品真正的卖出去，有数据能够证明毛利润的时候，我们一般来说会挑高的毛利润。大家都知道游戏行业的毛利润超级高，像巨人当时上市的时候，毛利润是八十几，这个基本上是“抢钱”。现在我们投的绝大部分毛利润只有 5%～10%之间，就是个位数的，这个就做得很累。产品出来人家不愿意高价买你，说明产品没有创新或者是非常好的高附加值在。

我刚才说的这两个案子，他们都是高附加值的，不要看这个蛋糕卖得这么便宜，但是还是高毛利润的。毛利润高，换句话说，是属于企业发展早期，行业发展早期毛利润比较高，竞争还没有那么充分，所以毛利润可以比较高。但是现在竞争充分以后，毛利润下来，这是到了后期。

前面讲了势、事，一个大势，一个小事。现在说另外一个投资最重要的，就是看人。

人我们也是从两个方面看的，一个是创始人，还有就是看团队。现在大家都知道，光一个人很难做好事情，一定要有团队来做。怎么看人？这里我列了四个方面，判断的标准并不太一样，但是基本上是按照这四方面来看。

第一个我们是希望能赚大钱的，所以一定要有非常宽广的心胸。因为做大事的人，就像以前的皇帝，一定要有宽广的心胸。这是非常重要的一点，心胸太小，成就不了大事，所以心胸非常重要。心胸宽广不是对什么都不在乎，要有容乃大。

第二个是一定要有一个远大抱负。

第三个是刚才提到的，要有非常敏锐的商业嗅觉，因为市场变化非常快，变化快的话，创始人如果没有自己的敏锐度，不能很好地把握住刚才说的大势，找不准这个台风口，就会找不到后面的东西。所以商业敏感度也是非常重要的。

第四个非常重要，就是具备快速学习和执行能力。学习能力大家都能理解，执行能力是什么？执行能力就是董事会、投资者帮你设计好一个东西的时候，就像你是开车的，方向盘还是要你打，什么时候要加油门，什么时候要转弯，你得知道。所以就是策划好以后，得有能力做出来，快速地做出来，这个就是执行力。执行力并不是一定要多聪明的人，比如说刚刚大学出来的，执行力显然差一点，因为经验不够。如果是做过一两个公司的，就知道战略怎么去做，所以执行力会比较强。所以我们看的时候主要是看这几个大方向。

还有一个就是团队。我们现在都知道，一个人很难成功。很多的时候投的是一个领导者，不是一个管理者。什么叫作领导者？领导者就是这个人出来很有气场，创始人有这个能力，身边会聚一群牛人，都会跟着他走。特别是早期的创业者要有一定的气场，吸引很多的人来。领导要有能力，有比较好的凝聚力，因为在创业路上会发生各种各样的事情。

这里有两个实际的案子。我投了十几个项目，有两个是做得不太好的，都是管理能力上面出问题或者是领导能力不够。第一个项目是做手机APP的，一共有三个人，一个老大，一个老二，一个老三，主要股份是老大的，另外两个人稍微少一点。因为是做APP，后来又做手机游戏。大家都知道，手机游戏基本上一个团队就可以负责这个事情。结果老二的产品做得一般，我们换句话说就是失败。老三做得还不错，虽然没有非常好，但是各种各样的反馈都不错，于是老三说对不起我要把团队带走，要自己做。最主要的是，跟着这个老大，看不到这个人，他一直在二楼，我们在底下做，他做什么事情我都不知道，跟着他没有意义，我自己做。后来我的股份就分到两个公司去了，一个新公司，一个老公司。但是这一拆掉以后，公司就很难做好了，领导力不大够。

另外一个案例，那是一对表兄弟，当时做事情的时候，是一人一半，50%对50%。这就会有问题，就是决策的时候到底谁做老大？各说各的，结果就闹矛盾，矛盾闹得很深。最后投资人出来协调，把其中有一个，就是表哥的股份卖掉一点，另外一个人就多一点，以表弟为主。后来这个表哥就基本上退出了，不参与公司经营。这个最主要的就是一开始没有定好老大，一开始团队的结构就有问题，我们投资人都不大愿意投平分股份的这种公司。

讲到这里大家有问题吗？因为后面是另外一个主题了。

听众：您刚才说如果两个创始人是50%和50%，就不太好投了。但是前不久马云他们就是50%对50%的，这个又怎么解释呢？

李悠扬：这个还不一样。我讲的是初创期，因为中间要走很长的路，中间如果没有老大的话，就很容易走错。因为时间比较紧，后面还有蛮多的内容，我们最后还会留大概半小时的时间给大家去提问题。

后面讲的是干货，就是如何写商业计划书。

我们看看写商业计划书的目的是什么？为什么要写商业计划书？商业计划书的目的主要是这四个点，第一个让创业者更好认识自己的公司。很多时候初创企业，创业者一路在奔跑，很少坐下来，好好思考自己公司的商业模式。如果是写商业计划书的话，可以很好来总结、回顾公司的情况，比较理性地认识自己的公司。另外是对自己公司未来的思考，特别是战略的思考。比如说团队缺不缺人，资金应该怎么去花等等，这些都是要思考的。最重要的，还是为了吸引投资人的注意力，为什么说是吸引投资人的注意力，而不是说去拿钱呢？因为大家都知道，绝大部分的投资人一天都要看好多的商业计划书，是没有那么多的时间去研究的，就大概翻一下就可以了。通过商业计划书可以引起投资人的兴趣，他们就会让你进一步的聊下去。通过这个商业计划书改变一个面试的机会。最后一个，就是我们大家都知道的，商业计划书换句话说就是把自己的公司卖掉。卖产品要做产品手册，销售手册，有一点类似的，就是在卖这家公司的时候，把自己的公司包装好，告诉投资人你的公司有什么价值，卖掉自己的一部分股份。

实际上商业计划书的内容很简单，核心内容就是三个东西，我们叫作三个W。第一个叫what，第二个叫who，第三个叫why。我们知道what是做什么，你一定要清楚你的产品是什么，服务是什么，一定要弄清楚。第二个就是说团队、创始人，谁来做这个事情。第三个就是说为什么是你能做，你做有什么优势？这个是最核心的三个W。另外一个要加上去的，就是融资大概融多少钱，可以干什么，核心就是把这个东西做成。

我们下面有一些结构的东西，简单地跟大家过一下。前面说了，把商业计划书给投资人，投资人就像翻简历一样翻一翻，所以最好是前面要有一个项目摘要，把东西概括起来，简单的说明一下，让投资者有兴趣。还有就是公司的基本情况要介绍一下，公司大概的财务情况，是什么阶段。为什么要写这个呢？因为我们刚才说了，投资分很多的阶段，天使投资，A轮、B轮、C轮等等，如果基本的信息说不清楚的话，很难判断这到底是处于哪一个阶段。基本信息都知道了，就知道你这个大概是属于A轮项目，还是B轮项目，还是天使项目等等。包括股东结构也是很重要的，刚才也说了，表兄弟都会出问题，股东结构如果不太好的话，是致命的伤害，越到后面越难改。

另外一个要把人介绍好，创始人和核心团队的介绍。创始人的基本简历要讲，教育、工作背景。如果是能够写出一些创始人的价值观和心态这是比较好的，但是这比较难写，就是要把创业的原动力大致的体现一下。另外留一页PPT给你的核心团队，简单地说一说，如果是有三个人，重要的岗位也要列一下。比如说他是市场人员，主要是市场相关的东西写一写。如果是财务人员，主要是财务相关的东西写一写，不要写太详细，太复杂，主要是突出核心团队的专业背景。

我们再看看刚刚提到的产品服务。产品服务这一块一定要写得很详细。因为我们知道创业的人每个都有自己的专业，做很多的事情实际上是在自己的专业里面做的。这个PPT发给投资人，投资人并不是对你的专业那么熟悉。那你的产品和服务要说明到什么程度呢？最好是给你的妈妈、长辈都能听得懂，就不要用那么多的专业用词，用大白话把这个事情说明白。写产品服务主要包含两层意思：一个是刚刚提到的商机，还有一个是大的市场。另外还要说清楚你这个东西可以带来什么价值？为什么这么做是有价值的？这是要说明白的。

后面是盈利模式，这是很多的商业计划书没有写的，盈利模式直白一点说就是赚钱。赚钱很困难，还是赚钱容易？这个一定要说明白的。商业模式很多的时候要决定你的可复制性强不强？如果是复制性强的话，就很容易高速扩张发展，这个项目有没有可复制性，最好在这里面可以体现出来。

下面一个是市场前景和竞争分析。市场前景和竞争分析在大家写计划书的时候是比较纠结的，基本上是可以占到三分之一的篇幅，大部分都是市场分析的很多。实际上这个计划市场前景是可以涉及，但是不要写太多泛泛而谈的东西。比如说讲互联网，就说中国有多少的人口，增长多快什么的，就说了很长的时间。这个是没有必要说得这么详细的。为什么呢？因为如果这个投资人对你真有兴趣的话，有分析师会去做这个分析的，包括大的市场和小的市场都会分析的，有可能比你分析得更为专业。但是你稍微提一提你是属于哪一个市场的，就是刚才说的要把真实的市场分析出来，这是很重要的。最好是要有一个宏观的图，行业大概是这样子的产业，大概在这个行业里处这个位置，这样投资人就理解你是处在行业的什么位置，包括未来的发展方向。

最后就是竞争对手的情况分析。竞争分析对创始人来说是比较纠结的，如果是竞争对手写得很详细，投资人不投给我，投给竞争对手怎么办？比如说你写我老二，他老大，我是刚刚起来，人家已经是做得不错了，到时候人家找他去怎么办？很多时候投资者比你了解更详细，因为身份比较特殊，各方面了解更详细。竞争分析不要怕行业的秘密都让他知道的，这个不要太担心，反而要写详细一点，因为更好地让投资者知道我是专家，行业里什么事情我全都知道。就拿蛋糕的案例来说，商业计划书里面就涉及很多的竞争品牌，比如说85℃什么的。他就说了一个很简单的例子，在行业里是属于年轻人，是80后，那些创业的人，都是60后了，不懂得互联网，他们的商业模式都是很老的商业模式，我要做一个新的商业模式，这个行业要洗牌的。人家就会说你对行业很懂这个可以不用担心，这里面会表现出你的专业能力来，这个是很多的创业者会忽略的方面。

后面也是容易被忽略的，绝大部分是没有的。就是投资亮点，很多的时候通过一些培训课程写出来的商业计划书，要写出投资亮点或者是核心竞争力。为什么要投你呢？因为这个行业做了10年了，很有经验，或者是说有什么优势，别人没有的。就是最后要总结一下你的核心竞争力市场，这是比较重要的。这个也是跟竞争对手的一个对比，人家来看别人的项目，看完以后，也会分析到底哪一个项目更好。所以如果能够提前把这个问题说明白了，我做这个东西是最好的，我就是下一个马云，那别人可能就会投，一定要先把这个处理好，不要让投资人去挖掘这些东西。这是最后区别出来的，你是受过一个专业培训的商业计划书，还是一个普通的商业计划书。最后总结一下这个，才会使你的商业计划书脱颖而出。

主要的内容在前面。后面还有一些简单的东西，就是财务性的东西。在后面你要留一页是财务的东西。初创企业的话，倒并不一定要写过去三年和未来三年的财务预算，但是要让投资人知道创始人是有财务概念的。因为给你几百万、几千万，你见到的最大的钱可能就只有 20 万，那谁会把钱给你？所以就是要让人家知道，你是了解财务的。这个就是让大家参考一下，我们看的时候也是参考的，最后真正投的话，会再让你做一个真正的详细财务预测的。但是你至少要把这个体现一下，你的财务能力。

最核心的内容，就是卖什么价，这个一定要说的。这个公司大概卖多少钱，出让多少股份，为什么要这么多钱，这些钱拿过来干什么的？未来一年大概钱花到什么地方去，要做到什么目标，什么事情，所以需要这些钱。这个一定要说出来的，基本上这个商业计划书就非常完整了，所有的内容都讲到了。

最后注意的方面，前面说了，内容要写好，但是一定要控制 PPT 的页数，不要太长了，刚才说了，这个就像一个简历，所以一定要简明扼要，把三个 W 说明白就行了。另外一个一定要避免使用太过夸张的词，比如说是全世界唯一的，或者是全球领先、中国领先什么的，这个东西要尽量少说。比如说在上海要做出什么平台，我刚才说了，平台业务非常难做的，你是上海的初创企业，要做出什么平台，一听就不靠谱。平台也是从产品发展起来的，百度也是一开始只是做搜索，后来才发展成平台，QQ 一开始也只是一个聊天工具，后来才做成的平台。就是说这种太过牛的词，尽量避免，因为会引起投资人的一些反感。文件也不要放太多图片、视频，把文件弄得很大，几十兆。因为投资人都是内部转的，不会说一个项目从头到尾跟着。一般都是很多的经理人来跟你接触，接触的时候，看你的商业计划书，如果是搞得那么多的话，就会搞得很麻烦。所以文件不要搞太大了。还有内容不要说得太宽泛了，内容少一点水分，多一些干货。我们知道投资是有很多阶段的，前面看你的商业计划书，然后找你约谈，约谈之后你的融资方案，给你多少钱，占多少股份。这些之后，最重要的就是要做调查，看你公司情况，看你业务情况、财务情况，这才是最最重要的。如果你写的都是水分，写了也没有用，还不如写一些干的东西。另外还要适当做一下美化，这样也需要花点心思。稍微美化一点让人家感觉你是很专业的。最重要的是，我收到好多的商业计划书都是没有联系方式的，有好多的计划书是蛮不错的，但是投资方找了好久都找不到这个人的联系方式。因此这点是很重要的。

听众：李老师你好。我是做健康产品的，我想问一下，风险投资对健康产品这一块有什么建议？

李悠扬：健康领域很大，我们也有投健康的，包括像2013年年底投了一家。这个涉及很多方面的，一定要看你的项目做什么东西的，如果是太宽泛的话，这个肯定不行。

听众：李老师你好。刚才你讲到对互联网金融这一块是非常看好的，互联网金融主要是分为几个方面，一个是预售，还有债务众筹，股权众筹。我想问一下，您对这些哪一个方面最看好？在中国大陆有什么前景？要注意什么问题？

李悠扬：的确，现在互联网金融非常的热，现在做的领域也很多。你刚才提的问题，我把它理解成哪些是初创企业比较容易去切入的。比如说这个领域是要做证券化这块，这个不是你的菜，很多的初创企业根本做不了这个事情。或者是说P2P，还有就是刚才说的众筹。众筹的话有一些政策风险，众筹法律层面的问题尚未解决。等于是说股份是分散的。我们知道中国的公司里面，非上市公司最多200个股东，这就会涉及这个问题。

前面我们也看了好多众筹的企业，最早接触到的是点评的，他们是最早一批做众筹领域的，现在已经转型了，基本上变成一个智能硬件的发布平台，不再做众筹了。包括我们看过拍电影方面的众筹，现在很多的微电影，投资上不要那么高，所以渠道比较容易做，大家想做这个事情。到后面会发现有一些政治上的风险。众筹也是一个非常好的方向，如果是政策明朗的话，这一块是非常好的商业模式。

我们提到的其他一些方面，像互联网金融我们是比较关注的，我们投了好几家。刚才说到的有点像工具型的，是做信用的。包括京东白条，是用互联网技术在做的。还有我们投了一些消费类的。互联网金融不要简单地理解成纯是线上的，互联网金融不一定就是网上的，创业的时候，还可以线上线下结合思考。

听众：你刚刚提到了，如果是在200个人以下，这是不属于法律明确规定的？我理解的众筹是不是一定要200个人以上，如果是200个人以下呢？

李悠扬：如果你开放出来去筹的话，限制在200个人里面是比较难的，因为所有人都能参与，参与的人越多才能够募集到比较多的钱。现在大部分国内众筹都是在卖产品。首发放上去卖，前面1 000个产品就能靠众筹卖掉，因此众筹主要是卖产品模式。你刚才提的，主要是股票方面的众筹，这个在中国还存在问题。

听众：因为今天的主题是跟资本市场对接，跟资本市场对接的话，如果这边有一个好的方向，得到的钱是几十万，几百万。其实200个人以内，可以筹到更大的钱去做事情。我想问一下，在200人以前，目前法律上面有没有很明确的规定？使得这样的一种方式也更容易去做？

李悠扬：刚刚说了，天使资金不完全是投钱的，更多的是跟创业者一起创业的。你刚刚提的问题，我简单说一下，实际上众筹不只是简单法律层面上说的200个人的限制，最最主要的是股权管理很麻烦，还有这些人是不是要到工商局去登记，这些人到时候的估值怎么估呢？这里面有好多麻烦的事情。北京有一家尝试在做，但是能否落地下来还是一个问题。

听众：李老师你好。我想请教一下，你刚刚说的，商业计划书要有十几页的PPT，我一年里面已经发了十几份PPT了，但是我都是用word写的，我感觉word写的表达的内容会比PPT的多。我今天看到这个PPT，我觉得有一个新的概念，我觉得用PPT写商业计划书写不透，不能详细表达我的计划观点内容。我的融资不大，就是1000万左右，可能对天使来说有点大，但是PE的话就是很小金额了。像这种融资额的话，是不是适合用PPT来写商业计划书？这是第一个问题。第二个问题，就是在写融资的时候，要把融资金额，出让多少份额写清楚。这样的话，如果是写得太高会让投资人吓倒，就不敢来了。如果是写得太低，可能又吃亏。所以我就想说，能不能来协商，这个做法是不是妥当？

李悠扬：刚才提的这一点也没有错，word文档肯定是更详细的。但是最主要的一个问题，这只是敲门砖，PPT并不是完整的商业计划书，完整的商业计划书肯定是通过word文档看。但是早期的话，word文档几百页纸，谁有那么多的时间去看这个东西。如果是一个PPT，简明扼要，大概是什么东西，引起了他的兴趣，他会约你来谈，或者是他会进一步的要你的资料，那个时候用word更好。你说得很对，早期用PPT，word版也行，但是简单一点把项目概括，发出去应该行的。但是你一年发出十几个PPT出去是不太够的。

听众：我是比较有针对性的，现在也有几家在谈。

李悠扬：这挺好的。还有一个问题就是融资度，还有出让多少股份？这个是很敏感的，但是额度一定要写，如果不写的话，你根本不知道处在什么阶段。因为每个基金都有投资基本范围。你说现在最纠结的就是把自己的价格透明掉了。实际上就说一个大概的范围，真正的投资跟你谈的时候，价格肯定是要谈的，现在听上去是一个财务数据、业务的东西都有，这些都是评估的。当然肯定不是一张PPT就可以搞定的。但是要大概让人家知道一个范围，看你公司的心态。比如说公司是初创期，要融资500万，占5%的股份，这个人家一听就不对，你没有想好。贵不贵就是你自己的心态，你自己写PPT的时候也大概知道，要让出多少股份。一般来讲都写贵一点，留一点空间去谈判。百分比可以不写,但是金额一定是要写的。

听众:我的问题主要是一个方面的两个小问题。在我看来人比钱重要。第一,VC也好,PE也好,怎么找投资人?第二个问题是共事的人更重要,今天大家都在一块了,应该有部分的共同理想,怎么让大家在一块?

李悠扬:两个问题实际上也不少。怎么找投资人?现在的投资渠道太多了,非常好找。我说几个渠道,第一个可以参加各种的推荐会,不管是政府组织的,民间企业组织的,还是创业机构组织的,有好多种。在这里你可以接触到好多的投资人,这是一个方面。另外你可以在网上搜这些投资人,他们的联系方式都是公开的,直接发PPT也可以的。如果是很早期的话,通过朋友介绍更容易到天使投资,因为天使投资对人比较关注,如果是朋友介绍的话,会比较容易相信。相对于找投资我个人觉得是非常容易,因为渠道非常多。

第二个问题是怎么聚集人才?就是我们刚刚提到的领导人的气场,自己的能力,把这个人聚集起来,实际上没有什么好办法,就是看你情商高不高。

听众:李老师您好,我创业大概有一年多了,是做互联网金融营销的。我们客户主要是电商和店铺,包括我们早期做一些游戏的推广。我们现在主要是通过代理来做的。半年前有人这么做,把我们的广告资源,做成像电商淘宝网一样的,就是把很多广告的资源,放到一个平台卖,这种模式现在有人在做,他们也融到了3 000万的资本。我不知道这种模式,前景怎么样?包括我们做代理这种现状会不会有前途?

李悠扬:非常好,这是实际案例了,可以和大家一起来分析。广告代理实际上是一个非常传统的领域,金融业是从代理出去的。很不幸这个领域基本上属于项目型的商业模式比较多一点。很多的时候广告卖的就是资源,我有一些广告的朋友,基本上都是出去喝酒、KTV这些地方都是他常包的。这种是项目型的比较多,靠关系,靠资源去维系你的业务。你刚刚提的,就是把这个东西公开出来,阳光化。你的意思就是说想要改变现状,这个有一点难度,但不是说不能做。如果是一个大佬级的,一定有很多的资源可以做这个事情,可能好一点。说到广告,一定要有广告资源才可以卖,要有客户资源,广告资源。这样子的一个代理模式,你的前途一定是好的,因为自己在赚钱,不赚钱就不做这个事情了。赚钱可以促进就业,自己改善生活,这肯定是好事情,但不一定是非常适合资本。我讲的是你的这个商业模式,但是广告里面用很多的技术,那是一个机会。

听众:李老师我是做民生行业的,也曾经跟着我的创业老板参与了第一轮的VC

投资和第二轮的天使投资。我们那时候做民生的连锁餐饮行业，投资人看的是这几点，可复制性，快速复制性，包括产品。这几年时局变化和国内的政策变化，使得这个行业变得很难单店的行业。更多的体验式的噱头在行业里是不可复制的。这样你所提到的势在哪呢？

李悠扬：你刚刚说的民生行业是餐饮是吧？好多的餐饮企业生命周期很短。为什么餐饮一直做不出来呢？其实最主要的就是标准化难度大，特别是做中餐，海鲜这种。餐饮最大的一个问题是可复制标准化，如果是投餐饮的话，希望投的肯定是能够快速复制，标准化的。真功夫为什么被好多人投？就是因为很多的标准化，这个是比较容易去扩张的。

我要看你的品类是什么？如果是中餐这种比较复杂的品类，因为不一样的厨师烧的菜都不一样，这样就很难复制了。

说到这里我多说一个案例。大家都知道杭州现在有一个很火的餐厅叫作绿茶，很多人可能都知道。我觉得这是一个很好的创新点，未来到底怎么样，我不知道。但是我觉得现在是一个非常好的创新点。它是怎么做的呢？东西的性价比超级高，就是我们讲的互联网思维，他的东西比较好吃，性价比很高，很便宜。因为我们知道餐饮很大的一个成本是租金，商场的租金是很大的成本。因为是很便宜，有很好的人气聚集，这地方就有很多人来排队。他有两个很好的创新点，第一个是要让我进来的话，要给我房租很便宜，或者是免房租，因为我是可以给你带来商场人气，如果不要我的话，我到另外一家商场去了。大家都知道现在的商场日子也不太好过。这样就把成本降下来了，虽然是卖得很便宜，性价比很高，还能赚钱。

另外一个，就是有规定就餐时间的。因为你在这吃，要保证翻台率，我们知道餐饮能不能赚钱，翻台率是最重要的一个考虑指标。如果是翻三四台和五六台的差别就是很大的。所以就通过限制吃饭的时长来把翻台率提高。这个模式，在杭州做得非常不错，现在也有很多复制后扩张的店，这是不是一个未来非常好的店，我不敢说，但是现在是一个非常好的创新点子。

2015 年度

给创业插上资本的翅膀

吴智勇

丰厚资本创始合伙人，曾任职于英联投资、赛伯乐投资、贝祥投资、德意志银行战略投资部等知名投资机构。北京交通大学管理工程学士和对外经贸大学金融学硕士，正在社科院金融所攻读金融博士学位。具有丰富的投资和并购经验。投资过骑鹅旅行、云软云商店、聚光科技、按钮传媒等，并且曾参与数家中国公司在美国纳斯达克或纽交所的增发或 IPO。

谢谢大家，今天非常有幸到上海跟大家交流。

我的演讲分三个部分，基本讲的都是干货的东西。因为我在过去职业生涯当中做了十多年的股权投资，从起初是做 PE、VC，后来又做天使等等。投资十多年以来做了很多的项目，投人民币、投美元、上市、并购，早期、晚期都有，在过去十多年里还是有很多的积累和经验，可以跟大家分享一下。

现在丰厚资本本身专属于做早期，我们在过去一年多时间里面投了很多的项目。尤其在创业氛围当中，我们也是扑在一线上的，每年看很多项目，积累了很多经验，对市场上创业氛围有很多的看法、经验。下面就跟大家一起分享一下。

首先介绍一下丰厚资本，丰厚资本有四位创始合伙人，一位是我自己，我做了十多年的股权投资，主持人刚才对我有一个大概的介绍。另外一位是盛大集团联合创始人谭群钊，一位是杨守彬，还有一位是岳弢。具体的介绍后面会有的。

谭群钊是盛大的联合创始人之一，也是盛大最开始的创始人，跟陈天桥一起。谭群钊职业生涯就两家公司，一个是盛大，一个是 2012 年 8 月份从盛大出来之后，我们一起做的丰厚资本。所以谭群钊过去的经历是从最开始做盛大技术，到盛大的 CTO，到盛大的集团总裁，最后成为盛大网络游戏上市公司董事长。他过去的经历是非常的辉煌。

大家在创业时对杨守彬应有所耳闻，他是创业学院非常有名的主持人，也是中国青年天使会的秘书长，黑马会的副会长，还有一大堆的职位头衔。他在丰厚资本里面是很活跃的人，像形象代言人一样在做很多的宣传。他也有创业的背景，过去若干年创办了很多家公司，有成功，有失败，在业内的资历还是挺资深的。

岳弢和史玉柱一起做过征途游戏，是征途游戏的创始人之一，跟林海啸三个人一起创办了征途，后来改名叫巨人网络，岳弢在业内也是挺有声望的一个人。

四个人做了丰厚资本，大家是非常的认可，我们是 LP，就是出资人、合伙人。我们做了两期，第一期基金有 37 个 LP，都是业内非常资深、有名的人。二期现在有 35 个 LP，这两期 LP 中间有部分的重合，业内中国互联网公司很多知名人士都在这里面，上市公司创始人都有很多。包括上市公司本身也是 LP，国内知名的母基金业是 LP，中国比较有名的明星也是出资人。

丰厚资本成立时间不久，就两年的时间，在过去大家对我们的认可当中，尤其最开始当中更多是基于四个人的结合，因为我们几个人年龄相仿，各自也有积累，大家对我们四个人结合很看好。我们在互联网、投资界有很强的人脉关系。过去这些年做了哪些业绩。

第一期基金投了 35 个项目，第一期是 8 080 万投了 35 个项目，还剩下 1 000 多万没有投，但是我们现在不打算主投了。一期基金 1 000 万就放在那里了，慢慢再投。二期基金规模就更大了，有 3.5 个亿，我们已经开始投了。二期基金过去一个月就投了 12 个项目，如果这样算下来就有一点太快了，就要“踩刹车”了。这种快和目前市场的红红火火，创业环境的红红火火有很大的关系。虽然我们投了很多项目，一期投了 35 个项目，但是实际上我们手下投资经理在年初做了筛选，看了将近 4 000 个创业项目，中间也约谈了几百个，最后才投了 30 多个。我们筛选还是非常的辛苦，整天工作就像“打鸡血”一样，每天会议不断，出差也不断。我们投入的成功率还是挺高的。

这张图是去年投项目的数量，因为刚成立前面两个季度投的比较少，后面两个季度投的比较多。这是一期基金的投资情况。独家投资 21 个项目，和别人合投四个，有七个是领头，有七个是跟着别人一起投的。

总体来讲，我们投了 30 多个项目，徐老师投了 100 多个项目，还有其他的基金，大概也是几十个投。我们投 30 多个就觉得很多，加起来起码投了数千个项目。为什么会这样？我个人的观点跟大家分享一下。

我们现在经历创业和创投的春天，春天的到来有几个方面的因素。第一现在确实在经历移动互联网的产业革命，在历史上有多次的产业革命。譬如像瓦特工业革命、原子能革命，上世纪90年代有PC端互联网革命，这次经历移动互联网产业革命。大家想一下，在过去的移动互联网诞生之前，移动互联网诞生标志性就是苹果手机的出现。苹果手机出现之前所有的互联网是没有产生的，现在移动互联网出现了之后，我们诞生了很多新的商业模式。譬如大家可以想得到的大部分事情都可以基于手机实现，手机给我们带来很大的便利。譬如我们现在可以用手机支付、订餐、查询，各种各样的评价，用手机来订机票都可以。在PC端之前互联网是找不到人的，只有移动互联网的时候才可以定位到每个人的位置。因为手机有GPS，可以的话就可以定位是哪一个地方，这个地方周围有什么样的服务，基于人的服务，基于人的商业模式就诞生了。在PC端一离开电脑就找不到，可以打电话给我但是找不到我在哪里。或者是查周围服务有没有，但是现在移动端不一样。

我们在这里做讲座，百度地图就可以搜附近有什么地方吃饭，有多远，可以用大众点评订位，甚至可以把菜点好。现在就可以排队，30分钟过去，吃完饭点支付就可以了，不用带钱包。这是我们可以用上的应用，以后的应用随着资费的下降，随着4G的普及，网费的下降，很多基于视频的应用也会普及起来。

移动互联网真正在深刻地改变所有传统的行业，我们看了这么多项目，各种各样的模式都有。有用移动互联网卖房子的，有互联网卖车的，有各种各样的餐饮，甚至连所有硬件的东西都是跟移动互联网相关的。我们确确实实正在经历移动互联网的产业革命，这也是有很多的创业商机，所以说有很多人开始创业。现在80后、90后的人往往有很多想法，愿意去创业。不像六七十年代的人读完书就进国企、私有企业老老实实地工作，但是现在的年轻人热衷于创业。

在PC端当中从美国拷贝到中国，美国有什么模式就拷贝到中国。像百度、新浪、谷歌、雅虎都是抄美国的，现在移动互联网项目当中新概念、新商业模式美国都还没有，都是我们先想出来的。所以在移动互联网端上不一定会落后美国多少，现在在PC端的，以前顶级方面的控制都是美国说了算。但是移动互联网来了之后，很多新的机会，哪怕移动互联网基础的东西，我们国家就想去控制，想去参与，就不能让美国又把移动互联网给控制了。尤其是现在移动互联网的创业成本比较低，传统创业给一笔钱开一个店，几百万装修一下就没有了，所以搞制造业、买一个设备上百万又没有了。移动互联网很多创业基本上就是人，投一拨人，投一个想法，做出一种商业模式，就可以做事情了。

今天讲的创业和创投，是我个人的经历和经验。我自己做TMT行业投资，我客观来讲就是讲我这个行业的创业和投资。创业和投资不可能只是互联网行业，也有很多医疗、环保等很多传统创业。因为我的关系，我只会讲这一方面，请大家谅解。并不是创业只是朝这个方向去的。

现在国家对创业的浪潮大力扶持和支持，大家可以看到现在的《中华人民共和国公司法》越来越简便。以前工商做登记流程很复杂，以前做一个项目的投资，光去工商做变更一道一道，很多变更不能同时做，要不断地来，来很多次才可以做完。现在做一次变更一次就可以完成了，现在工商流程越来越简化。譬如营业执照，做创业的时候办营业执照时，以前有很多税务登记等等，现在一个营业执照里面全有，还有其他的东西都在简化，国家都在简化流程，就是为了促进创业。国家也出了很多的政策鼓励大家创业，也拿出很多的钱，鼓励这些创业投资。去年宣布又拿出四百个亿鼓励创业的投资。各地都在成立不同的创业投资、创业孵化器、创业基金，我们自己投了很多孵化器。

因为我们有北京办公室、上海办公室，在北京创业的氛围和速度比上海走得快一点。每一次去中关村创业大街就会发现，大街上有不同的人参观，那些人不仅仅是北京的人，基本上都是外地人，甚至外国人，如美国人、韩国人、日本人都在参观，就看你这个国家创业氛围怎么营造的，都在学习。有的时候投的孵化器跟中关村的机构很熟，一聊天的时候就说今天早晨有什么书记在角落里面待了一个早晨，看创业者是怎么聊天的。很多街上的很多路演都是有关创业，北京有两个创业的论坛都在那里做。

大的趋势产业革命正在进行，移动互联网产业刚兴起没有几年，苹果兴起就几年。国家这么扶持这是好的时机，有很多人愿意投身创业浪潮当中重要的原因是时代的背景。

很多人想去做创业，或者是想去创建创业公司，或者是自己是创始人想开始创业，这中间会遇到很多的问题。我们也在过程当中跟很多的创始人打过交道，发现了很多的问题。今天的讲座还是基于问题来谈，如果是泛泛而谈就没有太大的意思了。

后面列了一些问题，我想到的就再往下讲，没有想到就在会后再补上。

第一，为什么要融资，我们投了很多企业，在我们投的项目当中很多创业项目老板都不缺钱，都是很有钱的人。因为丰厚资本几个人的过去经历，我们认识的朋友和创业者，基本上不会太低，不会是刚大学毕业，或者是刚参加工作几年。很多创业者就是公司里面中层、高层，甚至是上市公司 CEO 创业，我们都有投资的。他们其实很多人不缺钱为什么还要融资，这就面临很普遍的问题。

我老是讲创业是聚人，把人聚起来，把资源聚起来，一个人总是有缺陷、短板，你有钱你可能缺别的东西。所以创业的融资是引资、引质、引资源的过程。雷军很有钱，都是“创业教父”了，但是在做小米之前也是很有钱的，上市公司创始人金山网络，投了这么多家公司，做得非常好。为什么做小米的时候还去找天使投资，你用自己的钱创业和用别人的钱创业是不一样的。多一个人来帮你，多一些资源帮你战略上、资本运作各个方面都会有很大的不一样。创业融资是引资金的过程，是引智力、引人才的过程。

我投了一家创业公司，去年2月份投的，老板是思科中国高管，最初有几个员工。2000年初的时候他的期权和股票就很值钱了，上千万的身价。他还来找我们谈，因为需要我们投入，我投了一笔钱，他也等额投了这些钱，我占了很不错的股份比例。过去了一年半不到，上上周他A轮融资数千万融资就到账了，为什么还需要我们进去。其实很重要的原因就是因为需要我们的资源进行支持，有很多人可以提供帮助，网站上线就对接互联网圈上下游有业务联系的企业，自己找会很慢，而我们找一个电话就可以和创始人对接。一洽谈就把所有后台打通了，一下子就起来了。这也是你做创业尽量还是找有实力、资源、名气的风投去投你的重要原因。

第二，如何寻找和选择合适的天使投资人，就有两个方面：一是寻找，一个是什么是合适的天使投资人。现在有很多创业的圈子，但是我也遇到了一些。朋友跟我聊怎么找到这些人，或者是找到投资人，又不熟，如果《商业计划书》从网上公布的网站发过去是石沉大海。也碰到孜孜不倦自己找上门的创业者，现在“遍地都是钱”，找投资人并不难。创业的大街、创业孵化器、创业论坛多参加几次就会碰到很多的投资人，只要认识一两个投资人，大部分投资人都会认识了。

像黑马大赛每年举办几十场，很多场次我都是评委。上个星期国家人社部和宋庆龄基金会又举办全国性的创业大赛，也要求我去当评委。像这种创业大赛去过一两次就可以认识很多的投资人，找投资人不是一个难题。

如何找到合适的投资人呢？我有一些个人的看法。我跟徐老师很熟，包括家人都很熟。徐老师说一年投资一百个项目，我坚信是管不了，也不可能管得了。一年投很多项目手下也没有很多人，所以肯定管不了。投这么多项目怎么管？就两个年轻人。你找天使投资人要图什么，图钱就可以让钱进来。如果是图名然后事情自己做，那么像徐老师还有其他的基金，或者是知名的天使投资人，你把名挂到股东名册当中有帮助，但是具体事情运营和扩张上帮助不是那么的大。

我跟合伙人岳弢吃完饭，我们做了很多投资后的辅导工作，因为我们四个人有明确的分工。我是做投资执行，所有项目看完了之后要投，剩下的事情就是我负责，就是投条款、谈判或者是各种各样的设计、执行，都是我在负责。岳弢、谭群钊就是项目投后的管理，看项目的时候一起来看，杨守彬就是对接各种各样的社会资源，每一个人都有分工，时间都比较灵活。现在拿了几千万的投资公司，包括其他几个公司，岳弢谈的另外一个公司，如果不是我们老盯着开董事会，隔一段时间看商业模式往往创始人是会走偏的，他拿到几千万人民币马上就扩展一大堆的业务，但是主营业务却没有做好，劝他赶紧"踩刹车"告诉他绝对不能做。

所以说一个投资机构、投资人，在投后的管理上帮不了你太多忙，就需要想想图什么东西，是图钱还是图名，还是真正要干活。绝大部分天使投资人帮不了你，就是投了钱给你，除非一年就投几个项目，如果投太多一个人都帮不了你。

选择合适投资人你就需要掂量一下，你到底是需要这些人从哪一个角度、层面帮助你。

第三，怎么选择一个符合投资人偏好的《商业计划书》。每年看了这么多《商业计划书》五花八门，什么样的都有。投资人每年看这么多《商业计划书》，一定有自己喜欢的《商业计划书》模式，这个模式就是你发出去最好的方式。

就我个人偏好来讲，我看了很多《商业计划书》，有的人自己不会做，就去找社会上的公司帮他写一本很厚的《投资项目分析报告》，从市场分析、产品分析一大堆，七八十页。往往这种《商业计划书》我是不看的，立马就扔掉了。有些《商业计划书》写得非常长，关于产品讲了三十页，还有很多内容，你想关心的内容看不到，或者是隐藏的很深，后面才看到那么一两页。如果我看一个《商业计划书》，翻了五六页都找不到想看的东西，基本上这个项目就不太有兴趣了。

我个人的建议，《商业计划书》如果要做最好控制在十五页之内将所有的问题都阐述了。我想来想去我最关心的问题就几个问题。一般投资人就看项目的事对不对，人对不对，如果都对了，这个事情就可以，如果事和人不对，绝对不可以。你讲的所有东西就是一个是事，一个是人。所以团队介绍一定要有，我昨天看了一个《商业计划书》，我都不知道谁干这个事情。团队介绍越多越好，这一页毫无疑问就不用讲了，团队介绍就是简历，说你团队的背景。

还有一些点，很多的创始人愿意上去写《商业计划书》的时候，会写很多的市场分析。譬如你是做在线教育，就把教育行业蓬勃发展写了一大堆，两三页、三四页。我看到的《商业计划书》都会写市场分析，行业是怎样要分析一下，我 95%的情况下不看市场分析，拿《商业计划书》一看看市场分析的都不看就翻过去。

如果一个投资人连细分市场做什么都不清楚，还让你去教育基本上就不符合，或者是不适合做你的投资人。如果给我做在线教育的项目，我连教育市场目前的状况是怎样，有哪些上市公司，幼教、小学教给我分析，有多少中学生、高中生，这些学生有什么需求，这些学生的基本需求都不知道，这个项目也不够格去投了。譬如最近收到了一个《商业计划书》，完全不是互联网行业，是做天然冰片的。这是完全不搭界的，不知道这个是干什么，这个行业情况是怎样，种类是怎么来的都不知道，这种情况下就做市场，做竞争情况就会有帮助，起码要了解、概念这些东西。其他的做《商业计划书》，市场分析这一页可以少一点，一页纸或者是没有都觉得无所谓了。

《商业计划书》最好是用提问式的，自问我答的方式，我们是做什么的，就拿这个做标题，自己阐述自己的商业模式，就把做什么的告诉我。第二页是怎么做的，直接把这个标题写上面，这样就感觉非常的清楚。怎么做的时候就会讲产品的体验，作为一个用户他这个产品是怎么体验的，是什么流程，用它是怎么做的，我一目了然。我们的发展历程，就可以知道从开始设立到现在期间做了什么，目前的状况是什么，做了哪些推广，产品铺到什么程度，有多少用户，这些一列就知道了。再加上团队介绍、融资计划基本上这个《商业计划书》就把我想要了解的事情讲清楚了。

很多《商业计划书》一拿上来了之后，看问市场分析、讲自己的商业模式，你分析的商业模式是很难去进入情景，因为商业模式讲的很乱，特别的不清晰。你要讲你的商业模式时，只要有一页纸、两页纸、做什么都讲清楚就足够了，其他的都不用发散。你做什么，如何做的，目前的状况是什么，团队是什么，融资计划是什么，这个《商业计划书》就是我最喜欢看到的。

有的《商业计划书》很简单，就是七八页，我一看原来是这样干的，我们现在投了这么多的项目，现在已经有很多项目拿了A轮的融资，大家可以看到我列出来的。我相信到今年下半年页面很多的公司可以拿到很高的估值，有很多特别出色的，著名基金都追着屁股跑，我们就做辅导和融资。《商业计划书》基本上都是这种模式，不要写太多就十页左右，也不要太多封面，不要后面再来一页多余，一上去就甩干货，投资人看完有兴趣就约谈，没有兴趣写再多也没有用。你写得太多会干扰投资人对焦点问题的关注。

第四，如果创业需要融资，不可避免地需要做路演，有的路演甚至是公开的。很多创业大赛就会涉及很多公开的演讲，往往给你的规则是八分钟或五分钟演讲，三分钟提问。经常会有一个计时器在那里，讲到四分钟倒计时一分钟就举牌子了，这种路演就会有很大的压力。到底怎样才能在五分钟之内把创业项目讲清楚，依然是我刚才讲《商业计划书》的逻辑。

你上去时绝大部分创业者，起码80%的人是不能很好地在五分钟之内阐述清自己的项目，包括我们自投的公司在做路演的时候，都讲不清楚，或者是讲得都不好。大家要体会一下，就围绕刚才我讲的《商业计划书》的逻辑讲，不要讲太多。有的人上去就讲市场，做这个行业多么好，产品多么好，讲到一半到底要做什么都没有时间讲了，到底怎么做的也没有时间讲了。就我关心的，一句话讲清你是做什么，"做在线教育，专门给小学生提供上门家教服务"。一句话就知道做什么了，讲了很多，学生怎样的都没有用。"我是做手机游戏，做游戏平台做什么发行，做出境旅游，给出境游的客户提供在国外的租车服务，给出境游的客户做目的地服务"。很多的时候一两句话就知道是做什么的，再阐述是如何做。不要一上来就讲不相关的东西，五分钟之内完全可以阐述一个项目的。你做什么、如何做的、现在做什么情况。譬如刚拿到《商业计划书》正准备融资，见了团队，或者是公司刚注册，或者是已经在哪些地方有了布局，已经有了什么业绩、收入，把现状再讲一下，最后加一点亮点是什么。

有些投资人听完你讲的之后，要懂的话会想你的亮点是什么，有的不懂，在你讲完了之后没有感觉。

我投过一个哈罗同行，就是哈罗班车，是做定制班车的。你是上班族每天你去上班要么开车，要么坐地铁，要么就坐公交。但是坐地铁、公交挺挤的，他做定制的路线班车，每一个人都坐一个座。下载APP注册登记，每一个路线和班车可以在上面选座，班车哪一个位置是空一点就可以选了，现在是免费以后会收费，这个费用一定是坐地铁，或者是加一站公交价格，就是打中间的市场。所以这个出来了之后一下子注册了五万多个用户。一开始就是几条线做试点，用户量提升了之后就开始做大班车资助，开更多的线路。也可以选你家这里到另一个地方没有路线，就可以发起路线，如果别人点参与时，足够亮的时候就开通这个路线。开始做路演的时候讲完了就完了，我说你最亮的亮点是什么？你是做这个东西的，一下这么多人用你，但是你的亮点是什么。团队介绍、做什么、现状，有多少人都讲了，就是没有讲真正的亮点。我投他看中不仅仅是线下，我很在乎线上部分。在座的各位朋友想一下，如果我做了一个APP，这个APP有这么多人在用，而且每天都要打开去选座，往往坐同一条线路的人都是有同样背景、同样收入。如果是开奔驰也不会跟我一起选择坐班车，或者是邻居，这些

APP 里面的人本来就是邻居，大家背景、收入差不多，他们之间很活跃，就加好友了一看就知道你是谁，还可以建群，就是邻居之间的交流开始了。还有很多联系今天去不了，你给我带一个什么回来，我今天下班回去晚你帮我接一接小孩，邻里社交在这上面就都黏住了，用了这个 APP 之后，其他的都不用，如果你这个 APP 高重复率打开商业价值是不可低估的。做投资都知道，微信为什么这么值钱，原因就是有“黏性”，有用户量、高使用率，所以最吸引的就是这个。

你讲路演的时候你要把亮点讲出来，投资人不知道可以把这些讲出来，几点就可以点出来。邻里社交怎么实现，可以做邻里社交电商，或者是用户导流，每一条公交起点配早餐，公交上的广告都是可以挣钱的。路演时怎样呈现你的亮点，这些都是，这些就是给投资人讲的时候，一上去就把商业逻辑给说清楚，亮点讲清楚这个项目就可以了。

第五，什么样的架构是健康的，很多商业企业找我们融资的时候都会发现股权结构不健全，投不了。我在成都投了一个项目，那个项目是最近投的，但是创始人做的另外一个项目，老生意是想投的，是做大数据的，后来就投不了。因为股权结构不健康，主要是股权太平均了，五六个股东，每一个人十几个点。这个企业如果做得很大的时候，股权太平均了，如果跟你股权差不多，容易打架。我们投一个企业投一个团队，我们真的就是投这个创始人，投创始人为首的团队，如果这个创始人不干就不投了。所以一个创始企业股权结构太平均就不喜欢，甚至不投。有的时候投是这几个人十几年的交情，这样平均还可以，有的是就认识几年，五六个股东就没有办法干。如果就一两个还可以投一下，还是希望有一个人绝对控股，或者是绝对的相对大股东，二股东差百分之十几、二十几会好一点。

我们希望有创始人是控股，这样的结构是稳定的，二把手要走就走，创始人在这里，只要创始人不走这个公司还是我们原来投的核心。这也是为了避免将来打架，不太喜欢太平均的股权结构。

还有很多会讲天使放这么多股权，A 轮再放一些股权，随着股权的不断的稀释，到底我怎么去控制这个企业？创始人可能再融到 B 轮、C 轮的时候，就只剩下百分之二三十了，这个怎么办？现在很多的企业在最开始的时候，甚至联合创始人或者是自己选择不要就不要了，有的联合创始人角色可以替代，有可能联合创始人的股权就又收回来，或者是少给一点，个人股份就多一些。我们进去的时候占百分之六七十，再稀释到 C 轮的时候，就剩下百分之四十，这样就可以控制这个企业了。

对于稀释股权的担心没有太大的必要，往往在后期的时候，原来的创业团队可能都会有一致性的协议，就要求这些联合创始人跟创始人一起行动，创始人的意见都要遵守。在后期做股权架构设计的时候，有些架构是这样，创始人股权不高，股权可以同时把联合创始人的股权放在另外一个机构里面，这个机构做股东，创始人也在这个机构里面做大股东。同时可以控制其他股东占股的公司，创始人公司股权控制就比较强一点，就不用太担心股权稀释的问题了。

包括我现在讲的，包括后面要讲的都是在我做投资中遇到的一些实实在在的问题，如果你是创始人，你一定会遇到这些问题的，如果想创业就一定会遇到这些问题的。我也不讲其他虚的东西，就直讲这些对你们创业有实在帮助的，希望可以帮助到大家。

第六，初创公司如何估值，这个问题很多人都会问我们。甚至有人说有成型模板或者是模式，把这个打开然后把公司参数输入进去就可以知道公司值多少钱了。但现实并不是这样的，投资项目很多的时候就跟菜市场买白菜一样，一块钱就觉得贵，就一直砍价。这个公司到底值多少钱也是不一样的。有的基金就相对保守一些。尤其是第一支基金，投一次是投资两百万人民币。两百万人民币估计就不能太高了，如果估计很高，譬如估计五个月千万，投两百万给你，连五个点都不到就没有兴趣，参与感就不强了。投给你大概十个点，再少八个点、七个点要给我的，否则就不参与了，你爱怎么样就怎么样，就偶尔给你弄一下，不会当明星项目来做，创始人的时间是有限的，不可能天天跟在你屁股后面跑。

所以二期基金要的会高一点，因为投的钱比较多，希望是二十以内的股权。估值怎么算，更多的是基于基金对这个行业基本的看法和经验，譬如一些项目，往往谈的时候，A 期基金给的估值是两千万，超过两千万估值就不投，或者是两千五百万。譬如徐老师抢了我两个项目，创始人跟我谈完了之后，找徐老师一聊，徐老师就说四千万，立马就没有我的戏唱了，徐老师比我有名，估值比我高，怎么抢得过。跟吴世春，本来谈好了，都准备签约了，两千五百万的估值，后来他过来跟创始人一谈就给我抢走了。

估值多少合适是没有道理的，两千五百万、三千五百万到底哪一个是合理的估值，都是合理的，就看你这个基金怎么看待这个项目的前景，你觉得我们可以做什么。

现在丰厚资本在业内很有名，无论从投资圈还是创业圈都是非常有名的，现在投了很多的项目，甚至到其他的钱都不要，就等着丰厚投，估值都可以更低。我们四月份投了十二个项目，这个是不增长的，一个月投三四个就合适。丰厚一个月决定，过了一个月就找别人，要么就是丰厚。所以我们投可以帮助大家，可以帮助这个项目做产品的梳理，对接各种各样的资源。

对丰厚资本来讲一般承受的范围和估值水平，一个项目一千五百万到四千万或者是五千万之间的估值水平最高，项目出来两千万估值，两千五百万、三千万这种是最多的。个别的项目有八千万，甚至是一个亿的估值。但是那种项目是非常资深的人在创业，譬如雷军创业，什么都没有，凭借一张脸都不能低于两个亿估值给他，这就是差距。

现在给高估值的企业都是比较资深的人，最近投了张向东总裁的一个项目，估值也不便宜。往往不是特别知名的，或者是没有太多社会阅历的创业者估值会比较低一点，譬如两千万、一千万，这就是互联网行业创业。

我个人在南京投资了一所国际学校，投了两年，学校装修好了，学生都上课了，校区占地五六十亩，最近南边又拉了一大片地，现在有一个大教育机构投进去给多少估值，要三千万估值就远远超出想象，现在需要两千万估值投进来。包括昨天在公司里面谈的传统项目，就是天然冰片的项目，因为不投那个行业就想让我入点资，净利润两千五百万，一个互联网企业做两千五百万的净利润，就可以直接上市了。这种企业要价一般在七千万左右的估值，如果是互联网企业有两千五百万净利润可以随便开价一个亿。差异太大了，互联网行业创业钱比较多，人也比较“傻”，容易拿钱因为有我们这种“傻人”在这里。

最后就讲讲释放的股权比例，释放股权比例跟你融资估值要价有关系，一个估值水平定了加上你缺多少钱，你要多少钱进来才可以把这个事情“撬”起来。譬如你要三百万，资金宽松点要五百万，基本上就能把比例算出来了。一般来讲，天使投资 A 轮不要超过二十个点让出去，如果超过二十点让出二十五或者是三十点就比较难受，或者是后面股权稀释比较厉害，要么就是后轮套现，套现的钱进不了你的公司。

成为你的股东有两个途径，一个途径就是增资，把这个钱增到公司里面作为注册资本，老股东要稀释。注册资金一百万，我投一百万就变两百万的注册资金，原来还有两百万就是股份了。再就是买老股，你转让一些股份给我，把钱给你个人，就是个人进腰包，不在公司用了，所以我会成为你的股东。增资和买老股，一开始给天使投资人30%的股份，绝对 A 轮、B 轮套现的机会就是他的。如果不套现你的股权就会被稀释得很厉害，现在投资人进来要成为你的股东，只能去买天使投资人的老股，剩下一部分钱再放到公司里面，这样才可以达到它的股权比例。往往 A 轮投资人一上来就要20%，要 10%的就很少。因为大的机构不缺钱，要 10%的股权就太累了，给你钱，多要一点股份，一个家做成股份就值钱。A 轮再要你 20%，B 轮再要 20%，就剩下不了多少。

第七，投资协议让人觉得不平等、不舒服，为什么这么严格，哪些条文可以接受，哪些应该取消。如果进入谈协议条款环节，敢保证如果你没有见到投资人的投资协议，你一定会觉得不舒服。我做投资十多年了，每一次给出去签投资协议心里都是忐忑不安，一定会被人骂，那些条款真的连我看了都觉得不好。

譬如领受权，我是你的投资人，占 10%股份，但是如果我要卖，有一个上市公司要收购这个公司要全盘买，如果我要卖，创始人就必须卖。这种条款，尤其是以前做美元投资的时候，基本上是标配，都会给的，往往很多的机构都会答应，很多公司都会签字，那个时候美元基金不多。投资的时候没有美元基金。

譬如创始人要卖，而且是优先卖，这个是标配，创始人一定要答应，还有一些“一票否决权”条款，协议当中会规定很多“一票否决权”。譬如你的融资我同意才可以，发起新股票、做 VIE 架构、并购一个公司、被人并购、单笔花费超过十万人民币都得我同意，不同意是不行的。

我们投了家公司，叫美上门，我做了这么多年投资最开始给的条款比较多，后来就发现 A 轮投资者看天使投资协议谈的这么好，直接就把我这个协议内容复制过去了，就拿我的条款来限制新的投资人，往往新的条款又会规定，因为它的估值高，投资金额大，很多的权利就优先我，又没有我什么事了。就变成我谈很多条款是给未来人谈条款。后来就把协议改得越来越简单，美上门的投资协议很简单。

这一次有一个新的投资人进去，投了一千万人民币，投进去了之后看投资协议“一票否决权”条款 22 项，这些否决权没有我天使投资人事了。这一方面需要习惯，为什么会有这些设计，我讲一个基本的道理，大家要认同，如果不认同这个道理你拿投资是很麻烦。

这个公司是你在管，章都在你手里面，还包括所有的日常运营都是你说了算，团队也是你说了算，投资人只能在董事会举手表决，投资人只能在协议条款当中保护自己，执行不执行是另外一回事，但是最初的设计就要把所有的路都保护好。这也是为什么投资协议都会比较严，譬如“一票否决权”，譬如创始人或者是原来的股东没有投资人同意就不能卖。包括各种各样的设计，哪怕运营上的东西都需要我同意，利润分配、期权计划、管理层的任命。基本的理念就是保护投资人，因为我出了钱，我出的钱估值很高，我的高估值为你买单，如果要跑路，这个公司不行了得我先跑，我卖完了你再卖。

包括清算都是投资人优先清算，这是投资条款规定。

《中华人民共和国公司法》就是同股同权，如果清算把劳工、费用、工资补完了之后，剩下的钱占多少股就退多少剩余清算资产。虽然《中华人民共和国公司法》是这样的规定，但是投资协议就不是这样的。投资人都想把老本给收回来，剩下的钱再同股同分。甚至其他跟《中华人民共和国公司法》违背的地方都是这样的规定，这是从美元架构传播到人民币架构中的。海外架构这些都是可以实现，《中华人民共和国公司法》的规定当中个别实现不了。如果协议是双方的约定，是在打官司的时候，《中华人民共和国公司法》是这样规定的，创始人是输的，尤其是在申请仲裁的时候。

所以大家融资要有心理准备，投资协议很严格，有些可以接受。譬如对创始人股权转让的限制，你不经过投资人同意不能转，哪天公司控股权都转了我都不知道，这个是不可以的。包括“一票否决权”，如果涉及公司生死的“一票否决权”，可能创始人不得不同意，因为投资人不会让步，否则这个公司就没有办法办下去了。

如果是天使投资需要取消，我的投资协议也没有了。很多从风险投资过来做天使投资当中都会规定赎回权，一个企业五年不上市，或者是没有被卖掉投资人还在这里面，或者是六年创始人要把股权赎回去。譬如 10%的年利率要把我的投资人股权赎回去，赎回条款是常见的条款，看每一家基金是怎么看的，我的理念是我们愿意跟创始人一起共担风险，如果这个项目失败了，那么我的钱愿意打水漂。尤其是天使投资，尤其是创业者如果是赎回，项目都打水漂上不了市拿什么赎回？公司做失败了，公司也不值钱，哪有钱赎回？

做天使投资时做赎回条款就不太合理，就应该完全删掉了，如果在做初创企业的时候，投资人给你条款当中有赎回条款，这个完全可以删掉，没有可以谈的。如果硬要坚持那么你就坚持用公司来赎回，就不能让创始人来赎回，要不然就得卖房子了。

我看了一些别的企业投了天使，我就投了 A 轮，天使协议就有创始人要担个人风险赎回的那种，这个就非常的危险，想跟大家提醒一下。

第八，如何设置和发放期权。期权很多人都会问，尤其初创企业给不了高工资，现在遍地都是创业公司，最头疼的就是招人，尤其是招技术人员。因为大家都在抢，供不应求了。现在刚毕业两三年的一个 IT，就是搞计算机软件开发的，随随便便一万五、两万块钱的工资很常见，但是初创企业哪能给这么多钱去招，只能靠期权。但是这些期权怎么给？这是相对比较复杂的问题。

从大概的理念，期权都是给大家的梦想，权利是未来可以兑现的股权。未来你可以兑现的，现在给你期权，这个权利你还不是股东，但是满足一定的条件之后，你在行权之后才是股东。这个并不是免费给你的，你要掏钱，行权了之后就要掏钱。就是原始股一块钱，三年之后可以行权，一股值五块你行权就需要掏一块钱，就变成股东，就不是期权变股权。变股权了之后十万股就值五十万了，就赚四十万，就是这个概念。

期权一般有三个维度会考虑，第一给期权时就要考虑，职务高低，职位越高，重要性越大，给的期权就越多，两三个点，或者是很多万股。另外两个因素是期权执行过程当中的两个维度，一个维度是时间，往往你给出这个期权了之后，十万股给了就是给了，十万股怎么兑现？第二是贡献。所以我建议我投的企业，一般是五十，五十，时间占五十的权重，贡献占五十的权重。十万股给了，五万股是和时间相关，譬如三年，每一个月三十六分之一，你可以按照半年行权。每半年得到六分之一。你待满半年就可以获得五万股当中的六分之一，再待满半年又获得了六分之一。如果待得越久，可以行使的期权就越多。另外就是表现，年底都会进行个人的评估。以前我在德意志公司战略投资部的时候都会有 360 度评估，你的老板、上层都会打分，觉得这个人表现怎样，然后有一个综合评分，就是你今年的表现可以达到多少。如果年终的表现是 100％，那么就可以拿到五万股的三分之一的期权，就可以行权了。如果表现只有 80％就乘以 80％，如果是超额表现就可以拿到完整的期权。

我投资企业当中很多正在给期权，大概的思路就是这样。我会要求我投的企业在我进去之后，老板要拿出 15％左右的股权做期权。期权一定是奖励未来的，还没有成为你合伙人或者是员工的人，如果除了你之外还有联合创始人有 2％、3％这个不算期权，算是股权。额外拿出 15％没有主的股权，15％放在那里就是按照计划，这一次拿出五个点发，下一次拿出三个点发。但是现在中国有限责任公司没有股份的概念，只有股改了之后要上市才可以变成股份有限公司。

分享一个经验，很多人觉得只有股权的概念给一个人 0.5％，或者是 1％，好像听上去特别不好听，太少了。但是实际上从期权概念来讲，如果可以给一个人 1％的期权这个人就挺重要的。很多人做虚拟股份，这一次估值五千万，我有五千万股，给你十万股，二十万股，就是好听一点，算下来还是那些。

期权设置大概维度就是这个，还有一家公司给的期权加了条件，必须在我公司工作三年，如果没有工作满三年，你三年之前就走了，那么你的期权一律作废。因为你没有行权，规定叫三年之后才可以行权，你名义上获得这些了，当你掏十万块钱把股份买过来的时候，真正成为工商登记的股东，要行权成为股东，否则就是协议上的规定。规定不满三年，在道义、权利上获得都是一笔勾销，因为都是有约定的。

第九，融资节奏，这个问题比较简单一点，就快速讲一下。融资结构和融合额度把握。有的机构和团队一开始就会想融很多的钱，但是如果你对估值不满意，或者是觉得自己能够估五千万，但是现在融资就只能给你四千万、三千万，就建议小步快跑的方式，尤其是现在遍地都是钱的时代，你可以用小步快跑。小额融资、快速融资，这样对你的股权稀释会比较小，这次放十个点，再下次放五个点、十个点。现在公司刚开始估值很低，一下子放二十个点出去融的钱不多，稀释得很厉害。现在我们投的很多公司也有不少的部分都是用小步快跑的模式融资，因为有我们丰厚给他做支撑，所以也不愁下一轮融资。但是也有一次就融很多钱，一次就融上千万人民币，也是有的。就是看各自的需要。

第十，要人民币还是要美元，什么是 VIE 的架构。很多人面临困惑，有一些资源和美元接触的情况下。很多美元机构在投天使，国内有很多都投天使，都给美元。如果可以拿到美元天使就可以投，美元天使估值很大。美元给你两百万美金感觉没有什么，但是要是我们给你一千二百万人民币，就感觉太多钱了，怎么要这么多钱。所以说如果你可以找到美元基金，如果估值可以就拿美元。

为什么要美元还是人民币，这后面的逻辑是，去海外上市还是在国内大陆上市。拿美元就注定你要走海外商场，要去美国或者香港，你拿人民币就确定你要在 A 股、创业板、新三板上市。这并不是完全不可以改的，C 轮、B 轮可以改但是很麻烦。如果拿美元做敏感行业，譬如做计算机安全，拿美元有一些领域进不去，譬如涉及军工就不能进去，不可能做涉军工的企业。

因为中国的股市、资本市场越来越发达，上周刚把新三板升级为全国性政权交易市场，我坚信很快 A 股就能备案注册制，不超过两年就可以实现。新三板门槛这么低，很多证监会要推出新的政策都会咨询投资人的看法。你们怎么看，你们能不能提出一些建议，或者是召开闭门座谈会，我提了很多的建议。

注册登记制，互联网公司都不在 A 股市场上市，都接近上万亿市值的，腾讯在香港，阿里巴巴跑美国去了，这么好的企业，赚的钱都被国外股民分了，中国的股民得不到实惠，国家已经注意到这个问题。现在企业上 A 股创业板要两三年的盈利记录，以后不需要你盈利，审核综合指标，可以净资产或者是总资产达到一定的规模。譬如这个机构投了两千万美金，或者是投了五千万人民币，你的资产就不可能低于五千万，你不低于五千万的公司可以上创业板了。所以它对利润的门槛就不会这么高，不会要求盈利才可以，现在很快就可以放开了。包括还有其他很多的新政策，国家都会施行起来。

我在三年前就公开讲过，而且跟我身边的朋友讲过很多次，那个时候就说，坚信未来十年一定是中国资本市场的黄金十年。大家想一下，在2011—2012年之前的十年，基本上大宗商品、房地产发展的十年。那个时候说这些话的时候，哪些行业挺“火”，尤其是矿产特别的“火”，那个时候就讲十年之后是中国引进资本市场的十年。现在来看煤矿都挺糟糕，房地产也挺糟糕，从国家层面都在往新的经济体移动互联网转，全民创新、万众创业都往这个方面走。

现在创业A股市场两千四百多家，新三板就两千多家，美国纽交所、纳斯达克等都是上万家企业，中国的资本市场是世界上第二大经济体，经济体的经济是无数中小盈利公司支撑起来的，相对于发达国家来讲，资本市场很欠发达。

像中国股民除了买股票、买房子就没有好的投资渠道了，因为中国的资本市场不发达，投资的产品太少了。国外融资、融券开了没有多少年，包括期货衍生品的交易都没有，这些东西一定会逐渐放开。当然不是说你以后自己就去做这些高技能投资，有很多民间投资“牛人”，就把钱给他。像巴菲特做的时候就是找邻居要的钱慢慢做起来，最近投的互联网金融项目商业模式很简单，做三块业务，其中一块最重要的就是搭建理财资本平台。搭建这个平台给所有在我平台注册的投资“牛人”展现的平台，可以把它的投资组合，做什么无所谓，投外汇、炒股，把你投资组合展现出来，一定会有一些人看你的表现。你的表现下面会有很多人跟着你，去关注你，有很多的评价，如果你越来越牛，你的粉丝就会越来越多，很有可能你就变成民间的“牛人”。我们可以把你对接基金、机构，那个时候这个你个“牛人”可以开发基金产品，一下可以聚拢社会上很多的钱，可以帮他们做投资。

很多新的商业机会，在资本市场有很多发展机会，中国资本市场一定是未来十年蓬勃发展的十年。要人民币还是要美元，如果能要人民币尽量要人民币，如果是美元有特殊的优势，你可以要一下美元。

什么是VIE架构，在网上听VIE架构这个词，基本上中国企业在美国上市的起码有一半以上都有VIE架构。VIE架构的产生是当年新浪在美国上市的时候因为法律的限制，新浪不能直接去上市。怎么把新浪导到国外上市，新浪上市的律师创造性发明了VIE架构。VIE直接翻译是可变利益实体，最核心的是协议控制。

新浪的美国上市是凯曼公司上市，凯曼公司通过一系列的股权架构的设计，把所有的创始人、投资者都拉到凯曼公司持股，成为凯曼上市公司的主体，通过凯曼公司下面一系列的公司，跟国内公司签一系列的协议，通过这些协议而不是法律上的股权，不是工商登记的股权。通过这些协议来控制境内的公司，来把境内公司的利润付给海外公司。当然也不一定是直接付给凯曼，可能付给境内外商投资公司，外商投资公司又是被凯曼公司控制，通过外商投资公司汇到海外，海外汇到凯曼，然后凯曼就上市了。这些 VIE 协议有哪些一讲大家就明白了，前后会签很多的协议。譬如你境内是外商投资公司，把商标权、网站的誉名权给外商公司，或者是新浪内部的管理、咨询业务给你提供顾问咨询业务的协议，每年给你多少顾问，给你做多少咨询，你新浪付多少钱的顾问费。再譬如这个抵押给他，一大堆的协议把新浪境内公司的利润给付出去了。

一个是服务协议转利润，还有就是给你签股权未来买卖协议。一旦在什么情况下你这个公司就可以卖给它，买卖协议都签好，都押在国外公司手里，不能动，一旦在特定的情况下，这个公司就要卖给我了。所以这一系列的协议，就是通过控制这家公司的运营，控制公司的利润就把利润转出去了。

为什么会有 VIE 架构协议，做网站知道有 ICP 的证书，只有境内公司有，外资公司是不允许有 ICP 资格。因为做网站的东西都需要 ICP 资格才可以做网站，所以只能通过独立的境内公司做境内的业务，如果你没有通过协议来控制境内业务就导出去。如果要拿美元，绝大部分基金投资都会设置 VIE 架构，大量股权都到海外了。设这个架构人民币需要二十多万，钱也不少。初创公司一下花这些钱做 VIE 架构有一点吃力，这可是一个不小的成本。

今天讲的都是实际投资当中遇到的问题，也有个人的经验。我这个人不太会演讲，也不会讲笑话逗大家乐，就是讲操作上的东西，希望大家能够有所收获。

主持人：非常感谢吴智勇先生的讲座，接下来就进入互动环节，大家有什么问题可以和吴先生现场交流。

听众：吴先生，我有两个问题：第一，现在互联网经济，包括移动中端确实比较火，现在 O2O 模式更适合哪些行业。为什么之前 2010 年很火的凡客会失败，而作为实体服装的日本人企业优衣库会发展得如此好。第二，互联网和金融联系很紧密，像一些巨头银行、金融机构、互联网机构展开了合作，未来的发展方向将会怎样走？

吴智勇：谢谢，O2O 适合什么样的细分行业创业，我简单讲一下 O2O，就是线上到线下，这是最初的定义，后来也有线下到线上。当时 O2O 很火，刚提出概念的时候很火。

但是刚开始看O2O有很多的问题，那个时候移动支付没有特别的普及。所以O2O刚开始就只是一个概念，支付环节没有打通，没有形成闭环，往往一个商业模式不是特别的成功，现在O2O随着移动互联网的支付、基本运用场景成熟，现在有很多的O2O商业模式做得挺好的。

你可以想象一下，凡是通过线上来预定、预约、下单、支付，去线下完成消费、体验服务都可以叫O2O，就是线上、线下结合。譬如美上门，打开手机的时候，打开APP马上就是可以看到附近有哪一个美甲师，美发师离我多远，可以看到人的评价是多少，点预约，就过来了。在哪一个具体的地点完成消费，然后网上一点就把钱付了。

像滴滴打车，去线下体验服务，然后线上再支付，包括代驾，代驾完了之后再支付。哪些行业适合O2O，你可以想象的都叫O2O非常典型的应用。我也讲不清楚哪些行业适合，你想创业，如果涉及到线上、线下，尤其是有消费闭环的都是O2O，而且现在很火。包括外卖订餐，“饿了么”这个就是钱砸出来的企业，网上下单，网下就送过来了，就可以进行消费，O2O是热门，但是已经不是未来概念的东西。我要做O2O要想干什么，或者是跟O2O挂钩。

我们现在还在谈移动互联网，二十年之后互联网变成身边基本的东西，谁会谈互联网，互联网就是生活的一部分，就不会特意谈互联网投资，O2O也是。O2O越来越基础化，做什么东西的时候不会因为你是谁投放企业就多看你两眼，这就是你商业模式，模式的闭环、模式驱动力强不强，能不能成为独特的商业驱动力模式。

关于说凡客和优衣库。优衣库有移动互联网的思维，雷军总结了几个字，要做到产品极致的体验，体验非常极致，每一个人都觉得这个东西太好了，迅速就有人传口碑。快速扩张，凡客就犯了一些冒名，譬如它的产品，就是做相对传统的东西，产品的XQU，就是所有的单品，很多的单品，库存管理、产品设计、质量都出问题，下单很便宜，之后就没有办法穿，很多东西出现很多的问题。

后来雷军给他们提了很多的意见，雷军当了董事就改造这个企业，把库存一下子贱买，整个流程都重组了，产品的单品大规模减少，就减少到非常少的几样，每一样产品的用户体验做到极致。一拿到就感觉这个衬衫太好了，就有超出价格预期的体验，就有一个传播。

像小米手机，就是做了极致的用户体验和口碑，凡客当年犯了很多的毛病，就是产品的口碑和体验上做得很差，买了之后这个东西没有什么亮点，于是慢慢就不买了，就造成了口碑上的问题。

优衣库就比较传统，就是线下开店的模式，这个模式和互联网不一样。你去买优衣库很大的原因就是因为产品质量和价格是不错的，购物环境都还不错。这就会有特别好的评价了，如果总结到一点优衣库整体产品比较好，凡客产品上出现问题。

如果创业时，所有的企业对于产品、用户体验是极致性的体验要求，这个产品一定非常完美，让用户打开APP，进去能三步完成就不要点四步，不能太复杂。

最后一个问题，互联网金融企业投了三家，互联网金融最早的“人人贷”估值六七亿人民币。“人人贷”是我错过最好的项目之一，“人人贷”创始人在找人做代码开发的时候就问我的意见，和他们几个人都很熟，几个人认识的时候就打CS，去郊外玩当时都没有产生“人人贷”。因为是我的同事，在一个办公室，也在做投资。有一天突然说想要创业，问了我很多的事情，我帮他们推荐在竞争对手那里挖人，我也投了很多钱，也把电视台采访录像放到首页作为优秀理财人，放了很多年。我投了不少钱在那里理财，但是每一个月的理财利息大概给我一分，一年12%的年利率。收益还是可以的，生活有基本保障，家里生活就是“人人贷”的利息钱。

这两三百万如果当时变成股权，那得多少钱。大概两年前“人人贷”让我参与，我说给你两百万投你就算了，他们要求我一定要全职，给多少股份。我想了一下，感觉志向不在你那里，还是想做投资。后来就创办了丰厚资本，就没有做“人人贷”。

那个时候“人人贷”还没有融资，挺小的，转眼半年了之后，就融到1.3亿美金，当时我要早知道就不会这么离开，给我的股份现在算起来就上亿了。现在想起来就感觉是错过了，但是做这一行错过是必然，遇到是偶然。

互联网金融业投了其他的，相信最近很多人在讲，李彦宏也在讲。未来基本上不是说哪一个行业可以游离在互联网之外，现在所有行业都在跟互联网发生关系，用互联网去渗透和改造。未来互联网就是我们生活当中的基本东西不会谈改造之类的，房地产也离不开互联网，做家电都离不开移动互联网了。

金融行业就从“人人贷”、“拍拍贷”开始有互联网金融，一夜之间爆发了之后，现在移动互联网在改造金融行业。腾讯、阿里都有了自己的互联网银行，包括互联网基金的产品。未来不仅金融行业通过互联网可以进驻到各种金融产品，也可以有大型的互联网公司或者银行。

马云现在是中国首富，他有一大块资产没有上市，如果上市资产更庞大，就是阿里巴巴的支付宝，因为有这么多的淘宝、天猫中国消费者数据，现在打开支付宝，甚至可以看你过去十年的支付宝记录，很多记录很有趣。所以相信互联网正在逐渐改造传统的金融行业。

互联网金融一定是大有前途，非常有前途。我们也在关注，投不同的产品和创业团队。谢谢。

听众：谢谢吴先生给我们上了一堂金融的课，我不懂金融，我很想知道，去哪里投资，谈遍地是黄金，这些钱是怎么得来的。我们普通老百姓根本没有千万，或者是几百万都很难。我们只能做一点小股票，希望吴先生推荐一点股票。

现在发现一个现象，那些金融海龟都不入国内，土生土长学习金融比较得心应手。我对投资是比较外行，但是就很想知道，你的第一桶金是怎么得到的。

吴智勇：我是纯“土鳖”，没喝过洋墨水，但是很多人都感觉我留过学，其实我没有。我毕业就进入投资行了，可能是应了雷军的话，风来了，猪都会飞起来，我就是那个“猪”。中国的经济这些年在蓬勃发展，确确实实在企业界、投资界有很多的机会，我一直扎根从一线做起，加上个人的能力还不错，得到的提升、进步很快。如果去国外留学镀金回来，从个人能力上来讲，外语、背景更好一点，但是如果从同一起跑线上差的不多，没有损失在海外读书就趁着这个风就飞起来。

第一桶金就是我投的项目上市，卖掉。我投了五十万变成了五百万，再有投的项目上市，后来就“变”出了很多的钱。这算是第一桶金的来源，我是性格比较保守的人，我只做我熟悉的事情，我不熟悉的事情不会碰。现在股市很牛，很好，但是我算是不炒股的人，我只是买我真正懂的，或者是知道的股票。因为我的消息比较确切的，我没有时间盯盘，让我推荐股票我不知道，我没有研究不会推荐。我只做我最会的事情，就是股市二级市场投资就做一级市场投资的专家，把所有的精力和时间都投在企业上，帮助企业发展上，算是不炒股的人，只是偶尔买一点。

腾讯很看好，便宜的时候买了很多，涨了很多，一直没有放，有五年了，我算是长期投资了。

生命、梦想、信念、使命和创业

王利杰

Mobile 2.0 Pre Angel 创始人、中国青年天使会副会长。创办了“移动 2.0 论坛”，专注于移动互联网的高层次交流平台，在电信、移动、互联网领域拥有超过 10 年的从业经验，曾经供职于深圳华为，上海蓝卓，北京移数通，智多微电子，若邻网等公司，对移动互联网有着极大的热情并积累了广泛的人脉和经验。

大家好！我是王利杰，在 2001 年毕业，在深圳华为找到第一份工作，开始研究电信增值业务。所以对手机上的增值业务产生了很大的兴趣，在 2013 年底，2014 年初的时候就开始参加一些创业公司，加入到创业公司做手机增值业务。在 2007 年的时候从一家手机芯片公司辞职，正式创办了线下的活动组织叫“移动 2.0 论坛”。2007 年的时候有两件大事发生，一个是苹果的发布，一个是谷歌发布安卓操作系统，这两件是我们那个时代的人非常关注的事。

我把行业里 30 多个各类专家聚集到一起讨论，安卓发布到底对我们有多大影响，从当时开始我们每一个月开展一次活动，让圈子里的朋友们一起聚一聚，做了四年。四年的活动取得了移动互联网整个通信行业很多大巨头的赞助，包括高通、微软是大家比较熟悉的，还有国内的去哪儿、赶集网我都担任他们的顾问。

在 2011 年的时候开始做 Pre Angel 投资，2011 年用 400 万人民币投资了 50 家公司，2012 年用 3 000 万人民币投资了 40 家公司，2013 年成立了一家 4 000 万的基金又投资了 40 多家公司，2014 年一整年又是用 1.5 亿的基金投了 50 家公司，所有的基金现在都接近尾声了，基本上投得差不多了，现在我们又成立了美元基金。

截止到上个月，刚从美国回来，我们投资了 30 家硅谷的公司，现在累计投资了 200 多家公司，也退出了大概七八家。时间比较短，上市的还没有，大都是被百度收购，是新的投资人买老股这样的方式。投资方面我们最早期投资的金额比较小，为什么叫 Pre Angel，因为比 angel 还早。2011 年 400 万投资 50 家，每家公司只投 5 万～10 万人民币，但是个别做得特别好，一个项目可以让你在账面上赚到七八百万，失败率最高的也是这个阶段，50 家现在有 70%都失败了，还有 30%是活着的，大概过了四年，剩下的 30%的公司的账面上价值有 8 000 万，总的收益还是不错，这也是天使投资的魅力，你不能指望你投的每家公司都健康，只有极少数的公司能成功，但它们会给你带来巨额的回报。所以说你投 100 家公司，只要里面有一两家可以运营得很好就行，如果有三四家，即就完全是业内知名的投资人。

做天使投资或者科技领域做创业投资是非常有成就感的，你可以在一个大学毕业生或者刚刚辞职的年轻人只有一个创意的时候，去投资他一笔钱，支持他走出第一步。然后半年后一年后再帮他融第二轮钱。比如说再融几百万，可能第一轮投几十万。现在通货膨胀加上创业浪潮，有很多“土豪”也在做天使投资，导致物价疯涨。现在天使投资项目都非常贵，我甚至觉得贵得离谱了。很多创业者什么都没有，只有一个想法，然后有一个还可以的团队，他的一些前同事，或者同学说我们有个想法就几个人要干一件事，就开始要融。要融 500 万，我说那你愿意给多少股份，我们不想出让多少，我们可以出让 10%。你可以理解为他们就有一个想法，他们要价值 4 500 万，加上你的 500 万他就值 5 000 万了，你的 500 万在 5 000 万里面占 10%，所以现在比较疯狂。

我在美国投了 30 个项目，为什么特别喜欢投硅谷的项目，硅谷的项目已经很成熟了。都是名校的毕业生，这些年轻人创业的时候，他们的价格比较合适，因为美国的投资人比较理智，毕竟这么多年了。你在美国看到项目的同样阶段，它的估值，网站已经上线了，产品已经能用了，这个时候的估值是 500 万美金的估值，你投 50 万美金可以占 10%。如果你把它乘以 6，换算过来就是 3 000 多万人民币的估值，相比我们国内很多项目还是便宜的，但是你是不能这么算的，比如从那些大学毕业生跟中国大学毕业生的工资来说，如果在美国是 4 000 美金一个月，那在中国这边就是 24 000 人民币一个月，只是货币更换了而已，但是他的项目性价比是比较高的，这是我觉得在国内有很多比较浮躁的创业者，被媒体操作，带着不知道到底值多少钱，开始乱喊价了。如果你真的想创业，我觉得不应该太注重估值的问题。

今天分享的关于创业话题有很多，我每次去美国都会在这些名校中跟中国学生开会，他们会主办一些活动，这些学生就来听我去分享一些关于国内的创业形势，还有创业者的东西。这些学生你会发现，都是非常好学的，而且领悟能力很强。面对这些学生演讲的时候，通常给他们浇一盆冷水，他们都太优秀了，从创业的角度看，是不是从所谓的名牌大学毕业不是很重要。所谓的 IQ 有多高也不是特别重要，我经常去反思我们投资过的许多项目，成功的、失败的我总结了那么多公司，最后我得出来一些关于创业者必备素质的结论，排在第一位的还真的不是 IQ，也不是学历，也不是社会资源，是男性、女性也不要紧，年龄大小也没有关系。在我看来真正排在第一位的是胆量，如果你没有胆量，很多时候你就败在第一步了，就是因为有很多优秀的人没有胆量，或者说因为他现在获得稳定的生活，家庭，或者有一定的负担，养房子，养妻儿，他根本就不敢去创业。

有些人可能一冲动迈出了第一步，但是在他的创业过程中，他需要不断的面对各种各样的生死抉择，你一旦走向创业这条路，以后的日子就不会那么清闲了。每次面对你的决策都可能导致你倾家荡产，可能明天就发不出工资来了，如果你的员工到了该发工资的时候而没有收到工资，你的员工的心就会散掉。然后你提前一两个月到处奔走，到处融资，这时候你要考虑到是不是要把房子抵押了，是不是去借钱。当你借了钱你还是没有钱发工资怎么办，你每天要面对这样的选择。被你裁掉的员工会申请劳动仲裁，劳动仲裁该怎么办。很多公司很小，其实他一个人可以把自己养活了，还可以让公司活着，他可以坚持着拿下一轮钱，但是在这个时候如果有一个前员工劳动仲裁你，你就不得不倒闭了，很多公司就是在这些时候倒闭的。

所以我觉得对创业来讲，所谓的胆量、勇气比别的都重要。有了这个以后，其实别的都可以弥补，你可以不懂技术，你可以找一个懂技术的合伙人，只要给他足够多的股份和尊重，那他就可以帮助你。不懂产品就请懂产品的人，不是说你一定什么都懂，你自己不是名校毕业的，但这个事你希望有名校毕业生帮你，你就可以找名校毕业生。我也不是名校的毕业生，但是我们现在的团队全是名校的人，这些都不是关键的问题。

总结了很多以后，我想从创业的角度来讲，跟大家讲讲你该怎么创业，该从什么方向切入，那边还有什么现代服务业升级，做智能硬件，那个移动医疗讲这些意义都不大，每一个人都有成功的潜质，最关键的还是要帮助你从内心上克服你的心魔，每个人都有机会去成功。今天主要讲比较务虚的东西，但是我觉得如果你能够消化掉今天讲的东西，不管你今天什么状态，明天你可能会什么都不要了，就去创业了。人生的起点真的不重要，最关键的是你最后在哪里。不管你今天在哪里都是一个新的开始，不管你的竞争对手，你比较羡慕的那些人已经取得了什么样的成就，也不要紧，你还有机会。

我们现在身边有很多比较励志的故事，像褚时健 70 岁创业。任正非也是 50 多岁创业，年龄都不是问题，还有很多女的成功企业家，所以性别也不是问题。我投资过的女生，在其他投资基金看起来比例比较偏高，我身边有将近20%的CEO是女性，而且我发现女性有很多她独特的优点，我们要辩证的去看。

创业都是关于人的，投资要投人。但是关于人又说到了宇宙的本质，生命的本质。我建议大家有空去翻一翻量子物理，这是这个世界上最高深的几门学科之一，至今没有一个科学家可以完完整整地解释清楚量子物理的逻辑，但是会有很多科学的总结告诉你，它就是这样的。我们的原子弹，我们的计算机都是在这个量子力学的基础上发展起来的，所以说我们已经成熟的去掌握了这些技术去应用。但是它有一个基本常识是非常诡异的，这个基本常识我们平时是不去探讨它的，因为它太诡异了，像神话一样。但是如果你去了解了关于量子物理的一些基本属性以后，你就对整个宇宙，对整个人的生命会有一个比较新的认识。

DNA里面有一个很有趣的现象，所有的生命都是基于这个现象产生的，在DNA复制的过程中会产生错误，就是因为这些出错导致了人类的产生。从最早的原核生物开始，如果复制是精确进行的，就不可能有所谓的DNA突变，没有突变就不可能产生出如此多的生命种类，复制不管多少年还是一模一样。恰恰就是在出错导致了不断有生命种类的产生，有些种类不适合环境，就会消失，适应环境的这些种类就会继续繁衍，繁衍的过程中又会变异，在复制的过程中出错的就是DNA。

我觉得这个原理放到创业上是非常有趣的，今天我们创业最喜欢说的一句话叫作试错，我们一定要有想法，不要把这个想法想的100%的正确，像MBA的毕业生那样精确无误，然后我才去实施这个想法。不是这样的。现在我们的创业根本不讲究精确，我们就是试错，你有一个想法大概谈得差不多了，把大的方面谈完了，就去试，就把它开发后上线，然后使用。如果用的过程中出了问题，你就改，根据用户的行为你去改正，这就叫试错，在软件上叫迭代，其实我们生命的本身就在不断的试错。

DNA的复制出错是时刻在发生的，有些人对某些病毒免疫，有些人不免疫，这都是DNA在变异的过程中产生的。所谓的智能其实也没什么，就是大量的试错，这是我们生命的本质，大家最后就发现我们做错一件事情根本不重要，重要的是做错之后赶紧改，继续尝试下一个，不断地纠错，最后就能得出一个比较正确的方法适应环境。也没有绝对的对错，只是说你现在更适应现在的环境。

关于除了DNA还有我们搞不清楚的就是人类的大脑，至今也没法解密，现在有人也去看“超强大脑”会发现很多人的大脑太神奇了。在我看来确实是神奇的，但是也很正常，因为造物主造就了我们，给了我们很多使命，也给了我们完成使命的技能，这些技能有些写在我们的DNA里面，成为一种本能就是所谓的天赋，有些人擅长于弹钢琴，有些人有语言天赋，有些人有数学天赋，计算机天赋，这些天赋都在大脑里，就像一些体育运动员，很多东西是写在DNA里面，他就很擅长跑步、跳高做一些运动。

人类在做开发机器人的时候，也发现了一个问题，如果你想做一个很强大的机器人你就不能把所有机器人反应控制放到一个中央处理器里面，如果你用一个中央处理器去解决整个机器人的运动，一定会出现瓶颈。所以他们会给机器人的脚、腿、手指头所有的地方去放一些微芯片，让它能够做一些所谓的“本地处理”，机器人的腿碰到一些东西以后，不需要经过所谓的机器人的“大脑”，它的腿就能直接去回避一些障碍物，它该怎么处理，在它的脚上就有芯片能够决定怎么做。

在人类的每一个细胞里面，也“写”着这样的程序。所以说我们手碰到热水的时候手会缩回来，这不是大脑处理的，是你手本身的应激反应，这种本能反应是“写”在你肢体的前端，而不是大脑的。如果“写”在大脑，你肯定会被烫死的，这个回路过程是有时间的，这个是来不及反应的。开车的时候遇到紧急情况会刹车，这是你脚的本能，而且这种东西先天会有一些，后天还能改，就是通过你不断地练习你会有很多本能，然后被你的小脑记住了，其实就是“写”在你的肌肉里面，你的肌肉会记忆，这种就是在紧急事情发生的情况，在你大脑一片空白的时候，它会产生作用。这个其实是我们人类本身的天赋，每个人都有很强大的潜能，真正把你的潜能关上的，就是你的内心。当你内心觉得你不行的时候，你就真的不行了。

对于创业者来讲，千万不要觉得自己不行，遇到任何事情都要觉得自己行。美国有一个节日叫“火人节”，这曾经是因为有一个男人跟他老婆分手了，很伤心，在美国西部黑石沙漠一片干涸湖床上造了木房子和一个象征自己的木头人给烧掉了就搞了一场狂欢，然后就开始有一帮嬉皮士艺术家觉得这样的活动很少，每年都在黑石沙漠上做这么一个节日。现在这个节日发展为了全球性的节日，每年9月份，全世界的艺术创造者会来到这里，做各种各样奇思妙想的建筑，所有的东西都会在7天后烧掉，然后所有来的人都会把这些垃圾灰烬都打包带走，整个沙漠就跟没有人来过一样干净。这个“火人节”创造的目的是给全世界的嬉皮士、行为艺术家一个无拘无束的创造空间。在这个时间节点上你除了杀人以外什么都可以做。在那边会有人裸奔，做裸体冥想都是很正常的。你到了那边以后，最奇葩的就是你穿得一本正经，那边所有的事情在我们看来都是奇葩的，到了那边你尽可能发挥你的创造力。关于“火人节”在网上有很多的相片，因为每一处都是风景，每一个人都很独特，穿着各种各样的衣服或者不穿，做着各种各样的事情，干什么的都有。要知道硅谷的CEO们，都是每年去“火人节”的旅客，在那个地方你会发现很多创新的人都会很疯狂地去体验那个场景。

其实回过头来想，我们生命到底是要干什么，我们活着是为什么。我不知道别的国家的文化，中国的文化是有一种求安稳的文化，我们的父母从小就告诉我们，好好学习找一个铁饭碗，去娶一个老婆成家立业，把小孩养大。因为老怕明天吃不上饭，这种文化思想到了今天就不适用了，现在没有人会担心吃不到饭了，相反就是这种求稳的中庸思想在阻碍着我们勇于创新，勇于探索。

为什么一定要找一个500强的公司打工，一定要拿高薪。今天大家都在谈创业，但真正谈创业的人有几个人去行动了。真正那些有能力的人还没有真正开始创业，因为他们戴着金手铐，因为他们现在生活的非常好，非常安逸，他们没有必要去创业，他们没有任何经济上的压力，这些人是非常聪明的，掌握了大量社会资源、人脉，你就会发现有一些这种所谓的前段时间说毛大庆创业，他就会受到全世界瞩目，他要创业要做什么，这种人创业对他来讲没有必要。

你去参加过“火人节”就会发现，为什么我们是所有动物的主宰，我们是有我们人类集体的使命，我们是来创造的。我们为什么会有意识，所谓的意识就是你知道你的存在，你知道你是一个智慧的生命你会思考你从哪里来，宇宙是怎么产生的。我不知道一只狗会不会思考宇宙的产生，会不会思考它生命的由来，但是人类是会的。我们的文化又让我们在追求安稳，追求安稳我觉得在今天这个时代就是退步，我们就不应该用这样的思想去阻碍你。

我每次在斯坦福这些地方跟那些学生演讲的时候，我跟他说的第一句话总是，你们这些优秀的毕业生在创业上有一个最大的致命弱点。我告诉他们，你们这些人最大的创业弱点就在于你们的后路太多了。就是在遇到困难的时候，分分钟找一条退路退回去，可以轻易地放弃。我投资的项目里面，失败的项目中最让我难过的就是我曾经认为是IQ极高的那些高材生和那些国外名牌大学的毕业生。比如一次，我投资的时候信心满满，我投了那个项目三轮，最后失败的时候，在公司关闭的时候，负责人写了一封邮件给我，给我分析为什么他这件事做不成。当年他找我融资的时候告诉我这个为什么可以做成，这些聪明人成与不成都可以写很多理由。他也有几个选择，他说接下来已经这样了，公司的钱也不多了，也融不到更多的钱了。还有个选择就是说有一家很棒的公司，开出了一个很好的条件让他过去，他个人觉得那个也蛮适合的，他问我他该如何选择。我说当你心里面想退的时候，你也没有必要推着往前走了，也没有任何意义了。所以我觉得从创业的角度来讲，勇敢比什么都重要。还有就是我们这些人骨子里怕竞争，我们总是担心竞争对手抄袭我们，超越我们。每天都在想这个，怕你的想法被别人偷掉。

以前有一个关于“鲶鱼效应”的故事，就讲以前荷兰的渔村，一群人出海去打鱼，打沙丁鱼回来卖，但是沙丁鱼到了岸上就死掉了，死掉的沙丁鱼卖不了很多钱，只有活着的才可以卖很多钱，活的沙丁鱼只有一个人的船上才有，其他人船上的沙丁鱼都死掉了，直到这个人去世以后他们才有机会上这个船去看看为什么他的沙丁鱼是活着的，最后发现秘密很简单，就是在他的鱼槽里面放了两条鲶鱼，就是因为鲶鱼的存在，让沙丁鱼没有那么安逸，不会在那里发呆闲着，而是游了起来，因为它们怕被鲶鱼吃掉。

其实竞争对我们每个生命来讲是一件好事情，我们应该感谢竞争让我们活得很好，让我们每天能够斗志昂扬，如果没有竞争，人天生都是有惰性的，能睡懒觉的时候一定不会起床，能坐在沙发上一定不会站着，能打盹的时候肯定不会在那里工作，能不跑步的时候肯定不跑步，能坐出租车的时候，一定不会走路，人都是有惰性的。人必须有一定的竞争压力，才能够发挥最大的潜能。你会更喜欢在竞争中脱颖而出的自己，我们每个人要正视竞争，正是因为竞争能够让自己更优秀，如果没有竞争我们每个人到了一定年龄的时候，回首往事会觉得自己虚度了此生，什么也没干，一辈子好像工作很安逸吃喝也不愁，但是就是没有什么成就，在儿孙面前也没什么好炫耀的，爷爷这一辈子这么混过来的，孙子你也混吧。不应该是这样的，所以我们应该拥抱竞争。然后我们从生命的本质上去模仿，其实创新的本质就是模仿。我们鄙视山寨。因为那些山寨只会模仿不会创新，所谓的创新是什么？你去看这张图片，我们去研究一些动物，我以前很好奇后来看了一些书，明白了，没看的时候我不明白。蚂蚁和蜜蜂是怎么传递信息的，他们的分工是非常严密的，如何交换信息，一个小蚂蚁如何学习技能，去完成它的使命，有些公蚁应该说是去挖洞的，还是说觅食的，谁去教它的，我一直搞不明白，蜜蜂也一样。后来我慢慢地发现了，其实很多动物是靠模仿学习的，很多东西就是写在基因里的本能。

有人说有些动物很聪明，比如狼受伤了，他就会跑到一个地方找一种草去吃，这个草会治疗它的，这个时候你会想这个狼怎么这么聪明。后来想通了，这个跟某些孕妇，某天说我很想吃酸的是一回事，一只狼受了伤以后，有一种本能我很想吃那个草，不是说它知道它能治病，它只是知道这个草在这个时候特别想吃，这个本能我觉得也是造物主赋予的。

小孩不会说话的时候，他就会模仿大人。创新的根源就是模仿，其实说中国喜欢抄袭美国的项目，其实无可厚非，你在模仿的过程中一定会出错，而出错就是你会创新的地方。有时候就是在不经意间抄错了。本身我们是要去大量的复制别人的主意，其实现在你来看没有原创，谁敢说自己是原创，所有的项目都是基于某些前人别的项目灵感的模仿，然后你就是一个组合。所以说我们要勇于模仿别人，在模仿的时候勇于试错，不断有意识地去搞一些错误出来，这些错误没准更适应你的环境。你学习美国的东西，环境不一样了，所以有时候你要人为的去调整一些东西，去创新。

关于创业的第二个层面来讲就是梦想。我们今天在讲中国梦，每个创业者都应该有自己的梦想，如果你都不知道你要去哪儿你就根本不会到，首先我们要敢想，我们要有一个很厉害的想法。这些想法即使脱离实际都没关系，不要紧，任别人嘲笑，无所谓，你的任何想法都要大胆一点。

关于梦想我们发现，很多世界级的明星都是特别有梦想的，都是敢于想的。其实每一个伟人曾经都是一个凡人，不是生下来就是伟人。为什么这个凡人在他的一生中可以变成伟人而我们不可以，没有什么不可以的。之所以不可以，是因为你自己认为不可以，你自己把自己限制起来了，现在要做的是你把自己打开，试一试，试到你生命的最后一刻，你才知道自己到底行不行，这一生就是让你尝试的。关于梦想和现实有什么关系，大家都看过《盗梦空间》，我后来反复思考过一个问题，其实我们所存在的这个现实，其实就是别人的梦想，就是前人的梦想。今天我们之所以有汽车开是因为当年福特有这样一个梦想，并且他努力去做了。然后他引领了整个汽车工业时代的革命，其实我们有飞机还不是因为莱特兄弟觉得人类能飞起来。

如果没有这样的一个梦想和行动，我们可能今天会有很多东西都是还没有产生，所以说你首先要有梦想，你要敢于去为了你的梦想而努力，其实成和败你都会给别人留下有价值的东西，因为有可能你在这个事情上努力过，你没有取得伟大的成就，但是你的那些贡献一定会给别人启发的，给别人留下一些灵感，这个就是价值。你不能以我赚了多少钱，我做了一个多大的企业来衡量你的成功。很多科学家都是很穷的，很多艺术家也是很穷的，很多艺术家是死后多少年，他们的画才出名的。

我每天早上跑步戴着耳机听别人读书，我听《乔布斯传》，确实跟我以前看过的书中描述的是一样的，乔布斯是一个非常怪异的人，从普通人的价值观来判断，不是我们喜欢交往的朋友。但是他是一个伟大的企业家，而且他对人类整个科技的进步一定是有巨大的贡献，我经常总结说伟人不是好人。有些伟人是因为做慈善做成了伟人，但是有很多伟人不能用好人坏人来评述。

中国历史上有很多皇帝是不错的，但是在他们手上也做过很多灭绝人性的事，这是很正常的。所以说伟人跟好人不能画等号，你想做伟人有时候你就不能太拘泥于做好人，做父母的好孩子，同事眼中的好同事，有时候你就需要有强大的现实扭曲立场。你要有一个很强大的目标，你必须去引领这个目标的发生，你必须关注别人对你的人性是怎么看的，当你为你的梦想奋斗的时候，你就会发现这个目标的重要性。

前段时间有一张图很有名，有一个记者拍了著名芭蕾舞演员的两只脚，她的脚起了很多水泡，惨不忍睹。你会发现每一个成功的人背后都是辛酸，他为什么愿意付出这么多努力去做这样一件事情呢。尼采说过一句话，那些看到你跳舞却认为你疯了的人，是因为没有听到音乐，不了解什么叫音乐，你能够享受你做的这件事情使你看到了未来，你看到你这个事情如果做成了就体现了它的价值，甚至在这个过程中你就知道它是有价值的了。但别人不理解，别人不理解就会嘲笑你，他们不理解你为什么要这样做。

其实没有为什么，只要你内心强烈地认为你该做你就应该去做，你不用去求得老师的同意，也不用求得你父母的同意，你只要遵循你自己的内心，勇敢地去做就行了，只要有投资人愿意给你钱你就勇敢地去做。我有个项目是刚回国的海归找我融资要 500 万美金，我说我投不了这么多钱，但是我确实挺认可他们的，我说我帮你们推荐其他投资人看看能不能融，谈了一圈也没有人愿意投。我就提议他们愿不愿意接受我 50 万人民币的投资，如果愿意接受，我支持你们把这个原型机做出来，有了实物再去融资可能会更靠谱一些，他们也听了我的建议拿了 50 万，一年做出了原型机，然后他们就拿着原型机去融 500 万美金，结果很多 VC 还是说能不能等有数据了再来找我，有原型机却没有数据我不能保证你能卖得掉。后来他们又问我怎么办，我说那行，你就应该把估值降低，再融一轮所谓 A 轮，按 5 000 万的估值融一轮，你就赶紧做 1 000 个用户有一些数据证明给这些 VC 看这是有价值的。他们在半年谈了 133 个投资人，终于在第 133 个投资人那得到了投资确认，我们很多创业者失败的时候，问他你谈了多少投资人，他说二三十个还算多的，所以说你尝试到 133 个投资人的时候，你会发现总能遇到支持你的人。星巴克的创始人当年也是谈了一百多个投资人才拿到了第一笔投资。

我们不能轻易地放弃，我跟创业者讲过，不能做了一个东西，见了一个投资人你就回来改,见了第二个投资人又给你建议又改,你每天被投资人拽着走,投资人又没有把自己身家性命赌到这件事情上,你为什么要听他的,你就应该坚定你自己的想法,你要是100%认为这是正确的,你就坚定自己想法,然后你去找认可你的投资人,你不要为了应和投资人的口味而改变你的方向,应该去找适合你的人。这跟找对象是一样的,不能说为了适合这个女性的口味,把自己变成这样的人,那你还是你吗?

天才是百分之二的灵感加上百分之九十八的汗水,关于创业也是这回事。如果你坚定要做一件事情你要做好准备,后面就是汗水了,光鲜的事情很少,我们在电视上会看到这个创业家取得了怎么样的成功,但你知道他流了多少汗水吗?我每天跟这些创业者混在一起,我最知道这些创业者的艰辛历程了,因为他们在每一个槛的时候都会找我来沟通,听听我的意见,让我帮忙推荐一些人,这个时候有很多的决策都是非常的纠结的,没有一个决策是那么明显优于其他的,即便最近新三板火了,很多人开始纠结了,我到底在美国上市还是在新三板上市,这个看起来都不是很容易的决定。因为这个决定,会导致你很多行为上的改变。如果你要到美国上市你就要拿美元基金,但是投资给你的是人民币基金,美元基金不想投你,然而你又非要想到美国上市,你不纠结吗?有很多时候你会面临很多纠结。

还有就是你不断地要在里面做出很多努力,汗水还是说得比较温柔的,有些时候有很多东西无法用汗水来形容的。你在公司最危机的时刻,你根本是没有尊严的,你要放下你的一切尊严和面子,去找所有有可能帮助你的人,去拿钱也好,拿资源也好,因为你要保证你的公司是活着的,保证你的员工明天有工资拿,保证你的梦想能实现,所以你必须要委曲求全。真正的创业者必须要忍受这些东西,内心必须要强大,我们要找那种打不死的小强,这种人才有顽强的生命力。

所以说最终他可以走过市场上的风风雨雨,那些名校毕业的创业者,后路是摆在那里的,没办法也挡不住,就是有公司愿意让他们加入,但是从内心深处来讲,他们太容易放弃了。确实有很多人要我加入,但是我可以不加入,如果我内心强大我可以不去做这些,我就坚定走我的路,外面多大的困难都不会考虑放弃,所谓的背水一战,孤注一掷。这都是一个优秀成功的创业者所具备的素质,真的是讲的比较容易,流点汗一点都不算什么。

第三是讲信仰。说到这个信仰,大家都会想到甘地,他说力量不是来自于身体上的,而是来自于不屈不挠的精神。真正的力量,真的是内在的。有一本书叫作《秘密》,这本书我在看的时候,我觉得讲得很玄乎,书本讲的意思就很简单,概括起来就一句话，如果你坚信一件事情能发生的话，这件事情就一定能发生，前提是你得坚信，如果你坚信你就会努力的。

但是今天我觉得这一点儿都不玄，看了很多人成功的故事。其实很多人的成功，你回过头去分析这个人，他真的是很弱小。我有一位股东，是探路者的创始人，他们是夫妻俩创业的，探路者已经在美国上市了。她现在在哥伦比亚大学交换学习，她以前是没有上过大学的，跟她老公一起创办了探路者。现在你们去网络上查可以看到，她是全世界征服雪山世界纪录的保持者，她在 140 多天就征服了 7 座雪山，加上南极和北极。上一个记录是 190 天，是一个男性，而且她在登珠穆朗玛峰的时候，去年封山以后登的，她登上的时候已经晚上 6 点了，晚上下山来的。她其实是一个很瘦小的女生。她刚开始登上的时候，王石根本不相信她是可以征服雪山的，没想到她成了世界纪录的保持者。我非常佩服这样的一些人，她如果自己当时没有狠下心来去做这件事的话，就永远不会取得今天这样一个成就。其实，有很多时候就是一种冲动。当她在下午两点的时候，离珠峰上面还有两公里的时候，所有人都觉得应该要下山了，没有人在下午这个时候再往上爬，都是往下走，只有她还是坚定地往上爬，所以说她是第一个晚上爬山的人，晚上登顶的人，晚上下山的人。我觉得每个人的力量都非常强大，只是你愿不愿意挑战自己，去克服自己，如果你能克服自己，你的力量就可以帮助你做成很多事情。

一个能克服自己本身很多惰性，调动自己内心的人其实你可以感染到周边很多帮助你的人。我从去年三月份开始减肥，那个时候我有 92 公斤，当我决定减肥的时候，以前也减过，因为没有深刻的认识，所以很容易就放弃了，买张健身卡过两天就不去了，很多人都有这样的经历，现在我每天早上跑十公里，到今天我每天早上都要跑步，保持一个小时的有氧运动。自从那个跑步坚持了大半年以后，我就对自己的自控力有了极大的自信，第一就是我跑步所有的股东都看在眼里，觉得我这样一个人越来越有毅力，觉得应该给我更大的支持，我用四年做了五个基金，我做基金大家都很愿意支持我。因为他们觉得我是一个很努力而且有毅力的人。第二就是跑步以后开始每天晚上睡觉前看书，每天保证一小时的看书，多晚都要看书，所以说我现在基本上每天睡觉时间是 5 个小时。但是除了这个前段时间又开始洗冷水澡，我觉得任何一个关于健康的，但是有挑战的东西我都愿意去尝试，而且我也有信心去攻克它。

前段时间我在纽约，与一群创业者交流，看到一个女创业者，从她的眼神中我就感到这个女创业者不简单，我就问了她一些问题，我问她每天睡几个小时，她说每天睡四个小时，为什么只睡四个小时，她说习惯了，从高中打游戏开始就习惯了。我后来就对她的故事很感兴趣，这个女生琴棋书画样样精通，5岁去美国，13岁妈妈把她带回来，然后在国内读初中、高中，大学考上的同济，读了一年就交换到密歇根州立大学读计算机，两边的学分都修完了，考上了复旦的金融硕士，又交换到普林斯顿大学读金融硕士，毕业以后进了摩根士丹利做金融，后来自己出来创业，这都不重要，因为她从高二开始创业，打游戏没有耽误她，她是整个打游戏圈子里唯一一个本科生。这也不重要，关键是她打了五年游戏，打到了世界冠军，她是2011年的DOTA女子世界冠军的队长，同时她还是篮球队的，打了好几年篮球。

我跟她交流完后，我说我要投资你，我也劝她年轻的时候体力好，少睡觉不要紧，但是慢慢年纪大了就会体会到睡眠的重要性，她说你要相信这个世界上就是有人每天睡四个小时就够了，她很坚定地告诉我这个，让我坚定的觉得我睡五个小时已经够多了，你会遇到很多这样的人，他们的精神力量能感染你。这个女生做的事情，在我们投资人看来好像不是所谓很感兴趣的一个项目，就是说这个项目一定能赚很多钱，听着好酷，但是就是冲着她这样一个人，我就愿意投她，我觉得她是做什么事都能做成的人。

她就是学什么一定要学出个名堂来的那种，其实她开始打游戏也是跟别人赌气，觉得女生打不好，她就不服气，必须打出一个世界冠军来。打游戏打到世界冠军是非常难的，她的队友现在在国内，电竞游戏中有一个职业叫作女主播，她的队友都是每个月能收入上千万的女主播，打游戏打到世界冠军以后，你任何时候在这些视频网站上，我要开打了，一堆粉丝来围观看你打游戏，看你打游戏的策略等等。

她自己不做女主播的事，她做的创业是蛮有意义的一件事情。所以说你会看到每一个历史上出现的伟大的人物都有非常人之处，不是说她有多高的天赋，最关键的是后天的毅力。她在一件事情持续的投入，这个比天赋更重要，我们有一个一万小时的法则，只要你坚持做一件事情超过一万个小时，你就会成为专家，这是我们每个人要对自己的考验，你能不能做到一万个小时。

我为什么减肥的时候选择跑步，因为在我所有体力运动里边最难的就是跑步，我从高中就发现我就不擅长跑步，连逛街都累，以前我学校考试考1.5公里，那时我体育是最差的。但是我现在每天能跑10公里，我觉得人真的是，所谓你最弱的弱项其实也没那么弱，只是你自己当时就觉得你自己弱，不愿意尝试而已。我在年轻的时候做不到的事，我年纪大了做到了。每个人都有巨大的潜力，苦和甜来自外界，坚强则来自内心，来自一个人的自我努力。

当你自我努力的时候，你是可以享受到这个过程中的那种愉悦感。跑步的时候大家知道大脑会分布多巴胺，会让你感觉到很愉快，你跑前面 20 分钟会遇到一个槛，会觉得特别累，特别想放弃。这个时候你唯一要做的就是不许有放弃的念头。你自己要告诉自己的大脑我还要跑 40 分钟，我现在不能放弃，这个时候你只要没有放弃的念头，你的身子就会进入到另外一种感受，就是觉得享受这个过程，因为你的大脑就是这样的，会提醒你的能量快没了，你要注意保持能量不跑了。但是如果你说不行，我就一定要跑，大脑就会给你分配更多的能量让你去跑，然后还会让你感觉到愉快。其实你要相信，人类这个身体的设计是非常智能的。

福特汽车的创始人说过"无论你觉得你能或者不能，两者都是对的，正是因为这个想法决定了结果。"你觉得你能你就能，你觉得你不能你就不能。我觉得有一个很形象的例子，每个正常人都能走直线，但是如果这不是一条直线，是一条直直的墙，这个墙有两米高，你还敢在上面走吗，这个时候就有一部分人不敢走了，随着墙高度的提高，渐渐的有人不敢走了。但如果是晚上，你看不到两边你就认为是一条直线你还是敢走。其实对于很多创业者来讲，回头看都是害怕的。在什么都不知道的情况下，你走过了一条独木桥。其实你是有能力走的，就是因为你不知道两边是悬崖，你也没害怕，就是这个样子。

这次我在美国跟几个在谷歌早期辞职出来创业的人聊天，我们知道现在美国有一个很棒的公司，百亿美金市值的公司叫 Box 就是网上分享文件的，你注册以后各个电脑之间就能共享一个文件夹。这个公司早年的时候，给每个人的存储空间可能就 250 兆，但那个时候谷歌有个团队，叫 Google Drive，今天在美国都能用。Google Drive 的产品经理那天就跟我们吃饭，他当年做 Google Drive 的时候定了一个策略，希望申请公司能够给 Google Drive 的每个用户分配 6 个 G 的免费空间，那个时候 Box 只有 250 兆。

但是这个时候就发生了一件事情，谷歌遇到了历史上第一次的磁盘存储荒，整个谷歌的存储空间不够了，要急速扩容，去买了很多磁盘扩容。当这个事情发生的时候，这个 Google Drive 优先级一定是很低的，因为有搜索、邮件等等，更重要的产品需要优先保证它的存储，所以说这时它的申请不了了之了。就在这几个月内 Box 发展了起来，等 Google 再去提供更大存储空间的时候，Box 已经是一家美誉度很高的公司，而且很多人的文件已经存在上面了也很难导出来，他的生命周期就在那段时间奠定了它的基础。

所以说创业者的运气很重要，如果你有所谓的内线，你有谷歌的朋友告诉你说你还是换个方向吧，谷歌据说要搞 6 个 G 免费空间你还怎么经营，如果有这样的信息，可能会把他吓一跳，觉得可能真的要换个方向，但是他不知道，这也是个运气，就那么稀里糊涂地走了过来。所以说创业者有时候要有胆量，也要有运气。其实从一个投资人的角度来讲，我知道我投 100 个项目可能会有 90 个倒下来的，但也一定会有 10 个项目跑出来。从创业的角度来讲，你一定要坚定地认为你就是那 10%，你就不会倒下来的。即便你第一次倒下来，你也要爬起来继续做一个新公司。

今天这个创业的好处就是投资人从不忌讳投资失败者，任何一个失败过的创业者来找投资人融资的时候，你可以大胆地说我曾经失败过一次，在一部分投资人那边这是中性的，无所谓。有一部分投资人觉得是加分的，失败过的更好，因为你跌倒过了，极少有投资人说失败过的就不投了，我身边没有这样的人，失败过不投，不会的。这就是今天这样一个环境，跟以前真的很不同。

这张图片是 Eln Musi，创办了 Paypal、SpaceX、Tesla、SolarCity，还有胶囊穿梭，旧金山和洛杉矶之间打一个洞，人躺进一个胶囊，两个小时让你抵达，其实他做的每个公司都非常有颠覆性。他说过一句话："如果你没有经历过失败，那只能说明你的创新还不够。"换句话说，如果你创新足够，那你一定会失败，这就是很简单的一个道理，你不是神，你不可能一步就做出来一个巨大的创新并且一步就能成功的事，你必须经历失败，就要不断的尝试，所以说你遇到失败的时候，就应该很坦然地说这是我的一次试错，我要进行第二次。

在美国真的有很多比较癫狂的想法，这次我去一个投资过的项目，项目管理人给我介绍了一个人，他介绍的时候把我还吓了一跳，他说这个人每天早上从洛杉矶飞到旧金山上课，然后晚上飞回来。后来我见到这个人，我就问他你真的是每天飞？这是买的私人飞机吗。他是个华人比我还小。他说不是的，现在美国有一个服务，每个月交 2 000 美金包月，加州境内 15 人坐的私人飞机不限次数地给你使用，最繁忙的线路就是旧金山到洛杉矶这条线路，坐飞机也就不到两个小时。一天要飞十几趟，后来我觉得真的是很酷，这个公司又融了几个亿美金，准备再买几架飞机，他说以后坐飞机可能是包月的，我觉得这个方法也很"奇葩"。那天晚上另外一个朋友找我的时候，我说这哥们儿用的这个飞行服务挺酷的，结果他也是会员。我就问他，你每个礼拜飞几次，他说我每个月飞两次，我说明白了，这个公司就是赚你的钱的。有这种飞得少的人，但是他体会到了头等舱的服务，体会到了每次都不用很长准备时间，随时可以拎包就走，对他来讲 2 000 美金也是划算的，对其他来讲每个礼拜要飞三四次就更划算了。这就是我们要敢于想象，在美国已经发生了，那么离中国已经不远了，就怕你的想法不疯狂，足够疯狂的时候就可以给你带来很多钱。

这个照片是以色列的总统，西蒙·佩雷斯，他有一个视频我觉得这个总统比较幽默，90 岁退休了，这个视频里就是他去各个地方找工作。一个退休老人找工作，不像咱们今天几位做创业辅导，他去做营业员各种面试，面试的时候就被他们拒绝。问他干过什么，他说我搞国防导弹系统这些，这些对人家没用，因此人家不要他。最后他在做一个跳伞教练，一个学员准备跳伞但不敢跳，不敢跳他就鼓舞了一下学员，他就先跳下去了，他在空中说了这么一句话“未来属于勇敢的人”这句话对我的触动很深。让我突然意识到，其实从创业的角度来讲，因为我总是在讲什么样的创业者才是最值得投资的创业者，你肯定不是高学历的，因为有人说你就专门投腾讯辞职的，这是一种方式。但是我觉得这个都不够准确，很多人都有成功的潜质，最终就是勇敢。这个有时候你回过头来会看到一个事实。很多小学、初中、高中班级里的尖子生，学习特别好的最终在给班里的差生打工。因为那差生无路可走，为什么差，就是平时打架、玩，胆子比较大，比较调皮，所以说对他来讲开一家公司没什么思想包袱，也就直接开了，赶上了时代也好，稀里糊涂赶上大事就做好了，过了一段时间，当年班里面优等生三年前毕业回国了，打算创业，打算加入公司，就跑来他这儿应聘，我们高中班里面第一个发财的是我们班里面学习最差的，当然我们不能向他学习。

有很多好的项目也是需要你的勇气和胆量去做的。失败了，有可能你好不容易攒的这点钱全打水漂了，你买的房子也被人家收走了，甚至有些创业者在第五六年老婆熬不下去跟他离婚了，这类都有。关键还是你自己有多大的愿望，有多少的毅力能够坚持。我再讲一个小小的故事，这个故事是发生在我身边的，对我的感触也蛮深的。有对老夫妻他们在 2000 年的时候住在日本，他们的儿子在日本读书，看了电视报道说中国的沙尘暴很严重，儿子说妈妈我们回去种树吧。说完这句话一个礼拜以后他儿子就在日本车祸身亡了。这两个老人就痛不欲生，在悲痛关键的时候想起儿子的话，说回国去种树，这个妈妈就想起来把儿子的保险金拿到，把日本的房子卖掉，回到上海，把上海的房子卖掉，将所有的钱设了一个公益基金叫“大地母亲”，就去种树。

从 2002 年开始到今天，他们用 13 年的时间，已经种了 5 万亩地，种了 200 万棵树，这是非常普通的一对老人，这个业绩今天放给任何一个年轻人，给你 12 年时间去种 200 万棵树，你能做到吗？你未必能做得到。我当时很有感触，我觉得再伟大的事业，也是由普通人完成的。所以说我们都不应该说看到一个事情说这事太难了我干不了，我们首先不应该有这样的想法。每个人既然都是有使命的，我们究竟应该怎么样去完成我们的使命，我觉得每个人的天分跟他的使命一定是有关系的，就是你最想干的事情，又是你最擅长干的事情，一定是你最应该干的事情。

我们讲一下蚂蚁的使命，蚁洞里面有一个蚁后，这个蚁后有上百万只蚂蚁围绕着它形成一个社会，很多科学家在研究蚂蚁的智慧哪里来，是蚁后吗？其实后来发现不是，蚁后也是很蠢的，它没有大脑，它也是根据自己基因里的一些本能的东西、使命在做某些事。所以说，一群蚂蚁才是一个有机体，这是很多科学家最后的结论。

你要把一群蚂蚁当一个有机体来看，就像我们每个人身上有 10 万亿个细胞构成了一个人，每一个细胞都不是我们所谓的有智能的，但每一个细胞都知道它该干嘛。这 10 万亿的细胞组成了一起，就是我们这样一个超级有机体，所以说大家推测，一堆人，一群人也是一个有机体，所以说一群人的时候，每一个个体的行为和他单独时候的行为也会有变化。

关于每个蚂蚁的使命，比如说公蚁和雌蚁，雌蚁到了交配的季节就会长出翅膀飞走，负责交配的公蚁也会长出翅膀飞走，一只雌蚁会带着十几只公蚁一起走，飞到一个地方去交配，一只雌蚁会跟 15 只公蚁连续交配，每个公蚁的使命就是这一次交配，这就是它使命的终点，每一个公蚁交配之后就直接死亡了。交配的季节公蚁可能不知道它会死亡，或者说它知道但也无所谓，反正这就是它的使命，这个雌蚁带着 15 只公蚁的精子找到一个地方去打洞，钻下去以后它就再也不会出来了，接下来就是生产，生产百万只蚂蚁，形成一个新的社会。你看每一个小小的蚂蚁都有它的使命，他们都在用生命去完成这个使命。

人类是这个造物主创造出来的最复杂的动物，为了让人类能够更好地完成使命，给了人类智慧，让人类能够思考，有语言，能够做很多事情。但是这个智慧也带来了新的困扰，也让人类有时候会迷茫，到底该干嘛，如果你没有大脑，你像蚂蚁一样就是知道死都不怕。但是有了大脑就怕死了，开始回避一些事情了，胆小了，知道这个事做了以后有可能引起不良后果，要么是生命层面的，要么是财产层面的，有些事情不敢做了，反而耽误了你的使命，所以说我们应该更早地意识到，每一家企业都有它的使命，脸书也好，谷歌也好，都有它们的企业使命，这些创始人更加有他们个人的使命。

包括谷歌的自动驾驶汽车，已经连续行驶了几百万公里都没有发生事故。以后我们就可能叫个滴滴打车来是没有司机的，上去坐着就好了，车自动把你送到某一个地方，以后的车可能真的就没有司机了，这个已经不是科学幻想了。还有用无人机送货，你在网上下单，一个无人机飞到你家院子里，把你买的东西丢在你家院子里。这个在美国的亚马逊已经在实验了，我们投资的无人机公司估值也翻的非常快，也是感受到了无人机的浪潮。甚至将来从上海到杭州，当然现在中国还没有那种包月的飞机，但是我们也有些公司在开发一些无人机，相当于用滴滴打车这样一个软件，我待会儿要去一趟杭州，然后你就叫了一架飞机停在你的楼顶，然后你到了时间上楼，那个飞机也没有人开，你坐进去就好了，飞机会自动把你送到杭州的某个楼顶，这个也不会很遥远了，我觉得十年内是一定能实现的，已经有创业者在干类似的事了，做的进展也相当不错了。

毫无疑问，我觉得5～10年差不多能够实现了，政策也不是什么太大的问题了，还有DNA的测序和破译，身边就会感受到这些高科技，还有更玄的，说到DNA，一个细胞核DNA有10亿对碱基，然后能够存储整个人生命的蓝图，所有的科学家发现DNA是一个非常好的存储建设。过几万年磁盘可能就消磁了，但用DNA来做存储，一个指甲盖大小的DNA组合能够存储700个T的容量。我们一般一个U盘8个G的，1 200个G是一个T，DNA能存700个T。所以说你会发现这是造物主赐给我们的礼物，就在我们身上。我们整个人生命的蓝图都在这个DNA里面写好了。我听谁说过把DNA里面的信息能够全读出来，一个人的DNA信息读出来，应该要有30个T，一个人就有很大的数据量。

还有关于机器人意识的问题，这里面有一个很有趣的探讨。机器人会不会替代人，很多人说搞机器人最后人类会被机器人灭了。现在比较激进的人也是分了两派，一类人觉得不要搞了，机器人会替代人类的，但是我认为机器人的出现，就是一次跨越式的进化。进化有两种，一种是循序渐进的进化，像人类这种进化；一种是跳跃性的，终究有一天，地球不适合这种由碳元素组合的有机物人类的存活了，但是人工智能为代表的计算机是可以的，不需要呼吸只需要能量就行。在某一个时间点上，人类必须通过机器人把人类的智慧，通过机器人去实现传承。这是一个过程，是一个跳跃式的过程。

因为某一天地球终将承载不了人类，这只是个时间问题。在宇宙中时间多长都不算长，我们觉得10年很长了，但对宇宙而言10亿年都不是很大的数。我觉得人工智能当然要搞，机器人终究会替代人类，对于意识本身来讲，积存于什么样的物质身体，本质上没有太大的区别，各自有它的优劣，这是我经常思考的一个问题。我们今天晚上睡着了，明天早上起来我还是同一个我吗？有一个电影，是说一个魔术师，他每次表演魔术都是一次自杀，他掉下去有一个水缸把自己淹死，但同时在魔术馆外另外一个地方另外一个一模一样的他出，在观众来看是一个变出来的魔术。我当时看了这个电影我在想这个够痛苦的，因为我自杀了，那个人在别人看来是我，因为跟我一模一样，但是我已经自杀了，到底这个我和那个我是一个人吗？我今天就觉得是一个人，就像你在这儿睡着了，在那儿醒过来是一回事。

还有关于纳米技术的应用，这个也是人类正在攻克的技术，在座的各位可能有一些人就是将来这个领域的专家。人类是多么的奇妙，人类的免疫系统是非常强大的，每个人身体里时时刻刻都会有变异的癌细胞产生，不停地复制自己。身体内的癌细胞一旦产生，我们免疫系统里面就有一种细胞专门负责去杀死这种癌细胞的。为什么有些人会得癌症，是因为你的免疫力被你自己通过熬夜、抽烟等等去糟蹋得不行了。所以说当你的癌细胞产生了以后，你的免疫细胞工作量不够，解决不了这么多癌细胞了。因此癌症就会爆发，而且是指数级的复制。所以说治愈癌症本质上是恢复人的免疫力的问题。

前段时间有一个投资人，写了一本书叫《从 0 到 1》，他还来中国演讲了。他的投资经理的父亲得了脑癌，于是他就辞职去照顾他的父亲，过了一段时间他觉得这里面有一个创业机会，他就创业了。我们也跟着投了一部分钱。脑癌是死得很快的一种癌症，他在照顾自己父亲的时候就想到，癌症病人要不断地吃药，每个癌症病人都不同，你要给他吃不同的药，这两个月吃这种药，吃了半天你觉得这个病人对这个药好像不行，你要再换一种药，继续吃。但是一共你可能就只有 10 个月的生命了，你能吃几种药？那边美国 FDA 批准的药很多，组合就更多了，你不知道哪个组合是最好的。他们把脑癌细胞拿出来，放在实验室去培养复制，把癌细胞复制成千上万，然后平行地给不同的癌细胞用不同药的组合来测试，哪个能够把癌细胞杀死，最后你平行测了一千种药的组合，才找到最好效果的那种药，再给医生建议说这个病人可能用这个药是最有效的，实验室已经针对性地做过了。这样一个项目听起来逻辑上是很对的，可能在一个礼拜内可以把 1 000 种组合告诉你哪个最好，这个病人自己就不用盲目地试了，节约了很多时间。

还有从女性乳腺癌监测层面去做体检，做检测很麻烦。导致很多女性不会没事去测个乳腺有没有问题，而且每次测试可能都有辐射。这次硅谷的一个创业家做了一个很便宜，很简单的医用的乳腺癌监测的东西，将来会用到冠心病等其他病症的领域。

他就是做了一个光盘，把光盘的中心打了几个洞，这个洞是用来滴血的，在每个洞旁边都画有很细的槽，再把槽的轨道与中段做一个能放生物的连接，当光盘转的时候，血沿着轨道往两边散，轨道中段放了生物标记，把12个轨道放12种生物轨迹。美国国家实验室做了无数次实验，把各种生物标记跟乳腺癌的关系已经做过很多排列组合。你把这个生物标记放好以后，这些都是现成能买得到的，然后你用这个激光探头去读生物标记的变化，12种变化放到一起去对比数据库。他可以将这个设备定价200美金，以后每个社区都可以有一个，然后人们在没事有个10分钟无聊的时候就可以到那里来测一测有没有得病，一滴血放进去10分钟就得出结果了，如果她说你得了乳腺癌那99%就是得了，如果她说没得那你可以增加检测频次来确定结果，一旦你测到得了也是非常早期的，可能就是刚刚得，一个礼拜，两个礼拜就查到了。

只要能够增加降低检测的成本，提高检测的效率，无处不在的监测器，很多人就可以随随便便的检测，避免乳腺癌的死亡率。很多硅谷的创业者做的事情也都特别有意义。

还有量子计算机，这个是最神奇的，我根本无法理解这个量子计算机是怎么运作的。量子计算机的基本原理是一个量子向上就是零，向下就是1，两个量子放到一起就是四种组合。因为两个量子又可以是01、00、10、11，每个量子向上、向下是同时存在的，是叠加状的，基于这个基本原理来开发量子计算机。量子计算机第一个功能是可以破解全世界所有的密码，在量子计算机面前都不是密码，它可以一瞬间破译所有密码，功能非常强大，我们现在的密码在它面前就无效了。

还有一些科技，如人体打印器官。这个图片中的科学家手里拿的是一个肾，是3D打印机打出来的，现在有一些膀胱病的患者，已经用人造3D打印的膀胱，而且用了十几年。3D打印技术也会越来越多。现在有一个问题，你要找一个器官移植的时候，想找一个合适的还挺难的，经常错过了最佳治疗时间。有了3D技术以后只要把参数输好，计算机按一个打印就完成了，就直接给你换上，这也是今天的科技，是正在发生的。

还有一个比较有争议，但是非常充满憧憬的，就是干细胞。我们都知道人类是从受孕的那一瞬间开始产生的胚胎，人类是从第一个细胞开始产生的，我们是从第一个细胞最后变成了今天身体上的10万亿个细胞。

这第一个细胞就是干细胞，这个干细胞能变成你身体里的所有细胞，比如说头发、皮肤、心脏、肝脏的细胞，所有的细胞最初都是由干细胞变来的。科学家就认为如果能找到干细胞的复制方法，理论上哪怕一个人某个肢体缺失了都能够造出来，所以在做这样的研究。现在有很多明星,到国外去打干细胞针,因为它可以重新长出一套皮肤来,让人看着很年轻,现在干细胞因为每个生命就一个,你这个干细胞最早的时候就是从一个小孩的胚胎里拿,那是有道德问题的。后来日本人能够将人的肚皮里的脂肪细胞变成干细胞,再从干细胞变成皮肤细胞或各种细胞,这也是非常先进的技术,我们已经能在细胞层面做编程,把细胞变成我们想要的细胞,这些科技对人类的健康有很大的影响。

最后我讲一个新的技术,超导体超流体。我们知道磁悬浮列车,整个列车是没有跟任何铁轨有接触的,靠的是电磁的悬浮,这个超导体是在一个物体达到了绝对零度以后,就变成超导体了。在绝对零度下很多物体的属性都会变化,超导体是需要电的,就可以在一个金属的上方进行漂浮,但是它是绝对零度的,而且承载的重量也是可观的。将来可能在一个列车的底部,封装一整片超导体,整个列车就能漂起来。或者说我们看到的那个电影里面讲到的飞船。为什么这些飞船是在空中漂着的,可能跟这个有一定的关系,只是说你没有发现这些东西,人类还没有发现自然界很多本身存在的物理定律,但是一旦发现了以后,就会觉得脑洞大开,挑战我们的思维。

因为我是属于每个礼拜都要坐飞机的人,刚开始每次飞机颠簸我就会害怕,后来坐多了,就没想法了。但是你想想那么大的东西能够飞起来,到今天看都太不可思议了,这是事实,没有人去怀疑飞机能不能飞起来的问题。超导体今天还是个实验阶段的东西,在很多视频上科学家给你们演示超导体如何在空中漂浮,将来它可能就是我们的交通工具中的一个重要的技术原理。而且这个超导体跟磁悬浮有一个不一样的地方,这个图是正着的,大家认为这个东西的重力被排斥力抵消掉了,漂在空间里。其实把这个图倒过来依然是成立的,超导体的意思是,它是把这个物体所在空间,把这个物体锁定在空中,把整个东西倒过来,它依然是这个样子,不会掉下去。感觉上面有一个拉力一样,在电影里面有一个场景,未来的公路是漂在上面的,在这类公路的上面有车在行驶,在下面也有车在行驶,但是这些车都跟公路不接触的,其实这也是超导体的一些原理,因为是公路上的磁场把这个车锁定在空中了,是这样一个原理,而不是磁力顶到空中,把重力抵消。

超导体是另外一种原理,超导体除了固体还有超流体,是说液体的。网上可以搜索一下超流体的特性,比如说其中超流体一个特点,当水通过一种特殊的方式,达到绝对零度的时候,本来这一瓶水在这儿,但是如果它是绝对零度,这些水就这么直接流出来了,任何东西都挡不住它,现在塑料瓶可以挡住它,因为它是常温的,超流体的时候就直接流出来的,因为液体分子已经变得足够的小,这个里边也会产生很多新的科学应用。

今天我的分享先到这里，有什么关于创业的问题，大家也可以再互动一下。

听众：王先生今天你给我们讲的，可能给我感觉更多的就是一些哲学或者人生方面的，最后介绍了一些比较先进的科技在未来可能会运用。你刚才谈到的一个就是在我们生活中一些科技的运用，可能就会受到一些社会各种力量的束缚。打个比方，因为我从事的是汽车行业，现在一些大型汽车厂，比如通用公司，大众公司也在研发电动汽车，但是也有包括在美国主导的一些石油公司，包括政府也会对这方面的投入有一个比例，在这两者之间，如何权衡，包括您最后讲到一个超导体，可能有些现实条件现在不成，是很缺乏的，怎么去权衡这个东西。超导体发展需要一些条件，当身边的一些束缚出现的时候，我们该如何应对，包括我们的社会力量该怎么去协调，自身公司的力量怎么去解决。

王利杰：创业一定会遇到各种各样的问题，其实你这个问题比较笼统，很难直接回答你。在创业的时候，不要过多地思考会遇到什么问题，当问题出现的时候你再想办法，所有的问题都能解决，当问题已经明确地摆在你面前的时候你就知道怎么解决了。你认为会出现问题的，可能有时候不会出现。但是关键的问题不是说你已经想明白了，而是说你已经走出这一步，并且已经不能回头了，你只能往前走，相信车到山前必有路。最关键的问题是你做的事情是不是有意义，有价值。如果有意义，有价值你就不用担心了。像滴滴打车你觉得有意义，虽然政策法规不明朗，但是你坚持去做，最终做的还是可以的。

听众：非常感谢您的分享，我问的问题是关于在全球范围内的情况，因为我是做营销的，我们现在朋友做下来，基本上都在谈的一个事就是如何去创业。现在这个热度是非常高的，刚才也听到您讲的在美国、硅谷其他地方，包括我们的总理也在提倡创业。我想听一下全球范围之内在当下的这个时代，在创业这个点上是一个什么样的形势，是不是也像我所见到的这种情况。第二个问题，我们在营销这块，是处于一个生产和消费的中间环节，现在有一句话是大的组织将会把小的个体、小的创业组织、小的创业团队取代了。像做营销中间环节这些小的创业团队，如何才能更好地去生存。

王利杰：从创业的角度来讲，按照今天这个环境，应该做小众的刚需。很多创业者跑过来说我做这个市场太好了，很大的市场，但是往往这个市场不属于你。因为往往以后有很多巨头在做，不能说因为市场大你去做。做小众刚需的时候，大部分情况下不是说你冲着这个钱多，投资人砸钱的原因，而是因为你自己有这个技能，掌握了这个技能，你也喜欢这个事，你觉得你身边有人需要去做这个事，解决这个问题。所以说做小众的刚需更有价值，也不要一开始做创业马上就想拿到多少钱，估值翻多少倍，而是踏踏实实服务你那些所谓有刚需的人群。创业不应该一上来第一年就成为明星，如果心态不好有可能直接走下坡路了。所以说我觉得还是要提醒一点，大家创业还是要找对自己的切入点，自己适合想做、爱做，也愿意坚持做的事情，甚至说这项目你做了10年没赚钱，仅仅够糊口，你还是愿意做的一件事，我觉得这种事情反而会成功。

第二个，你帮别人做营销，因为你们的技能可能是营销上，这个领域也有不少创业者，如果你是很擅长做这件事，那你就坚持做这件事，找到你的特色去做。一开始先不要想太多，先去做一个你认为能够比较正确的产品，也不用说还没想清楚就跑去让投资人给你建议，是没有意义的。投资人都是看得多做得少，还是你直接跟客户谈找一些典型的客户类型，面向他们做一些定制化的东西，提炼一些通用性的东西。

比如说2011年我拿400万投了50个公司，其中有一个公司创始人是1988年的，当时2011年的时候也就23岁，她找我融资了10万，当时也没想做什么。她在大学开始做音乐的，能力很强，我觉得这个小姑娘有一股拼劲，很好。她大概是做移动营销，她说想让我投10万。当时她就去做移动营销，做了一圈发现做移动营销的人太多了，而且都比她有优势。后来她又把自己的方向细化到影视发行领域的营销，只帮助电影发行商做营销，别的客户她就不管了，这就比较专一了，这类人的需求和别人不一样，可以针对性地去满足这类人的需求，做了三年下来，她是影视发行领域做得最好的移动营销公司。她现在开始做全案了，因为她的竞争对手看她把移动营销做得很好，有些单子都抢过来了，导致她也必须增加全案营销的团队去跟人家竞争。我当时投了10万，现在我那点股份已经价值800万了。

听众：第一个问题是这个天使投资您的一个标准是什么，您衡量这个人是不是有投资的价值是怎么一个标准。

王利杰：你是说对团队的标准还是什么的标准？

听众：就是投身创业，你去看待这个人值不值得投资这么一个标准。

王利杰：就是我怎么样看一个团队值不值得投资。

听众：第二个是您能推荐几本对您启发很大的书吗？

王利杰：天使投资其实就是叫第一轮投资，创业了以后第一个给你钱的人称之为天使投资，每个天使投资人有他的不同喜好，我的观点并不代表所有投资人的观点。有些天使投资人是创业成功了赚钱了，他带着他固有的思维。例如他原来是做广告的对媒体类也很感兴趣，他就喜欢投这个，有些人是科技领域出来的，喜欢投科技，所以每个人是不一样。像徐小平老师是新东方出身的，所有出国上学的华人几乎都知道新东方，甚至有一半以上都是新东方毕业的，海归创业找徐老师拿钱是顺理成章的事。还有曾李青从腾讯COO辞职以后做投资，做德迅，他德迅的标准就是只投腾讯离职员工，这也是一个特色。因为腾讯离职员工有一个好处，腾讯的HR已经帮忙筛选过了，人都是很优秀的，从这里面再挑有创业胆量、勇气的。我对这个创业者的要求，没有那么多条条框框，因为我在美国看了一个项目，当时也是个斯坦福毕业生做的一个项目，最后结束了，他问我，你在找什么样的创业者？他问了我这么一个问题，我当时就跟他说我在找未来的领袖。

一个真正的创业者，你回过头来看，他的背景什么样的都有，你很难用一个模板框出来什么样的人一定成功。但是你去看这些成功的人就知道，他们都具有一种领袖气质，但是领袖气质也是不一样的，有些领袖特别能说，有些领袖不爱说话，有些领袖是男的，有些领袖是女的，有些很年轻，有些年纪很大。你要找到一个领袖还要近距离感受，去跟他交流，去了解他的故事，他是怎么成长的，他经历过什么事，读过什么书，喜欢干什么事，为什么创业，曾经做过什么，这些都要了解，了解完了以后你综合感受这个人给你的感觉。

我个人倾向投那种内心非常强大的人，一根筋走到底，什么面子不面子，不达目的誓不罢休的人，这种人是我比较欣赏的。因为我觉得在中国做事情是需要这种精神的。因为困难太多了，很多困难是很明显的困难，还有很多困难是心魔，你就是迈不出这一步，不是说对方不接受你。我们看到一些创业者，拜访客户第一天被赶出来了，那个年代的创业者，拜访国企，在国企签订单，第二天又被赶出来了，第三天他为了提高效率，他把电脑打开，PPT都准备好，拎着电脑进电梯，已经做好进门就开始演讲的状态了，进去正准备讲，场景又变了，那个领导在打电话，他也没法讲。那个领导打电话也没赶他，示意他坐着，心里想这个人为什么又来了，等领导电话挂了之后，他就马上讲PPT，还没等那个人反应过来就讲了一分钟，把简要的东西讲完了，那个领导听完后好像有点意思，前面就没开口。然后他说领导你给我两分钟，领导说我为什么要给你两分钟，他说："现在不给我两分钟，我直接开讲。"领导说行我今天正好要开会，中午吃饭的时候，来食堂我跟你吃个饭聊一下。就那天在食堂里他们把订单算是敲定了。这个是直接所谓的困难，摆在面前的困难，需要你去克服的。还有一些你就没敢敲人家的门，你根本不知道敲了门以后是被赶出来，还是对方会笑脸相迎，你不知道，然后你可能找了一个员工替你去敲，事实上这是心魔，很多人是被心魔挡住了，自己迈不出那一步。

社会创业将大行其道

吕　朝

上海市政协人口资源环境建设委员会副主任，恩派(NPI)公益组织发展中心主任；创始人。2006年，在上海创办“恩派”系列机构，设计了中国第一个“公益孵化器”，并在全国复制。后陆续创办上海公益事业发展基金会(联劝)、明善道企业社会责任咨询中心、屋里厢社区服务中心、上海社会创新研究院等公益实践和研究机构，领导了中国社会组织培育、企业社会责任、社区服务与自治、社会影响力投资等领域的若干开拓性实践和重要创新。

大家好。今天这个题目不知道大家看的时候，是不是看清楚了。社会创业，不是一般意义上的创业。现在社会上创业的环境特别好，我相信对创业感兴趣的同行、朋友也觉得这个环境特别好。大家有没有考虑过在创业的选择当中，除了商业创业之外还有一种类型的创业叫社会创业。

社会如果按照学理上来讲有两种解释，一种解释：社会是一个广义的范围，就是所谓人类的社会。它是和自然界相对应的，我们经营生产、生活所有的内容都应该在社会的范畴里边，这是广义的社会。

另一种解释，我们叫狭义的社会。是指和政治、经济、文化相对应的社会，我们今天讨论的范畴是狭义的社会。

什么是狭义的社会呢？社会是关系，是人和人之间的关系，社会学就是研究人和人之间的关系。可以叫总的关系，或者叫关系总和。

比方说，一个人健康不健康，可能有三种衡量方式：一种是身体是否健康，你身体不健康，是不是有各种各样的毛病，这是一种衡量方式。第二种衡量是指精神方面的健康。是不是抑郁了？是不是想不开了？第三种衡量，是指社会关系方面的健康。我们看到有的人遇到困难，他有很多的朋友，有很多的办法，在他的亲戚、朋友、同学、同事，社会上各种各样的关系当中，他人都乐意施以援手，这个时候我们就可以说这个人的社会关系是健康的。还有的人遇到困难以后发现没有人帮他，比如新闻里的一些犯罪事件，问罪犯为什么做这个事情，他说他感觉在当时没有人帮他，他处于非常孤立无援的状态，这种状态的人我们说他的社会关系是不健康的。用这个比喻似乎大家逐渐能理解，社会关系对一个人来讲是非常重要的，跟个人的身体健康、精神健康是同样重要的。所以社会关系的健康就是这类人在这当中把自身的关系摆正，把关系处理好。

有没有一个好的社会或者完美的社会呢？在《礼记》里提到，“天下为公”，古人认为他们所描述的这样一种状态就是好的社会，观察这些描述，其实都是讲的关系。比如说：大道之行也，天下为公。天下为公讲的是什么关系呢？是整体和个体之间的关系。每一个人对天下都有责任，而天下是属于每个人的，不是哪一个姓或哪一个家族的天下，选贤与能，这是领导和下属之间的关系，作为一个领导应该选择什么样的人来做下属。讲信修睦，是指人与人之间的关系。固人不独亲其亲，不独子其子。这里面含两个意思，亲其亲，就是亲属之间的关系，父母和子女之间的关系，但他还讲了我们别的关系，不能只把你的亲人当成你的亲人，意思是说我们要和天下的其他人保持一种亲和的关系。

强者和弱者之间的关系。男有分，女有归，这是讲男女之间的关系或者讲夫妻之间的关系，也就是说在一个家庭里男人要负起他的责任。古人对我们现在讲的“女汉子”估计是不大赞成的，女有归是指女子应当要有归属，你在家里总是比你的老公要强，老让你的老公归属于你，这个关系在古人眼中似乎不是很健康。我发现其实好的家庭关系里面，往往都还是男有分、女有归，这是一个稳定的家庭关系。我们的古人讲得非常清楚，一段话里把整个社会的各种各样的关系都讲了出来，这就是好的社会。

但我们现在的社会是不是这样呢？现在有很多“女汉子”，还有很多别的更严重的问题，比如人和人之间的不信任。有一次我们机构的一个理事到瑞典去参访，采访瑞典首相时，他以为要讲政治、经济或市场等话题，没想到首相在讲社会资本，这其实是社会学里面特别专业的一个词，他其实也不太懂，奇怪首相为什么讲这样一个话题，按道理来讲这个话题应该是社会学领域才会讲的。首先瑞典的社会资本很高，为什么要体现社会资本很高呢？比如说你们国家的律师重要不重要？他讲律师很重要，律师费很高，他说我们国家律师没那么重要，我们的律师费也没那么高，我们国家的人好像不是有特别多的人打官司，很多事情我们通过协商就能解决了，而且大家比较守规矩，没有这么多违法的事。律师费是一种商业成本，社会资本的高，也就意味着商业资本的低，这是瑞典首相讲的。

那么社会资本该怎么建立呢？这就在于人和人之间相互信任，通过相互信任在提高社会资本的同时，降低了官司与政府的成本。但是我们这个社会解决问题的机制已经丧失了，所以变得社会好像有这么多的矛盾。我住在一个小区里面，对面都不认识是谁，大家互相之间只管自己房间里面的事情，房子外面的事情都不管，所有的公共领域的问题都不参与都不负责任，这是社会资本缺失非常大的体现。我现在都感觉社会关系是非常紧张的，在这样一个社会里生活除了空气不好，心情有时候也不太好，这就是我们社会的问题，社会到底怎么了？当然这是现在社会转型期一定会出现的问题。

我们看这个图，这是在网上有个“云情报”组织每天统计社会热点的词，从哪里统计呢？都是从媒体里统计，我是做过媒体总编的，媒体报什么东西？如果不是领导让我报好人好事，我是不会报的，媒体一般报的都是突发新闻比较多，所以媒体的记者都有“扒粪”的本能（抱歉我这么说）。这体现出社会问题在激增。但同时解决社会问题时如果你把它当成一个机会的话，那机会也越来越多。所以创业者有一个什么特点，他看到问题就高兴，因为只有有了问题，创业才有价值，创业者就是解决问题的，如果这个问题别人都能解决，那不是你的创业机会，就是因为你看到了一个别人解决不了的问题，你把它变成一个业务模式，你才能成功。所以看到社会问题，所有的创业者眼睛都会发亮，但确实我们社会的问题是非常多的，你如果关注社会领域会发现机会也很多。

这是从另外一个角度统计的，排在前十位的信访问题很多是社会问题，社会不同部门之间的关系问题。为什么我们会有这些问题？刚才说是社会转型期，为什么转型期有这些问题？转型期到底有什么特点？我相信学者会有很多的分析，大体上我认为有这么一些特点。比如现在的转型期：一是城市化，上海最新的人口统计数据是三千多万，我估计至少三分之一的是流动人口，都不是上海人，我也不是上海人，当然我来上海我相信我为上海带来的是正能量，很多上海人是很喜欢我这样的人来上海的，但可能也有一些上海本地人不见得喜欢其他省区的人来上海，觉得他们在分享上海的资源，教育资源、医疗资源等等，这些人来了以后，上海的人越来越多，车越来越多，把上海这个城市变得不宜居了。

第二个就是流动性。我们原来在一个社区里边可以从生到死都在一个社区，但现在，搬家变成家常便饭了。我印象中在上海十年差不多搬家七次，当然我也比较“奇葩”，很喜欢来回住，但更多的人是因为没办法。比如换单位就要换离单位更近的地方。这还是一个城市之间的流动，更多的是不同城市之间的流动，这种情况非常多。

第三是非行政化。原来的人都是能找得到单位的，找人是找个人单位的领导，某些重要的事情都是先跟你的领导谈，现在发现没办法找到领导了。

第四是信息化。在座的年轻人你多长时间会看一次手机呢？统计是6分钟，6分钟一定会看一次手机的，因为你不知道谁又发了一个朋友圈。每个人都处在信息爆炸的环境，在信息包围的环境当中，我们变成信息化的人，而且每个人都是媒体人，我们叫自媒体，你在朋友圈发一个消息就是放一则新闻。今天我就发了好几个新闻，比如我今天在上海图书馆又获了一个证书，我还没发出去，一会儿拍下来发出去就是新闻，我周围一定会有很多的朋友、亲戚觉得很好，尤其这样的新闻推送给我父亲，因为他一直搞不清楚公益组织是干什么的，我今天又被领导表扬了，他就放心，他儿子不是在做一个莫名其妙的事情。所以你看我们每个人都是媒体。这些社会转型期的特点，形成了我们现在的社会整体的特点，它是相对多元的特点。

我们讲我们社会正在转型，那么在转型当中一定会碰到一个问题，就是人均GDP在三千美金以上，学经济学的都会知道一个词叫"中等收入陷阱"。就是当一个国家经济发展人均收入达到中等水平以后就会出现一系列的问题，这些问题其实最终会导致一种停滞的状态。我们现在的经济，为什么总理要讲"全民创业、万众创新"呢？因为原来经济的引擎已经发生了问题，他希望我们大家每个人都成为引擎。

有专家分析过"中等收入陷阱"的十个特点：经济停滞、民主乱象、贫富分化、腐败多发、过度城市化、社会公共服务短缺、就业困难、社会动荡、信仰缺失、金融体系脆弱。有哪些是现在社会的特点。我们现在是不是陷入"中等收入陷阱"呢？至少有这么一个陷阱在那，我们是否陷进去了呢。

看一下我们周边的发展中国家，拉美和东南亚都是深陷在中等收入陷阱里面的。怎样摆脱中等收入陷阱呢？不同的国家都陷入过，都摆脱过，我们看看他们怎么做的。比如美国，在六十年代曾经陷入过中等收入陷阱，所以他们开始"伟大社会计划"。光发展经济是不行的，摆脱中等收入陷阱其实是要社会各个部门，政治、经济、社会一起来努力的。美国的"伟大社会计划"在教育、医疗、民权等等这些方面都做了很多的工作。我们看日本和韩国，分别在六十年代和七十年代为了摆脱中等收入陷阱付出过努力，日本提出"国民收入倍增计划"，韩国七十年代是"新社区运动"，这就跟我们的社会建设是非常相关的，而且这两个国家应该说已经摆脱了中等收入陷阱。所以我们习总书记说，对中国而言，中等收入陷阱，肯定是要过的，我们国家的领导人还是很有信心的。关键是什么时候迈过去，迈过去以后如何更好地向前发展，所以现在所做的工作是在稳增长、调结构、惠民生、促改革之间找到平衡点。这里面大家发现迈过中等收入陷阱并不只是政府的事情，并不只是发展经济，其实要解决的还有很多的社会问题。

如何解决社会问题？有这么一句话“中国用三十年的时间发展出了一个市场，要再用三十年发展出一个社会”。市场经济在原来基本上都是政府主导的，三十年发展出一个市场，用的手段是什么？发展市场最关键的是发展企业，也就是说在市场里边最活跃的细胞是企业，只有企业发展了，市场环境才会改善，政府的市场政策才能落地。并不是只要有了好政策，市场自然就会发展，经济自然就会发展，不会的。我们在经济当中一定是有各种各样的企业改革，包括民营企业、外资企业、国有企业的改革，经济才能发展起来。发展社会就是要发展社会里边那些微观的细胞，当然社会里边最微观的细胞是人，但是一个一个的人，我们没有办法自己来解决社会问题，我们需要组织起来。很多人出国到西方国家去会发现有一些部门叫 NGO，非政府组织，或者 NPO，NGO 和 NPO，虽然侧重点不同，但都指的是一个事情，它是社会方面的组织，所以干脆在我国就直接翻译成“社会组织”。

提到这名字也非常有趣，社会组织的主管部门是民政局，民政局原来把社会组织不叫社会组织，叫“民间组织”。原来有一个“民政部民间组织管理局”，而且在民间组织管理局里边其中一类或者最大的一类社会组织叫“民办非企业单位”。

我们说解决社会问题，发展社会建设是要有社会组织的。什么是社会组织？是政党、行政组织和企事业单位以外由社会单位和个人自愿组织的，按照章程自我管理的一种社会单位，这就是社会组织。社会组织有这么几个特点，社会组织是非政治、非宗教性的。比如寺庙，我们认为它不是社会组织，虽然也是民间的，也是自发的，也是一个组织形式，但国家一般都不把宗教组织作为社会组织。当然宗教组织可以发起社会组织，比如看现在佛光山星云法师、证严法师，他们都发起了社会组织，虽然是宗教，但他们做很多公益慈善的事情，但如果说他本身是社会组织，可能会有点问题。

另外有独立性、自治性，这跟企业都很像，它的最高权力机构是董事会，不是上级领导，而是董事会。

志愿性，要有一定的志愿精神，这个组织里面一定会有志愿者，这是社会组织或者国际上 NPO 的基本特点。

在国际语境里，这当中有一点很重要，免税组织。所有的社会组织或者 NGO、NPO 在所有的国家都会享受免税资格，很可惜在我们国家还没有完全享受免税资格。

我刚才还在跟杨主任说，实际上我们注册十几家民非，都没有免税资格，只有基金会可以免，原因很复杂就不多说了。所以创办一个社会组织，现在只是说你有了一个很好的环境能让你去办，让你存在，但环境仍然不是特别好。

社会组织的发展在全球来看基本上是是强的帮助弱的，最典型的就是慈善组织。比如红十字会、慈善会，这个就是强的帮助弱的。当然这个强帮弱也不断地在演化。

我们迅速过一下关于 NGO 的一个小片子，我相信在座绝大多数可能不是 NGO 的从业人员，看看这个片子。原来整个社会三大部门，既政府、市场、人的组织。人为什么要组织呢？因为这个世界上有强壮，也有弱小；有声音大的，也有沉默的；其实强弱很有意思，不是有的人绝对强，有的人绝对弱。强弱都是相对的，比如年轻的时候很强，变成老人就相对比较弱；在单位里对你的下属可能很强，但对你的领导就很弱。有的人永远占据焦点，有的人经常躲在边缘，所以为什么要有组织呢？组织就是使弱者变强，使沉默者发声，使边缘者受到关注。这就是我们讲的人为什么要组织起来。

但如果人不组织起来会怎么样呢？社会没有社会组织会怎么样呢？如果一个社会只追求权力和财富，一定富者更富，穷者更穷。我们现在特别高档的楼盘，是不是自己把自己当成监狱给锁起来呢？这个地方太高档了，十几万一平米，你敢出门吗？周围都是贫民，如果你居住在这样的环境里，你富有还有什么意思呢？你很不安全。所以最终这些富的人永无宁日，我们也无处安身，因为我们不断破坏环境、破坏自然，所以我们既永无宁日也无处安身。所以这就是不同的利益群体必须要有表达的渠道，包括环境，为什么环保组织很重要？环保组织代表的是环境，或者他代表的是你的子孙后代，是要给你现在的利益群体博弈的。因为我们注重环保会牺牲发展，但是我们的所有发展一定是在环境的平衡上才能可持续发展。

我今天讲座结束之后，如果有哪位朋友希望更多的了解社会组织，甚至想自己创办一个社会组织，我觉得我们可以对这个图再仔细讨论一下。

社会组织的功能。我认为社会组织最主要的功能是两个，社会服务和社会治理。我们应该有很多的功能，但现在的中国社会里我认为基本上是社会服务，填补社会服务的空白；社会治理，参与不同的利益群体之间对政策、对公共事务的博弈，社会组织是可以参加的。

如果你想了解甚至想创办一个社会组织，那么社会组织长什么样呢？我刚才说了好几类的社会组织，比如各地的慈善会，上海的慈善基金会是很好的，也是上海最大的社会组织。上海的慈善基金会和上海的红十字会我非常了解，在全国运作非常规范，是透明度很高的组织，但社会组织并不只是慈善会和红十字会，不知道大家脑子里是不是闪现出一些组织，你觉得这些组织是社会组织、公益组织吗？

保护小动物，这就是社会组织，我有两个朋友就是专门保护流浪猫狗的，就是一个小组织，当然这个组织现在没注册，也没有什么收入来源，都是大家凑钱，这就是一个非常典型的社会组织。我给大家举例子，估计大家想不到它是社会组织，这有一个案例，北京东城区菊儿胡同，它是一个楼宇，一个老小区，里面有几栋楼。楼里面有居委会，居委会其实是一种特殊类型的社会组织，当然现在的居委会组织法和村委会组织法不是明确的叫社会组织，但它的功能其实是居民自组织的功能，我相信各位看到你们所在的居委会恐怕不一定当成一个自组织，有时候当成一个政府组织，这也是现在居委会的问题。本来按照居委会组织法应该是一个居民自我管理、自我服务、自我约束的自组织。因为在居委会里面的工作人员应该都是志愿者，但现在我们发现上海的很多居委会已经很难说他是一个志愿者了，都有津贴，这个问题政府也看得很清楚，这几年都在不断的改革。

如果光是一个楼宇还不是社会组织，但这个楼宇也有很多的公共事务，这个楼宇里面他们解决什么问题呢？环境问题，这个楼里面有一个死角。我刚才讲公共空间都没人管嘛，所以大家就扔脏东西，很多破烂扔在这里，所以大家讨论怎么修缮这个地方。右边的图是修缮以后的，怎么从修缮以前到修缮以后过渡呢？这个楼的居民就展开了一系列的工作，比如说环境改造的开放空间讨论，说这是一个公共事务，并不是哪一家哪一户的事情，所以所有的利益相关者要坐在一起讨论，这个组织的雏形已经开始有了，因为有公共议题，有大家共同的利益，所以我们要开始讨论。这是一些讨论的方法，我们发现在社区里大部分是老头老太，你说这些人没有讨论的能力吗？其实不是的，他们都有能力的，当每个人谈论跟自己利益相关事情的时候，其实他早已经具备了能力。经常有人讲基层的群众没有意识能力，我从来不相信这个，因为这个事情跟他利益相关，所以他肯定会认真讨论，他会学习那个能力。这是他们讨论的结果，用了很多的手段，当然也有人做引导。我们现在在社区里做很多这样的讨论，现在上海韩正书记亲自挂帅的“1 号课题”其实就是讨论基层治理的问题。基层治理最大的问题就是居民不参与，基层的社区建设似乎跟居民没关系，都是政府的事情，所以要居民的参与是需要有很多的方法的。

他们讨论结束之后大家一起动手自发清理垃圾，没有人给钱的，有的还要自己准备工具，自己贴钱的。清理垃圾之后就是选举自管会的会长和副会长，要有一个领导集体。这几位大爷大妈他们集体照相，就是他们自管会成员的集体亮相，这是不是一个社会组织呢？是一个非常典型的社会组织，我们讲叫“居民自组织”。所以社会组织并不一定是正式注册的组织，也有很多的自组织，现在官方叫“社区社会组织”。

刚才讲了近二十年除了这种社会服务逐渐发展之外，又有一个新的词“社会创新”。社会创新是近二十年西方特别热的一个词。英国上一任首相布莱尔曾经讲“英国还能给世界贡献什么？”他说我觉得英国还能给社会贡献的就是社会创新。社会创新就是打破常规，用各种各样的方式解决社会问题的组织。所以这个是跟创业非常相关的。我们原来讲创业，更多的方向是办一个公司，现在当然还可以办一个公司，但这个公司有可能是解决社会问题的。现在全世界有大量的公司冠以一个名字“社会企业”，社会企业还是用的企业的运营手段，但解决的是社会问题，这些组织不见得不挣钱，有的也很挣钱，但挣钱并不是它唯一的目的，甚至不是它最大的目的，它最大的目的是要解决社会问题。

有一个人叫尤努斯，获得过诺贝尔和平奖，被大家公认为是非常著名的社会企业家，他创办了一个企业叫 Grameen 的银行。你到这个公司里去看，发现它是个银行，也放贷款，但他的贷款是放给孟加拉的贫困妇女。银行一般都是嫌贫爱富的，如果你没有担保和抵押，你想要贷款是不容易的，更何况那些穷人，穷人妇女，而且贷的钱都两三百美金，对一个银行的工作人员来讲是很大的成本，他衡量两三百美金和二三十万美金可能花的时间是一样的，甚至更长。为什么我要把钱贷给孟加拉的妇女呢？他说很多人说穷人没有信用，我就是告诉大家穷人也是有信用的，当然他有一系列的手段使得穷人有信用。但后来他的试验证明他的还款率达到 99.5%以上，基本上都能还款。现在银行的还款率绝大多数达不到这样的水平，为什么他能做到，他首先相信他的贷款者其实是有信用的，他要通过这些钱不断滚动来摆脱贫困。这个人虽然办了一个企业，办了一个银行，但他获得了诺贝尔和平奖。

现在世界上有大量的人在研究如何办一个社会企业。为什么办，谁来办，怎么办，办什么，这是社会创新中定义的一些特点。我们举几个例子，刚才说到自组织，可能大家想不到它是一个社会组织。这两个案例都发生在上海。

“无障碍艺途”组织是一个社会企业，也是一个社会组织，是发掘那些有智障或者精障的人。“无障碍艺途”的创办人是一个艺术家，他在给这些精障人做培训的时候发现，很多这样的人实际上还有一个特长就是艺术创造。我们说艺术家差不多都是半疯，很多人说梵高就是精神上有一定问题的，艺术家肯定跟正常人的思维是不一样的。

他后来发现很多精障人在艺术方面的感觉是非常好的，所以他就开始用一种艺术培训的办法来做精障人的康复。后来发现这个效果非常好，康复的过程当中这些精障人画出了很多的作品，这些作品是我们普通思维的人没有办法想象的。所以他有一个口号“发现中国的梵高”。他就培训这些人，培训之后他们的作品可以做很多延伸的艺术品，比如可以做画廊，可以印在T恤上，甚至为这些精障人的作者申请艺术品的专利，让他们通过艺术品的创作还能自食其力，当然在这个过程当中这个机构本身也能有收益。这是上海的“无障碍艺途”，是一个很好的社会企业。

再比如一个组织“黑暗中的对话”。这个组织最早的想法是从德国来的，他其实是做领导力培训的。我们在座的很多人应该参加过领导力培训。但你有没有精力在一个完全黑暗的环境里边做领导力培训？没做过吧。他就是做这样一个环境培训，他的培训场地像我们这个场地这么大，但这个场地是伸手不见五指的，在这个场地里每一个进入培训的人，一开始的时候都会产生非常强烈的无助感，因为我们平时都是在光明的环境里，一旦到一个黑暗的场地里，你完全不知所措，不敢抬腿也不敢有太多的动作。这时候就会有引导师来引导你，让你分成团队，这个团队还要完成一些任务，很困难是吧？但这就是领导力当中很重要的一个障碍，领导力环境就是给你一个障碍来形成团队，从而体现出领导力。领导力培训很多都是体现这样的特点。黑暗的环境对健全人来讲就是一个障碍。

我们参加完这个领导力培训，大概一个半小时以后，离开这个黑暗的环境里，我们就说在耳边这么亲切悦耳的导师能不能让我们见一见？这时候你会发现这个导师是一个盲人，是完全失明者，这就是这个项目的特点。他其实是让盲人在优势互换的环境里，从一个弱者变成一个强者，因为他平时是非常习惯黑暗环境的。我们这些人处在那个环境里就从强者变成完全的弱者，不光在这个环境里训练了领导力，更多的是同情心的培养，去了解生活有障碍的残障朋友他是在什么样的环境里生活，所以他的这个项目趋之若骛，既能够做企业培训同时又能够优势互换，让健全人了解残疾人，让残疾人和健全人能共融，更重要的是你还要交培训费，所以这个机构很赚钱，这就是非常典型的社会企业模式。这个模式最早是25年前在德国开始，现在已经开始在全世界几十个国家复制。

如果在座的各位对社会创新感兴趣，一般我们会经历这样一个过程，先有一个创意，然后做一个计划，可以在某一个地方做一点试验，然后这一步就特别重要了，你要能可持续发展。创办一个NGO和创办一个企业一样必须要实现可持续发展，不能可持续发展的组织一定是浪费社会资源的。并不因为你做的是好事,你做的是慈善是公益,你就可以不持续发展,你就可以永远向别人要钱。其实可持续发展是任何一个组织都应具备的必要要素。然后是推广、复制,形成系统变革。大家知道“免费午餐”是一个记者邓飞发起的。以前山里的孩子吃不上饭,他说我们能不能在贫困地区建食堂,能让这些孩子吃上免费的午餐。题目选的也特别好,后来这个就变成了全国性的运动,很多人都参与了这个项目。到最后由于这个项目非常有影响力,变成了我们的国家政策,国务院专门有一个政策是每年从财政拿出大概上百亿的资金解决贫困地区儿童的午餐问题,它从一个点子变成一个系统变革。当然不是所有的人都有像邓飞这样的运气,可能你的想法要经过几十年甚至更长的时间才能变成系统变革,但这个就是社会创新一个必走的路。

这些机构都在上海,在上海有很多这样的组织,由于工作关系我基本上经常跟这些人在一起,这些人除了创办一个机构,实现个人的发展之外,还有一个社会梦想。如果你听了我上边讲的大概一个小时,对社会、社会组织、社会创新、社会创业有一点兴趣的话,甚至你想做这方面的尝试,我下边要稍微泼点冷水,社会创业者是很不容易的一批人,是很独特的一批人,所以做一个社会创业者、社会创新者并不在于你的学历、背景、年龄。很多的社会创业者是退休以后开始做的,香港有一个“银杏餐厅”,就是一位退休的老人创办的,所有的服务人员都是退休的老人,创业是不分先后的。

大家可能看过一个广告,台湾大众银行有一个广告“不老骑士”,这个广告特别感人。大概七八十岁的一群老年人,由于他们感觉到自己的伙伴逐渐的都去世了,所以他们要疯狂一把。他们组成了一个摩托车队,七八十岁的老人骑着摩托车环游台湾,这就是一个社会组织,后来被大众银行拿这个素材拍了一个广告,这个广告特别感人。这也是一个梦想,你年纪大同样可以做你的事情。

当然大部分的社会组织还是年轻人,作为一个社会组织是需要有一些自身修炼的,并不是马上可以做的。我下面给大家放一个视频,很多人看完这个片子以后,有各种各样的解读,比如我们有社工的朋友,说这不就是做社工吗,做社区建设。也对,它其实也是改造脏乱差的死角,要把它做成一个公共空间,这就是非常典型的社区建设。还看出了什么?创业就是这样,小姑娘其实就是创业者,她先有一个想法,四处碰壁,没有人支持她,她锲而不舍,跟各种各样的人讨论,最后她的支持者越来越多。还有什么?影响政策。比如最后的看报纸那个人,其实是最强的人,但最强的人都是最后出手的。他一开始一定是旁观,比如我们的政府、大企业,不可能一下子就动作很快的,你总是要做出一点成绩让他看到，他一出手问题就解决了，所以政策倡导从这个片子里可以看出来。有一次我做这个分享，跟很多朋友讨论了一两个小时，就是各种各样的讨论，因为今天讲创业尤其是讲社会创业，很希望跟大家分享这个片子，我用很短的时间就把我们社会创业者会遇到的问题能讲得比较形象比较清楚。

刚才说社会创业者要有一些自身的修炼，我觉得有这么几句话想跟大家分享：

(1)“我经常身处黑暗，但我选择面对阳光”。社会创业者一定是身陷在社会问题里，尤其很多时候是身陷在弱势群体里。他不太能从积极面看待这些问题，总是抱怨，抱怨环境、抱怨政府、抱怨企业、抱怨服务对象，也抱怨自己。所以他的生活里没有亮色，我们觉得这样的社会创业者是很难解决问题的，他自己快变成问题了。所以创业者一个很重要的能力就是他要面向阳光，虽然他一直在黑暗里。

(2)“伟大的事业是第一激励”。这句话我其实经常跟企业界的朋友讲，因为我们是做社会组织的，我们自认为从事的是伟大的事业，但有些企业界的朋友就觉得我们这个组织老板不就是挣钱嘛，创业也是为了挣钱，但实际上所有的组织能激励你的员工，激励你的团队往前走的一定是一个伟大的事业。比如阿里巴巴是一个公司，但他是一个伟大的事业。马云经常讲我要让天下没有难做的生意，这不就是一个伟大的梦想吗？只有伟大的组织才能有伟大的梦想，只要有伟大的梦想你才能挣钱。如果你天天想的只有赚钱这一件事，我敢断定基本上你也挣不了钱。所以伟大的事业是第一激励。

(3) 从理想主义到经验主义。这其实是一本书，也推荐给大家看。这本书的作者是一位学者叫顾准，他曾经是上海财政局的局长，70年代中后期去世了。他有一个学生叫吴敬琏，在他的回忆当中经常回忆顾准，用一句话描述顾准就是“虽不能治，心向往之”，在吴敬琏的心目当中顾准是这样的人。可见顾准是一个非常值得大家关注和研究的人。这个人一生写了两本书，而且都不是在他活着的时候变成书的，这本书其实是顾准和他弟弟的通信集，有人把通信集整理出来变成了一本书。这本书大概意思是理想主义者一开始是凭热情干活的，比如你要做社会创业者首先要有热情，要解决社会问题，你还自认为从事的是一个伟大的事情，所以你就整天给自己打鸡血。但是光有理想主义还是没有办法解决问题的，是要一点一滴的做试验，所以社会创新是一个经验主义的活。这是咱们上海一个特别有名的人的，“逻辑思维”的罗振宇，他经常说“宁可十年不将军，不可一日不拱卒”，他讲的其实就是怎么样做社会改变，做社会创新。不管是做任何领域的创业，其实都是要有这种精神的，总是达不到目标也没关系，但是我每天都有一点进步，都是要做一点一点的试验。社会领域更是这样，因为社会问题不仅是复杂的，而且是错综复杂的，所以社会问题的错综复杂性使得你的努力很难在短期内能见效，所以我们要一点一点做试验，一点一点有进步。

有一部电影《瓦尔特保卫萨拉热窝》，这是我小时候看的电影，是前南斯拉夫电影，瓦尔特有句名言，“谁活着，谁就看得见”。在商业领域“今天很残酷，明天也很残酷，后天很美好，但大部分人活不到后天，明天就死了”。商业创业也很残酷，坚持不住就看不到成功的那一天，社会创业更是这样，不光是拿不到钱的事，前些年我们搞社会创业都不被理解，家人、朋友、社会都不理解，现在环境好多了，尤其上海的环境要比原来十年以前有天壤之别，但确实仍然有这个问题。我们还是要铭记瓦尔特讲的“谁活着谁就看得见”，活着就意味着你要可持续，要有收入来源，要有健康的财务数据。我们有理想，但是要有健康的财务数据，才能发展好。

这个图因为时间关系就不讲了。我是想佐证你作为一个社会组织，或者是社会企业，其实也要有一个比较好的管理框架，因为各位不一定都是管理者，或者研究者，所以这个就不细说了。

你做一个 NGO 也要有一个管理框架，这个也是可以讨论好几天的，今天就不说了。

最后的忠告是“始于怀疑，终于信仰”。我所在的学校有一位老先生叫张中行，他当年写过一篇文章“怀疑与信仰”，所有伟大的人物都是始于怀疑，终于信仰。我这个人没有大成是因为北大教给了我怀疑，但是没有教给我信仰，所以我一直没有大成。这是他回顾自己一生觉得自己没有大成的原因。我想这个也给社会创业感兴趣的伙伴一些启发，其实社会创业是一个很漫长的路，一开始我们会有很多的怀疑，但最终会忠于信仰，这个信仰会不会一定是宗教？不排除是宗教，也可能是别的。比如你对社会主义价值观有了更好的信仰，当然也不排除你对其他宗教有了更好的信仰，信仰是个理念，这个理念会支持你走得更久。

特里萨嬷嬷讲的：“人们经常是不讲道理的，没有逻辑的和以自我为中心的，但是不管怎么样你要原谅他；即使你是友善的，人们可能还会说你是自私的和动机不良的，但是不管怎么样你还是要友善；当你功成名就，你会有一些虚假的朋友和一些真实的敌人，但是不管怎样你还是要取得成功。”后面还一长段话，总之就是，虽然有这些问题，但不管怎样你还是要做你要做的事。最后一句：“说到底它是你和上帝之间的事，不是你和人之间的事”。我们有很多社会创业的同伴经常有这种感觉，搞了半天我们为弱势群体服务，我们好像是帮了他们的忙，但在他们的身上也看不到人性的光辉，他们也不感谢你，还骂你，所以干吗做这些事呢？奉献了很多也损失了很多。但其实你看特里萨嬷嬷说得很好，你做的这些事，跟你的受益人没关系，这是你跟你自己，或者你跟信仰之间的关系，所以只有这样，你才能坚持比较久。

如果各位对社会创业感兴趣，后面做一点小小广告，我们可以帮你。比如说你可以进入到一个公益孵化器，在你不同的发展阶段，可以给你提供各种各样的帮助，比如说小额资金，免费的场地，公益的咨询，这是孵化器的一个模型，我觉得跟现在的商业孵化器没有什么很大的区别，只不过对象不一样。现在总理号召大家创业，据说在上海有上百个各种各样的创意园、孵化器，如果你想做社会创业，也想有这样的场所，这个场所也能给大家提供类似的服务，我们就在做这样的事情，所以大家可以来找我，我们可以提供这样的服务。这是社创空间，在这个空间里会遇到不同的人，得到不一样的服务，产生不一样的想法。上海有很多，在黄浦区有一个公益新天地的地方，是一个很大的园区，里面有各种各样的社会组织在里面创业。

公益创业需要很多的信息，可以找公益广交会，看到各种各样的信息，找到各种各样的组织和各种各样的潜在投资人和资助人。上海每年有一个公益伙伴日，深圳每年在 9 月份也有一个慈展会，都是规模非常大的，大家有机会可以去关注。

创业都需要钱，现在政府和很多企业都会有这方面的支持，比如福彩金，从市一级到区一级都有公益创投的资金，据说去年已经达到 1.5 亿了，大家有项目的话，都可以去申请。像静安、浦东、徐汇、虹口、杨浦等区都有这方面的资金，大家可以打听这方面的信息。很多企业也有，大企业都会拿出钱来帮助扶持这些项目。

你也可以参加一些培训，这些培训让你从一个社会创业的新兵，逐渐地变成一个老手，这里面有各种各样的培训信息，在网上也都可以查到，如果大家有信息可以来问我。你还可以有社会创业的信息。我推荐大家关注一个公众号叫 SE，微信上每天推送两次各种各样的创业信息，有各种各样的文章、活动，还有很多其他的信息，大家都可以关注。还可以参加社会创业之旅，这个就是一些参访活动，比如可以带大家去欧洲和美国，都有各种各样的专门的社会创业的机构和参加他们的课程，可以用游学的方式去那里参观、学习，而且还可以结识很多的伙伴，这些人可以一起切磋。

如果你并不想创业，只是很想参与公益；如果你是一个政府公务员或者企业的高级白领，可以做一件事，既做专业志愿者。现在有一个馒头会，就是导师的意思，可以不捐钱，但可以捐时间，把你在商业领域的专业技能教给公益组织。比如你在商业组织里面是一个财务总监，你可以帮助公益组织建立一个财务系统；你在商业组织是一个咨询师,你可以帮助这些公益组织做战略规划;你如果是一个 HR,你可以帮助他们制定一个人力资源系统等等。因为公益组织也是组织,也需要组织当中的必备管理技能,但由于他们的经费相对比较短缺,所以不太可能聘用像在座各位这样的人,所以你可以给他当志愿者,这样对他也是有很大的帮助。

我们这个机构有很多的信息,大家都可以来关注,都可以查到这些信息。最后给大家一句话,与大家分享,这是英国的人类学家玛格丽特·米勒讲的一句话"永远不要怀疑一小拨坚定的埋头苦干的公民会改变世界",实际上改变从来就是这样发生的。

我的讲座就到这里,谢谢大家。下面可以有十几分钟的互动,如果大家有问题的话,可以提问。

听众:我想问一下吕先生,你在 2006 年创建恩派,是出于什么样的心情或者目的去创立这个组织的?其实它的利润是很低的,曾经有没有想过放弃?让你坚持到最后,现在也应该说是有所成就。

吕朝:我这里有两个答案,一个是特别高大上的,一个是真实的答案。高大上的答案就是我特别有社会使命感,看到社会问题就会锲而不舍的努力,这是一个答案,一般我都会说这个答案。真实的答案就是因为当时我从北京搬家到上海,到上海以后觉得原来做生意没意思,后来发现有几个朋友做的那些事特别好玩,觉得他们这些人虽然挣的钱不多,但是特高兴,我就想追随他们,了解他们到底怎么就这么高兴呢?就去他们那儿当志愿者。后来发现他们所从事的工作确实是非常有意义的,所以就创办了这个组织。我一开始根本没想好做这件事,而且基本上觉得这事是做不成的。因为十年以前你想成立一个社会组织很难,我们当年在浦东申请注册,后来还真申请成功了,被申请成为一个"民非",在行业内都是一个新闻,可见当时的社会环境是怎么样的。我们当时觉得我们做的这些事基本上是搞不成的,我们是抱着搞成一个赚一个的心态做的。这种心态我觉得还特别好,因为没什么挫折感,觉得就是做不成是应该的,所以每做成一个就特别高兴。那个时候的环境真的是比现在差很多,所以经常会有一些媒体的朋友说你们很不容易啊,当时你们怎么坚持下来的,说你们特别有韧性,我说根本就不是,我们根本没觉得这事有多苦,而且还是挺有乐趣的,这个过程当中很有乐趣,所以我们就坚持下来了。

刚才问会不会放弃。在做这个机构五年的时候,我们已经挺不错了,我们虽然是个非盈利组织,但当时我们都开始盈利了,现在我们做了十年了,我们这个非盈利组织更盈利了,但盈利是不能分红的,因为是《非营利组织法》规定的,我们也没有投资性的股东，投资性的董事，所以是不能把钱拿走的，在第五年的时候我们就已经开始赚钱了，我当时想干点别的了，就不想干这件事了。后来也是因为没有找好接班人，一直干到现在，现在年纪也大了，估计也干不了别的了，也不会干别的，也没有别的机会了，所以只能继续干下去。

听众：我对您的简介比较感兴趣，可以介绍一下恩派这个机构是干吗的吗？

吕朝：我不知道是不是所有的人都对我感兴趣，说太多有点自吹自擂，我其实特别希望大家加我的微信号，好像最近的一篇文章叫“净土与江湖”，我的文章后面有一篇关于恩派的介绍，一个叫“奴隶社会”的自媒体发的，它会讲得比较详细。特别简单地说我们其实是一个社会创业的支持性组织，所以为什么我今天选择这个题目呢，因为我们专门去帮助想在社会领域创业的人，他们在早期可能会有很多的困难，我们就给他们进行集成式的帮助，比如提供场地、咨询、资金、介绍资源，基本上我们做这方面的工作。

谢谢。

移动互联网时代的创新创业法则

王雨豪

人人猎头创始人，福布斯专栏作家，天使投资人。中欧国际工商学院、复旦大学等多所商学院大学创业讲师。国内顶级创业学习组织“中欧创业营”面试官，众多成功创业企业的策略导师。在中国创业圈享有较高的声誉，其实践和理论深刻影响着当代中国创业者。

非常高兴，今天来了这么多朋友。你们的到来给了我非常大的支持和信心。下午的时间一般我们都会犯困，让我们兴奋一下，来点潮水般的掌声怎么样！

我其实在公众场合讲东西比较少，更多可能会是在商学院还有在一些公司里，我为今天我们在座的朋友特别定制了一个 PPT，大概有 300 页，希望你们能够喜欢！

大家今天来了，希望想听点什么方面的话题？咱们先利用他们开机的时间，做一个简单的调查，谁能举一下手，跟我分享一下。

听众：我希望通过讲座了解一些如何通过互联网进行金融产品的推广，包括销售，包括一些现在的理财产品，谢谢！

王雨豪：这位一看就是过来卖广告的，还有人对什么问题感兴趣？告诉我一下。

听众：我现在也有一个创业项目，想了解一下，应该怎么做才能更好地融资？因为我看贵公司经历过 A 轮融资，应该有一定经验，我想了解一下，谢谢！

王雨豪：我个人创业的项目，做到 A 轮融资，B 轮融资都有。我投资的项目也有做到 C 轮融资，我希望等一下能在讲座中穿插一点关于融资的话题，希望能帮助到你。还有其他问题吗？

听众：你好，王总！现在通过一些网站了解到中华英才网被 58 同城合并了，您现在做的网站也是跟招聘有一些关系，我想了解一下，以后人才招聘的发展趋势是什么样的？谢谢！

王雨豪:我今天没有在PPT里特别准备关于招聘的内容,所以我现在就回答一下你这个问题。其实我们知道,中国最早的第一批上市的公司里面,比百度还早的是51job.com,它代表了招聘行业第一批互联网化,但是从2004年到今年已经11年过去了,我们看到51job.com首页跟11年前基本上是一样的,所以这个行业落后了,在今天这个时代落后的产品必然要发生变革。

这两年各种各样的上门服务,O2O服务,我那天还遇到一个到家里给狗洗澡的团队。但是这些上门的背后代表了这个时代的经济,经济背后的商业组织,商业组织背后的成本结构在发生变化。

所以我认为,其实各种上门O2O一点都不新奇,100年以前全部都是上门O2O,卖豆腐脑的,磨剪刀的,开锁的,老北京相声里面经常吆喝的那种,那时候都是行商,后来变成了坐商,变成了苏宁、国美,开各种美发店,到今天好像又被颠覆了,这实际上是时代进步的一个特征。

招聘行业也是一样的,所以我们看到了越来越多的一些创新发生在招聘行业,有做数据分析服务的,有做垂直细分的,还有做商务社交的。如像人人猎头做一个交易闭环,这些创新的结果现在还难以预测,虽然说你可能拿了几百几千万美元,甚至几亿美元,但是在创新过程中,一定还是会有很多公司倒下,这个趋势不是能阻挡的这些在PPT里面会有很大的篇幅,描述今天我理解的是什么趋势。

下面我们看一个短片,想有这么一个电子宠物的举下手,多少人想有?这么多人想有。大概两年以前我跟一个做智能硬件的机器人的朋友一起聊天,对未来的想法我觉得我们每个人都有自己的电子宠物,可能是跟你一起走的机器人,也可能是飞在天上的东西,然后它会对你形影不离,你有什么想法,你买了什么东西会直接帮你拿回家里面。所以在几个星期之前,我看到这个视频的时候,看到这款叫Lily的无人小飞机的时候,特别兴奋,因为我知道两年以前的一个想法正在慢慢地变成现实。

之前很多场讲座都是跟创业者在一起,跟创始人在一起,今天到这儿来我在想用什么能开头,把我们对创业创新的理解,像抽丝剥茧一样分享出来。后来我想到了一个特别严肃的话题,一个关于交友的话题。在互联网的从业者里面,在他的世界观里该如何去交友,你们想听吗?

我有一个朋友叫蛋蛋,还有谁有个朋友叫蛋蛋?王自健对吧。蛋蛋是家里面特别有钱的富二代,但是找女朋友总不是特别成功,希望我能指导一下,用互联网世界观怎么找女朋友?我说讲讲你的案例吧,蛋蛋这么跟我讲,他特别喜欢一个女孩,貌美如花、肤白如雪。有一天他带着这个女孩逛街，路过一个特别大的金店，金店里面全是金子做的东西，女孩看中了一条金项链，有两公斤重左右，就跟拴狗的那种链子一样，然后这个蛋蛋的女朋友就舍不得走了，蛋蛋一看直接冲进去把卡刷了，以为就争得了这个女孩的芳心，但是女孩过几天之后就离开他了，跟他讲这个世界上愿意为她花钱的人太多了。

他就特别苦恼地问我这个事情，我说这如果像在座的这样有互联网世界观的人就不会这么做。你们会怎么做呢，也是经过金店，大早上9点钟，女孩喜欢上两公斤重的金链子，你就会把这女孩拉住，说喜欢了咱们就多看一会儿，从早上9点一直看到晚上9点关门了，然后女孩说你又不给我买，为什么耗一天时间在这儿看呢？你说，真正愿意为你花钱的人很多，愿意花时间的人很少，真正爱你的人一定是愿意在你身上花时间的人。然后这个姑娘就说你肯定是王雨豪的朋友吧，没钱装酷。后来蛋蛋一听恍然大悟。

但是后来我跟蛋蛋讲，我说还有更高的境界，那更高的境界是什么样的境界？我说移动互联网是一个感性的世界，把我们带到了感性的时代里面，所以我们看到了无数多的感性的人在这个时代里面取得了巨大的成功。像中欧创业营四期有很多非常优秀的企业家，像俞敏洪、像王小川，像好未来的张邦鑫，等等。他们选出了一个什么样的班长，选出了每天在微信上说评书的班长，一天说一分钟的评书，已经说了大概有两年的时间了，这个人叫罗振宇。为什么这么多优秀的企业家，选出了这么一个说评书的，在中国以前算是下九流行业的一个人做他们的班长，跟这个时代的背后的玄机有紧密的关系。所以我跟蛋蛋是这样讲的，我理解的最高境界是这样的，还是经过这家金店，还是等到晚上8点59分，这个时候豪哥冲进去了，也拿出了卡，把金链子买下来了，女孩当时一下热泪盈眶，说那你为什么不在一开始的时候就买，为什么过了一天的时间再买。后来豪哥这样跟她讲:愿意给你花钱的人不一定真正爱你，愿意为你花时间的人依然不一定真正爱你，真正爱你的一定是既愿意为你花钱，也愿意为你花时间的人。这是我理解的移动互联网世界观里找女朋友是应该这么找的。

今天我们看到行业创业团队拿了五千万人民币，三个月之后团队散伙了。为什么？五千万人民币都交给了江南春先生，都投到了他那个电梯里面的显示屏里面了。没有真正把成本控制好。我们知道在谈的创业组织，他们用了一个叫低成本营销，农村包围城市。

所以在这个时间点上，今天我们看到了无数“屌丝逆袭”的时代，最后大概都是这么一个公式：出色的团队、海量的风险投资、巨大的市场机遇、独有创意的营销再加上各种各样的路演。

所以今年有人评价说，中国在过去的两年里面，发生着一场涉及几十亿人民币、市值达到现在几百亿人民币的一场打车大战，在这场大战里面，像嘀嘀、快的等等，他们加在一起花了有超过 30 亿人民币来完成这场打车大战。但是我们看到另外一个团队，来自美国的 Uber 团队，他们通过各种各样的路演，或者把佟大为塞到车里，或者把高圆圆的老公赵又廷放到直升机里，所以通过各种活动，完成了它那样一个独特的市场营销。

我是 1974 年生的，我开始读书的时候，基本上读的都是伤痕文学，是一些老师写的东西。今天我们可以看到很多童话，我可能接近十岁的时候才接触了童话世界里的第一个小伙子，叫铁臂阿童木。

我今天在这里讲的移动互联网是一个创业者的世界观，世界观就是你怎么看这个世界，你想到这个世界背后的逻辑，并从而能对未来有这样一个斗胆地预测，所以我总结了这样的一句话。哈佛商学院著名的教授约翰逊讲了这样一个模型：一个组织的一个商业的模型，决定这个组织在创业过程当中发展的一个路径。所以当你用商业创业比拟为我们的执政党可能有一些不严肃的地方，但是我们回忆到 1945 年的时候，当年有一个著名的“窑洞之问”，这个人是毛泽东同志的老师徐特立的老师，当时去延安访问毛泽东，与毛泽东有一问一答，这被称为中国近代史上著名的“窑洞之问”。

关于过去的一百年，我想了这么一句话，从 2012 年开始，或者从我们大家公认的移动互联网时代开始，中国在发生急速的一个变化，这个变化用网络用语来讲，就是每个人自由性的增加，包括自我价值的放大。所以移动互联网正在重塑社会组织的结构，我们正在迈向一个高度透明，高度进步的社会，我相信一定会有更幸福的一个未来，这是对过去一百年的一个理解。

我刚才讲的可能稍微有点严肃，因为涉及那么多数字。咱们今天就回到一个创业者眼中的创业。我个人在三四年以前，当我理解 2011 年 10 月 6 号是我们乔布斯老爷子逝世的那一年，我觉得那一年全人类才进入到真正意义上的移动互联网时代，那也是 iPhone4S 发布的那一个日子。从那个时间点开始，我企图用手机完成尽可能多的事情。所以我会用手机买影片，会用手机写微博，会用手机记笔记，在每天从公司回家的时候，怕自己迷路，会用手机来导航，我还会用手机拍照片。我之前很喜欢用单反拍照片，所以我拍照片的时候又特别投入，我给大家看一下我一个非常好的朋友，也是一个著名的创业者，返利网的创始人葛永昌。他在去年跟我一起去西藏的时候，我在拍照片，拍风景，他在拍我，他的公司刚刚完成上一轮韩国乐天对他们公司一亿美元的投资，所以现在是估值十亿美元的公司，他在拍我的一些照片。下一个姿势是什么姿势？

听众：应该是自拍。

王雨豪：对，你也可以认为这也是一个自拍的动作，我爬下了20多米深的河沟里，在拍照片，当时鼓舞着内心的就是这样的一句话："不是为了输赢，我就是非常认真的喜欢拍照这件事。"我拍出了什么照片呢，所有的这些照片都是用手机拍的，可以说都是用苹果手机拍的，基本上没有经过重度的修饰，如果有可以理解为稍稍的画了一点淡妆。为了追逐这两个喇嘛，我大概花了半个小时的时间，后来两个人终于拍下的那一瞬间，我已趴在了地上。拍了这样的一组照片，后来西藏卫视把版权买过去了。我在朋友圈里面悬赏征集这张照片的名字，我内心起了一个非常感性的名字，叫作"暂远红尘"。

这是我在新西兰，一条相当于国家公路上拍的一张照片。这张是我借了半杯的白葡萄酒，在奥克兰的游艇码头的照片，这是今年"五一"的时候，我们去沙漠，在沙漠里三天三夜没有手机信号，没有电，没有人，我们在沙漠里面休息了三天，每天穿越在无人区的沙漠，这也是我用手机拍出来的照片。这张是用我们国内的一款叫大疆的无人机拍出来的照片。这家公司很厉害，现在估值超过80亿美元了，是一个80后的小伙子创办的，是一个不出众的，既不是北大、清华，也不是复旦的小伙子。你们有没有感受到一个词，匠人精神。

刚才为什么看这些照片，我们看一看这个时代里面有这么多不靠谱的公司，是怎么创造了这个时代的创业传奇。所以，这个时代我称之为颜值时代。这些公司都是跟手机上做图片处理的、图片美化的有关系，这个有人用过吗？大概有十分之一用过。这个有点冷了，后来因为很快就被百度在2011年11月用千万美元收购了。这个软件我觉得是太不靠谱的一个软件了，这是它的丰胸功能，所以有时候你看，真正打败丰胸公司的不一定是另外一家丰胸公司，可能是一个美图软件。

这是我的一个朋友徐灏创办的公司，现在也有数亿美元的估值，3亿多的用户，叫相机360。这是我另外的朋友，在厦门的吴欣鸿做的美图秀秀。我有时候也会批评欣鸿，他完全干扰了对于爱和审美的市场。咱们今天灯光不太好，这是国外的几款产品，Blink、instagram这个很厉害，这个现在已经达到了350亿美元，但是对于我们来讲也是一个曾经存在，现在不太存在的一个产品。这是我另外的一个朋友，是浙大金融系硕士，后来在淘宝做互联网创业，做了一个叫 in 的产品，10 个月时间，3 000 万用户，这一轮刚刚融了 3 亿人民币资金。十个月的时间，300 天左右，一天是多少。它现在的估值是在 3 亿美元，所以基本上一天是 100 万美元估值的增加，这是完全不可想象的事情。在我们之前的世界里，一家公司做了十五年拿到几十亿人民币估值算是很棒、很了不起、很令人羡慕的了。可是今天就是给图片做标签的这么一家公司，在短短 300 天创造了这么大价值，所以这个时候你再去看，这个时代正在发生某一些类似的变化。

不仅仅是跟照片有关的行业，还有其他耳熟能详的公司，最年轻的应该叫特斯拉电动汽车，现在有接近 300 亿美元的估值，是 2002 年创建的，到今年一共有 13 年的时间。还有其他的这些公司，像 Best Buy 这些租车的公司，还有这些航空公司，酒店的公司，有长达接近一百年的时间。它们的市值都是在 100 亿到 200 亿美元之间，相当于今天的万科，中国最大的住宅房地产上市公司的市值。但是他们跟这家公司比起来都弱爆了。我刚才提到的那家公司，一个从黑车中介开始的一家公司，在这个月又刚刚完成了一轮 20 亿美元的融资，估值是在 500 亿美元，大概在两个多月以前，是做了一轮 450 亿美元的一个估值。所以当时小米被认为是全球未上市的科技企业里面最值钱的，Uber 是排在第二，但是今天 Uber 又反超了。我可以去预计今天 Uber 的价值在全球 20 大汽车公司里，包括大众，包括宝马，包括通用汽车，包括全球市值最高的汽车公司日本的丰田公司，大概是不到 2 000 亿美元，今天 Uber 在跟这些公司比起来，排在第九位，比它高一点点的是宝马汽车公司，我相信在未来的两年时间里面，Uber 可能非常接近丰田汽车公司，甚至在未来达到了全世界跟汽车有关的公司里面估值最高的一家公司。

今天是 5 月 23 号，我们来看一下是不是会在两年之后发生这样的事情，跟车有关，这是刚才讲了令人羡慕但是离我们很遥远的事情。讲一个离我们近的事情，讲一个令人忧伤的感情故事。

大家都认识他们吗？邱启明、高峰、聂远在几月之前，他们因为在锦江饭店打车打不到，邱启明后来写了一篇文章，讲他为给他的孩子送药，三次被拒载，发脾气了，然后他的小伙伴过来和他一起把一名拒载的出租车司机揍了一顿。我不知道他有没有试过用软件叫车，我坦率的来讲，我在过去一年的时间里面，我可能有几百次用软件叫车，我没有一次没叫到过车的，我手机里面有 Uber，有神州专车，有嘀嘀快的，这些我都在用，我觉得特别棒，我今天已经没有司机了，我刚才来也没有开车，我在车上也可以看看一些东西，看看文件。我说我不需要再用自备车了，我跟我儿子讲，我儿子今年13岁，我说等你上大学的时候那个世界是这样的，你根本不需要买车，因为你要去哪里，通过一个软件，叫一辆车，来的车是无人驾驶的，这个车不烧汽油，是电动汽车。我儿子说，会那么快发生吗？我说非常有可能，因为这个世界正在以超出我们想象的速度在进步，所以在这个世界里，如果对正在发生的事情没有好奇心，你手里拿的是土枪、长矛，别人拿的是飞机、冲锋枪，所以你会变成鱼肉，别人变成刀俎。

我知道苹果公司现在已经变成人类历史上最值钱的一家公司，市值接近8 000亿美元，华尔街预测在未来两年时间里苹果市值将超过1万亿美元，那是一个不可想象的数字。我们来看一下，苹果公司从它被创建，一直到今天，整个股价的一个走势，最早的时候是一家几亿美元的公司，然后到几十亿，几百亿，几千亿。今天到接近8 000亿，所以这张图看完了之后，我马上想到了一个词跟数学有关的词，叫指数。所以指数时代是我今天推荐给大家的一个观点。什么叫指数时代，就是你会看到有一个可能是漫长的成长期，它是一个线性的发展，突然在一个加速点起变成了急剧上扬的曲线。

我要问一下这位老先生您今年多大年纪了？

听众：我还很年轻，不老呢。

王雨豪：太棒了，这心态多好，所以面对这样一个时代的时候，如果仅仅谈一个词叫互联网思维，我觉得还有一点太LOW了，思维是你对一些事物的反应、做事的方法、根本的东西，是我们看待世界的一个观点，所以我用了一种这样简单的曲线。

20世纪100年的成就相当于21世纪开端的14年的成就，2014年之后7年的成就相当于过去200年的成就。这是成就，有量化的指标吗？非常简单可以。一个维度就是整个人类制造的这些信息，产生的这些信息也叫多比特，它是总的一个容量，在过去14年的制造的信息总量，相当于上个世纪100年制造信息的总量，所以也有人讲，今天一天产生的信息量相当于《华尔街日报》过去一年产生的所有的信息总量。

所以在这样一个急速指数发展的一个时代里面，我们一定要问一个词，说有没有更为底层的，或者我们可以称之为终极实在的东西是什么。我想找一张图片是非常严肃、认真的，能把终极实在描述出来的图片。我找到了这样的图，很多人会问，王老师这个是他们在After，还是Before。这个不重要，他们会把Love变成了一个碎片，什么事不是碎片的呢？是这样的，无论两个人在谈恋爱，还是在一起吃饭，还是在一起开会，他们都在做一件事情，这件事情就是尽可能的跟这个世界保持着连接，与更多人保持连接，甚至有时候对面坐着的是你最亲爱的人，但是你还会花大量时间保持着跟这个世界的连接。

我还想做一个调查，每天早上起来之后，会做的第一件事情，就是把手机拿起来，看一看里面的微信的内容的，有没有？有的举手，超过三分之一。所以你不会先刷牙，不会先上厕所，会先拿手机看一下，这就是人类，这就是人类的本身，你可以认为他喜欢扯淡大于他干正事的事情，我看到的是背后的连接，跟世界保持的连接的状态。我曾经开玩笑地把马斯洛需求五层图做了一下变化。我们知道马斯洛需求五层图是逐层递增的，最下面是生理需求，上是安全需求，再上面是归属和爱的需求，再上面尊重需求，最上面是自我实现需求。我改成了微信版本的马斯洛需求，最下面是电池的需求，上面是有没有 WIFI，上面是微信上有多少好友，跟尊重对应的是你发了朋友圈之后有没有人点赞，今天发完了没有人点赞，内心会有非常忧伤的感觉，最后是多少人跟你互动。一个小小的微信跟马斯洛需求这么宏大的主题也可以有这样一个关联和对应。

所以顺着这个思路，我的理解是这个世界的宇宙万物是互相连接、互相依赖和不可分割的，从宇宙里面大的星球，从万有引力到人体内的细胞，到今天的一个个人构成微信的社交网络，在今天的一个个家庭，到一个个商业组织，所以在这里面我们知道上个世纪开始人类的物理学进入到量子世界里面，这个里面有一个词叫关系，整个宇宙是不可分割，包括有著名的量子纠缠的实验，说两个量子放在一起，一个基本的质子放在一起，无论把他们分割到多远，当改变一个运动形态的时候，另外一个会同时发生反应，它们怎么做到的我们还不知道，但是这是公认的基本的物理实验。所以这个事很奇怪，这个世间没有东西能快过光速，所以任何东西从一点传播到另外一点，哪怕是无线电信号都需要时间的，为什么量子会发生纠缠，是不是还有另外的一种作用力快过光速，没有人知道答案，但是我们把这个事想得简单一点，我们推出一句话，叫这个世界的本质是连接。

说得再简单一点，我们看到在传统的商业里面有很多公司，它们做的事情都是一个个点，我们可以称之为节点，今天我把加多宝卖给你了，明天卖给他了，它用的是营销、广告等各种各样商业的手段，但是卖出去之后你跟用户都是点对点的关系，一对一的单向关联，你的用户之间没有产生社群、共同的情感这类的连接。所以这种商业机构在今天看来是“不值钱”的公司，是价值很低的公司。刚才大家不知道有没有注意到，我有两个朋友的公司，一家叫相机 360，现在有 3.5 亿的用户，估值大概是三四亿美元；还有一个是创立才 10 个月的公司，叫 in，现在的估值是 3 亿美元，它只是有三千万的用户。一家是图片的处理,所以是一个工具的软件,另外一家是做图片的社交,所以彼此之间在一起互相关联,互相欣赏,互相点评。两家公司 10 倍的用户差,相同的估值,同样一个数量级的估值,背后的道理很简单,就是刚才提到的连接。

有很多例子,你可以去看,这家公司做的是一个网络,做的是一个一个连接的行为,还是做的是单纯的一个节点。我再给你们一些案例,这是美国的一家“最奇葩”的公司,它今天一个用户对应的一个市场的估值大概是在 1 000 美元,我们知道 Face book 一个用户对应的市场的价值是 100 美元。Face book 现在在市场上的估值是 2 280 亿美元,它服务了全球 22 亿的用户,这家公司做的是什么,做的是社区的邻里社交,它把每一个家庭通过这样的一个网络连接在一起。这是在美国,今天是 11 亿美元,一家几十个人的小公司,服务了大概 100 万的用户。这家你们都知道,这是把司机和出租车连接在一起的,现在两家公司也被连接在一起了,叫嘀嘀快的公司。这个是把全球数百万家庭里面的卧室连接在一起的 airbnb,也有人称之为共享经济,它做的在我看来依然是一些连接的事,所以这家公司在去年做的 200 亿美元的估值融资里,高出了很多酒店集团,比希尔顿这些公司的估值要高了去了。也很奇怪,你说那些酒店集团公司有它自己那么庞大的团队,有那么著名的品牌,甚至有自己的房产,而这家公司什么都没有,为什么这么值钱,这个世界难道疯了吗?

我说汽车当它在过去一百年时间里生产出来之后,快速的转为个人私有的资产,在私有的资产过程当中,很多时候是处于闲置的状态,我有一辆奔驰车,每天平均开它的时间不会超过 30 分钟,23 个小时 30 分钟都放在车库里,交停车费,其实算一下的话你每一公里跑的成本远远高于 5 块钱,算上油费,算上停车,现在市面上最好的专车单价也大概是在四五块钱。

所以前段时间有一个创业者拿了一个停车的项目来找我,说豪哥,你帮我看一下这家公司将来有没有前景,因为现在停车太难了,所以把写字楼、医院附近的小区的停车位开发出来,我要把这些停车位闲散的时间买下来,再卖给有车的这些人,我要解决支付的问题,我要做 APP,我要……我说你这个项目我看都不会看的,因为它不符合我对未来世界的预期,我认为未来的年轻人根本不需要买车,车就不应该停下来,所有的车都应该是跑在路上的。将来这些汽车公司应该会被快速的整合,最后应该是金融集团,根据 Uber,滴滴打车这些集团提供的大数据,算出来什么车型最受欢迎,哪些地方的人需要什么样的车,什么样价位的车,然后他们会把全球汽车厂商整合起来,最后变成像富士康一样的企业。如果这样一些胡思乱想在传统的世界节奏里,是需要 20

年才发生的，但在今天这个时代很有可能只需 7 年 8 年，我理解是最长不过 10 年就会发生了。所以再创业关于停车的项目，我认为这个项目根本就不值钱，你辛辛苦苦建一个团队，辛辛苦苦拿 200 万融资，这时候已经一年半过去了，市场上在急速的发生变化，所以我说这样的项目我是不感兴趣的。

我今天跟大家讲的第二个观点是在互联网世界观里，这个世界只有两种构成，一种叫连接，一种叫节点，顺着这个世界观推演下去，今天所有的年轻人，我觉得你们应该就做一种事情，当然你喜欢文学、喜欢艺术、喜欢摄影没有问题，如果你做商业就应该做一件事情，就是发现那些做连接的公司，而且你可以判定他们是指数公司，发现它，如果你有钱就投资它。在 2012 年 4 月 6 号，小米团队大概接近 50 个人，一共出了 1 140 万美元，按照 2 500 万美元的估值投资了这家公司，今天小米的市值按照 450 亿美元来计算，当时的 1 万块钱今天价值 1 600 万，所以那个时候你只要认识了雷军，被请到了那个团队里面，然后从买房子的钱里面拿出个三万五万的，你今天就可以实现经济自由了。

去年 3 月份的时候，我有一个朋友是福布斯中文网的主编，他打电话给我，他说雨豪我有一个朋友介绍了我去滴滴做公关总监，薪水都还好，但是要去北京，然后会给一些期权，他说你觉得我应不应该去。我说你为什么不想去？他说那个公司烧了那么多钱，看不到盈利模式，然后团队又在北京，有可能影响家庭，北京又有沙尘暴……后来我说你应该去，人生能遇到这样的机会不是件容易的事，你看 Uber 在美国那么值钱，在中国市场需求这么饥饿，这么刚需，我觉得这件事差不到哪里去，哪怕这件事失败了，你身上学到的本事和技能也是无比值钱的。然而我这位朋友推荐了他的一个闺密去了，后来他又给我打了一个电话，他说我太后悔了，我的闺密那天跟我发了一个微信说非常感谢你对我的推荐，现在我的期权大概值3 700 万人民币。

所以刚才提到了小米，提到了小米背后有这样的一个人，这个人是谁呢，这个人是今天俄罗斯的投资教父，说如果在中国过去的 15 年你有幸投资了 3 家公司，阿里巴巴、小米和京东，那么你是了不得的投资机构，是中国最棒的投资人，这个人三家公司全投资了，而且这个人厉害的地方是什么，他去硅谷买房子，他说我要买硅谷最贵的房子，我要有品牌效应，我是一个俄罗斯人，你们不是瞧不起我们吗？人家说最贵的大概八九千万美元，他说没有问题，他去看了，硅谷那边的房子没有像中国这么变态、离谱，在硅谷的话，比较好的一套别墅，大概两三百万美元就可以买得到，肯定比我们中国卖的三四千万的别墅要好，然后人家给他看了一个八千万美元的房子，他看完之后说有没有更贵的，人家说旁边还有一个九千万美元的，他说就是它了，我只有一个条件，就是只能按一个价格卖给我：1 亿美元，少一分我都不买。房东一听就傻了，他说必须要买 1 亿美元的房子。扎克伯格应该是 2008 年的时候，被定义为全球未来商业领袖之一，很多人想见扎克伯格是难上加难的，这个哥们儿跟扎克伯格的 CFO 打了一个电话，说我想跟你见一下，聊一下投资的事，CFO 说我们现在不需要投资也不缺钱，他说我还是想见一下，CFO 说那你有空来的时候，你告诉我一下，然后这个哥们直接去机场，就飞到了旧金山去了硅谷，十个小时之后出现 CFO 的办公室的门口，CFO 一看见他就傻眼了，就把他引荐给了扎克伯格，他用了一个扎克伯格定律，是关于社交网络的，几分钟的时间就打动了扎克伯格，他投了 Face book 两个点，后来又买了一些二级市场的股票，一共投了 10 亿美元，到今天为止价值已经超过了 60 亿美元，这个人叫 Yuri Milner，他很传奇，你们可以去网络上查看一下这个人物。为什么要提一下这个人，我觉得这个人对未来有着远见，去做这种创新公司，指数公司的股权投资，所以他投了这些企业基本上都是跟社交网络，跟连接有关系的企业。

另外一个人是中国投资业的教父，今天我们知道很多投资人，沈南鹏、徐新等等这些我就不点他们的名字了，但是今天说的和一个人有关，说他是中国投资业教父的时候，所有人都会闭嘴，因为他在京东项目里面，账面的回报超过 24 亿美元，他是当年河南省驻马店地区的高考状元，后来去了人大，工作了几年之后去了美国耶鲁，遇到了一个他生命中的贵人，那个贵人跟他讲，如果你不能投到百度、阿里巴巴、腾讯的上市，可以投他们上市以后的股票，因为在一个急速发展的市场里面，这些有价值的公司，上市以后股票还会有超过百倍的增长，这个人叫张磊，他投了 30 万美元，回报已经达到了 190 亿美元，在全亚洲已经是最大的美元基金了。他是 1972 年出生的，1990 年那一年，米尔纳去了美国读了沃顿，他去了北京读了人大，这两个人都是对对方极度欣赏的人，因为在他们身上，都充满了对未来的渴望，好奇心和研究的一个态度。

接下来我要给大家推荐一本书，这本书是我见过所有跟创业有关的书里面写得最简单，最有文学色彩，最能打动人心的一本书，叫《从 0 到 1》，这本书的作者是 PayPal 的创始人彼得·蒂尔，后来他和另外一个人 Elon Muck 合并做了 PayPal，再以 16 亿美元卖给了 eBay，接着他又转为投资人，投资了非常多的优秀企业。他写的这本书里面有几点我觉得比较简单，可以在这里非常从容地跟大家分享。第一个你要做符合未来趋势的事情，不要陷入当前，今天一看打车这件事太赚钱了，我也做打车的事。对不起，你已经陷入万劫不复的方向里面了，而一旦方向错了，你唯一能做的事情就是努力不犯错。所以你要去看，什么是未来的趋势，哪怕今天很艰难，做起来很痛苦，但是那是一个对于 BAT 大佬和你来讲大家都在同样的一个起跑线上的事情。

我讲两个事实，一个是在 2006 年的时候，马化腾和他前任的合作伙伴张志东一起聊天，在 2006 年无线互联网、网速这些东西都还是很大问题的时候，他们在一起聊，未来跟我们领域有关的项目里面有哪些会非常有前景，会非常重要。后来张志东有两项投入，一个是手机上的实名社交网络，还有一个是基于我们今天真实社区里面的社交网络。2011 年的 1 月 21 号，微信 1.0 上线了，在 2011 年之前的 5 年时间里面，他们已经在讨论什么是未来的一个趋势了。在 2011 年 1 月 22 号的时候，有一个现象级的产品叫 Talk box，在手机上可以做对讲用的，今天这个功能在微信上做得特别好，那个团队在香港，上线一周有一百万的用户。这一百万的用户里面有 80%是来自中国，而且是用 Facebook 账号登陆的。在第二周的时候，他们的门口出现了两个投资机构的投资经理，一家来自腾讯，还有一家来自陈天桥的盛大。所以你看这个世界上最成功的一批人，他们都在盯着这个世界在发生什么样的急速变化，未来是什么样的。我觉得这本书的作者和我都从内心想推荐给大家对创业方向的认真思考。在彼得·蒂尔的这本《从 0 到 1》里面，在逃逸竞争完之后又提到一个词叫追求垄断，这个词不多讲了，如果你真的踩到未来的趋势，你是有机会追求垄断的。2011 年微信收入是 11 亿美元，有人估计今年会超过 50 亿美元，相当于 6 亿多用户每个人给他贡献了几十块几百块人民币吧。

第三个观点是我送给大家的，也是我送给自己的一句话："我只跟你决战在下一个巅峰"。如果你准备创业，如果你准备加入创业的团队，我希望你能够思考什么是下一个巅峰，那么你就有机会，也有可能跟现在的 BAT 这些大佬，跟市场上最顶级的玩家在一起 PK，这是一个非常重要的问题。我看长江商学院的校训，叫什么"取势、明道、优术"。我说三个词是有次序的，对创业，甚至不仅是创业，都要关注这三个词，什么是势，如何取，方向在哪里？这个道该怎么明，最后才是把身上的手艺，你的活去做好。所以大家知道我在两年以前创建了一家移动招聘的公司，非常幸运，完成了三轮的融资，也有了今天的发展。当然前路还很长，今年我又开启了一个新的事业，是跟我几个非常好的创业朋友，他们也都是很成功的创业者，我们做了一个关于家庭连接的项目。我为什么要做这件事情，我认为这件事有机会成为下一个可以决战的巅峰。我们希望能够把中国的社区家庭连接在一起，可以服务好社区，可以发现关于社区里面在今天还没有看到的很多的新的需求，可以让社区变得更加的幸福，可以把我们社区的业委、居委和商业连接在一起，我们起了这样一个名字，世界再大，也要回家。这件事很难做，中国人现在哪里需要邻居，邻人就是沟壑啊。

我想到了这么一个现象，四年以前我们会想到今天的微信能取代短信，替代电话吗？在两年半的时间里，我没有跟人交换手机号码，只互换了微信，要么你加我微信，要么咱们就不认识，不联系。所以我今天基本上没有接到一个电话，如果有机会我们在一起待一天，会发现从来没有人给我打电话，因为他们只知道我的微信号码，所以我把所有通讯都可以异步通讯，让我极大地提升了效率。四年以前我没有想到今天绝大部分公司组织框架变成了一个个的微信群，这就是当一个可以引发时代变革的产品出现的时候，不仅仅会解决掉现有的问题，还有机会开启未知的问题。所以我们的项目在快速的启动，现在开通了在上海的社区，看到了这个社区里面的家庭，社区里的孩子非常开心，增加了幸福感，所以我知道我又做了一件虽然有着明确的商业诉求和愿景，但同时也是一件跟幸福感有关的公益项目。我今天也算是在这儿，正式地跟大家分享一下我新的创业起点，我不知道会不会成功，我也不知道会不会有机会。2006 年的时候张志东和马化腾的那番对话里，勾勒出一个未来的愿景，我很愿意去试一下，为什么愿意去试一下呢，那就涉及今天我想跟大家分享的最后一部分，关于创业，我对创业的理解。

什么叫常数，学过数学的都知道，叫重复的规律。爱因斯坦在他广义相对论里面，提到了一个宇宙的公式，里面涉及一个常数，因为它要解决引力场的方程，当时他摆不平方程，就引入了一个词叫宇宙常数。他认为这个常数能够保持到它的一个理论模型，那就是宇宙是有限并且静态的，很可惜，他错了。说爱因斯坦“宇宙常数”猜测是错误的这个人是谁，你们知道吗？就是伟大的物理学家，后来的天文望远镜就是以他的名字命名的——哈勃。哈勃把宇宙膨胀的天文观测发给了爱因斯坦，爱因斯坦说关于常数这件事是他一生做的最愚蠢的猜测和决定。

为什么还要提常数这件事情，因为在我理解里面宇宙没有常数，但是创业一定有一些常数，不管是互联网的世界观还是之前工业时代的世界观，还是之前老子的世界观，孔子的世界观，我们都看到了创业者身上有这样的规律。今天这个规律在这个时代变得更加的齐整和明确，我总结了八个字叫精益试错，向死而生。是什么意思呢？

我们看几个案例，第一个是一个连续失败的创业者，1998 年开始创业，但是第一个创业项目，被屈辱性的要求赔偿 2 500 万。后来 2001 年的时候又干了一件事，一直到 2009 年终于把这个公司卖掉了。接近 10 年的时间，这个公司卖了 1000 多万美元，可是他是拿了风险投资的，风险投资有这么一个条款，你拿了500万美元，当你公司卖到1 000万美元的时候，这些钱一分都不属于你。为什么？它有一个叫优先权，他投了多少钱之后，大概行业的标准是两倍的钱。如果公司卖掉了，应该先给投资方，这是行业里的规矩，你说不公平也没有办法。然后剩下的才能让几个合伙人一起去分配，这其实是挺失败的一件事。这个哥们在2009年的时候，并没有气馁，当时他在巴黎参加了一个论坛的活动，他和几小伙伴打车特别困难，他说能不能弄一个有未来方式的，或者改变现在打车的方式。他当时提出一个口号说“像国王一样可以叫车”。所以那一年回去之后他跟小伙伴干了一家这个公司，就是我刚才反复提及了好几遍的公司，Uber。一个连续的失败者，一个创业12年，30多岁的老爷们，在这个时代突然抓到了这样的机会。

第二个案例，是我身边好友创业的故事。他是军校出身，原来是卖手机的，手机在那个时代更像一种商品，我觉得跟加多宝没有什么区别，但是在四年以前他按捺不住想创业的念头。在过去的三年时间里面，他做了三个项目都失败了，手机游戏、发行平台、移动社交平台。但是他没有这么简单的认输，刚才讲了，精益试错，向死而生，早死早托生。所以他一直求变，终于在两年以前开始了安卓桌面项目的进步，今天上一轮刚刚完成的，估值在6亿美元。在海外的用户超过1.2亿了。

另外一个不是特别熟的余建军，我们是微信上的朋友，生活上没有那么多接触。他做的项目品牌是喜马拉雅，喜马拉雅的成绩就不多说了，今天的估值也是达到了几亿美元。建军他在之前做过城市吧、截图软件，还有一个叫第二人生的虚拟世界“那里世界”，种种的不甘和无奈之下找到这样的项目。他的A轮，他B轮刚刚做完，融资额大约在7千万美元。

去年开始的1块钱可以洗车的项目，这个项目叫养车点点，在9个月时间里融了四轮资，估值超过10亿美元；二手房销售的一家公司，改变了传统的房屋，二手房租界的成本结构，去掉了物理成本，降低了交易成本，重新塑造了组织成本。我有一个叫创业的理论分析模型，叫成本结构破坏论，每一个新冒出来的创业项目，如果有机会成功，一定在成本结构上对现有的或者传统的商业组织结构进行破坏，成本结构可以被分为物理成本、组织成本、交易成本，所以你看京东，它在打苏宁、国美的时候，在物理成本、交易成本、组织成本上都有了非常有意思的一个变化，我不展开来讲了。这个二手房销售公司叫爱屋吉屋。

在硅谷有这样一句话，被所有硅谷的投资人和创业者深深信服，而且不断地重复，但是在中国还没有形成一种共识，我觉得是有一点可惜的事，这句话叫："快速失败，便宜失败"。怎么能够不是傻傻的坚持一条死路走到黑，怎么样能够判别这件事对了还是错了，是不是真正的在成本结构上有破坏，是不是符合未来的趋势，这其中背后一定有很多逻辑，我希望我们能一起探讨的事情，向死而生，可能所有的创业都是要失败的，我不知道再过一年、两年，马云还会不会说他的阿里巴巴要做一个一百零二年的集团，但是我觉得这本身来讲是没有什么意义的事。所有的组织最终一定都会死亡，关键是在这个过程当中有没有诞生出下一代更先进的组织和商业模型。

最后送给大家的是创业的技巧，刚才开场有人问我金融产品怎么做，或者招聘的事，大部分的事情我都不知道，但是我知道几个基本的法则或者规律，是我自己的实践，其中很重要的一条就是乔布斯先生讲的："要么杰作，要么狗屎"。这个社会已经进入了绝对的二元论，这个世界里面要么招到的是绝对优秀的人，要么达不到这个标准，要么这个事情做到了杰作，要么这个事情就一定是垃圾，这个组织当中也是这样。所以乔布斯在 1997 年回到苹果的时候，他有 40％的时间在招聘，还有 40％的时间在骂街，通过各种各样的骂街，把他请来的人才身上的天赋、狼性、积极性发挥出来。

我给大家讲一个小故事，中欧有支持一个中国的公益项目，叫捡回珍珠计划，是帮助那些家里面，可能在农村，在小城镇，在郊区，家里发生重大变故的孩子，这些孩子可能父母不在了，家里亲人有残疾，极度贫困，但是这些孩子很优秀、学习很好，然后去捐助他们。从小学、初中、高中，这个计划做了 6 年时间了。这是台湾原来的财政部长发起的项目，然后这个项目我们有跟他合作，设计一款海报。当时把这个任务交给了一个刚刚加入团队不久的年轻设计师，她知道老板很挑剔，一件小事情都是吹毛求疵的，甚至不近人情的，她有心理准备，所以她非常认真地做了一个宣传我们跟捡回珍珠计划在一起合作的海报。海报是这样的：捡回珍珠所以要有手，珍珠应该放在一个东西里，所以找了一个扇贝的壳子，因为商业机构做这件事，所以要有网址，加了一个文案，"慧眼识珠，爱心接力，谁是下一个接棒者"，我们是鼓励更多的人加入到这个计划里面来。我们要帮助当时已经从北大、清华、复旦、交大这些学校毕业的孩子们，能找到好的实习单位，请到那些将来有前途的企业，给这些孩子实习的机会。看完之后我脸一沉，我说这绝对是非常糟糕的设计作品，怎么能做这样的事情呢。因为她心里已经有准备了，嫣然一笑，说没关系，老王我明天我再给你出一个产品。看了她出的产品，我也没动声色，说这个依然糟糕，根本没有打动我，这绝对不是咱们讲的移动互联网时代，高度感性，能够天然产生连接能力的一个作品，哪怕是手机上传播的一个海报。小姑娘心里面觉得有一些严肃了，第三天，借用了当时的老导演的海报又按照电影海报做了这样的风格，“我们来了，你在哪里”，一下子让我们想到《非诚勿扰》。我说明天看不到这个产品出来，你明天就可以辞职回家了，不要再做这个事情了，这已经是下了通牒的事情，我说就这么一张海报，是我们的机会，可以动用手头资源去打动世界，去连接这个世界的一件事，你把这个事做得像垃圾一样，这件事不就白做了吗？第四天她拿出了一个海报，这幅海报真正打动了我内心。这幅海报非常简单，非常朴素，也没有什么大片、精彩的画面，但是我非常喜欢。我当时看完之后心里面一下子有潮潮的感觉，我自己就是一个在东北最东边乌苏里旁边的小镇上的孩子，通过学习，通过全国奥林匹克物理竞赛，一步步，进了关，读大学，去广州，去美国；在上海工作、创业，还有各种各样的失败。那张海报击穿了我的心，创业还有各种各样的失败。这张海报的文字是这样写的：“二楼的图书馆最难打扫，一年级的语文最好教，清真窗口要多放羊肉，礼仪小姐身高要求1米66，走过土坡上的菜园也快走出大学的校园，我会找一份好工作，为了感恩帮助我的你，为了爸妈舍不得买的棉衣，我不是临时工、我是珍珠生”。人再困难、再贫贱、再屈辱，再被打到底层的时候，那种自信肯定是要有的。这就对了，海报就应该这样设计，你一个组织里就应该有这样的态度。她今天还依然在团队里面，没有走。

最后送两句话给大家，第一句话是我自己非常喜欢的一句话，如果你相信我今天讲的是我对世界发自真心的看法，你也相信我也相信：“如果爱，请深爱”。下面还有一句：“如果做，请猛做。”

好，就讲这么多吧。我个人把演讲作为一个公益性的事情，在周末大概做了50场的演讲，周一到周五是跟程序员等一起创业。我希望把世界的思考和看法能够跟你们一起分享，所以我有很多课件，我可以讲历史，可以讲数学，可以讲教育，今天是把我对创业的想法跟你们分享一下。

听众：我现在有一个问题，当今是一个充满大数据、云计算和物联网的时代。我想问一下您，现在这样的时代对未来人类社会的发展，还有政府的决策和企业的决策起到怎么样颠覆性的影响？

王雨豪：我想问一下，这个问题对你很重要吗？

听众：对我很重要，我现在做的是传统制造业，我发现我们传统制造业，越来越萎靡，我现在处于想转型的阶段，我现在从网络上，还有书籍上看了这方面的知识，我也很欣赏你刚才说的话，我记得雷军说过即使站在风口上猪也能飞起来，抓住时代的潮流，所以我觉得这个问题对我很重要。

王雨豪：我的确不擅长回答那么大的问题，我是这样想的，在 1997 年年底的时候，我做了人生中非常错误的决定。我当时刚刚毕业两年的时间，在一家诺基亚公司，是它在中国区最年轻的，本土的经理级别的员工。然后有一家公司通过猎头找到我，给了我三倍的薪水，送我到美国读书，我一想在诺基亚干的很不错了，1996 年一万多块钱一个月，相当于现在五六万差不多了，那家公司给我 3 万多，我就辞去诺基亚公司的职位，去美国学习，然后回来做这件事，那家公司是非常传统的行业，我用了差不多 9 年创业，最后从这个行业里面回到今天做的这样的事，这样的领域里面。

我离开了当时的诺基亚公司，那时候的诺基亚相当于今天的苹果公司，这是让我在职场里做的最追悔莫及的事情。所以我今天愿意到这儿跟年轻人一起聊一聊，我想讲的就是这样的道理，在那个时候我的生命里没有一位大哥，没有一个导师告诉我说“男怕入错行”。这句话不仅古代有效，今天有效，对男的有效，对女的依然有效。所以要勇敢地选择趋势性的行业，哪怕阶段性有失败。

我前段时间遇到一个小伙子，他是一个富二代，在美国一个学校读书，回来创业花了一百万失败了。他通过各种方式找到了我，说王老师能不能给你做三个月助手，三个月以后我有个项目去做，我跟你学三个月。我说孩子，虽然咱不是小米，不是阿里巴巴，我们也有商业秘密的，再说我的时间也没有那么多。他说，这样子王老师，我用我们家族跟你担保，绝对不会随便说商业秘密的，同时我愿意给公司交两万块钱，我跟你在一起实习三个月。我听完之后挺震撼的，我说现在的 90 后了不得了，我未必有资格去做他的老师，但是他对这样的一些做法或者一些事情的一个态度我觉得他是开窍了。所以如果有机会选择，哪怕工资低点，哪怕做的事辛苦一点，我觉得应该去接受的。

其实我讲的所有这些，都是想跟你说，世界正在急速的变化。我真的不擅长回答这种问题。

听众：我的这个问题比较小一点，我请王雨豪先生推荐给我几本书，能够提升我智慧的书。

王雨豪：你可以在我公众号里留一下言，我明天会发一个我最近推荐的书单，大概有十五部书，其中的两本书是我强烈推荐的，无论是学文科、学理科的一定要读一下。这两本书，一本叫《信息简史》，一本叫《从 0 到 1》。

听众：我的第一个问题是很多 APP 开始出来的时候都很火爆，比如你刚才提到的魔图精灵、足迹、脸萌，但是过一段时间以后就销声匿迹了。是不是因为后续能力不足？第二个问题，即便有后续的创新能力，也很快地被那些大佬收购了，年轻人创业到了一个阶段，好像又满足现状，我拿几千万美金回来就好了。怎么激励年轻人继续创新下去，不被大佬吞并？

王雨豪：你这个问题背后包含了很多很多深层次问题，我从这几个方面讲一下我的看法，第一个无论是“脸萌”还是“足迹”，包括“快看漫画”，他们做的这些项目，我个人认为是非常成功的。因为在二十几岁刚刚开始创业的时候就获得了几百万美元，有几千万人民币风投的支持，给他未来留出来很大的空间和可能，去做真正的持久创新。其实在之前的话，比如在2000年左右的时候，中国大部分的创业者是没有这样的运气和机会的，所以这是时代的进步。

第二点成功本身有一些就是像流感一样的，就是现象级的成功，一阵风的来，一阵风的去，是客观存在的，跟大不大佬抄袭你没有太大的关系。大佬抄袭你也好，不抄袭你也好，最后都是现象级的，可能就是像流星一样，但这种项目是客观存在的。在选择的时候要做一些思考，是不是要选这样的项目。

我有一个很好的老大哥，原来是第一任的国美总经理，做了一辈子的职业经理人。后来他决定创业，红杉给了他几百万美元，他就做了一个化妆品的连锁店，他觉得中国人爱美了，女孩子爱美了，就去做了这样一个东西。但是他想到这件事的时候已经落后于时代的趋势，后来淘宝麾下的电商的化妆品快速的崛起，这几百万美元就花进去了，他建了几十家店一直在亏钱，最终他把这件事停掉了。他说我要再去做一个小一点的事情。他选择了美甲，他说我要做一个美甲的连锁店。然而没有想到北京出了一个奇葩叫孟醒，江湖绰号“雕爷”创建了一个河狸家，又把他弄到了万劫不复的境地里面。这人背到这个程度，就没什么好说的了。

第一个项目赶到了马云，第二个项目赶到了北京的奇葩，谁会想到中国的O2O是从美甲这个行业开始的呢。所以我觉得是这样的，第一还是要去想，能不能想明白，各人有各人的缘分，真的错了就愿赌服输，这也是我给的一点点建议。

最后一个小伙子你有什么问题？

听众：我是一名刚毕业的大学生，现在刚从学校步入社会，感觉社会跟学校之间有很多脱节的东西。我现在就职一家互联网公司，主要从事SEM广告优化的工作，做360推广这块的一些服务，现在感觉最大的困惑就是白天很多时间忙着在工作，发现跟家人的联系渐渐淡疏了。还有就是请王老师给迷茫的90后一些生活和就业方面的指导，有什么好的意见或者建议，给我们的成长有一个什么样的指导性的方向。

王雨豪：第一个给你的建议的话就是你刚才的提问相当于在朗诵和演讲，可以想办法做得非常精简。

第二个建议我觉得你说的迷茫和痛苦，其实每个时代都存在的，我今天看了很多90后我会很严格的要求他们，我大概是在24岁的时候从美国受训回来，在一家美国公司做上海区的首席代表，进了美商会。美商会在中国的历史上，从来没有一个人24岁做到美商会的代表。所以我觉得90后应该比我更牛了吧，如果你也是90后的话，我会按照那个标准，即便自负的人也是一路坎坷，关键自己要有一个开放、幸福的心态。而且我今天特别高兴的是我现在有勇气和信心做一些未来的事情。

再说一点，我当时毕业的时候，刚开始步入社会，我妈妈给我准备了3000块钱，藏在家里的褥子下面，后来我从学校回家看他们一眼准备南下闯世界了，不知道钱被谁偷掉了，我母亲急得胃出血住院了，但她又给我凑了1000块钱送我南下去深圳。我步入社会就是从这1000块钱开始的。所以我在想，每个时代都有自己的辛酸和一些迷茫的地方，但是这些东西是共同的。

前段时间来了个90后的小伙子，他到这儿来求职，面试时，我问他很多大而无当的问题，我说我们在做什么事情，发给你的资料你看了吗？他说我没有看，我说我给你讲一下我当时是怎么拿到诺基亚那份工作的。当时在诺基亚争取到一个面试机会之后，在广州陵园西路上集中了所有卖手机的专卖店、配件，手机机身，还有电池和充电器的商店。我花了两天时间，调查了大概有十七家店，真货、假货卖多少钱，怎么分布的，买多少量，可以打多少折，那时候我没有电脑，没有打印机，我用手写了一个两页纸的报告，我拿着报告去见当时面试招聘我的人，一个香港人，我给他看完了以后，他说我们要经过5轮面试，但是小伙子我决定录用你了。我觉得20年以前我是这样做的，为什么今天你们不可以这样做呢。

互联网创业，天时地利人和

童玮亮

梧桐树资本创始合伙人。专注于 TMT 行业投资，投资了 Camera360，大姨吗，张小盒等项目。拥有超过 20 年的 TMT 行业经验，擅长于战略规划、业务拓展、整合营销及资本运作。曾经是戈壁投资的合伙人；网际快车 FlashGet 合伙人；Zcom 电子杂志副总裁。同时也是青年天使会和中国 TMT 商会的常务理事；携手行动公益创始人。

大家好，非常高兴在上海图书馆和大家一起交流自己过去创业和投资的经验。其实我也是上海人，但是我平时住在北京，所以大家一般说上海人在北京叫“伏帝魔”，就是潜伏在帝都、魔都的人，我自己也是这么认为。

今天跟大家聊一聊互联网和创业，首先我自己从 1998 年开始做个人互联网公司，一直做到 2010 年，最后去戈壁投资，从 2011 年到现在一直在投资。自己经历过创业和投资，在自己创业和投资的时候，看到最多的就是天时地利人和。所以今天和大家分享一下自己的经验，后面也会跟大家互动一下。

作为一个创业者，哪怕在公司打工，首先要接受当下，当下一定会有很多问题，但是没有关系，你首先要接受它。我们首先考虑是给予，你可以给予你这个公司什么，让它发挥得更好。或者创业的时候你可以给予你员工什么，让他们生活得更好。只要你首先想到给予，我相信一定能够获得更多的东西。

今天演讲的内容主要分三块，首先讲一下时代，大的时代；然后再讲一下我自己熟悉的互联网；最后跟大家讲一下与创业相关的事。

我首先认为自己还是互联网人，因为我觉得互联网改变我很多东西。现在我是投资人、公益人，我自己投了很多的产品，我自己是超级产品测试人，很多产品第一个是我发现的，然后告诉创业者。

每一个时代永远是最好的时代，也是一个最坏的时代；是一个智慧的时代，也是一个愚昧的时代;是光明的时代,也是黑暗的时代。这是狄更斯在《双城记》里面的一段话。

为什么这么说,大家可以看到苹果公司是最大的公司,脸书是最大的社交公司,2007年的时候脸书刚成立,谷歌那个时候刚上市,特斯拉那个时候还不存在,小米公司还没有开始。现在是最好的时代,互联网、移动互联网、云、社交这些标签是当下最热的东西。

大家现在每一个人都在用智能手机。智能手机就像新的身体,摄像头就像新的眼睛,电动汽车是新时代,最长热的O2O、互联网金融、3D打印、软硬结合这是目前当下最热的东西,也是当下改变我们生活的东西。

但是也是最坏的时代,我虽然不是苹果的粉丝,但是我自己现在也在用苹果设备。乔布斯去世了,当下很多事情在被颠覆,尤其是传统产业的出路在什么地方。

现在一个产品出来了,其实是在为你的粉丝而名,互联网改变了以往渠道、信息不对称,把中间的环节去掉,从而使中间的环节被消亡。过去我们说一个企业的组织有非常多的层级,但是企业组织在当下产业链中,内部构架也在重构,过去的成就现在却成为了包袱。

过去有很多连锁店,销售额很高,现在连锁店成为重资产,那些线下连锁店销售会被线上给代替。过去他们布了局,现在却成了包袱。像互联网创业,BAT、百度、腾讯对互联网创业来说又像新的三座大山。现在他们有自己的生态环境,但是创业的时候想一下是不是做他们主营业务,如果是这样很可能没有成功的时候就被这些大家伙给干掉了。当下的创业也可能有一些坏的因素在里面。

继续说时代,工业化的时代,这个场景是过去福特造车的时候,过去有很多产品有大量的库存,然后通过一级、二级的销售到客户手里。工业化生产是降低成本、集权销售,大规模的生产、大规模的销售,大规模的传播。工业化的模式在1984年,是老大哥的模式。但是从2000年以后互联网兴起,互联网是什么?互联网是一堆标签,分散的、细碎的。当一个产品原型出来的时候可能非常快的就推向了用户,通过用户的反馈把产品又迅速做迭代,通过迭代又有新的2.0产品上线,迅速的流程是互联网时代下面企业或者一个产品的竞争。

快速迭代产品、快速试错高效反馈,现在一个互联网软件企业,或者是APP企业里面一个迭代的版本可能是一周或者是两周,就会发一个新版本处理。这个快速的迭代是靠用户的反馈。所以大家会非常关心用户的提问,每一个产品都有自己的论坛、

QQ 群，不断获取用户评论获取用户反馈以后，去迭代你的产品，把你新的产品非常快地、迅速地展现在用户的面前。

这个时候的销售是用粉丝的情感销售的，每一个产品都有非常忠实的粉丝群体。这个粉丝群体或许很大或许很小，你有一万粉丝群体可能会给你带来非常大的收益。这就是当下通过粉丝的情感销售，哪怕一万个粉丝对你品牌形成忠诚度，也许就是很好的生意，当然未必是很好的平台，我们还需要传播。但是现在的传播是自媒体传播。每一个人都有自己的微博、微信、朋友圈，这种个性分众的传播像滚雪球一样越积越大。这就是互联网时代 P2P 的平等友爱。

这不是 P2P 小贷，十年前不知道大家有没有用过像电驴、LCD 这样的 P2P 的下载，可能就是心目中的互联网，每一个人都是结点。传播、下载、输出都在结点上面，也许你这个结点坏了没有问题，有更多的结点在那里。P2P 的传播是互联网真正的精神。所以每一个人都是平等的，每一个人都有价值，既能获取又能给予。这就是互联网时代平等友爱的新时代。

第二块是我自己熟悉的互联网，我自己上网是在 1996 年、1997 年的时候。我当时在计算机公司，是用公司的电话拨号上网，拨到外地要长途电话，通过 BBS 上网。那个时候没有图形化界面，那个时候可能是 14.4K 的速度，后来是 28.8K、56K，到现在的宽带。互联网通过十年、十五年、二十年的变化，已经成为水、电、煤气一样的基础设施。过去电力革命带来工业化时代，互联网带来信息化时代。但是互联网这二十年是在自生长。

2000 年是互联网最热的泡沫时期，那个时候讲的最有名的话是互联网从来不知道电脑那一端的你是不是一条狗。互联网那边可能是匿名的人或者是狗按的键盘输入的字，但是你不知道他是男、女或者是动物。现在大家用 PC 上网，互联网已经知道了你的性格、爱好、暗恋对象和购物习惯。因为你上的网站都记录了用户行为。现在在微信，经常看某一个人朋友圈，这个人也许是你暗恋的人，虽然那个人不知道但是互联网、腾讯可能是知道的。

畅想一下未来互联网可以告诉你今天穿什么出门，因为他知道今天天气情况是什么样的，去什么地方、和谁约会，最好几点到什么地方吃饭，买什么理财产品。互联网个性化的推荐会越来越强，那个时候我们会更依赖互联网。

互联网给你改变什么东西。互联网普及的第一个时间是从 2000 年到 2010 年，以线上为主，他改变了我们的传递方式。信息流改变了，上面有门户、搜索、电商，物流有电子商务、资金流电商、炒股,包括有论坛、社交、关系流。把这些信息流、物流、资金流、关系流通过价值传递给我们,方式也在进行着变化。

前十年还需要完成一件事情,过去门户是单向,是精英采集生产内容,信息聚合之后我们才看到。那只是看互联网 1.0 时代,只是单向去接受,这有一点像报纸、电台、电视一样单向地接受信息,这是互联网刚开始的时候。

但是到 2005 年左右搜索已经非常普及了,搜索的团队通过技术抓取互联网上各种各样的内容,存到服务器当中。互联网百度、google 中间的框在输入一些我们想要的东西,系统就可以反馈给我们想要的东西。输入的行为某种意义上已经形成了你和互联网,或者是你和公司的小互动。这已经从单向接收转变成了简单的双向互动。

再往后国外有脸书,中国有 QQ、人人网、开心网、陌陌,其实社交变成我们行为的主流。这个时候每一个人都在生产内容,过去可能是由精英生产内容,去抓取互联网中有价值的内容呈现给我们。现在每一个人都在互联网上产生内容,每发一条微信,每在论坛发一条帖子,回复一条帖子都在生产内容。所以互联网是信息化,互联网信息每一个人都在产生。现在互联网每两年产生的内容是过去十年产生内容的总和,互联网第一个十年是精英化到平民化、全民化。而信息爆炸也是从过去 PC 互联网到现在移动互联网。因为每一个人都有手机,所以普及率提升非常快。

从 2011 年到 2020 年是互联网的第二个十年,尤其是移动互联网的出现,线上、线下的融合给人们生活创造了无限的可能。过去十年是信息的传递,现在是价值的创造。资金的筹集,现在有众筹、P2P 的金融。生产和研发,过去生产创业者有一个想法立刻就把东西生产出来。但是现在有众包,包括 C2B,你有需求把想法提出来,可能有一百个人的想法,但是其中十个人的想法获得了一千个人的用户,生产厂商就会去生产这十款产品。

众包的方式是我有创意,我不认识设计师,但是发布在一个平台上面,那些设计师就把我的想法变成虚拟的产品,然后生产者把虚拟的产品又去生产出来,众包的方式改变了生产和研发的方式。

当然营销传播,像微博、微信,每一个人都是传播的渠道,这种新的传播方式也出来了,而消费方式,譬如 O2O、打车,现在用滴滴打车、快的打车。过去都在路上招手打车,现在不用,在家里选好滴滴打车,司机到楼下,我下去坐车就走了,这改变了我们生活方式。包括去哪一个餐厅吃东西,去陌生城市第一点开的是大众点评,通过信息获取方式知道评价很高的餐厅,就可以去那里消费。这种线上、线下的改变,改变了过去的生活。

互联网后十年正在完成信息价值到生活价值的改变，电商使商品的销售购买方式在改变，O2O服务体验方式的改变，使消费的方式发生了变化，人们可能越来越少使用现金，信用卡甚至都不用了，只用支付宝、微信支付，就把消费完成。物联网，尤其从过去互联网到移动互联网，再到当下物联网，某种意义上是智能软硬件的结合，物联网在改变信息服务和生活的整体融合。譬如大家知道苹果手表戴在手上，过去要拿手机才能知道信息提示，现在一抬手腕就知道了。它还同时检测心跳、心率，如果有问题都可以提醒我。这些都改变着我们的生活习惯。

所以互联网2.0到3.0也是巨大的跨越，是从生产价值到生活价值的转变。

互联网3.0到N.0的改变，是量变到质变，是互联网和人融合的过程。现在的互联网还是物和物、物和人，将来每一个产品都有一个传感器，知道当时的状态和行为，这是智能设备和人的结合，我们戴智能手表、智能眼镜可以知道人的行为。

再往后，我自己定义的人联网，就是物和人真正的结合。不知道大家有没有看过《黑客帝国》，大家可以知道现实生活当中，当你插上虚拟的东西，一个物体和你脑子相结合之后进入虚拟世界，我个人觉得这种虚拟世界和现实世界早晚会发生融合，包括现在有VR眼镜，其实就是让你活生生地进入虚拟空间，有一些虚拟的行为在里面。也许那个时候人和人之间有公有的思维。现在人与互联网还需要输入搜索什么东西，到那个时候当人脑和互联网相关联的时候，大家只要想一个东西，互联网公有的东西就会出现，中间有一个防火墙，私有的记忆是你自己。也许私有的记忆也没有，《三体》里面就有，更高等级的生命是没有隐私的，思维会立刻被反馈出来，也许那个时候真的是这样。当然地球和其他星球联合起来，这也会成为可能。

所以互联网到人联网到宇宙联网，这当中有一个红色的逗号，我自己认为是起点或者是基点的来临。当人工智能真正能够超过人的智能时，起点来临的时候，质变可能就会发生。人工智能可以超过人的智能，也许有人说是50年，也许说是100年，但是这个时间点很快就会到来，那个时候是好是坏不知道，但是那个时候的到来可能是一个必然的趋势。

刚才说的稍微有一点远，说到了未来。现在再说说现在——互联网。中国互联网很发达了。美国互联网也很发达，虽然中国的GDP超过了日本，已经排名全球第二位，但是我们依然要看到一个数字——人均GDP，我自己创业和投资只关注人均GDP。在美国这些发达国家对互联网产品的创新要求非常强，挑战非常大。但是在中国国内传统实体经济本身还没有特别完善,国民的需求还处于初级阶段,所以对互联网产品的创新要求,其实会比美国低,但是互联网对传统实体经济推动更强,机会更多。

大家可以看一下,世界平均人均 GDP 这条线。2013 年的时候中国的人均 GDP 突破六千美金,2014 年中国人均 GDP 突破七千美金。1975 年美国人均 GDP 大概七千多美金,中国 2014 年人均 GDP 是破七千美金,这中间有差距。美国创新性要求比较高,但是中国创新不高,所以对传统行业的颠覆性更大。包括像美国、日本传统线下经济很发达,想改变不容易,但是中国很容易改变。

美国有非常多垂直的网站,中国依然是类似于百度、淘宝、新浪、163 等,以搜索门户购物为主。这种垂直的应用在中国排名还在后面,中国个性化消费还没有完全形成。

中美两国使用的差距,美国人可能用的比较多的是效率,中国用的非常少。而中国用的非常多的是新闻、天气以及游戏,在美国可能未必有我们用得多。这两个国家的主流网民需求和消费方式是不一样的,所以带来不同的主流网站。

在美国全球排名三十的网站,ETSY 值八十亿美金,中国有他们的山寨复制品,但是这些网站在中国排名没有那么高,市值或规模也没有那么大。说到主流用户,美国的主流用户很多是受过高等教育有钱又闲的家庭妇女,不是贬义词是褒义词,他们的生活很稳定不用工作了,但是他们又受过高等教育,有非常好的审美,所以他们可以上那些网站。

中产阶级是中国互联网的主流用户,平时在超大型城市中生活的朋友都是白领、精英,但是真正的主流用户是二三线城市的屌丝,相对低学历、低收入的人群,他们的生活没有那么好,但是在积极努力把生活提升更好的人。

中国中产阶级正在形成,但是形成互联网主流还需要 2～5 年,或者更多的时间。这其实是一个问号。所以中国的互联网是一个屌丝经济。

互联网思维从某种意义上讲就是毛泽东思想。互联网思维讲的是用户体验至上,毛泽东早就说过为人民服务。很多创业者用投资的钱去为人民服务,大家知道滴滴打车、快的打车每一个月烧多少钱?一亿到两亿美金,这些钱都是从投资人那里来的。真正为用户创造非常好的体验,QQ 当年也是。QQ 过去完全没有盈利,QQ 过去是人和人点对点的聊天,靠什么盈利?但是坚持五年、十年之后 QQ 成为中国最大的门户网站,中国最大的游戏公司。当你一些基础的用户体验让用户非常着迷了以后,上面有增值服务就可以创造一个非常好的公司。

很多互联网公司早期都在烧钱，就是让用户养成这样的行为和习惯，增加用户粘度，然后早晚可以从用户、广告商、大客户那里挣到钱。

但是回过头来任何一个企业，包括互联网业人性永远是最高的，永远是最光辉的。品牌其实就是互联网公司的人性，人性高于产品，打动你的用户，包括打动你员工的依然是你公司或者是产品的人性。

大家知道雷军做的小米手机核心优势是性价比。但是小米会说性价比吗？小米永远不会说性价比三个字，他会说为发烧而生。发烧和性价比是两个阶层，过去三星、苹果都是卖三千块钱，包括国内很多手机两、三千块钱，但三星的价格就降到1999元，他的红米是699元，大家买它就是因为性价比好。盒子上面写的是为发烧而生，产品有这么高的配置你用这么低的价格买到了，品牌形象就比较高了。

我自己投了一个公司叫大姨吗，是做经期管理的APP。这款APP不会主打经期这样的话题，而是说女性关爱自我意识。北京有一个很火的店叫黄太吉，是一个煎饼果子店，但是在外面永远说正能量、说中国梦。所以当你把一个品牌结合到和你品牌相对应更高的形象时，你的人性或者你的产品形成时，互联网所谓的人性才会出来，人性形成粉丝经济。一旦形成粉丝，大规模的粉丝，公司的价值就变得非常高。

第三块是创业。创业就是天时地利人和。每一块细分来说，首先创业天时。创业尽量选择巨大的空间，一个公司可以赚钱、正向现金流就是很好的创业。投资人做创业的事情往往让你做有巨大空间的事情，选择用户规模大、时间频率高，且不宜被替代的细分市场。

譬如消费类的应用，巴菲特的投资理念就是一生追求消费垄断企业。例如可口可乐。2012年上半年全球互联网VC投资份额当中26%是消费类。首先找一个巨大空间，这个巨大空间怎么拿数字定义。我们认为这个公司在接下来两三年里面整个市场份额规模要超过一百亿人民币，如果你在市场规模十亿人民币的公司里面去创业，你做的行业老大占30%的规模，你销售额也就是三个亿，这对应你的利润可能只有10%、20%，也就是六千万的利润，也就一千万美金。但是自己在VC阶层定义去美国纳斯达克上市，至少年净利润可以达到两千万美金才是不错的上市。所以尽量选择巨大规模的市场。

现在是移动互联网时代，在移动互联网时代去创业找到什么样的天时，还是说APP，还是移动互联网创业里面主流需求，时间点非常不一样了。我说尽量主流垂直，因为真正非常主流的应用可能在2010年，2011年的时候已经被投掉了，类似当时投的Camera360是手机拍照的软件。现在很多人在用美图，譬如过去墨迹天气，天气类的应用软件，那些公司在2011年的时候就已经投完了，你就要找一些特别垂直的应用。这样的应用要满足大部分用户需求，如果不是大部分也要足够细分市场。未来巨大空间的垂直用户市场，最好可以符合手机的特性，手机的特性有很多传感器，随时随地可以能去用。但是从需求痛点出发，做一些主流和垂直应用。一旦用户用一个应用的时候，尽量让用户能够去产生内容，有一个云端的服务。UDC就是用户去用你的产品产生了内容。

譬如大姨吗，一般记录了女性用户的经期，墨迹天气就是看看天气，光看是没有用的，最好收藏一些城市，客户常用的城市天气是什么样，一定要有一些行为。而一旦用户去记录东西以后，尽量将这些东西保存到你的云端、服务器端，这就形成了账号系统，用户记录相关信息存到你那里去，用户一定主动或者是被动产生了一些自动行为，形成了用户的体系和用户的账号，你这个产品和用户之间一定形成了一些初步的黏性。

这个产品尽量可以形成垂直的社区，有了这个社区，用户和用户之间可以更多地互动，这些信息流的社区让用户产生更多的内容，用户交互产生黏性。

账号系统也许可以用QQ、微博、微信人际关系等第三方登录，尽量形成自己特色的登录，留住用户。一旦这个社区形成，用户和用户之间在你社区形成黏性，就不会轻易放弃你这个产品了。

最后还要说到商业化，就两个，一种是大客户付费，典型案例是广告，由宝马、奔驰之类的大企业付费，另外就是用户付费。这两种商业模式在移动互联网应用当中其实会更加软性，更加个性化。你的用户行为往往被手机记录了，这个时候推荐给你一个不是硬性的广告，而可能是以一个内容的形式推荐给你。譬如今日头条，很多人用它看新闻，其实每一个屏里面一定有一个广告，但是一个广告不同的人看就会不一样。也许你喜欢汽车，推荐给你一个汽车的内容，你今天看汽车信息的时候，这个信息其实是一个广告。当你看化妆品信息的时候，这个信息其实是广告。根据用户行为形成个性化推荐的广告时，在移动互联网时代会越来越多。而你把它当作一个内容去看的时候，你一定兴趣会更大，甚至会形成后面的消费。这样广告客户去付费，去投放广告的意愿也会比较强。商业化的过程在移动互联网时代会有更多的不一样。

当下投资人最热的O2O，我自己个人的观点有两条线。从线上到线下，自己定义是叫“吸星大法”，线上到线下更加偏于平台运营，平台可以迅速吸量，迅速积累用户，是引流量轻服务、迅速扩张起来的。

举两个例子，“饿了么”，其实是上海交大的两个大学生做的产品，现在估值非常高，外卖这个行业不提供外送具体服务，就让商户自己去送东西，所以扩张会很快。但是会发生一个情况，商户送外卖的时候可能时间很长，可能服务没有那么好，这个平台控制不了。但是一开始先不管这些东西，迅速就把外卖这件事情铺到全国各地。

对应“饿了么”这种快速扩张的平台，北京有一个“到家美食汇”，这个公司也挺好的，我自己也会用它的服务。它也有一个网站，网站定了某一个餐馆的某些菜，公司自己的快递员去商家把菜取完，然后送到我家里，服务很快、速度很快，统一标准化的形象，穿着他的衣服和背着他的包，但是扩张非常慢。

另外，可能很多人知道的美甲服务，它是让很多所谓的个人手工业者，就是美甲的人做上门服务。这其实很好，但是你要短时间内聚集这么多美甲师，甚至有可能培训他们有更好的美甲职业能力，然后让这些人上门服务。其实扩张起来还是比较慢的，这两个不一样是在于线上到线下是那些高频次、低额单价，但是是非常标准化的服务适合做；而那些低频、高额单价，是服务非标准化的适合做。

滴滴打车，是非常适合做上面这个平台的，打车用哪一个司机问题不大，只要到目的地就行了，服务是标准化，频次很高，单价也不高。譬如家装，装修一套房子一辈子就几次，一年一次没有戏，几年装修一次，一次装修至少几万块钱，多的十几万块钱。包工队给你家装修很不标准，这个时候利用互联网手段的装修公司就好了，上面就是平台。从哪一点切入，从哪一个行业切入，你团队基因是什么样，和去做 O2O 有非常大的关系。

O2O 尽量做闭环，就是用户的消费、支付在你平台上做，只要在平台上面支付把钱打到你这个平台，就形成闭环，线下商户这些小聪明就实现不出来，因为钱在你这里，最后再把钱分给他们。消费者线上支付很重要，做移动 O2O 支付这个环节一定要自己控制住。

当下有一个智能硬件、软硬件结合，这都属于一类概念，这一类很早期，所以我个人更倾向于投雪中送炭的那些。譬如医疗、健康，是解决过去用户解决不了的问题。我投的一个项目叫发烧总监，刚生出来的婴儿，0 岁到 1 岁不会说话，他们发烧了只能哭，父母却不知道是不是哪不舒服。这个时候我们有一个非常薄的产品贴在他的腋下，24 小时体温可以实时监控，一旦超过三十七度用户父母的手机就会报警。同样当一个女性在怀孕的时候，基础体温也是非常重要。同样类似的东西贴在腋下，实时记录体温就可以获取了。基础体温是过去医学在很多年里面解决不了的问题，往往是在你睡醒前几个小时的体温才是真正所谓的基础体温标准，过去永远不可能把体温计绑在身上。现在正是因为智能硬件出来，一个很薄的贴片贴在你的腋下，就会获取你的基础体温，就能解决过去用户解决不了的问题，这就是当下智能硬件应该去做的事情。

当然智能手表、智能手环、智能戒指、智能服饰、智能背包，这些很好，但是离解决用户痛点还有一段距离。现在一直在看这些项目，但是当下的投资相对会谨慎一点。对互联网创业或者是智能硬件创业团队来说做这样的事情可以做，但是还需要比较长的阶段，需要融资能力比较强，储备比较多的人去做这样的事情。

智能硬件也是对一个行业要求越来越高的因素，因为用户的体验很重要。苹果是智能硬件，外观成为第一要素，如果不能做一个好看智能硬件产品，用户是不会买单的。当然你生产出一个样品和大批量的产品这是非常不同的。

小米的饥饿营销做得非常好，推出了一个 F 码，拿到 F 码才可以买到大家买不到的手机。其实刚开始的时候正是因为供应链搞不定，生产不出那么多的产品，才形成了饥饿营销。我是觉得雷军非常强，把这种供应链搞不定的事情反而变成饥饿营销的手段。自己投过很多智能硬件的团队，从生产出来的样品、首版到真正去供应链生产几千台、上万台，这中间有巨大的鸿沟，所以供应链是很重要的环节。用户体验不管是软件、硬件，留住用户形成口碑依然是非常核心的环节。

我们需要解决过去解决不了的问题，销售、协同 CRM 移动的软件已经出来了，过去我是老板，下面有一堆销售人员，销售人员每天跑不同的地方，甚至每天给我回来写一个报备，今天去哪些地方、见了哪些人，但是到底真的假的并不确定。现在有一个手机软件，这个手机实时检测你的地理位置，每天去过什么地方，在哪个地方停留多久都知道，现在偷不了懒了，老板就知道你现在在什么地方，他也知道那个公司在什么位置，在这个位置停留多久，也代表你跟那些人有没有沟通。甚至在超市里面，我去销售区那里看库存什么情况，我拍一张照片直接上传服务器里面，老板就能知道我今天真正去过哪里。就小小的智能手机的一个应用，就可以解决老板、经理管手下的人管不了的事情，这些产品在当下很有价值。

提高了管理能力，提高了管理效率，等同于降低了沟通成本。也许过去每天还电话监测一下、咨询一下那个客户销售经理来没有，今天就拍一个照片，有没有去那个地方，我在后台系统里面都知道。

创业2B行业是针对大客户做，还是针对小客户做，是很多创业者关心的事情。如果针对大客户做项目往往需要定制，帮他做定制开发，类似于外包一项业务一样，你做完的系统是放在大客户的系统里面，跟公网没有关系。好处就是可以赚到钱，坏处是大客户真正用的那一套系统，用户的行为和数据跟你没有关系。但是现在2B针对中小客户非常热的变服务，很多中小企业没有钱，那么自己这个企业搭建一个公有的平台，上面各种各样的服务在我的平台上面体现，小企业每月交月租费，在我的平台上用我的服务就可以，你把用户数据输入到平台上对接一下。这样对我这个平台的好处是，我知道各种各样企业的信息，我不会涉及他们的隐私，获取了信息之后通过大数据分析就知道整个行业的行为，就知道行业的趋势。知道了用户的喜好。这样对你这个公司本身就会产生非常大的价值。但是往往中小企业很难赚钱，而为中小企业做一个平台又很难去满足个性化的需求。所以如果做这类平台往往可能会融资，一开始客户不付给你钱，你搭建平台让小企业去用，每一个月都是亏本的，只有当你积累数据了之后才会产生价值。

这还是互联网思维，用钱获取用户行为，从而获取海量数据，让数据变现之后能力就更加大。在移动端针对中国企业2B的逆袭会产生，因为中国传统企业信息化其实不全面，但是移动设备每一个人都有，所以2B创业有很大的机会。过去内部的财务软件、管理软件使用率并不高，但是真正你用手机软件，甚至现在看到光是移动的报销软件，老板手机有一个保险软件，企业员工也有一个软件，每天花费什么记录一下，类似于报销软件就可以积累几十万的客户。这种从小的切入点去切入小企业应用，逐渐往财务更多地方去切，还是有很多机会的。

因为中国传统企业信息化不全面，2B的创业从小点创业公司，也许会有更大逆袭的机会。关键点是你做一个产品一定要有用户痛点，这也许在员工端、老板端，但是一定要知道痛点是什么。另外对这个行业有好的理解。

最后就是销售能力，2C销售能力。你做好的产品让用户口碑传播很重要，但是2B销售能力一定要有。

大数据、云计算很重要，移动传感器越来越多，数据会更多，数据挖掘的纬度也会更多。但是有一点，怎么产生有价值并且容易使用的产品很重要。现在一些可视化的大数据公司企业价值很大，你有一堆数据但是不知道怎么用，或者你给我数据纬度之后我也不知道怎么了解。

在线教育、互联网金融、考试是刚性方向，素质教育又必不可少，想寓教于乐融为一体，可是最终发现玩是小朋友天性，就抛弃了教育变成了游戏公司。继互联网金融、P2P、比特币、众筹、互联网保险、互联网征信、供应链金融也有非常多可以发掘的点。但是P2P金融风险很大，风控能够做的怎样，到底是针对普通用户的这些风险比较大的，还是针对行业的风险比较大？譬如供应链金融这种，2B这种风险没有那么大，但是规模没有那么大的行业。这对创业者来说有很多问号，还需要看你的基因，然后选择什么样的行业。

中国的人均GDP年增长还是很快的，内容产业也在爆发，包括动漫、视频、音乐、演出等很多机会，用户生产方式在变化，用户消费方式也在变化。

大家能想象吗？当你看一部片子的时候，上面无数的字幕在跳出，满屏全部都是字，甚至让你看不清视频在放什么，但是现在很多90后、00后的人都在看这样的东西，并且乐此不疲。我很难接受，我看不下去。但是我知道很多人喜欢，就是当一个用户在消费一个视频内容的时候，实时就有要想去分享的冲动。经常看到一个词叫前方高能，后面马上有精彩内容出现了，让你预警一下。当你看到这个时候就会专心看，下面会发生什么，那些高能内容出来之后就会有一堆评论，那个时候看视频时就立刻暂停一下，把我心里想的东西，在下面评论框输入进去立刻回车，在视频屏幕上就可以处理了。用户和用户之间看视频那一刻的互动评论就能出来。这就是真正的用户消费，消费视频的形式正在变化。这种改变或者是颠覆在内容产业里面一定会出来的。

当然到底是渠道为王还是内容为王？中国过去一直在讲渠道为王，只要有渠道，烂产品也可以销售出好业绩。但是爱奇艺、优酷、土豆、搜狐都在做自制视频，真正好的内容现在会非常吃香。所以现在一些做好内容的公司价值和估值会越来越高，当然你现在说内容为王还早，但是内容和渠道的相互博弈已经显现出来，路还很长但是价值越来越放大。

刚才还说的是创业的天时既巨大市场空间。现在说创业进入的时机。举一个我自己过去不那么成功的案例：大家可以看到zcom电子杂志，那个时第一轮融资时融了一千万美元，半年之后投资人说我再投一千万美元，那个时候zcom是很热的时候。zcom在PC电脑上面可以看电子杂志，当时我们自己真的觉得这是个好东西，过去签下时尚、锐丽、财经等国内的一线杂志，把原来只是文字加图片的平面杂志内容做成了互动的，里面有视频、音频、互动，有文字、图片，用户在PC电脑上看到很绚的内容。看一个文字可能后面还有很多备注，还有很多拍的视频内容也可以看到，真是非常美好的场景。但是我们现在回过头来看，其实这是伪需求。谁天天坐在电脑面前看一本杂志。

zcom 公司现在还存在，但是已经是变成行业的“先烈”。后来在两三年前，有一个公司叫 zaker，是在手机端和 iPad 端出来以后，把过去所谓 PC 端的电子杂志搬到 iPad 端。我看了之后就想到当年做的 zcom，iPad 端出来以后，zaker 这样的东西一定是非常好的东西。在 iPad 上面看绚的东西很爽，当年那个公司发展得也很好。但是这个公司现在似乎也一般了，现在大家看的都是今日头条。今日头条里面没有那么绚的视频，就是文字加图片，这够了。视频有独立的视频网站，你想看视频去视频网站就可以，是否有必要把所谓的东西综合放在一个东西上面，现在看也许没有必要。所以那些伪需求一旦产生，被自己迷惑就会产生先烈，也许是先驱，后来还是成为先烈。但是满足用户刚性需求、痛点需求一定会成为“大家伙”。所以说创业的时机要好。

当然天时里面还要有一点策略，避免做巨头关注自己主战场的事情。比如腾讯有超过七亿的账户，所以腾讯只要推一款微信游戏，这个游戏基本上就成为 APP 排行榜第一，一般都已经形成了惯例。但是依然有逆袭的，譬如陌陌。腾讯做的都是熟人社交，微信熟人社交，过去 QQ 也是熟人。但是陌陌做了陌生人，这打造了纳斯达克几十亿市值的公司，避开了微信熟人社交领域。“唱吧”非常深刻理解用户需求，在腾讯或者是其他巨头进入之前就迅速获取大量用户，早期还是利用了腾讯第三方开发平台也获得了很多用户。所以“唱吧”也是非常好的公司，去年可能有几千万利润，今年可能有过亿的利润，发展得非常快。

所以我们还是不要去做巨头的主营业务，如果从细分行业切进去，迅速做大的机会还是有的。

简单说一下我个人投资的案例：Camera360 是 2011 年投的，那个时候是移动互联网刚起步的时候，那个风投里面投主流应用，可以满足大部分用户主流市场。但是当年 Instagram 在美国非常的热，被“脸书”十亿美金收购。2011 年美国很热的时候，中国很多投资人去投了中国的 Instagram。但是那些公司在当年投资的公司里面现在全部都死掉了，因为 2011 年的时候流量费很贵，你去上网看一个别人发的一张图片可能几块钱就没有了。那个时候是没有办法普及的。所以当时就投了一个工具，这个工具不用流量。现在看 Camera360 发展不错，QQ 那个时候还没有做，他后来也做了手机拍照软件，但是做得比较晚。Camera360 有 100 号人做非 QQ 的大公司核心业务，发展得很好。现在 Camera360 大概日活跃率几千万，全球海外市场有很多用户，估值几个亿美金。

2012年主流业务基本投完，只能看细分行业。“大姨吗”这个名字在座可能第一次听说，这个应用其实就是满足大部分女性的需求。女性从十几岁到五十岁都会有经期，虽然说一开始是切入经期垂直的市场，但是我们可以看到将来健康是一个大的方向。从细分的点切进去，未来可以看到大方向。

女性还是属于冲动型的消费，符合移动互联网的特性，所以在平台上面刚开始测试单量，一天单量就接近三万，这种平台的价值就会非常大了。2013年投了秀美甲，当时很多人投完了。2015年说O2O，做早期投资2013年就布局，“大姨吗”满足大部分女性需求，秀美甲满足了部分女性需求，市场相对更窄了，但是依然符合冲动消费需求，单量也很客观。到2014年的时候智能硬件刚起步，我投的“太火鸟”是智能硬件孵化器的平台，最初智能硬件刚开始缺乏设计能力和供应链能力，而现在去投孵化平台，它有这个能力，可以帮助更多创业团队。

投资也是件很辛苦的事情，每年方向都在变化。所以对投资者来说学习很重要。对创业者来说决定什么时候创业对你判断能力要求很高，一旦决定在什么方向创业，就需要了解这个行业的趋势和方向。所以对创业者来说天时是很重要的事情。

地利，还是拿我自己投的项目来说。核心竞争力、创业，假设说前面的天时空间很大，切入的时机也很好，但是中国聪明人非常多，如果那两个点在的时候，一定是有很多人在做这件事情，做这个创业，从投资人角度来说市场非常残酷，互联网行业里面排名第三等于什么都没有，只有第一和第二。但是什么保证你能够，或者是什么支撑你能够做到行业第一、第二呢？必须要看你有什么核心竞争力。

Camera360这个团队在做Camera360之前有十年的图片处理经验，他们做过一个软件，这个公司在成都，当年成都主流的婚纱摄影公司用的图片处理软件就是他们做的。所以积累了十年图片处理经验。在2010—2011年的时候，大部分主流也有一些拍照软件，处理美化，但只能处理百万像素。然而他们有经验，一开始就可以处理500万～800万像素的照片，所以迅速就获得了用户的偏好。其实那个时候的用户体验是一般性的，因为有这么一个优势就导致了早期就能够积累非常多的用户。

“大姨吗”这个团队做女性健康产品之前，有若干年医疗行业的信息化产品经验，所以还是非常懂产品、懂医疗、懂这个行业的，它也做过健康方向的APP。当时做按摩产品失败了，最终转型做了现在的行业。2012年一推出产品就崛起，融资非常快。现在它融资的美金早就过亿了。这个团队过去做过的事情，支持现在的事业才有机会把未来做起来，所以关键还是需要有核心竞争力。

还有一点不是那么重要，但是可以说一下。如果有独特的资源也挺好的。譬如"美丽说"的CEO徐易容，他的夫人叫王梦秋，是百度的前CTO。梦秋现在也出来做投资了，所以有"美丽说"获得百度的流量永远会大于"蘑菇街"，这是肯定的事情。但是"蘑菇街"的CEO陈琪，之前在淘宝工作了六年，所以"蘑菇街"的核心高管团队都是淘宝之前自身的员工，非常了解淘宝内部的规则。所以在早期淘宝员工那里获得了很多资源、流量、用户的行为、用户的信息。而他自己本身对社区的建立很有经验，估值很高，融了几亿美金的企业，但是他们各自有各自的经验，导致他们在某些方面会特别强。

当然创业未必要有独特的资源，作为专业投资人来说你没有这个没有问题，当然有就是锦上添花，也不错。

"秀美甲"这个团队过去是有互联网电商公司高管经验的，对立面还有做传统行业连锁经验的人，所以对传统美甲店连锁也有很深入的了解，这是有核心竞争力。而"太火鸟"过去有十多年的工业设计、营销的经验，当然还有一个强大投资人团队。譬如中国最好的工业设计公司洛可可董事长贾伟，对互联网、投资比较了解。小米李万强当时一起投了太火鸟，在营销上面也非常的强。传统做礼品销售的苏州公司有一个比较强大的投资人团队，也可以帮到企业能够发展得更快。

最终投资人和创业者的结合就像婚姻一样，我一般投资不会投只有一个人的创业者，而是投资一个创业团队。一般讲两个人到三个人之间，这是最好的组合。当然稍微多一点四五个人也可以。如果是一个组合，大家一定要有共同的信仰和共同的目标。创业者需要热情、热爱你做的事业，更重要的是这两三个人一定是志同道合的。我个人更倾向这两三个人过去有过磨合，也许他们之前是同学，也许在一个公司里面同事过几年，这个是最好的。他们有统一的信仰，他们对做的事情很有热情，而之前这个团队又磨合过。这样的团队就非常好。当然这是在我心目中比较完美的搭配。

CEO不仅局限在互联网和移动互联网的创业，一定是产品为先非常理解用户的需求，他又能有自己的主见，不被用户各种各样的声音所迷惑或者左右，可以坚定自己的想法做一些好的产品出来。当然有了一定的用户量以后又是数据驱动，可以根据数据的变化来判断用户的反馈和用户的需求，迅速找到问题。听上去很难，事实上也的确很难。

所以我说互联网或者移动互联网时代缺少的就是优秀产品经济，投资了三十个公司，绝大部分互联网或者是移动互联网公司CEO就是产品经理。另外一点，需要一个非常强的CTO，因为互联网有好的想法而没有很好的技术实现，就是白纸没有人用，但是CTO个人倾向做后端，前端的UIUE可以去招，如果是全站工程师前后就更好了。但是CTO更倾向做后端。当互联网或者是移动互联网产品在迅速爆发，你有一万用户、十万用户、一百万用户的时候，这后面的服务器端如果支撑不住这么多用户在线，一旦服务器崩掉了，你的用户使不了你的产品，你的用户流失量一夜之间就会达到30%～40%，用户是很挑剔的。所以有敏捷开发，有海量开发经验的后端CTO，这是非常重要的。往往在大公司里面有过这样经验的人，我认为一定是加分的。最好有数据挖掘能力，你可以获取很多用户行为，通过用户行为了解用户更多的一些趋势和需求，能把数据挖掘做得更好，这样的CTO更加分。

互联网和移动互联网开始至少有CEO和CMO，整合渠道资源能够低成本获取用户。大家知道获取移动互联网用户成本越来越高，但是能够有自媒体获取方式，低成本获取用户的能力，通过社会化的营销迅速获取用户，应该在获取用户的时候通过很好的运营方式、运营手段把用户留住，这样有运营经验的人就变得非常重要。

这样的核心管理团队CEO、CTO加CMO就是非常好的组合。这个时候我要插一句话，就是股权分配。CEO尽量控股，我碰到过三个人每一个人控股三分之一，这样不是说不行，但是这种股权结构我会对他们要求必须有一个人说了算。最怕的是三个人争执，各有各的想法，最后公司没有一个最终的决策者，这是最麻烦的。创业唯快不破，决策一定要快，哪怕决策错误尽快去市场尝试也比没有决策好。所以早期创业时，一个公司里面一定要有精神领袖，就是CEO，尽量在股份上面占多数。哪怕占51%也可以。要能够控股的。再留期权出来，留10%、20%也可以。尽量有一个人比较多，有一个人次之，再一个人稍微少一点，这样的三个人搭配会比较好一些。

创业最早是互联网、移动互联网，接下来是O2O创业，这比纯互联网创业要求高，需要有互联网经验，同时又有具体行业经验的人。所以有产品的经历加上具体做这个行业，譬如餐饮和装修，做这个行业最好干过十年，你非常深刻了解这个行业需求和痛点，但是这个人在我心目中往往依然是互联网产品经理，是CEO，有行业经验的人是合伙人。这样的两个人的搭配我会喜欢一些。

如果说一个智能硬件团队就更麻烦，要有硬件能力、软件能力、供应链能力、工业设计能力、营销能力，缺一不可。当你一个团队里面生产出来一堆产品，但是没有营销能力时，生产出来就会卖不掉，公司就会倒闭。所以每一个能力缺一不可，产品经理、硬件技术、工业设计团队、软件技术团队、供应链人、营销人这个越来越难。

创业越来越难，对团队要求越来越高，移动互联网创业需要年轻人，但是仅仅年轻是不够的。就我个人来说，我个人对大学生创业这件事情持保留的态度。大学生可以创业，当下大学生比20年前我大学毕业的时候成熟多了，能力也强很多。但是一个大学生在中国创业，中国整体大学教育还是不那么的万能，大学生刚毕业时选择非常多，我们看到过一些团队由几个大学同学开始创业了，突然有一个人接到了月薪三万块钱的工作就退出去上班了。我个人倾向工作几年，可能在一个公司里面也做到中层了，决定去创业一定是放弃了一些东西，放弃了月薪几万，放弃了过去稳定的工作去创业。所以更倾向一些相对成熟有一些经验的创业者，而且社会经验和团队磨合的经验对创业者来说，要求也会高。投资还是看机率，这样的创业者成功机率会高一些。并不是大学生创业不行，我自己也投过年轻的创业者也是很优秀，但是还是需要看团队，看不同的情况。

年轻有热情是好的，我个人觉得有丰富行业经验是加分的，如果有大公司工作经验还是加分。当然我最喜欢投的还是有成功创业经验的人。譬如Camera360徐浩之前创业成功过，包括现在投的秀美甲的CEO以前在互联网公司是高管，等等。

案例还是说Camera360团队的搭配。就是CEO产品，CTO和CEO是兄弟，CMO和CEO是高中同学，磨合没有问题，搭配非常好。“大姨吗”CEO家族是医药行业，所以对健康行业从小是耳闻目染。“秀美甲”董事长是百度联盟高管，CEO是当当和苏宁副总，团队基因很强，经验非常丰富。“太火鸟”CEO是视觉中国上市公司创始人之一，中国工业设计风云人物，跟我是十多年的朋友，所以看他们的基因和后面做的事情有一定关系。

创业是一个漫长的过程，过去统计过像新浪网、搜狐这些企业从过去CEO创业到上市，基本上用了七年的时间。七年的时间里面你在公司成长，在成长期、成熟期、扩张期的时候，每一个阶段关键点是不一样的。在早期创业的时候核心关键点就是产品，方法是单点突破，你做一个产品某一个特别好的功能能够满足用户痛点，解决他们需求的产品就是好产品。这个时候团队要用好自己的强项，不要管自己的短板，把非常强的地方用到刀刃上。只有用到最好才可以拉开距离。创业刚开始的时候选择很多，难点就是放弃，不能同步做很多事情，只能做一件事情。选定了一件事情要把你的精力、财力、人力全部投在一个点上才有可能成功。如果分散一下风险，这也不错，那个也不错，这种方式是永远没有机会成功的。所以难点在于懂得取舍。

早期是获取用户，建立口碑，优化管理方式，这个时候团队应该十个人左右，撑死二十个人，CEO就是亲力亲为，因为很多事情需要他跟人沟通。投资阶段是种子、天使A轮，拿到五百万美金，这时候投资人对投资这个项目的希望一般是有十倍回报。我自己早期投的项目现在有一百倍的回报，但是常规的回报是十倍左右，早期投资希望是有的。

过了早期这个阶段就进入了成长期。成长期的核心点是运营，当你觉得天时地利的时候一定有很多人在做和你相似的项目，很多人做的时候难点就是竞争，你怎么能够快速地执行，把效率提升上去坚定你自己的方式，把运营提升起来，这在成长期阶段是非常重要的点。我们很多人在说中国公司是运营为王，往往讲的是成长期的阶段，拉开竞争。这个时候找到你特有的模式，特有的效率，特有的方法，把竞争对手甩在后面，远远拉开，是这个时候最需要做的事。公司从几十人到一百人这个阶段，这个时候公司要从人治到法治，要建立起一套班子。副总裁要有，两三层结构要建立起来，这个时候要逐渐形成公司的规则。

再往后就是扩张期。开始产品经理往往没有管理经验，这个时候难点是怎么去建立很好的团队，这个时候公司是两三百人的团队，建立起很好的机制，团队创始人学习能力要求很高，补足短板，抓住核心，扩张关键点。这个时期的难点是放权，原来CEO是亲力亲为，很多的事情自己抓。扩张的时候需要建立体系，有副总裁、总监、经理的层级，每一个CEO管七个人，管太多不行。不要一竿子插到底，建立一套体制和机制出来。你的业务层面、模式应该建立起来，把这个模式迅速复制到其他的地方扩张起来。

最后到成熟期，梧桐树基金投资是偏成长和扩张期的企业，但是在那个阶段创始人或者是CEO往往要站到更高的层面去看你的企业、行业。这个时候资本会非常的重要，当一个企业家如果不是把自己的眼光局限在自己企业里面，而看到一个行业，看到你产业链上下游，这个时候能够利用资本的力量去做投资或者是并购产业链的上下游企业，形成一个行业的整合垄断，这个很重要。

最近有一本书叫《从0到1》，其中很重要的一点就是形成细分行业的垄断，就是创新性的垄断很重要的。这个时候整合产业链找到行业中不同企业的共赢点，难点是胸怀，整合别人、并购的时候你要放弃自己的股份。但是一旦有这样的胸怀之后就有可能形成打通产业链垄断性的巨头企业，市值百亿的企业。

这是企业在不同阶段关注的关键点和投资人关心的事，这个时候我想说非常有感觉的事，跟随你的心。“脸书”是全球最大的社交公司、社交平台。Zymga创始人马克平卡斯是脸书天使投资人，他看到脸书高速成长过程，他觉得在这个平台上做游戏一定会赚钱，所以就创立了这个公司，叫 Zymga。

在看到趋势非常好的时候做了一个游戏公司，他创业时候年纪相对比较大，但是他是连续成功创业者，这个公司是数据驱动游戏公司，而不是创意驱动。但是一个连续成功创业者，是脸书天使投资人，他创业就拿到 KPCD 的投资，而投他的人是以前全球最大的游戏公司 EA 高管。这个公司创业时游戏不好，但是投资人给他引进很多 EA 高官，所以把游戏品质提升了，在 2009 年、2010 年非常热，社交游戏生意很大，也成功在美国上市了。但是到目前依然是一个数据驱动公司，可以搜一下最近新闻，这个公司最近就不行了。因为是数据驱动而不是创意驱动，所以他游戏永远局限在过去成功的游戏中，所以越往后他的收入主要来自于博彩类的游戏，而不是创意类的游戏。

这里想说的是，马克扎克伯格在创业的时候也并不是做一个全球的社交平台，他是在大二的时候创业的。当时做小的社交网站，目的和功能是满足他自己内心的驱动，去评论隔壁班的女生好看不好看。他把隔壁班女生照片拍下来上传网站上让大家点赞一下，这个女生评价比较好。但是 Zymga 创始人很成功，看到了风口就去做了这件事情，这件事情未必他喜欢，结果脸书成为全球非常伟大的公司，千亿美金的公司。Zymga 即便上市了也不错，创始人也赚钱了，但是现在苦苦挣扎，希望去把这个公司做得更好。对于一个连续成功的创业者，或者是有经验的人想去创业的时候，可以看风口，可以打造一支优秀的团队，去做一件也许你没有那么热爱，但是觉得有机会、价值的事情，对年轻创业者尽量去做自己喜欢做的事情，你有冲动想去做的事情，拿不到投资也愿意做的事情，你合伙人走了之后也愿意做的事情。只有有这种冲动做这个事情的人，你的创意才可以持续五天、七天或更久。也许那个时候风口到来了，你真正成了一个伟大的企业家。

举一个案例，相信很多投资人从来不举自己失败的案例，我说一个。我之前投了三十个早期创业企业，这是唯一一个失败的案例，跟大家分享一下。这个公司的 CEO 是在非常优秀的重点高中、重点大学毕业，毕业后去了中国最优秀 BAT 的一家公司当工程师，然后去了中国最优秀的投资人投的企业里面，一开始先做技术，后来和投资公司投的第二家企业做技术联合创始人。后来他觉得做的事情有问题就从那个企业里面离职出来，做的事和之前有类似，但是有一些新的创新想法和方法，出来之后创业我就投了他。我问了他一个问题，我还没有问完他基本上就把答案告诉我了，而且答案很简洁。他的经历非常好，经验非常丰富，现在做的事和过去做的事也很类似，他非常的聪明。但是目前唯一失败的案例就是他，他不喜欢他做的事，他就是觉得当年那个时候做那个事情机会好，可以赚到非常多的钱，看好这个机会就去干。干的时候运气不好，有问题赔了钱，但还是有投资人看好他，还是愿意投钱，所以把这个项目继续做下去。他觉得做了接近三年也没有成功，这个项目也不是自己喜欢的，于是就放弃了。其实在我看来还是有机会的。

这里想举的案例就是，创业者一定要尽量去做你喜欢做热爱做的事情，如果你不热爱这份事业，当你碰到困难的时候，放弃往往会成为你第一选择。回过头来，创业者的热情永远是创业要素中的第一位，你一定要做你喜欢做的事情，而不是这个社会怎么样，你的身边人怎么样，你的投资人、股东人怎么样，而是发自内心驱动真的愿意去做一件你喜欢做的事情。

我非常喜欢亚马逊CEO说的话，第一句，他说善良比聪明更难，我相信在座想去创业的每一个人都会非常聪明，但是其实善良不容易，我相信一个保持善良之心的人一定能够成功。第二句，选择比天赋更重要，每一个人在很多时候有很多选择，选择比天赋更加重要。要追随自己内心的热情，谢谢大家。

听众：非常感谢今天童先生的演讲，学到了很多东西，今天讲了很多都是有关创业话题。今年创业、创新、创投是比较热门的话题，想请教一个问题，关于创投这一块。可能有很多人不一定有机会，或者是有能力、勇气去跻身到创业大军里面，但是有没有可能性，也能够投一部分钱去分一杯羹。我了解到现在很多创业，包括您的投资基金是封闭或者是私募，门槛要求比较高，中小型投资人如果有意向，有没有好的渠道。

童玮亮：现在的大环境是鼓励大家创业，创业真的是非常好的选择，如果真有创业基因，一旦创业之后就不打工了。这仅仅局限早期创业或者是投资。我依然说我自己个人的事，为什么现在没有做天使基金。早期的投资跟我刚才说的创业者是一样的，你需要有极大的热情做这件事情，不要想着投一个项目有一百倍的回报，早期投资失败机率很大的。概率是投十个企业里面接近一大半是死掉的，有两三个能活的就不错了。你投入十个企业里面有一个估值一个亿美金的企业，就是相对比较成功。所以失败概率很大，如果从赚钱角度来说，投二级市场更好。所以我想说从一个早期投资角度，我依然觉得应该有所谓情怀或者是所谓的热情，你自己有创过业，想要帮助早期创业者跟他们共同成长这个很好。

刚才那位先生说的，众筹的平台譬如京东股权众筹平台，上面有一些专业投资人去领头的项目，他也放出一部分份额，但他是有一些要求的，可能潜在的投资人会去跟投这样的项目。股权众筹平台挺多,天使会、创投圈,有很多股权众投平台。这个平台上大家可以参与,但是你一定能够赚到钱吗?不一定。早期项目风险比较大,你说我投的项目里面真的可以都赚钱吗?我也不敢说。

你想投早期的,我更建议你有这个热情去投一个你喜欢的事情。这个创业者做的事情你喜欢,你有可能成为他的用户,那么你愿意参与到这件事情当中一起去做,我觉得可能更好一些,不会因为你这笔钱一旦失败了就耿耿于怀,觉得投资失败了。所以还是有投资风险的。

譬如投资越到后期,大家可以看到项目的成熟度越高;投的规模越大,回报倍数越小。越早期风险越大,投资的倍数越大。所有的回报率差不多,没有说早期综合回报率比晚期高。投资是一个人资产的分配和分散风险的方法而已。早期投资这件事情我建议你喜欢干去干,但是从财务回报上讲风险很大。

听众:非常感谢您给我们带来特别真诚的分享。我是一名创业者,作为一个投资人,投资不仅仅是一笔钱的交易,而是人与人深的交往。我想请教您对您投资的企业和项目,您是怎么帮助和参与到他们项目中?

童玮亮:我自己曾经也是创业过,如果作为创业者本身去找融资的时候,最开始是找一笔钱,不能指望这个投资人给你特别多的东西,那是所谓的增值服务。增值服务非常好,而一个优秀的投资机构增值服务在里面是非常重要的一件事情。但是如果我作为创业者首先想到的是需要一笔资金可以帮助我做得更好,但是如果这个投资人能够在几点上面真的可以直接帮助创业者,他可能在这个行业创过业,有行业资源和经验。介绍人是投资人最常规做的事,不花过分多的精力。因为早期投资的基金一年投五十个项目,整个基金就四五个人,单个项目上可以花多大的精力是一个问号。基本都能做,尤其现在有了微信,拉一个微信群把人拉进来大家就可以直接聊。

如果这个投资人是创业者,自己过去一定经历过一些问题。创业者和投资人聊的时候,可以把经验分享给你。分享只是让一个创业者倾听、参考,并不是拿来就用。每一个人的路径不一样。但是有一些共性具有参考的价值。另外当一个创业者做下一轮融资的时候,你不太知道怎么面对投资人,而你的投资者是一个专业投资人,他有自己投资人的圈子也知道其他投资人的爱好,可以帮助你做下一轮融资,这一点很重要。

越来越多早期的投资机构希望在战略上、管理上、法律财务上能帮到你,这是非常好的。但是怎么形成一个体系能帮助到创业者,而这个体系真的有用没用,我自己个人觉得还是一个问号。我投了几十个公司,把这些公司 CEO、创始人、高管组织成一个群，他们相互帮助是很活跃的。现在有很多免费的创业培训，这些东西还是大家值得去参加的。上海和北京非常不一样。我原来在上海创业的时候也是这样，跟人交流不多，在北京交流、互动很多，但交流太多使得获得的信息噪音太多，会影响你的创业。上海或南方地区更多专注做自己的事情，交流不多，但是从行业理解、战略层面看这件事情不够，还是需要两者结合，也可以和其他创业者多去交流，形成一个氛围，多参加一些创业的培训还是有用的。

听众：在您的演讲材料里面提到对创业投资的一些眼光问题，我有两个问题请教：第一，在您看来一个创业投资机构的领导者，最需要或者最看重的品质是什么？第二，在一般创业投资机构主要就是四个环节，这四个环节风险控制是怎么做的？

童玮亮：不同人对创业者看法不一样，但是有一点就是希望创业者的人品是好的。如果人品有问题，投了这个人心理会不安。如果你自己创过业，或者是年龄稍微长的一些投资人阅历比较丰富，个人沟通交流比较多，核心还是学习能力。大部分早期的创业者年纪都不是那么大，而在创业不同阶段碰到的问题不一样，碰到的事情也不一样，学习能力是创业者非常重要的能力。如果你的学习能力不够强，往往创业失败的机率比较大。你要坚定执着做自己的事情，又要灵活处理自己碰到的问题。

我年轻的时候很喜欢一本书上的一段话，“投向分裂的怀抱”，每一个创业者都是分裂的，既非常自信、非常执着，但同时要听各方面的意见和建议，不断灵活地调整方向。他既要对属下提出非常不合理的要求，碰到早期不适合，关系很好的属下，该开掉还是要开掉，又要把一帮人聚集在自己身边，哪怕发不出工资也要往前带。所以对每一个创业者来说都不容易，但是人品是基本，学习能力是需要有的。另外在创业的过程当中要有领导力，就是可以带领一帮人跟着你长期干下去，这一点很重要。见过创业者很内向，也有很张扬，基本上这三点都是应该有的。

第二个问题，拿我自己的钱投天使的时候，没有什么风控，可能我喜欢一个人喜欢一个事就投了，但是在机构投资的时候就存在风控。为什么在说一个机构需要几个合伙人，合伙人某种意义上就是大家对于一个事情有不同的判断，当不同的判断出现之后需要做一个决策，决策机制是三个人一票否决，还是说两票通过，决策机制每一家基金是不一样的，所以没有固定模式。当一个机构投资的时候必须要有风控的方法，风控的方法无非就是几个人不同的观点怎么形成机制决策，投还是不投。但是决策形成的时间不能太长，因为投资的效率还是要求很高的。

创业路上的那些事

王欣宇

上海智百咖信息科技有限公司总经理，上海创业IC咖啡运营负责人(共同发起人。在创始人胡运旺和王欣宇带领下，IC咖啡上海三年来举办各类活动600余场，逐渐发展成为产业交流合作与创新创业孵化的多功能平台)，具有十七年电子信息领域产业管理和运营经验，熟悉芯片设计、电路系统设计、技术支持、市场与销售、科技服务，先后三次参与团队创业，积累多年创业经验。

大家好！很高兴有机会来这里跟大家交流分享。我其实一直是一个幕后工作者，我们希望通过自己的工作来推动全国的一些创新创业的事情能够更顺利地发展，但是我很少做讲座或者演讲。所以准备的有些不太充分也请大家见谅。

IC咖啡是什么，不知道有没有人了解过。因为在上海，我们在创新创业的这些宣传上可能在之前的两年还是不特别多。2012年的时候有一大批的创业咖啡公司在中国各地建立了起来，大概有100多家，还成立了一个创咖联盟。后来死亡率都比较高，大概有50%～60%都倒下了。上海当时有四家倒下了三家，IC咖啡我们可能是仅存的。

从去年开始，因为上海的重视，中央的重视，关于创新创业这个事情大家越来越看重，所以又如雨后春笋冒出了很多家，其中也有很多家做得不错。IC咖啡不是说卖咖啡或者卖咖啡豆，我们的商标其实被一个咖啡豆公司抢注了，这个事情我们也检测到了，所以我们也在采取一些措施。但是咖啡的原意在英语里是一个交流的场所。我们当初考虑建这种创业咖啡的目的，其实并不是完全为了创业，IC咖啡是一个产业咖啡，其次才是个创业咖啡。在硅谷有很多人在他们的车库里开始了他们的创新创业之旅，很多新的创造都是在他们自家的后院做出来的。

在中国我想可能这个条件不太成熟，没有多少人自己家里有车库，甚至可以说有车库的基本他也不会去搞创业创新，这是中国的现状。所以我们就想了一个办法，包括北京的车库咖啡、3W 咖啡，就是我们通过大家众筹和合作的方式建立一些交流的平台，让大家轻松自在地进行各种产业、技术、思想上的碰撞和交流。这是咖啡建立的目的，它仅仅是个载体，所以在这几年我们也经常不断地在向大家重复，我们不是咖啡厅。这个工作量非常大，几乎每一个新来的朋友我们都要向他们解释——我们不是咖啡厅。

当然现在越来越多的人认识到了这一点，也知道我们在做什么了。这点我非常的欣慰也非常高兴。IC 咖啡的起点是一个专注于集成电路产业链的合作组织。经过这几年的发展，我们的参与者已经遍布了整个产业链的上下游。从制造、分装、测试、设计到各种应用，到系统，到通讯，到移动互联网包括智能加剧，3D 打印这些圈子里的朋友们，和电子信息相关的朋友纷纷加入进来，有一些没加入的也经常参加我们的活动，支持我们。

所以我们现在的含义，是逐渐把它外延到两个字，Innovation & Collaboration，也就是我们核心的价值观一个是要推动创新，一个是要促进交流合作。

我先是给大家介绍一下 IC 咖啡，它于 2012 年 5 月在张江的传奇广场正式成立。筹划其实从 2011 年就已经开始了，大家在微信、微博上进行了沟通，然后互相出主意，怎么去做。最初可能几十个人，后来逐渐扩大到目前上海 120 多个人，全球 250 多个产业的高管为主的这么一个圈子，北京站已经在 1 月份正式在中关村大街开始运用，并获得了北京市相关部门的支持。

在深圳我们也落户到了深圳的创客广场，目前硅谷站和中心通讯有一个合作的小型孵化器，还有一家投资公司。在新加坡我们成了华人科技团体的一个主要代表，包括新加坡站投资了唯一一个目前新加坡华文的科技媒体，当然不是我们自己来控股，是我们投资的一个公司。

未来合肥站、武汉站、成都站、西安站也都会纷纷运营。大家可能会问为什么从上海走向全国或者是世界，其实有一些话说科学家是有国界的，但科学是没有国界的，从这个角度来说任何产业的互动交流，交流越多越能产生火花，越能了解前沿的技术和市场的需求。所以我们希望不是割裂在某一个区域某一个市，而是希望在一个全球全国的华人科技生态圈，就是想用我们的绵薄之力能够去推动的事情，至于能做到什么程度，就看大家能够支持的程度。

目前我们的情况大概是这样的，上海站是由 123 位共同发起人，北京站现在是接近 120 位共同发起人，深圳近期发展还比较快，之前是有 50 位共同发起人，新加坡是 10 位共同发起人。其中包括了很多的知名人士，比如说代表国家集成建筑方面投资基金的清芯华创的主要负责人陈大同，他是展讯和 Omni Vision 的创始人，还包括了深圳站的董事长、华为的前高级副总裁洪剑峰，还有软银在亚太地区的负责人。我们其实既是一个产业合作的组织，本身里面也加入了很多资本的元素，很多投资人其实是在以个人身份参与到我们的项目里面。

这是我们的发起人的人员构成数据，基本上 80％是高管或者企业负责人，偏向技术专家、企业管理投融资、产业分析师和创业者。因为我们里面其实有很多人原来是外企和国企的高管后来出来自己做了公司，这也是为什么我们后来逐渐加大创业和投资一些服务力度的原因。是因为我们自己里面已经产生了太多成功的例子，他们通过我们打通产业链的资源，得到了足够的支持。他们在这里面发现了足够的资源，所以我们下一步想把这些资源落实给更多的创业者服务。从去年开始，我们就一直在提这个概念，我们要做 ICT 领域，也就是电子信息领域的科技服务平台，一个生态圈一个能够为大家服务的生态。

毕竟不管是小米，BAT，还是华为，很多创业者其实是不希望有标签的。我们希望做一个中立的生态，在这些巨头的夹缝里面能够为大家做一些事情。IC 咖啡的主要价值就在于它打通了整个产业链。为什么总在强调这个产业链。其实不管是集成电路的设计和应用，还是智能硬件的市场，它们互相之间都是相关联的。在整个产业的上下游环节里面，它们都是互为客户的，如果我们能够把它打通，就能够减少渠道的成本，降低创业的成本。

所有的服务组织，包括我们在上海共同成立的中创空间联盟，由我们参与的一些全球孵化器组织等，所有的这些服务组织，其实大家做的都是同样一件事，就是为了降低大家创业的成本。所不同的是大家的角度不一样，比如有的是从天使投资的角度，有的是从互联网圈子的角度，而我们是从电子信息整个产业链合作的角度，希望为大家提供一种渠道。

同时我们为什么要举办这么多场的交流活动，在全国范围内我们目前已经举办了包括技术交流、市场分析、创业的对接、大赛等各种各样的活动，已经做了六七百场了。这些活动的目的就是为了大家交流起来，包括我们图书馆做的这个系列活动，其实价值都是非常大。

所以我是建议大家每次参加这些活动的时候，不光是听谁讲，大家周围的朋友们也可以交换一下名片，互换一下二维码，多一些朋友多一些交流，思想的碰撞才能产生创新的火花，才能真正带来创新。很多东西不是我们自己想象，闭门造车就能做到的，我们需要打开胸怀，打开自己封闭的一些东西，多跟大家交流，不管从技术、市场的需求、还是外界对这些行业的看法，大家其实都可以交流。

每一次的交流都可能给大家带来未来潜在的价值，而且只要有了火花，尤其是我们电子信息行业的这些“技术宅男们”才有可能走出来，成为创业者。才能利用他们已有的资源产生新的思想，新的创造，才能做出更多的贡献，所以要让“宅男动起来”。

在上海浦东很多资深的人士都是复旦、交大、清华、北大毕业的大学生，工程师。有很多留过学，但是在上海，他们习惯了朝九晚五，让老婆、孩子、丈母娘都满意，工资够高，可以买一套房子。生活是不是就仅有这些，当然我并不是说这些不重要。

但是，当你在500强企业工作了三年以上的时候你会发现，如果你没有达到一定的职位高度，没有机会展示你才能的时候，那么剩下的工作生涯就是简单的重复劳动。你可以看到你未来50年以后的样子，这可能也是很多人共同面临的问题。为什么大家要出来，为什么要走出来创业。其实就是要改变自己的生活，我们要发现生活里还有其他的东西。

另外IC咖啡的一个价值是，通过和全世界的交流，通过和各个主要电子信息领域城市的交流，可以建立一个科技的网络，建立一个生态的系统，并可以加以利用。比如北京的宣传力量，北京的互联网优势，深圳的快速供应链和深圳人的拼搏精神，以及上海沉淀这么多年的技术实力等等。通过我们这个网络，让这些资源合作流动，产生巨大的价值。这就是我们IC咖啡希望做的事情。

后面的这些话题是我曾经思考过，但是应该说还是比较碎片化。我就简单地跟大家交流。为什么创业，刚才我也说了一部分了，是为了突破自己。当然从投资方来说，你要考虑为什么创业，从经济角度来说也没什么好回避的，就是为了不挣工资，为了财务自由，为了挣更多的钱。只是说我们创业是不是仅仅为了这些？哪些东西是我们要附加上去的？我们不能只为了钱，如果这样我们就很难成功，但是如果我们不考虑挣钱我们一定会失败。

国家为什么要鼓励创业，我不知道大家对中国的经济有多少了解。可能大家也会发现，股市在涨，但是实体经济已经到了很可怕的边缘，太多的时间我们去用在炒作房产，用在所谓纯粹模式上产生的这些价值上。所以李总理鼓励创业，说创业的目的是为了激发大家产生新的就业机会，为了解决大家共同的生活和未来的问题。

同时为什么要鼓励创新，之前我们也发生过很多事件，比如说复旦前几天的宣传片问题，其实他们是不是完完全全只是在抄袭？我一直认为不是他们想抄袭，而是我们大家习惯了一种日常的生活，习惯了不思考，习惯了通过山寨文化的方式，得到一些东西。

为什么我们要鼓励这种万众创新，其实也是为了让更多的人参与进来，让大家真正把自己的思想打开，接受新的事物。可能你不会有新的创新，但至少在你身边的环境里，让那些能够创新的人感到他不孤单，让更多的人参与创新，这个基数就会变大，其中的这种商机就会更多，从而我们会产生更多创业的机会，大家就有更多的机会实现财务自由和拿到更多的钱。而这一切不是别人给你的，是自己争取的。这也是为什么要创业和为什么要鼓励创业，这是我自己的观点。

至于说创业的时机，应该说现在其实是一个千载难逢的好时机，因为我们的实体经济存在风险，因为我们的经济规模足够大，我们有足够的钱来支持大家产生新的想法和创业，大量的资本在空中浮着，不知道投谁。因为好的项目实在太少了，这是我们圈子里经常在说的一句话。

好的项目太少了，为什么少？是因为大家都在想着怎么样简单化地抄一抄就能把钱挣到。但是资本家也不是傻子，每个人其实都很聪明，有钱的人更聪明。他们完全可以判断出你们的项目有没有价值，如果不通过鼓励创新创业，那这些资本其实是泡沫，没有任何意义。对国家，对大家都只是漂在空中的云和我们没有关系。可能你股市赚了，但这只是暂时的赚，谁都不能保证你有个持久的发展。我不是鼓励大家从股市里出来。

从创业的实际来说，需要天时地利人和。什么叫天时？就是合适的时机。经常有一句话说第一个吃螃蟹的人，我其实经常跟大家聊的一句话是，第一个吃螃蟹的人经常会被扎死。大家用微信觉得很好用，是因为它解决了很多70后、80后交流的问题。但是微信的产品质量其实真的很让我痛苦。每天都在跟微信做斗争，因为我的手机每天卡得不得了。我换了两个华为的note，还是不行。可是这个产品太火爆了。而在它之前两三年就曾经有个类似的产品出来，没有拿到投资很快就消失了。所以天时很重要，就是现在的人群需求。现在人的接受程度，他们到底要什么，这些东西是你真正能否成功的决定性因素，不是说你有产品就行。

所谓地利就是要结合自身的特点。上海的特点是什么？就是两个部分：一部分是浦西的传统上海，比较喜欢优雅，喜欢文化艺术，喜欢创造。这些东西其实相对来说，会比较小众。但是会小而美，所以我们多做一些创客的工作，普及大家对科学和对工业设计、对美感的知识，并将其结合，会产生很多非常美丽的产品。这些产品的性能，给人的体验都会很好。我觉得这是上海在传统区域有很大的突破点，而且上海现在也有很多的设计师走向了世界，也做得不错。

另一部分在浦东。浦东已经成为中国电子信息领域沉淀技术最深厚的地方。我认为浦东一定会定位在中国乃至世界的科创中心上，所以一定要强调它的技术，一定要强调它未来的发展。比如说在浦东的张江，一定是和电子信息，和生物医药相结合的各种发展，这叫地利。如果你搞一个和这些智能硬件，生物医药等完全不搭界的东西，你可以做一些小而美的，但是一定不会做特别大的东西出来。也就是说你要结合你自己的特点。

为什么电商现在的氛围在杭州要比在上海还要浓，因为阿里巴巴在杭州有一群离职员工，他们习惯了电商的模式，有足够的圈子资源，他们很快地转变成一个个的电商，所以从电商这个角度来说，杭州是很不错的地方。而北京属于一个容易激动的地方，大家习惯了把一个想法拓展出来，描绘一个美好的前景。资本也相对来说容易去投入，所以在北京有很多的互联网故事和概念。因为他们习惯了资本的运作，他不担心你的概念仅仅是概念，因为他有足够的资源去给找到团队，去实现，做到一定程度就一定有人可以接盘，这是从资本的层面思考，北京是适合这种操作的地方。

在深圳，订制一个 PC 板当天就能拿到，你如果需要拿到一个设备、配件或者任意什么东西，你甚至可以到厂里直接拉出来，这种快速的反应我想在上海是不大可能做到的。上海的装修可能会拖一个半月，但深圳的创客广场在我们拿到一个基本的入住许可的情况下，就要求 15 天内可以拿出一个场地给他们用，如果在上海我会拒绝，但在深圳我可能会接受。所以我们要根据我们自身的优势，我们在上海能做什么，我们自己能做什么，大家得根据自己的出发点来判断，这是地利。

所谓人和，就是要有自己的圈子，自己的资源。一个人不是孤立的，你有一个想法，你自己一个人是很难做出来的，我不否认有天才，我相信 99.99%的人都不是天才。那靠谁，靠老师、同学，还要靠产业里交流的人，靠你需要的人。EMBA 为什么值钱，其最大的价值在哪里？在圈子。所以我们如果要创业我们一定要做好自己的圈子，这是其一。其二是人和团队，如果没有一个好的团队靠自己还是很难成事的。

最近一直在讲大众创业，万众创新，我还是先讲讲创新的事情。创新和创业不是一回事。大众创业是希望大家能够产生新的商业机会，尤其在我们已经加入世贸组织以后未来越来越难通过行政和关税的角度去保护本土的企业了。

所以我们需要很多人来创业，但这个创业如果仅仅限于这种模式创业，我们会失败得很惨。所以我们的基础是要推动万众创新，是要做一个新的启蒙。需要大家对新的事物有更大的包容度，对新的技术有更大的兴趣。让更多周围的人认为创业行为值得高看一眼的这种氛围。希望每个人都能够有自己的思想，有自己对事物的看法。

在中国这么大的人口基数的社会中，如果每个人有足够对科技的认识，对事物的认识的时候，互相交流中会产生多少新的事物，多少新的产品。这是一个长期的过程，因为包括在座的各位，包括我自己。说实话大家已经习惯了抄，习惯随便找找资料就凑出一篇文章，所以我们需要的是，五年、十年、甚至二十年坚持不懈地去喊这个口号，万众创新。这是一个启蒙运动，创新本身包括很多方面，包括思想的方法创新，也包括我们经常说的技术创新。当然从创业的角度来说，现在最成熟或者说我们大家关注最多的是商业模式的创新。

从国家对创业的推动来说，可能最新的一种创新应该是金融手段的创新，怎么样通过金融的杠杆来启动这些创业的过程，去给大家撬动。所以每个人都可以想想我们自己能够做什么事情？

但是现在为了体现公平，我们还要维持现状，没有办法。我们只有从自己身边的人开始，我们应该在自己的家庭、圈子里去鼓励这些事情。鼓励大家去接触新的东西，去了解新的东西，去发现新的东西。这是前不久的一个网上的搞笑图片，介绍的是谷歌的一个机器人，前几场我们做了一个人形机器人的讲座也很不错。但是我不否定它的商业价值。为什么要做成人形，其实因为中国的机器人大多数是为了能够尽快变现的服务机器人，他可以陪你聊天，教他一些知识，所以他的功能主要是这些简单的互动。

我最近接触了很多的机器人，美国谷歌的机器人，它的平衡系统非常棒，已经接近了真正人的功能。你看它腿的细节，我觉得中国在短期内是很难追上的。我在以色列看到过一个机器手，可以很灵活地在空中抓住一个鸡蛋。

以色列参照了蝴蝶翅膀上的构造，发明了一种纤维。我们担心甲醛污染的时候，是因为有染色。但其实现在植物是可以通过生物技术就产生天然的颜色。所有的这些技术不是简单的商业模式，不是仅仅赚到钱就能够使国家拥有的。真正的创新，以美国来说，资本偏向于创新创业，一定会产生新的结果。人才、资本、技术、创新汇集到一起就能够产生这些类型的创新。

宝洁公司一位高管，之前他给我讲了一个故事，他们工程师经过了大量的研发做了一种洗衣粉添加剂，倒进去以后就不再有泡沫，不会让洗衣机浮上来很多沫子看上去很脏很乱的感觉，他觉得这个产品一定会卖好。结果在中国卖了五六年，这个产品就是卖不好，就是比不上其他的同类产品。大家很奇怪，后来经过市场调研发现原来中国人喜欢泡沫。于是他们把洗衣粉添加剂去掉，结果他们的洗衣粉在中国的销量一下子涨了一大截。成本还减少了。这个意味着什么？市场所需要的产品，客户所需要的产品才决定你创新以后的商业价值。我们刚才讲的是纯粹的创新，但是我们的商业价值一定要和市场结合。包括宝洁的纸巾，他们之前一直希望做一种非常有韧性的纸巾，研发成本很高，结果市场部门调研出来的结果表明这样做根本没人买，销量会很少。所以现在的纸巾很小，又容易碎，这是大家的喜欢，同时商家也盈利了。

再有一个关于大数据的事情，现在很热，但是为什么很多工业制造的领域，有些专家不太认同。大数据其实是有一定价值的，从我接触这么多年来说，我觉得大数据非常有价值，是认购智能真正实现的未来的基础。但是，由于我们现在很多领域是条块分割的，我们各部门的数据都是封闭的。

所以大数据做得比较好的可能就是百度这几家。他们的数据量很大，可以用自己的数据跟某些部门来交换数据。但是从本身的大数据创新来说，信息的自由流动是真正创新的一个基础。

下面我跟大家交流一下创客。创客是不是能够创业，这个不好说。只有极少数创客可以创业，但不代表创业的人你可以不管住他。其实真正作为创业领导的人，大多数是没有太多技术的创新能力，他要发现创业机会，可以在创客的产品里去发觉，很多想法可以借用到其他的领域就会产生新的机会。这和我之前说的交流的意义是一样的，不管是思想的交流，还是看到别人的产品，我们不要纯粹地去抄袭，但是我们可以把它转型去做另一件事。

所以，如果创客都去挣钱，那价值就不大了，我们就没有现在开元的LINUX，也就不会有现在的互联网。因创客当初不是为了商业目的而进行创新的。所以我的观点是希望这些搞技术、爱创客，喜欢发明创造的人做自己能做的事。如果你是一个企业家你可以同时再去创业；如果不是不要封闭自己，你要跟企业家交流，把你自己创客的成果呈现出来，目的不是为了卖产品，而是让别人挖掘你的商业价值和市场机会。

同时我觉得我们应该鼓励这种人文的，包括工业设计和产品的结合。现在上海人对工业设计已经开始逐渐的重视了，但还不够。之前的很多设计师他们已经习惯接大项目，习惯给500强做设计，习惯了一次酬劳要拿几十万。很多的智能硬件的设计者去深圳找设计师，来做外形设计。因为产品体验一定是包括外形，包括这些感受的。这些设计其实是给上海很大的机会，但是很多人跑到了深圳，原因是因为缺少这方面的沟通和渠道。或者说两边不在一个频道上，很多设计师还习惯于做这些500强的服务，习惯了一次就吃成个胖子。深圳的一个小的设计团队，做了一个很有创意的设计方法，就是投影，投到墙上。然后几个工人就可以把他们设计的美术作品描在墙上，通过浮雕或者绘画的方式迅速做成一种装修，这类工程量小，一千块钱他们就可以搞定，而且随时可以上门服务。这就是反应速度和意识，同时这也使他们低下身段，但是他们的收入和产品的传播渠道就多了很多。上海的设计师还是相对来说把自己当作纯艺术家。所以，其实创业的机会很多的。

我们现在确实处在的这个机会真是千载难逢，因为有危机，因为有需求，所以国家也会推动，资本也会推动，这时候是你得到支持，走出去创业的最好时机。再过十年我不知道还有没有这样的好时机。当然适不适合，要靠你自己来判断，不是说所有人都适合，创业的人永远是少数。

创新的概念大家一定不要把它狭义化，这样我们才能做到大众创业。就像我刚才说的，在世界500强的大企业或者大型国企，可能很安稳，但是生活的色彩会比较单调，这也是为什么很多企业中层管理者辞职的原因。有不少人跳出来了，又进入了经济领域，不一定是独立创业，有可能是进入了某一些大的企业，但是找到了他们自己的舞台。

我们自己到底适合什么，不是你父母教给你的，应该是你自己发现的，这也是为什么我现在在做我喜欢做的事，虽然我的酬劳可能比我十年前还低，但是我现在做的事情我愿意去做，我想大家如果发现自己愿意去做的事情，也不会太在乎眼前的经济利益。当然长远的经济利益大家肯定会考虑。

同时，我们的创新也不能只迷恋于商业模式的创新。比如说马云那个时代，他创造了淘宝，创造了这一系列的成就，不得不说他确实是有先见之明或者说是有胆识，但是这种机会其实是很少的。模式的创新永远是短期的，我们需要继续挖掘。我们要在不同的基础层面，在不同的生活层面，产品的层面发觉自己能够做到的事情，才能产生更多好的项目，才能有真正投资的标的。而不是说我们大家都在喊，但是冷静下来却没有发现最近看到什么好项目，只有还将就的。如果是这样的话，那么大家就是在浪费千载难逢的机会。

所谓的创业秘诀，所谓在风口的猪，我看过那个漫画，长着两个翅膀，但是一定会发现那头猪是长翅膀的猪，不是随便哪一头猪，有风的时候他也能飞，只是飞得更好；如果没有风的时候普通的猪会摔下来，但他还会飞。“羊毛出在狗身上”这是一种模式，是一种操作。当大家都知道这种模式的时候，那我们比拼的最终还是技术实力。我们一直在讲互联网精神或者网络化。互联网是什么？是我们现在使用的互联网吗？不是！互联网其实是一种产品的极致化，服务的极致化。这其实才是其真正的核心。

在我们所能够做到的程度上我们尽量地去满足大家，不管你的要求是什么，可能在其他人眼里，你是不够完美的。但是比如说送饭的网站，解决的是大学生的就餐问题，并不是解决白领的就餐问题，那也算是一个反应速度很快的极致服务，你不能说他服务不好。我们要发现自己的服务是什么，怎么样把我们产品做到极致化，这是我们做创业的核心。

任何一个创业者他可以短期的靠忽悠融到钱，靠忽悠组建团队。但从长远来说，任何一个真正想长久发展的创业者，如果不脚踏实地对待客户，对待自己，那一定会摔跤。尤其是对待自己，你自己想不想创业，你能不能承受创业的艰辛（当然也不一定都艰辛，有些人确实还是很快乐的在创业），你认为你的产品真的没有问题吗？还是说你在忽悠别人。你心里面想明白没有？掩耳盗铃最终只是挖个坑把自己埋掉。

所以我们看到，小米、沪江、华为这些例子，他们都是在踏踏实实地做自己的产品。沪江好几年前我就用他的英语教程学习了，虽然用的时间很短，但是品质还是不错的。小米的一个技术负责人是我的一个亲属，我问他，说我有渠道帮你推到欧洲，可以铺到几万个店里面，你们要不要联系一下。他跟我说，还是算了，我们小米现在的产品，目前的核心竞争力还是比较适合在东南亚、印度地区发展。所以大家也就看到了雷军的宣传片，策划得很好。

格力董明珠这个人也是非常认真的，我们回家可以把自己有相应的电子产品打开看一看，格力摇控器里的金属件都跟其他几家不一样，如果你要舍得你可以敲开看看。

所以我觉得格力虽然他的模式不走互联网渠道，但是我相信我也希望他是一个能在中国持久并值得大家信赖的产品。

华为就不说了，华为是我们国内非常优秀的一个企业，他们的员工非常重视自己的产品品质，虽然我之前曾经在中星算是竞争对手，但是我是非常尊重华为的。

个人怎么看待创业的问题，你首先要了解你到底准备好了没有，你到底想做什么角色，你参与创业的角色是不是要做 CEO。一个团队最核心的，其实就是 CEO，就是你个人。这也是我既支持大学生创业,我也不支持的原因。少数的大学生会成为优秀的领袖,但是机率会相对比较低。因为他缺乏太多的资源,尤其缺乏成为CEO的磨炼。所以说大学生会有不少人成功,但是相对数字一定会很低。

创业并不是说你一创业立马就高大上了,就富裕了,也有可能搬到一个小黑屋,可能仅仅租用一个小单元,有可能你就是在自己家里面的一个角落里,和你的孩子一起共用一个书桌。创业是艰苦的开始而不是结束,甚至融资是更艰苦的开始,你要扛上一大堆人的工资压力。包括我们已经稍微成熟的企业每一步的策略。我们IC咖啡现在还在筹划更多服务,我不知道要掉多少头发,这其实是非常艰难的事情。

所以如果你做好了准备,如果你的心够大,那你就创业。但是如果你不适合,这个是你自己判断的。当你三番五次的自己想去创业的时候,你可以开始准备了。如果是别人说你适合创业,请不要随便的动,还是先交流、观察,先去垄你的人脉,先锻炼你自己的能力,否则当你被推上创业路的时候,那是比你在办公室朝九晚五无聊的感觉还要增加无数倍。因为创业并没有风花雪月,一样是扎扎实实,一点一滴地工作。

还有就是如果你真正决定你要创业了,那就立即开始,不要再等。等待会让你失去所有的机会,机会成本最高的是时间也是最重要的。之前我自己有深刻的体会,在智能手机产生之前的年代,功能机时代我们曾经组织了一个很好的团队。当时我在北京,在官方、在民间,我们团队都有足够的支撑。我们当时是利用多能机的平台,MPK的一个平台做了一个复合体系的产品,可以达到现在的智能机的某些功能。

当时我们因为融资的额度需求和我们设想的不一样就反复地谈,结果谈到了智能机的平台出现了,然后我们就结束了这个项目。所以时机最重要。如果大家有想法创业,那不要害怕失败。其实每一个成功者真正创业一次成功的是很少的,都是在不断试错过程中连续创业,才最终走上一个好的道路,才真正知道自己需要什么。从现在开始,如果你想创业那你就开始准备着手。当然不是盲目的喊,而是在任何细节上都要做好准备。所以从这个角度来说我也是支持大学生创业。如果你的心够大,你可以开始试错,你可以把自己打造成未来成功的CEO。

创业过程中需要注意什么?是不是团队?团队很重要,甚至在中国我们经常说的一句话是项目不重要,团队才重要。当然团队里的CEO是更重要,同时合作伙伴是不是符合你的价值观,是不是能够补齐你的短板,是不是能够给你带来价值也非常重要。如果团队不好,宁愿说清楚,不要顾及什么兄弟义气,创业就是创业,生意就是生意,如果确实不适合请他离开是对他对自己的负责任,不是绝情。所以不好的团队不如没有，好的团队确实是成功的必要因素。前几天有个团队是我的一个师弟来找我，他说我想做某某产品，我问他你做了市场调研没有，你的伙伴都是哪些人，他说是我们的一些同事，大家都是做技术的，我说那你回去，你可以先去做一些市场调研和团队的沟通，你去寻找一些能够帮助你的人，你这个技术团队作为一个创业来说，是需要的。但是如果仅仅有技术，除非你是世界独家，否则害死自己，光有技术是不行的。

一个团队必须是一个完整的团队，有市场需求的了解，有渠道的沟通，有很多你想象不到的事情需要他们去处理的，这些东西光靠技术人员是没办法解决的，甚至他们也不擅长。不要因为自己有想法，你就非要当老大，就非要当 CEO，这是挖坑埋自己的另一个典型。当然不是说技术不重要，如果你有独门技术，甚至如果你有一个国外已有，但国内没有的技术，如果你能把不同行业的技术结合起来，这些都是特别好的机会。

但是我们是在做创业，所以这些技术我们需要变现，所以我们要的是收入大于产出，所以我们要的是能够卖钱。这时候有资金有技术，我们可以通过下家接盘的方式圈到钱，这是很多人的模式我们也赞同。只要你有未来的框架，框架足够大，你可以暂时没有收入，但最终盈利还是要有的。而且你在寻找资金的过程中，你即使现在没有，你也要告诉大家我未来会有。所以市场的调研是必需的，市场的理解是必须要非常清晰的。如果一个产品你只是想当然地觉得欧洲有多少人在用，美国有多少人在用，那不是你的市场。这种市场的概念没有任何意义。

另外还有很多，比如说股权结构。假如一个天使基金在你创业的前期，直接给了你一笔钱，拿到你项目股权的 60%，那这个项目就可以结束了。你以后没有融资的机会了，因为他本身不是你的核心团队，他只是给你钱，你要给他大的份额，那相当于这个项目已经没有未来了。尤其是现在小项目要通过资本市场来跳动。所以股权结构非常重要，很多的创业服务组织也在培训，经常会做一些关于如何架构新的创业团队股权结构的一些讲座，这个其实也是很重要的。还有各种法律知识的准备，比如说你如果以后未来要上市，由于团队的要求需要签署一个未来上市以后处理的协议，这些都是细节，也是现实存在的事情。

现在这个年代，尤其是在和互联网相关的产业，可能更多需要的是快。所以我们不要把短板的考虑放在首位。当然你如果做一家百年企业，在持续发展的过程中，那就必须要把短板补齐了。但木桶效应的影响在创业初期的显现不会特别大。因为很多小的产品，互联网化的产品要的是快，要的是一个覆盖率。所以有的时候你把长处发挥到极致就够了。我们常说的产品要极致化，极致化不是说你没有短处，只是短处以后可以再补。

关于投资，是不是钱来了就一定是好事？其实任何投资，包括天使投资在内都不是为了发善心，其目的就是为了盈利。所以为了你团队的发展，如果你能够掌握核心技术，如果你有足够的钱，你有对自己足够的信心，那就用你自己的钱来投，至少你要出一部分。可以不要的投资尽量不要，甚至如果有机会去银行贷款，也不要去融资。

当然如果得到了投资，就希望这个投资能给我们带来价值，我们的短板是哪些要让他们帮我们补齐，这样的投资才是有价值的。这也是我们为什么一直希望做一个电子信息产业圈子，从我们的角度也是希望能够为创业者提供专业的投资指导，提供一些帮助。

现在中国市场投资资金不比美国少，但是投资者不会随便投，很多人投给你以后他们会逼迫你按他们的路子走。我常常觉得有时候很多投资机构有点不可理喻。你如果真有本事能够指导这些创业团队，那为什么你自己不做，非要逼着企业按你的方式去做。但是这是资本的本性。他觉得什么是合适，他会干涉你。所以到底什么类型的投资是适合你的，不要随便接受投资，因为投资是要你每一步都要有足够的理由来应用，来使用，你要了解你花的每一分钱下一步是为了做什么，都是要有计划性的。当然你是为了形象工程搞一两年那很正常，但是绝对不是为了自己享受。如果你有这种心态那你离失败也就不远了。

2014 年真正得到投资的，其实只有 846 家得到 A 轮投资后有很少的企业得到了 B 轮，更少的企业得到了 C 轮。2015 年可能会有所好转。2014 年是一个反思，很多人很谨慎，2015 年大家对创新创业的机会会更认同，觉得投的机会会更大一些。但是你不能夸大，我们还要反复强调的是，你夸大的成功只是为了骗下一个接盘者，你早晚都要被摔死。要告诫大家的是，我们要诚实，这是最大的财富。

现在是创业家最好的时代，如果你想去创业，就开始行动。但同时也是最坏的年代，因为现在经常提的一个说法是，这个风够大，千万不要把自己也都吹走了。我们不希望风过以后是一地鸡毛，风够大但竞争也够大，因为很多没想清楚的人也参与了创业，而他们很多的操作手法可能会毁掉很多的行业，包括恶性竞争，包括流言蜚语，包括各种各样的阻击手段。这些可能大家在创业的时候都会遇到，所以要做好准备，不断地试错也不气馁。

我不反对有资源的人出来创业。如果你创业你拿到资源你带动了就业，你能够再出去投资给别人。带动也是好事，所以这些把别人挡在外面的边界在中国很多，甚至每一个社区、学校、医院系统都是有商业机会，只不过我们不要把这些机会完全浪费在纯粹的满足个人私欲上。我们多少做一些大的事情，把这个机会运用好，这会产生一批创业者，而这批创业者很容易成功，因为他们有足够的资源。

为什么说是两次机会。因为这些条块分割在短期内不会消除，但是从长期来看几年内很多的这种部门利益或者区域利益的这种边界一定会被消灭掉，这时候对我们而言会是另一个机遇，就是信息融合的机遇。这时候会产生更大更好的商业机会，当我们前期已经参与到创业的这些人，有充足的资本去参与到新一轮竞争的时候，这是另一次伟大的机遇，是一次对中国而言可能会更有意义的机遇。

再说说现在。现在我们也是机遇良多，对于很多的创业者来说，你只要去发现，你一定会得到成果，只要你知道怎么去做。比如说我们现在的产品在目录上有几千几万种，但都是传统的产品。同样的产品在日本、在美国很多地区是个性化制造的，他们很讲究个人的体验，讲究产品的特性。包括之前民众去日本疯抢来的马桶盖都是在原有的功能上做了很小的改进。这些东西在中国目前还是传统的状态，只要大家发动自己的脑筋，发动自己的资源。这些都是不需要太多高科技的。

一大把金矿就在我们的面前，只要有足够的资源去挖掘。纯粹的传统企业的创业其实机会是很少的，我们为什么提倡"互联网＋"，就是期望以互联网的思维模式去改造传统的产业，让传统的产业能够服务大众，能够至少让一部分人得到需要的体验。只有这样这些公司才会活起来，才会创造出新的辉煌。

中国有多少企业，每一个企业也是自己重新创业的过程，还有很多人也可以把自己投入到这些小的传统企业里，去带动他们，这也是个人的创业机会。仅仅是这些传统的东西，我们会发现就有如此多的机遇。而在未来，当我们通过推动这个创新，随着大家思维的开阔，我们能够做出更好的产品的时候，我们真正产品为王的时代又会再回来，这时候技术导向、技术的高精尖又会成为我们中国的一个竞争力。

所以这个新的技术时代也会在不久的未来到来，我们会不断地找到机会，这几个事情都是在未来和现在正在上演和逐渐到来的过程中，这几年都会有机会，甚至我觉得可能会持续到十年后，但十年以后我不知道。我想大家如果有想法就要抓住机遇。为什么在上海有两大优势：上海的规则，上海的国际化包括他沉淀的东西。这就是上海的优势。当然这也是上海劣势，因为习惯了规则，习惯了管理。民众遵从各种秩序，但在创新领域上，可以试着稍稍打开自己的头脑，多去交流。看看哪些地方是可以和以前不一样的，这才是上海未来的机遇。而且上海是必然会作为一个技术的中心存在的，我相信这一点。所以我对上海张江这些区域，现在的现状并不满意，但是我对它的未来还是很期待，创业的方向在就那里。

现在BAT已经很大了，小米、华为这些体系也很大了，横向的这种网络的创业我觉得机会更大了。一个特别大的平台，像BAT他们这种平台，不会再产生我的观点。创业需要注意的是，你的项目有没有壁垒，你有没有真实的用户，忠诚的用户。你有没有垂直的领域，你有没有核心的技术。这些点里如果你有其中一个你们就可能成功。

另外，跨界是一个很好的概念。这个是从去年开始我们就一直在讲，这和交流也有类似的地方。每一个人他有自己的角度和观点，所以当你从一个行业跨到另一个行业的时候你会发现有很多商业机会。比如说，圈子里已经讲过很多次的一个人，老杨，他是飞利浦曾经的首席科学家，但是他现在在物流行业，他是做芯片的。他发现超市的扫码器又大又沉，很费劲扫描这些条码，于是他就做了一个芯片，集成在一个指环上，他根据你工作时候是否受到影响，最后确定一个可以承受的重量，再根据这个需求他开发了相关的系统和芯片。整个系统都是他自己设计创建的。跨界产生了他的核心算法，他的行业，他的用户。这个东西至少在条码还在的年代里面，即使是微软也没办法把它打败，因为他有自己的核心技术，同时他是跨界的，他有他自己的认知。这些边界非常多，我不知道会有多少。

还有3D打印现在还很弱。之前我们有一个发起人是我们圈内一个做芯片的。在3D打印概念刚刚出来的时候，他就转向了3D打印，其实芯片的制造过程就是3D打印，只是用于工业化，有很多的环节。他觉得3D这个基件的部分其实相对是简单的，他的最终目标还是做机器人。但他现在先做了一个目前在桌面系统里面热容性精度最高的，甚至是全世界里面也不多的一个3D打印机，当然不能说他已经成功了。毕竟他小众了一些，量不是特别大的。但是我认为跨界的时候，换个角度的时候，就会发现机会来了。

我再举个例子，我的一个同学他是做LED的。他之前是做通讯芯片的，在我们芯片系统内部也可以跨界，一个做LED的供应商在与他交谈的时候说，这个产品的某些技术实在太难了，我们行业里没人能够解决。于是他就问了一下到底是什么问题很难解决。后来发现对于做通讯芯片的人来说，这个问题简直是手到擒来，太简单了。于是他自己直接转行做LED去了。他做了目前功耗在最小的低间距LED，他的产品已经卖到了TCL内部，所以他的未来我也很看好。

除了跨界以外，我再讲一讲“互联网＋”和“＋互联网”。其实刚才已经说到这个问题，到底什么是互联网，我们为什么要“＋互联网”？其实这只是个概念，我们要加上这些的目的就是为了增加“体验”，加上互联网这些东西会让你的体验更好。所以“互联网＋”只是一种增加体验的手段，我们不要迷恋在这个概念里面，而要抓住的实质。

除了刚才说的那些跨界还有改造以外，我觉得方向上，大家创业比较容易成功的可能就是衣食住行，还有文教、健康这些大家都关心的事情，以及刚才说的产品互联网化，TMT 化，等等。这些是比较容易成功的，这是近期主要的方向。当然这和我们自己的方向稍微有一点远，我们的方向相对会时间长一些，电子硬件偏硬的东西可能会重一些。

但是我们认为未来，德国、以色列、美国他们都不喊互联网化了，因为当你去发现很多产品的时候他们的体验已经很好了。他们不会把这个作为重点。而中国的机会在这里，是因为以前做得太差了。但是未来我们一定是结合这些技术，结合电子化，结合工业制造，未来的世界不是互联网的简单连接，而是由于物联网时代的到来，每一个点，每一个人都是网络的一个智慧节点，可能后面我也会提到，我称之为“天网时代”的到来。未来大家都会在每一个节点进行信息的输出。

所以未来一定是一个连接的世界，一个技术统治的世界，当然大家也会得到更好的服务，这也是我们 IC 咖啡未来的方向。我们希望把产业信息的力量发挥出来，去推动未来的发展。可能短期内我们推动的行业发展不像互联网那么快，当然移动互联网我们也会进行一些合作和投资，这也是我们的一部分。但是从长远来说，我们的重点还是放在偏硬偏重的东西上。

谈到物联网为什么我们要做硬件的东西，包括前几天在北京的中关村我们几个发起人所属的组织，一起做了一个签约仪式。我们几个组织一起做了一个硬派空间，我们希望在硬件的平台和开发上，多做些贡献。当一个硬件平台发生变化的时候，我们所有软件的业态都发生了变化。之前互联网是在 TC 上，现在 TMT 是在手机上，就像刚才说的失败的项目，是因为硬件平台的变化，是因为芯片系统、应用系统的产生。所以 TMT 芯片的应用都是如此，当我们的监控系统，视讯系统，人脸识别以及各种穿戴技术出现的时候。可能这些技术就颠覆了手机的未来。我们现在的模式可能又面临一次巨大的转变，所有的偏软的这些东西可能还要做一次迁移，就像现在从 PC 转向云端，转向 TMT。

智能硬件从深圳的操作模式来说，由于设计了太多的山寨化的运作，包括比如说甚至像有一些无线模块，腾讯为了占接口他们也在投资硬件。因为他们也知道如果只有软件他们没有未来，他们要做一个全生态系统，所以他们也在投资硬件。但是比如说腾讯投了一个项目就是针对这些用他接口的这些无线模块有补贴，那个产品成本是10元，腾讯补贴7元，而真正自己独立制作的东西就被毁掉了，所以很多人在说，这个智能硬件有什么好做的，利润空间太低了。但其实这只是很少的一些部分，当你的技术有独特性，你解决的问题有独特性的时候，虽然短期这个智能硬件看起来是不盈利，或者盈利很少的。但任何一个硬件或者芯片的应用，在未来一旦成功那将是指数性的，他开始会有很长时间，很平坦、很小的区域。而互联网可能是这样上去的，所以越来越多的人，为了增加自己产品的壁垒也在关注硬件，而你自己如果有独特的技术，硬件的壁垒作用也会越来越明显。刚刚我问大家了解不了解IC咖啡，其实我也是在问大家是不是了解相关的电子信息产业，因为产业里的人知道的比较多。关于硬件那些坑我就不用说了，我只是举个例子。其实做硬件不是做软件的人可以随时转过来。小米是做硬件出身的，但是他的商业模式是传播，决策人是软件，所以他在转向其他硬件系统的时候也出现了很多的问题。

罗永浩我很佩服他，老罗跟我们的圈子关系也不错，但是他当初做的锤子手机大家都知道，其实他的设想还是很不错的，如果没有那些工艺问题，他的质量不比小米的差，甚至可能比小米还好。但是他为什么倒下了，就是因为他忽视这个产业里的特殊性，也是我们一直在做硬件和产业圈的原因。我们希望这些创业者能够在这些方面得到帮助，这些坑你们可以在其他的朋友里得到答案，我们可以解决一部分，我们可能不会解决所有的问题，但是至少有机会帮助大家。

另外，我们再提一下想象力问题。其实大疆四轴的飞行器现在做得很大，估值也很高，但这项技术在50年代的时候，在学校的实验室里面就有人在玩儿在学习。他通过和小型微型化摄像头的结合就产生了现在的需求。为什么以前不做，是因为以前大家觉得那东西做起来不知道怎么用，能干什么。大家多想想自己身边有哪些可能需要的应用，其实就可能会产生新的商业机会。比如说大姨吗APP可能女士们有一部分会用，年轻的女孩还有像我的同龄人可能大家关注的就比较少了。大姨吗是一个监控女性月经的时间和身体状况的APP。有一天我们聊起来，我说其实关于这个东西我们有一个产品是可以做的，医学界他们在做很多可穿戴，大家都推得很厉害，但是效果不好。因为很多人觉得这个东西我为什么非要戴，为什么可穿戴只是可穿戴不是说必须穿戴，但是我们怎么找到必须穿的，或者真正用户需要的产品，这个事情我当时提了一个想法，后来当然有一个做医疗的朋友，我给你点咨询费，你把这想法只给我，不要说出去了。

我说你给了我再说吧，但是我其实就是因为没准备，我觉得这个东西做出来会比较好玩会有用，但其实对做医学的人来说就是很简单的。反过来，大姨吗 APP 是监控月经的，那么用来监控用户怀孕的可能性，监控用户的体温，监控用户身体的变化，从长远来说可以进行各种健康的建议，从短期来说这个是很简单的设备，女孩子和育龄的年轻人这两类人就会有需求，一类是想怀孕，一类是不想怀孕的。当然这个东西可能会对很多其他产品的影响比较大，比如说避孕套之类销售量会受影响。但这个东西其实是女孩子们一定想用的，当然你要做得隐蔽一些了。

我讲的意思就是说，我们要有想象力，要有市场的敏感度，要知道大家想什么，这点来说我们也是建议大家多思考，多交流。交流的过程中不一定只是讲故事聊天，我们可以看看大家互相之间有什么需求，可能你身边几个人的需求就是很多人的需求，就是商业结合。这对一个创业者来说是很有必要的一个直觉。

我们每个创业者虽然做不到最好，但是我要尽我所能去思考这个问题，客户到底要什么，用户到底要什么。回到我们的行业，集成电路的创业机会这个可能跟大家关系不太大。集成电路从单纯的技术来说是很难的，这个行业圈子比较小，投资比较大，动辄数百万上千万的投资才能够有可能性，甚至还不成功。其实他有很多的机会。

第一我们会发现 ISSI 在被收购，之前展讯等很多大公司从美国退市，其实不是，真正退市是被来自中国的资本收购了，他在做资本的操作。中国真正的技术基础是所谓的精密与制造，我们未来的工业 2025，国外所谓的工业 4.0。我们提 2025 的原因，有些人总觉得我们工业 3.0 都没到，提什么 4.0，所以提个 2025，但是确实是工业制造加上集成电路，再加上材料，是中国产业真正的支柱，而这几个产业里面中国目前短期内改得比较近的是集成电路，长期能改得比较近一点的是智能制造。材料是一个更长期的过程，需要更长期的时间。所以从国家来说，他是不断地在这个行业里进行操作和组合。很多产生大的企业也在买入相关的标的做概念转型。这其实是一个很大的机会，包括很多小企业，会通过并购，实现他的商业价值。

第二，夹缝里的机遇是什么？美国、欧洲对利润率的要求是很高的，他们养一个团队、养一个人，利润要求在 80%、100%以上，否则就不做。其实中国需要的这些产业里面，公司如果要自己做好，可以有百分之三四十的利润就可以活得很不错，就可以达到上市的规模。这种机会其实非常多，只要你有技术也可以成功。

所以这是一部分，还有一部分像指环这一类的，这些小的 IC 公司，如果做不到前两个方向的时候，就可以通过跨界解决一些实际的问题，因为这些跨界的产品，单价不会像普通的产品那样，因为太透明化，我知道你的成本是多少，甚至我把你的成本调的比我还低。所以经常有人说做集成电路的人还不如卖白菜的，其实你用一些思维方法去做电路系统这些都可以，这些反倒是你的技术壁垒，你创业成功的机会反倒因为做了这个事情变大。你的技术含量给别人的感觉也就完全不一样了。

再有我们要向以色列学习。以色列的技术并不是高大全的，某些技术虽然是世界顶级的，但都是集中在某一点上。我们在初期的时候，可能在一套技术上来说是有短板的，那么先不要考虑这个问题，我们要考虑的是我们某一个技术上的世界级的突破。以色列的技术都是这样的，他在某一点上一定是世界第一的，反过来他把这个东西作为资本运作可以卖，可以授权，让出去以后，再进行下一轮自己的创新。所以以色列人做芯片或者技术，其实都不是为了技术，他们很喜欢创新，但很明确。犹太人的商业目的就是比中国人更明确。

但是以色列做到了一点，就是每一个产品都有一个世界第一，这样人家必须买他的，这就是价值，就是壁垒。包括苹果当初在成功之前，这些手机大家都会发现，为什么以前没人做成类似苹果的东西，其实我觉得有很大的一个原因就是多点触控技术。这个技术其实早就有了，但是没有人真正很好地找到一个合适的方法，利用到苹果的体系里。所以之前的苹果手机就有智能平台，但是一直没火起来，那个比例只是百分之一，或者十分之一。一直到苹果把这些点上的技术组合成了一个体系、一个应用、一个很好的体验以后，苹果一下子就火爆起来了。

从某种角度上来说，如果有自己特色的短期抄袭从经济角度来说，对中国还是有利的。关于创业的事我今天就大概介绍到这儿。接着我再讲一讲 IC 咖啡未来的一些想法。首先我们要进行一些孵化服务，我们重点不在场地服务商，而是通过我们产业链的资源帮助大家做一些咨询、人才招聘，以及供应链的一些服务，同时我们还要通过我们的讲座、沙龙的方式，来为这些创业企业找到市场需求的机会。还有包括如何实现设计方案的试错的机会，虽然不一定能够帮助到每个人，但是至少我们会对一部分人有一定的帮助。

因为毕竟依赖某一个公司的圈子他的封闭性还是有的，他虽然会开放，比如说某个公司他说他的场地是免费的，其实他的场地是先收费，以后会反给你券。这个券可以买其他的云产品和其他的服务，实际上还是要绑定他的产品。我们希望做一个开放服务的圈子，这不靠我们自己，是靠我们大家每一个参与的企业个人，今年我们会开启我们的第二届活动，会联动北京和深圳等地，当然我们也会培养上海其他地方做一些大赛。

另外我们会逐渐组织创业学院的课程，通过我们产业的资源，我们传统的这种创业课程可能是一种必修课，但是我们要是作为一个产业里的人，可能需要学电子或其他的东西。我们会通过产业里的专业人士给大家做一些培训课程，结合产业实际的，包括工商管理等等，这是我们以后要建立的一个培训体系。我们会积极地和其他的创业组织合作，如果大家找我们，我们解决不了，我也会给大家推荐上海的一些主要创业服务组织，全国的创业服务组织大多数都跟我们是有联系的。同时国家已经点名了，希望在上海做科技的中心，所以我们也会尽自己的努力去推动这件事情。前一阵上海市政府也去我们那儿做过一个关于智能硬件座谈会的调研，我们感觉上海市政府在这方面是越来越重视，所以我们期望会越来越大。这是我们主要的一些业务方向，包括活动产业咨询，包括我们即将开始的天使会。我们的圈子里其实有几十个做产业投资和天使的产业人士，所以我们后续会开放一些这样的机会。

一开始我们就在做类似 NGO 的工作，虽然是以公司名义存在，但之前一直在做的社会性组织。有人经常开玩笑说我们在做协会和政府做的事，这个是很辛苦的，因为我们是从民间用我们个人的钱一起众筹来做的。之前我们没有太看重商业的模式，是觉得时机没成熟，后期我们希望把自己作为一个项目，所以我不认为我是什么创业导师，虽然有人请我，但是我们本身就是创业者，我们希望通过挖掘这些资源，建立一套既可以给大家提供公益服务，同时也挖掘商业价值，未来也希望能够找到合适的资本市场，能够上市，能够推动更多的区域加入到我们里面，成为一个真正全球华人的科技交流网络。

我很期待未来上海有所改变，期待张江有所改变，期待张江宅男们能够动起来，这是对整个国家的科技发展会有很大推动力。听说张江高科的一些区域负责人，在国家和市政府的推动下也提出了一些新的思路，将转变他们以地产为主要模式的经营方式和理念，他们将逐渐地增加科技金融的投入。同时张江将来也会建立一个包括人文和科技结合的创业区域，一个聚集地，包括很多著名的组织也会在未来的一两年内聚集。

今天就讲这些，谢谢大家。

创业——选择的智慧

戴剑飚

上海市信息化企业家协会会长，上海市信息化青年人才协会名誉会长，上海龙软集团董事长。美国电子工程及应用科学博士、教授，有多年美国工作经历和国内IT企业管理经验。16岁从四川考到上海交通大学，20岁成为上海交大最年轻的教师，1997年赴美留学。2002年回国后开始创业，先后成功创立龙软集团、创园信息科技园、网班教育科技等企业。2012年，发起中国第一个剧院式讲坛——听道讲坛，受到广泛好评。戴剑飚博士还是首届上海IT青年十大新锐，浦东新区十大杰出青年。

非常感谢今天有这么多的朋友到这里来，我们交流一下，谈谈创业的问题。创业在这两年，尤其是今年变得非常热，我自己也是创业十多年的人。今天上午有一个小时多一点的时间，我们在父亲节假期里，大家能够来到这里非常不容易，开始我觉得不应该有太多人听讲座，还是因为上海整个创业氛围特别热烈，让我很受鼓舞。

第一个是我介绍一下自己的经历，包括自己的创业，大家也可以提一些问题。第二个，我结合我身边一些朋友的创业经历，谈一下创业。是不是该创业，如果创业，我们可以做些什么；如果我们决定做些什么，那么我们应该怎么做；几个方面我们怎么选择它。最后，进行一些互动。

首先介绍一下我自己，我记得我最早创业应该是1990年、1991年，那时候还在上海交大做老师，我在交大教了十年书，1997年去了美国，在美国待了五年左右，2002年初回到上海。为什么去美国，因为父母都是教师，觉得我应该读博士，读了博士后，就去教学，回国之后我做了将近四年的国企老总，可我觉得国企老总还不够过瘾，又觉得自己做创业比较好，就在2005年跟人合伙做企业，在一年多的时间在英国上市。自己又重新创建了几个企业，最近又有一两个企业会上市，这是我的经历。我大概有15年的时间在教书，在美国教了两年书。

可能创业是互相传染的，当时在交大时候，我在学校开了一个电脑培训班，大概九几年，开电脑培训班之前先开了电脑维修部，我当时取了个很厉害的名字，那时候胆子很大，我只有一个人，因为我自己不会玩电脑，我是物理系毕业的，我当时觉得一碰电脑，电脑可能会爆炸，我哥们儿会“玩”电脑，他是计算机系的，但是他比较懒，天天在床上抽烟，我比较勤快，到处贴海报，最后贴到马路上，天平街道打电话给我，不允许我贴。我起的名字叫交大贝尔电脑服务部，一下子侵犯两个产权，一个是交大，一个是贝尔。

那时候楼下有几个人做得很不错，我住在四楼，三楼有个家伙专门帮别人订飞机票，他当时也发小广告，发着发着就做大了，开了个公司叫携程。后来他做大了之后，就把隔壁寝室另一个哥们抓去做CEO，我隔壁同学叫范敏，一开始我觉得他们就是卖机票的，后来他们越做越正规，现在我天天用携程，不用别的网站了，因为我用携程，你给他打电话，无论你订不订票他都很高兴，让你没压力，我一直是他多年白金卡的用户。数学系在一楼，有个家伙也很厉害，专门做投资的，开始混了一段时间，后来去做资本了，就是红杉资本的沈南鹏，所以那个时候创业氛围比较浓。在座40岁以上的人会有记忆，大概90年代初的时候，有一两年整个上海市突然有非常猛烈的经商、创业思潮。

但是在这之后沉寂了一阵子，一直到2000年的时候，越来越多的互联网。但是2000年的互联网也没有持续多久。我觉得那个时候互联网真的是泡沫，因为那个时候国内支付也没有开始，3G、4G网络也没有，连信用卡都没有普及，在那个时候产生这么大的互联网市值，我觉得那个时候真的是泡沫，当然跟现在不一样。又过了15年到了今天，至少在互联网领域真的不是泡沫，时代变了，这一轮“互联网＋”也好，虽然给它起什么名字，所有互联网相关的产业，有这么多资金、资源投进去，已经不是泡沫，当我们手机、移动互联网成为我们基本的“器官”，这个时候已经在为这个领域创业，社会已经做好充分的准备。我自己在行业做了很多年。

我刚回国后编过软件，后来那家公司也上市了，名字叫中国软件，在英国上市，上市之后我就退出这个公司，做了一个龙软科技园，在嘉善、杭州、上海。我们这个科技园在阿里巴巴旁边，我们买了一块地，觉得好几年才会热起来；马云也买了一块地，这块地先建起来，一下子热了，连车都没地方停了。后来我们觉得我们要马上建，合作伙伴很厉害，邻居也很厉害，所以我们创业园区，邻居公司也是蛮重要的，因为有些积极的气氛会传递过来。

在北京每年谈到创业都会回顾一个问题，拿北京和上海的创业去比较。前年带了一个上海艾迪企业家代表团十多个人去北京考察，去了新浪、360，周鸿祎也给我们讲了一些理论。聊完之后都快11点了，按照上海的作息规律肯定该休息了，另一个做粉丝网的老总，他说我们带你去一个地方，是一家咖啡馆，那还是两年多以前，去了之后晚上12点，一大帮年轻人还在那边很热烈地工作、讨论，我在想我们上海好像在这方面比他们欠缺了一点。回来我就反思，反思出来说应该怪“上海丈母娘”，因为“上海丈母娘”都喜欢大国企，创业者入不了他们法眼。当然这两年变化了，我们上海丈母娘也开始喜欢背着IT包的，创业者也受欢迎了。

总之上海的创业氛围越来越浓，选择一个创业的行当，选择一个行业，选择好的邻居也很重要，这就是为什么上海有很多科技创新园区。园区重不重要，每个区都在搞，但是这个园区有好的企业，或者好企业家在里面，我觉得对大家也很有帮助。因为我自己做的几个园区，开始我不做投资，我的园区在闸北，2008年来几家企业，不到十个人的团队。这5家企业到现在为止有一家已经消失了，有一家被收购了。还有两家已经是亿元企业，还有一家上个月在纳斯达克上市了，我觉得这个比例很高。我知道如果把整个上海摊开来看，比例还是蛮低的，但是我觉得创业者，大家找到一个获得邻居抱团，这是一个很简单的选择，成功率会高很多。为什么？当你们聚在一起，隔壁来了投资人，经过你门口也会看看你，本来想投车联网，结果一看穿戴式设备也在边上，可能就多一个机会，也可能交上一个朋友，你会说楼下那哥们拿到一笔钱，或者那哥们来了顾问给他做策划上市，他也会把朋友介绍给你，所以选择一个好的氛围还是不错的。

今天交流当中所指的创业，把它范围定得窄一点，就像父亲节，做一个好的父亲，也是一份好的事业，拥有一个平淡完美的家庭生活也是成功的，从某种意义上也是创业。但是今天的创业，聚焦在商业成功，或者你要盈利，我觉得在这个时代没必要客客气气。中国的年轻人到这里来，我们需要找到一些行动的模式，再找到一些符合我们社会主流价值观和个人传统价值观的方向，但一定要取得商业上的成功。我这个定义为“现代的创业”。

我做过一个“听道讲坛”这个题目，可能各位也知道，也比较成功。我分享过一个感悟，我做的时候邀请一些讲者，杰出的人、知名人士做演讲，当我打电话的时候，50%人告诉我，这个事情当年也有过，说这个事情前年我们还讨论过。

创业要成功，首先要开始。不做怎么能成功呢，而且现在这个时代，有的人说我们这个阶层结构已经固化了，已经没有机会了，下层人士已经没有上升通道了，清华北大的都是非富即贵的人，是这样的吗，我不完全赞同。确实中国一定程度上面临上升通道被阻塞的问题，但是你看全球其他的地方，你看看美国、欧洲，我当时在英国路演了半年，英国阶层的固化，贵族范儿，跟中国完全不一样。到美国去也同样，资本青睐的也是精英，但是中国和美国我个人觉得，在这方面还相差不多，即使是草根，只要有想法，还是有很多机会。最近拿到钱，成功上市的人，有几个背景非常好，就拿我自己园区来说，做得好的几个，一个刚刚成功被十几亿资金并购掉的企业，是一个外地小伙子，书都没在上海念；最近刚刚在纳斯达克上市的，一年能做好几十个亿的生意，既不是高干子弟，也不是腰缠万贯富豪家庭出来的，也是读了书出来做事情。至少现在为止我周边看到的，依靠商业模式，依靠企业做成功，绝大部分并非是大家所说的，一定是有多少强大的背景，但是失败者的比例也是很高。

后来我想这个也合理，大家为什么创业，创业就是因为前面父母没给你打好业才去创业，否则继承就可以了。我们思考一下创业可以做什么，既然有大的比例想创业，还没有行动的人，很快就要考虑创业要做什么？尽管我是搞互联网的，不管你做什么，一定要跟互联网沾点边。

第二，不管你做什么，你不用刻意去追求，互联网总归给你沾上边的，哪怕卖青菜、卖水果。菜管家在我们园区里做得很好，就是把菜市场放到网上，冷链派送起来，最近拿到大概五个亿美金的，就是“饿了么”。我觉得任何行业都可能做，但是最大的比例，其实今天坐在这里的人，大部分并不是手里拿的几项专利，并不是手里掌握某几门高科技的人，你们手里有没有国际著名的专利，有巨大的技术背景，别人模仿不了的高科技，我不认为大家有，但是还是讲创业，做什么呢？一定要做日常的、身边的，这是第一个原则，然后跟老百姓、跟市场休戚相关的。但这类事情很多，怎么选择呢？选择相对来说是自己喜欢的、熟悉的，有资源的。我的看法和社会大众一样，中国是一个人口大国，所以我们任何一个需求，其实都是有很大的潜在市场，一定要和大家日常生活相关可能是大家天天会用到，也可以是大家难得用到一次，但大家终归会用到的。你可以做服装，我有一个朋友是残疾人，崔万志他上《超级演说家》做演讲，他做旗袍，他生下来有点轻微脑瘫，但非常勤奋，非常努力，他考上大学都已经报道了，校方还是让他回去，最后他以很好的成绩读了新疆石河子大学，那个学校欢迎他，他对那个学校充满感激。他也做电商失败好几次，最后他选择做旗袍，他做得很努力，我猜他自己喜欢旗袍，站在男生的角度，可能会觉得女生穿旗袍很好看，我是这么分析的，没有当面问他。又是跟日常生活相关的，也许自己还比较喜欢的行当。

第三，自己有点资源的行当，比如说某个亲戚正好认识某某，他可能带来什么业务；你某个家庭成员，或者某个朋友怎么样，能在业务上带来帮助，这个一度被认为创业第一要考虑的，但是我认为不是第一要考虑的，真正重要的是贴近市场，第一你比较喜欢，有感觉的，我认为选行当选这个。

据说“饿了么”等企业，也有很多是这样出来的。他们选这个行当时候，是这样做的排除法，他觉得把自己想做和自己可以做，他们有几个合作伙伴，自己有多少资源的行当，写下来，送餐、绿化、订机票等等二十几个行当这样打勾。

第一个行业，世界五百强有没有已经做的，如果做了把它去掉；第二个行业风投已经投过，几个亿等着你的，像打车软件动辄几个亿砸死你，我朋友做过一个打车软件，马上要起步了，正好碰到滴滴打车，他跟滴滴打车一样的功能，他就歇菜了；第三个，看看这个东西，一眼都说好的反而有问题，第一眼说这个好，这个值得做，这种就风险最大；最后找一个不要花太多钱就能有收入，因为现在的风投，在2000年的时候吃过一次亏，那个时候大家只要填一张六页纸PPT、计划书就会给一两千万美金，尤其国外回来的创业者，我拿着计划书往VC一摆，想做这个事，你给钱吧，他们就给钱，五百万、一千万美金，先启动再说，基本上都死光了。吃了这次亏之后，现在这一轮的风投狡猾了，他们觉得你光凭计划书已经不行了，光凭说也不行了，哪怕有个公司，有个团队也不行了，一定要你有一个模式已经走通，并且已经有收入了，你可以赚钱，也可以赔钱，但是已经有收入了，一定要撑到风投把钱给你们，所以一定不要做太大的投入，我们几个人凑几十万还有可能，如果需要把房子抵押掉，还是不要做了，家人会反对的，还是凑几十万来做这个事。

第二个，做之前应该自我反省一下，首先我坚决赞同，只要想创业的人，先问一下自己是否真的很想成功。我觉得创业也还可以，不创业也行，我觉得日子过过也不错，你就不要动了。拿张纸自己写一下，真的很想创业吗？过一个礼拜拿张纸再写写，真的很想吗？真的很想，80%还是100%，如果是120%就立刻行动吧，不要耽搁了；如果昨天真的很想创业，过了第二天看了心灵鸡汤觉得平平淡淡才是真，就把这个撕掉了。要连续一个礼拜问自己，真的想创业，就赶紧动作。我觉得创业的成功，不是依赖你有多少钱，多少技术，首先你要有多么强的渴望，没那么强的渴望，再聪明的人也很难成功。就我判断，能够到上海来，能够在这里和大家交流，大部分年轻人智商都是很高，很聪明的，哪怕是马路上的小包工头，这个时候成功很大程度取决于你自己的渴望，要努力、要奋斗，一般来说这个可能性就大了若干倍，不是大一倍，那是大了一二十倍。

其次，打几个勾，技术、资金、人脉，理论上有没有好爹，如果有好爹，资金基本上可以合二为一。人脉、技术就不谈了，创业者当中大部分没有太强技术，只要他能找到懂技术的人就可以了。确实我们这个圈子里，我们企业家协会里这帮会员都是蛮成功的企业家，真正第一线做技术的人大概15%，80%以上不是做技术的，公司都有CTO等等，如果自己是创业者，懂技术那最好了，这样你就能更清楚看到你的产品构架。

第三个关于资金。前面讲到了，这个项目一定要撑到你能够正常的运转，不要自己总亏钱，至少应有一定的明显收入。这个时候打出互联网的概念，一年有一两百万的收入，别人支付给你服务也好，产品的报酬，这时拿个几百万的天使风投是没问题的。如果收入一年有个一二千万，一年之内肯定拿得到别人给你接力的资金。

人脉我谈一下，中国什么事都谈人脉，我在美国这几年，看了美国的创业者和中国的创业者，确实有很深的体会。在中国一定要需要人脉，这个人脉并不是认识多少CEO之类的，这个人脉就是你认识更多愿意帮你的人，你自己情商一定要高。你现在看看，你在朋友圈当中，是不是大家都喜欢跟你聊天，你自己是不是愿意帮助别人的人，因为这两者往往是对等的，你自己是不是大家平时喜欢一个电话经常约你出去聚一聚的人，我觉得只要做到这点就够了。当你启动一件事，如果这件事努力去做，我们中国有句话“得道者多助”，你做事做人比较到位，会有人比较愿意帮助你。你跑去帮人家修电脑，你帮人家提供某一项服务，你只要做得到位，这类人脉能够在你创业过程，自然而然获得你意想不到的帮助。当我们做了一件事的时候，我们总觉得那个会怎么样，这个会怎么样的，我缺这个，缺那个，前期分析是需要的，你很多会得到意想不到的帮助，会得到意想不到的商业机会。

第四是关于怎么做的问题。我认为作为一个创业者，怎么做当中最重要一点是沟通力。台上的沟通力和台下沟通力，创业者这两个都需要。我第一建议创业者喜欢沟通，学会跟人坦率的沟通。如果自己真诚，别人也会真诚对待你，有事跟大家坦率地讲。如果做到几十个客户，你可能搞个几十个客户的交流会。如果做到有人愿意投资你，你可能要到创业大会做演讲，这个能力非常重要。我是企业家协会负责人，我这些企业家经常叫他们做案例来对比你。沪江网的CEO阿诺是很好的演说家，他也不是天生的演说家，他特别喜欢跟老师聊天，特别喜欢跟同学聊天，尤其喜欢跟他们学校党委书记聊天。其实这是很容易做到，第一次你好！第二次张书记你好！张书记会问这个人是谁，聊聊吧。你要主动沟通，沟通会让你变得开放。但是我看到创业失败的人，很闭塞的，不愿意跟人聊天。做创业者我个人认为沟通力超过所有的能力，超过管理能力，超过理财能力。

我给大家讲一个小技巧，这个技巧是美国教授教我的，为什么我们在国内很多大学里面没有教大家这个，怎么样克服在公众场合表达的障碍，很多人突然走到这个台上会紧张，不知道怎么表达，哪怕做了一两年老师也会这样。我告诉大家一个非常管用，立刻管用的办法。上台一定要做个动作，比如有没有水，或者把话筒动一下，这个表明，这个东西是我决定这么放，这个桌子是这么弄的，我自己可以自由走动，走两步，这表示这个空间，此时的一个小时是我掌握的。30 秒钟大家把凳子移一下，如果没有凳子可以喊一下，能不能给我一张凳子，当你做完这个动作，敲两下桌子也可以，你从心里告诉自己:这一个小时是我的。这个时候你会非常舒服，这类的心理暗示非常自信。这是我当时在美国念书的时候学的，我去美国念书之前，我已经在交大当过很多年老师，我爸妈是老师，认为我应该读个博士，我觉得也对，就去了。我在交大时候，我曾经的一个老师，他讲课的时候，总喜欢盯着桌子，比较腼腆。到了美国的时候，美国教授跟我们上了一堂课，他把我们当成刚刚做老师的人，传授了一个经验，我觉得这个经验很宝贵，把窗开一下关上，因为那个教授一进教室就把窗打开，又关上，我说神经病，把桌子移过来，又移过去，最后把书重重放到桌子上，告诉我们其实这个动作很管用，我觉得真的管用。这对我们年轻创业者，很有帮助，这是一种在公众场合之下的沟通。

在私下的沟通，对团队非常重要。很多时候我们会遇到，比如我的合作伙伴怎么样的，我的客户怎么样的，我的员工怎么样，部门负责人怎么样，或者领导怎么样，投资人怎么样的。你觉得有误解的时候，在互联网时代直接拉去喝个咖啡，如果你觉得有什么问题，最好的方式把问题摆出来。你会发现一半以上的时候，你把问题摆出来，其实这只是你的误解，没有这个问题。你觉得老张有问题，你对他意见很大，晚上睡不着觉，第二天一对表，发现完全不是你想象的这样，一般问题十分钟谈话就解决的。沟通的原则是愿不愿意沟通。沟通还有一个很重要的技巧，不要直接说别人不对，“你说得很对，你说得非常有道理，但是，我认为……”这样的话他也说很对，只不过一“但是”就很好沟通。跟投资人沟通、跟合作者沟通，只要创业一定要学会沟通，而且把自己培养成能够沟通的人。我见过凡是不会沟通的创业者，最好的情况就是他的公司被人收购，这是最好的情况。

选择团队很重要，这是我们在创业过程中，一直要不断面临的问题。成功的创业者，都有一个共同的特点。比如说“大众点评”，有那么多会员，他坚持到 2008 年才盈利，前面十来年是亏损的，张涛在盈利之前压力很大，但是他们团队很好，最团结的团队是什么，就是一个人，就是你自个儿，这不是开玩笑，这是一个很好的选择。如果你没有找到特别好，确实大家能够互相体谅，互相不要过分计较的合作伙伴在股权结构上，就是一个人。我这个讲话比较中庸，一种方式控制好股权分散的时机很重要，我说的所有团队，不是指所有员工，那是另外一个意义。你要控制好你的股权结构，你一个人就不存在团结的问题，除非你有两个自我。我觉得创业者股权结构在相当一段时间，我见过比较成功的几个团队，一类没有分散股权，70%以上有创始人自己持有的，这个时候不大会面临团队分裂的问题，我个人认为这是比较好的一种结构。

第二种结构，一开始大家合作几年的，我见到好几个失败的问题，大家决定要做一件事，通过一些机缘巧合很快组成一个企业，这要看运气了，如果运气不好，性格也好，信任也好，这些人对同一个问题价值也好，需要待个半年左右的时间认识才会了解。而且价值观真的很重要，就是这件事到底该不该做，到底我们这么做是不是破了行规。如果临时组建的团队，彼此之间不了解，这方面会是比较大的障碍。当然所有这些依赖前面讲的，在于领导沟通能力。沟通能力好，相对团队会好，沟通能力不好，团队也很难做得好。第一我不是团队建设专家，这个团队管理是一门科学，可以培训的，如果说大家听一两天的培训班，就可以学到构建相对稳健、更有战斗力的团队，这很重要的。

第三点要跟大家分享的是奋斗者精神。现在不是战争年代的一不怕死，二不怕苦。这次是我带着一个代表团参观华为，就有一个感想，小米公司副总也去了，雷军也去了。任正非，华为的老总，每天工作十几个小时，雷军每天工作 12 个小时，我们好像只工作 11 个小时，这是不对的，我们也要每天工作 14 个小时，后来算一下就是早上八点上班，晚上十点离开还可以忍受。为什么华为成功，我总结最重要的原因，他有鼓励奋斗者的机制，只要拼命干活的人，必然让你得到最大的好处。

但是上海这边比较小资，有时候听听歌剧，有时候喝喝下午茶，我在美国读博士后的时候，美国、德国、中国、法国和意大利的五个国家博士后的差异特别很鲜明，最勤奋的是中国和美国，第二勤奋是德国人，规规矩矩会适当加点班。法国和意大利博士后一到下午三点会去喝下午茶。国外大学条件还行，大家泡着咖啡、吃着饼干，而且法国英语和意大利英语也听不懂，我觉得他们很悠闲。看到一个现象没有，华为到意大利之后，意大利人天天要加班，我觉得奇怪了，意大利人不是很悠闲的吗，我跟他讨论一个秘诀，一个人是否有奋斗的基因，他愿不愿意努力，这不是培养出来，而是挑选出来的，天生的，一百个人当中有多少人他是很愿意努力？我估算一下，这是完全非科学统计，深圳有奋斗基因大概30%，让他们加班加点毫无怨言，给钱就行，但是不给钱也行，不给钱不持久，给了钱就能持久；上海我们估算一下大概3%，说这个话的是另外协会咨询会长，云富网络安总，他做了一个统计，深圳是30%，上海是3%，那怎么办呢，安总说了，他是做云计算的，他说没关系，但是上海尽管比例上不大，但是我们要把这3%的人拉过来，那其他企业不就完蛋了，这是阳光心态，他看到积极的一面。我们越来越趋向认同，奋斗者不是靠培养出来，是靠挑选出来的。所以我们在创业过程中，要看看你的合作伙伴是不是奋斗者，如果不是奋斗者，你的创业肯定不行，连续回答自己真的想创业吗，真的想成功，当你回答到第五天，平平淡淡才是真的，你创业结束了。你的合作伙伴也要是奋斗者，你的骨干员工也要挑选奋斗者，这样你的成功几率就会大很多。

这是我选择合作伙伴、员工的智慧，要具体做什么，特别成功的移动互联网企业，他们做成功的模式，跟开始想的模式往往相距十万八千里，腾讯一开始做什么，现在做微信了，阿里巴巴赚钱肯定不如淘宝赚得多，淘宝不如支付宝，做的过程不断调整，不管怎么样要高度一致、连贯要求自己，你和你的团队必须是奋斗者，所以好好选择到奋斗者，给一些很难做的事，做一些挑战性的工作，愿意坚持的，就变成志同道合者，不愿意坚持的，建议你在上海找一份小资工作。

最后我跟大家聊一下，创业者很多面临一个问题，我们什么时候创业，或者创业的时候，我要不要打工。很多时候大家建议，你要做一个行当，先要去这个行业打一下工，了解这个行当，对这个观点我是赞同的。比如我开一个“饿了么”，或者开餐饮店，你到这里干半年。如果想开个旅行订票，到这里干一年、半年。但是你做打工者，你的心态不是普通的打工者，你是创业者的心态，完全是不一样的，你甚至是不仅从老板角度考虑问题，又能站在员工角度考虑问题。如果你的同事小李在谈论老板，你会想如果我是老板，他会怎么说我？装修、进货，哪些被人家黑。这个时候给大家一种建议，必须带着创业者心态去打工。说白一点，你要以老板的心态去做一个员工，而且这个时候往往你会得到一些“礼物”。这些“礼物”是什么？当你带着老板心态去打工的时候，一不小心真的就会成为最优秀的员工。这是肯定的。因为一旦你认为自己是老板，你就会很努力，就会很体谅老板，就会仔细琢磨这行的门道，就会提出改进的意见。所以你会一不小心成为最佳员工。成为最佳员工之后你老板舍不得你走，他会提拔你，如果某一天你真的想坚决要创业，你的老板往往会帮助你，你会得到意想不到的礼物。经过这次演讲，比如有 200 个年轻人，可能有 50 个创业的，还有 150 个没有创业，我给这些 150 个没有创业的人建议，如果你在打工，尽量以创业者心态打工。

听众：您好，您当时是交大最年轻的老师，在您那个年代，是以什么样一个心态不做老师了，创业了，你如何创业成功的？

戴剑飚：这个听众问我，你当时在交大做老师，美国也做教授，好好地创业干嘛，是不是哪根筋错了。

当年我在美国也做创业，我是新奥尔良大学联谊会主席，还是蛮喜欢活动的，因为正好国内有机会，那几年张江一下子宣传开，开国际会议都会有人说到张江的事，2000年受到创业人才感召，我觉得机会不错，而且我个人还认为做企业在相当大的程度上，它能够让你有更大的自主性，当然前提是你做企业很成功，我们总希望对社会有正能量的影响，你做成功了，对社会影响更大。当然我是这么认为的，我赚很多钱，我可以做很多我觉得既有影响，又很高尚，又会让自己很愉快的事，为什么不呢。当时蛮单纯的想法，就离开了大学。因为还在美国几个学校做兼职教授，也许再过 15 年，可能又回大学做研究了。这也是有可能的，他说你做研究还可以的，蛮勤奋，我总是实验室最晚走的人，几乎这几年都是这样，只要努力，干什么都可以。

听众：您讲的创业，要与互联网沾边，或者与生活、老百姓关注的，以您在美国和中国互联网创业经历，我想了解一下还有哪些行业，中国还不太完善，谢谢您。

戴剑飚：这是一个非常实用的问题。第一，找一些政策层面被管住的，比如我们当年做软件的时候，金蝶财务软件是混得最好的，为什么？因为国外软件不让用，而且政府要求每个企业必须要有财务软件。这是个还没有开放的领域，这个行业可能会好。第二，有些领域是中国有，国外没有，或者中国和国外有明显不同的领域。比如说幼教、早教，这两个领域国外不大有。我去年初在约翰·霍普金斯的时候，他们也开始搞早教、幼教，跟中国人学的，后来发现中国人在那边一搞，他们跟着搞。因为中国人口基数多，做有中国特色的，因为普遍性的东西，过去 C2C，先看美国有的，凡是美国有的，在中国搞一个。这么多年下来，美国有什么，我们也都有的，没有什么没有的，我们找我们这里有，美国没有的，而且要在互联网行业，那就看从政府管制、文化传统，从生活习惯上面，哪几样东西跟美国人有巨大差异的。

听众：首先感谢今天下午的分享，您前面关于在启动资金这块，大部分像一开始，还是用众筹或者私人募集这种方式来投入，其中就有一个问题，刚刚您也提到，如果真的有创业梦想，赶紧行动，行动难免会有失败。作为个体创业者，就像你一开始是众筹，一旦失败以后可能要沉寂很长时间才能筹到第二笔钱，才能进行下一步。一方面在鼓励我们，如果真的要梦想，创业要趁早。另外一方面面临的矛盾，这些血从哪里来，一旦失败以后，试错以后怎么使自己复活。

戴剑飚：也是一个很严肃的问题，估计再过两年之后，社会会出现一大批第一轮创业失败的人，要给他们提供足够的心理辅导。从今年开始会有一大堆人创业，成功的定义就是少数派。没有说大家都成功的，成功的定义你成为少数人之一，必然多数人会面临失败，怎么办呢？第一，我思考过这个问题，其实我觉得创业是一种生活方式，作为一个创业者，最终创业成功的人，在你决定启动到最终成功可能是 3 年，可能是 13 年，甚至可能 30 年，但最终成功的人，他必然在这时间，他把创业变成他的一种生活方式，变化他生活当中每天要做的事情，所以从这个意义上讲，不存在你需要恢复的问题，因为这也是一种选择，一开始最大的选择。而且我是觉得每一个创业者，当你一旦启动，如果把创业作为生活方式，哪怕一直失败，你也总是能让自己满血复活过来，而当你复活过来次数，一般来说不会超过三次，你就会成功了，有 90%以上的概率。我见过一次创业成功的，很小的比例，可能 20～30%，又有 20～30%失败一次第二次成功的，还有 30%左右创业失败两次，第三次成功。如果你把创业作为一种生活方式，你不要情商特别低，你总会总结自己，一般来说你总会成功的。越到最后，你不断总结，不断提高，每次创业失败会让你彻头彻尾变化，当你把钱赔光，你雇了 15 个员工，最后失败到员工离去，不得不把结婚钱用来付工资，你会受到巨大的教育。但这个时候第二次你会变得很强大，有时候很多坏习惯很难改，你失败一次坏习惯就改了，不是接受不了，是不够痛，还有更严重的问题，第二次失败，没关系。但是我想跟所有创业者说，如果你真的把创业作为一种生活方式，不出三次，一般到第三次的时候 90%会成功，公司可能大、可能小，但是会成功的。

第一次失败之后，第二次怎么样尽快让自己满血复活，这几点要注意：

第一点，永远不要有道德上的污点，不管用自己的钱或者别人的钱，口碑很重要。第一次失败不那么可怕，只要口碑很好，投资人很清楚，哪怕第一次不是自己的钱，拿着投资人的钱，没关系五百万亏掉了，你身上凝聚了五百万的经验，真的很宝贵，你亏个五百万，身价五百万的人，我再投你的时候，我知道捡了五百万，如果我投资真的会这么想。当然他不能有道德上瑕疵，我投了五百万，这哥们不能有不道德的事情，或职业操守的问题。如果失败的原因，哪怕商业模式问题，或者经济危机，或者出了场车祸赔钱了，没关系，这个钱凝聚在你身上，我投你，你会满血复活。

第二点，不要让自己的家庭，包括自己的父母，自己的孩子，你不要让这个体系崩溃掉。可以没钱，可以穷一点，但是关系和结构崩溃掉，你可能要花半年、一年，甚至更长时间的辅导。而商业模式的失败，辅导一下，可能半年就恢复了，只要心态上恢复了，找到第二笔投资，会比你想象得容易。你跟投资人说，你第一次把房子卖掉，第二次找了 50 万，只要没有道德瑕疵，估计会有一半的投资人会认为，其实你身上是有积累的，有上一轮投资者付给你的学费，凝聚的价值，所以不用担心。

听众：我有四个问题：第一，现在互联网产品快速抢占市场、快速抢占用户有没有那么重要，如果早期有风险投资是比较好，但是早期的创业者，没有找到奋斗者作为你的合作伙伴，这个时候团队比较薄弱，投资者看到你团队这么弱，怎么办？第二，对于刚刚毕业大学生，你更赞同大公司去打工，还是在成长型小公司打工？第三，因为主题是关于选择，对于选择来说，为了更想要的东西，放弃原本想要的东西，肯定是很艰难的抉择。人生最重要选择不超过五个，请您分享一个最艰难的抉择，要放弃一些你本身很想要的东西。第四，您刚才说的，可能很多人，有 60%～70%都属于 B，我们有比较稳定的工作，如想要创业，在能力上要具备什么条件，比较适合做这样的跳跃？

戴剑飚：第一个问题，当我实在很弱的时候，我又很想要去创业，投资者总觉得我很弱，这个怎么办。我告诉你没办法，你得想办法找一个更强的合作伙伴，你确实很弱，不要做马云，首先你要喜欢他，要跟他建立很强的关系，那是可以的。

第二个问题，你真的很想创业，可是写字楼环境也不错，真的很犹豫，爸妈又觉得你应该怎么样，你要带着创业者心态打工，真的很想创业，听听自己的，很想创业就创业，拿张纸写下来，连问自己七天，真的很想创业，大学生就创业了，这是内心的问题，因为你在选择。

第三个，我来分享生命中几次大的选择，第一次选择，我当时离开交大去美国读博士，那时候我在交大已经办了电脑公司，我已经有一百台电脑，三四十人为我工作，有兼职、有专职。当时我把这个东西扔掉，到美国念书，那时候面临的选择，一个是继续做电脑公司，一个去美国念博士。回过头看当时的选择不见得一定最好，一定不好，只不过我觉得，我要站到更高的起点。尽管是交大，还不够国际化，一定要到硅谷去看看，要去美国大学闻一下味道，因为到那边你觉得世界最前沿，跟那边人交流交流，开阔自己的视野。当时我的公司不是卖掉，而是赠送别人，一分钱没有要，赠送给交大另外一个老师。而且我给自己定了规矩，回来之后再也不踏进公司一步。而且那时候回来再做培训班，肯定跟这个不一样。

第二次选择，我在美国刚刚念研究生，美国研究生联谊会给我们发了公告，这个联谊会要解散了，为什么？没有人愿意做主席，只有人愿意做助理。后来我了解到，因为做一个主席，你要做很多付出，比如新同学来了，组织人接，逢年过节出事就去找，他要找主席，肯定要找这个头儿。中国人到美国去很多人不愿意干这个，其实也没什么事，他觉得不愿意出头，很多人烦你，造成一个结果是这个很正式的结构，美国每一个正规大学都有 CSAA，包括学生和学者在一起的，竟然没有人愿意做主席，我说我来做，我立刻成为主席了，立刻封了四个副主席。后来才发觉参与社区服务很有意义，你做这个之后，美国人认为你愿意为公众服务，你就有机会见到校长，你就有机会见到议员，甚至见到州长。你需要做的事情，就是每年新同学来了之后，起来开车接新同学，你有机会认识所有的新同学，当然你要忍受有几天时间他睡在你沙发上，但是我可以分解成四个副主席。因为我发觉中国人不愿意做主席，但是很愿意帮助别人，但是都只帮助一次，你不要总来烦我，但是只烦我一次，还可以很有爱心的。每年有 20 个新同学，有一百个同学愿意被大家烦一次，最后轮不到睡我的沙发。这个问题自然解决了，我四个副主席就把大家全部解决了。最后得到了意想不到的好工作，我的四个副主席找工作也很好找，美国人认同你有社区服务精神，结果我离开美国大学，这个时候主席要竞选了。有时候我走过我们大学，一进去看到十几人，他们说你是戴主席，听说过你，亲切的跟我握手，一下子让我很有荣誉感。

这两个感觉，有些时候你要冲得上去，有的时候要放得下去一点。

最后一个问题，如果互联网时代要创业，需要哪些能力？我们有很多能力，但是还是重复一点，我不看重学历，甚至不太看重你的文凭，或者你是哪地方来的人，为什么？因为我不认为大学教给大家的东西都适合创业，如果我招个研究者，我看学历，但是如果你创业，这不重要。重要的是，你自己回顾一下，你自己有足够多的朋友，你是否有很强的交友能力和沟通力，我认为这是作为创业者，所有能力当中第一重要了，其他的，有了这个之后，别的能力都来了。

谢谢大家！

“互联网＋”的创业模式

胡　冬

启创中国发起人，腾讯上海创业基地负责人，爱函科技创始人，国内精益创业和创业预孵化理念的倡导者和践行者。十多年坚持关注和推动国内创意、创新和创业生态的发展，曾负责数千万投资互联网项目的整体企划和市场营销，拥有丰富的创业经历和互联网行业资源。

大家好！首先很感动，下这么大雨，还有这么多人来听这次讲座。“互联网＋”在今天成为国家鼓励的政策，大家知道在去年“互联网＋”的提案是由腾讯公司创始人马化腾先生提出的，当时得到了党中央，国家的重视。我长期从事创新创业辅导、投融资，这当中也发现传统企业转型互联网，年轻人创新创业，对“互联网＋”的精神不是特别了解，或者说在创业初期懵懵懂懂的时候，认为自己有点资源，有点人脉，有点钱，有些比较靠谱的技能，希望快速致富，听到一些互联网企业说，刚做一年估值过千万，某某人把公司高价卖掉了，或者上市了，很多激动人心的故事。企业家不像科学家有那么多理论，企业家的本质要把复杂的问题简单化，我希望用今天短短一个半小时不到的时间，帮助大家比较快的把握创业当中的路程应该怎么去走。

今天的讲座主要分四个部分：第一部分，简单讲讲什么是“互联网＋”。第二部分，在“互联网＋”背景下，创业模式有哪些变化。第三部分，在“互联网＋”背景下，创业当中可能碰到的问题。第四部分，你的创业如何进行升级的。

什么是“互联网＋”？

最近刚刚出台了“互联网＋”行动路线，党中央的文件应该很快就要下来了，各级政府都在抓落实。市面上有一本书就是《国家战略行动路线图》，这本书中有几篇文章收录了马化腾先生的一些阐述和见解，书里面讲述了腾讯公司特别强调的一些东西，腾讯开放，腾讯做连接器。开放生态、连接一切，是腾讯认为的“互联网＋”的主要精神。这书里面讲了“互联网＋”不断升级的阶段性，最开始几乎所有人都想颠覆传统行业，我有很多资源，我有一个行业联盟，或者我是某行业协会的负责人，我有那么多资源，我进入互联网不行吗，那些创业的小年轻们，他们没有这么多资源；第二个阶段，我做网站了，这个网站有不少流量，我通过买百度关键字，或者通过阿里巴巴平台不断导流，我的微信公众号粉丝从三千猛增到三万，这是不是“互联网＋”；第三个阶段，我平台上面已经有不少用户，C 端用户和 B 端打通了，他们产生比较多的交互，公众平台看到，我每次活动都有人问，我能不能做跟谁互动一下，我做了一个第三方的开发微信公众号，做了个微站，这个微站快速增加我的用户，包括用户转化率，能转化为微店用户，用户开始转开微店，能产生很多收入；第四个阶段，经过分析，比如说某某公众号有很多粉丝，做某个活动，或者卖月饼，收会员费，或者买手机，产生很多衍生收入，可能这些公众号很值钱都能估值一千万或者一个亿，说已经联接到我的业态，原来互联网这个平台，其实本质上改变哪几个行业。等会儿我讲很多案例，帮大家理解这些内容。

所以马化腾认为，我用“互联网＋”的精神，创造一个新的需求，这个五个阶段是不是“互联网＋”？其实这五个阶段只是“互联网＋”在产品发展当中的不同形态，但是也指明一个路线，理论上一个真正互联网平台，应该五个联接的动作都能到位。第一个如果你只有资源，你可以做传统生意，你可以做外包，但是你不能成为一个平台。第二个，企业联网了，通过网站吸附可以很多流量，将流量转换成为收入，这只能说这还是一个具有比较强营销能力的传统企业，还不能说你是“互联网＋”平台。第三个，我创造很多就业，这些人通过我和 C 端客户进行打通，进行交流，这一类工具是不是平台呢？它已经初步具备平台性质，只有到第四、第五个，真正对 B 端、C 端产生经济价值，才能被称为“互联网＋”，而这五步并不是一蹴而就的。

在实现这五步当中，我们需要找到几个路径，图上有两个分割的阶段，一个就是工具形成能力，抓到数据，这就是一个典型的互联网属性展现。你用微信也好，用淘宝也好，用微博也好，这些 APP、网站只是个工具，你离开它还可以生活得很好，你拥有它你生活更棒。所以这些工具，腾讯公司马化腾先生讲，互联网你仅仅将它定义工具，是不充分的。在现阶段，互联网已经从工具慢慢渗透到各行各业中，它赋予了各行各业某一种能力，类似于一百年前电力一样，一家小餐馆在没有电的时候，早上要开得很早，晚上天黑的时候就要关门，在有电的时候就可以通宵达旦，可以 24 小时不歇业。而这种功能对于互联网而言只是个初步阶段，它能不能帮助传统企业使用这个能力，取决于它的价值创造，是不是从中产生一些不一样的地方。现在马云跟马化腾都在讲,数据是个能源。为什么这么讲?今天你打开微信,点击附近的人,微信是工具,但它能让你知道现场有多少人的微信打开这个功能,你可以立马跟他交谈;今天胡冬老师讲的东西,不一定对,我怎么看的,你可以实验一下。而这种能力,本质上抓到了你的 LBS 数据,他准确地掌握你何时何地在做什么事情。这是"互联网+"实现路径的第一阶段,把工具变为各行各业,每一个人,每一个时间,每一个地方的能力,而这个能力抓到了某一类特殊的资源。你们齐聚一堂交流分享,你不知道坐在边上的人姓什么,但打开微信就有可能知道了,这个能力很神奇。但是到第二个阶段,这个数据能否产生,比如说联接人,联接业态,联接经济收入的阶段,就看这个数据的资源,能不能转化为你对这个场景的把握。现在市场上有很多做营销的公司,很喜欢参加活动,他就通过参加活动,去抓今天现场来听"互联网+"的群体,往往有个共性,第一个特别爱学习,第二个对"互联网+"感兴趣。如果我是一个以"互联网+"为噱头的营销机构,我可能在现场就不断加你的微信,因为这个场景锁定一部分人的一部分共同需求,在座的各位,可能年龄不一样,背景不一样,你来到这里被这个主题吸引,它一定有共性。

而"互联网+"在这个时候如果能帮助你,和现场这些人,这个场景打通的话,就极有可能产生一次匹配,所有人如果创新创业需要用某一个网络营销方案,或者外包做一个 APP,发小广告,再包装好一点,号称是胡老师指定外包企业,就能获得很高转化率。在以前认识一百人次的接触,可能只有一次转化率,而现场的人都对"互联网+"感兴趣,可能一百个里有五个会产生订单。最后这种匹配衍生到生活中,我到某个会展参观,支付某个优惠券的时候,到某个电影院看电影的时候,这个 APP 可以抓到人的动态属性,用户的个性在大数据层面上,逐渐形成一个完整的人,对互联网是否感兴趣,是否热爱读书,在下雨天是否打 Uber 过来,捆绑了多少张信用卡,这个时候互联网产生一个非常强大的能力,可以为每个人定制他所想要的生活。这就是我讲的,当你从联盟开始不断往上走,对一个行业产生迭代跟升级的时候,你要从第一个阶段,工业工具能力、数据阶段,往下走到下面阶段,完全把握一个行业,锁定群体的某一类需求,并且能个性化满足他们的需求,这种能力是以前所有行业不具备的。

这种能力对每一个人,或者对每一个行业而言,到底有什么作用?其实是两个关键词:融合、转型。我刚才举的例子可能不恰当,做营销在任何情况都可以做。有一个案例,在超市买尿布的旁边有啤酒,是通过大数据分析得出的建议。原来是一个家庭中年轻的爸爸去买尿布会很不耐烦,顺便买个啤酒回来看个球,这个能力是因为电视的观众和超市观众融合的时候对超市物品摆放产生了影响,现在看所有电商网站,不同的节日，网站摆放物品的顺序是不一样的。为什么把某一张特别大放在左上角，右上角放哪几个关键产品，所有东西都是有规律的。第二个，某些行业看上去是做网上的电商，但是可能只是用电商的方式吸引用户，实质上可能是做其他会务活动，或者卖相关衍生品来创造收入，产生某种业态的转型，本来两个行业，融合成为第三个行业。这是互联网一个经典的描述："羊毛出在狗身上，猪买单。"原来以为做的是圈羊动作，收羊毛，结果收羊毛不挣钱，他把羊毛给了别人，这个客户对这个平台产生一个收入来源，但这个来源可能仅仅只能支付这个网络平台的相关费用，它并不是这个平台核心利润，这个平台动作另外创收方式，比如做小游戏，搞个会员收费计划，这时候买会员的人，那个"猪"出现了，极少数支撑这个平台，免费使用这个平台的羊。

目前大家知道使用微信是免费的，但你知道微信里面什么最赚钱吗？是广告和游戏。微信第三栏里面有电商，有游戏推荐，不完全是腾讯旗下的。有款游戏叫天天酷跑，去年这款游戏的收入是 20 亿，仅仅是一个很小的 APP，并且这个 APP 很快成为第一个全球极有可能突破十亿美金的 APP，而这个 APP 就在上海，你们知道谁在付费吗，你们不知道，你们都是"羊"，经常羊群进来的时候，觉得很开心，微信是免费的，而且有各种各样功能，各种各样的能力，并不知道谁在付费支撑这个平台，所以说这个时候平台造成你更好的体验，因为是免费的，然后有大量网络用户，任何时候打开微信，附近都有人，效率更高，很多时候人们都不打电话了，对吗？价格更低，你可能通过别的方式获得，游戏、电商当中的营销摊在你身上很贵，微信有足够的用户，不需要挣那所有人的钱，只要挣极少数人的钱就可以了。所以说创新融合，跨界融合，帮助不同的行业进行转型，获得非常大的势能，哪怕很小的 APP，能够短短两年内超越很多很多企业。

我们讲它如何升级，如何超越的？首先很多人创业的时候，先有个 idea，有个好创意，我要思考说，有没有老师跟我讲，应该如何设计商业模式，如何寻找市场切入点，我的需求如何被验证，产品开发后先做哪个功能，后做哪个功能。我见过有些团队长达一年时间，产品一直不出来，一直闭门造车，现实中已经从 1.0 升级到了 5.3，我说你这个 1.0 升级到 1.1 的产品有人使用过吗，没有，他说没有技术，开发不出来，不断地画产品原型图，团队缺人，没有流量，没有供应链，没有品牌塑造能力，他可能就是一个年轻大学生，建立很小的互联网公司，或者是一个软件开发公司，做了一点点软件开发公司，只具备像某一个平台，比如像猪八戒，接一些 APP 外包的活，但是它可能不足以做"互联网＋"的事情。

我想说,这些年轻人第一次想到一个好的 idea,他应该怎么做?首先他能不能找一个很好的模型,让他知道这个 idea 是否可以挣钱,在创业工业化的时候,我们的营销理论发展,重点讲了 4P:产品、定价、促销、渠道。他就认为说我只要有个产品,定出合适的价格,发单页,打广告,或者给一些折价,联系好销售的渠道,就肯定能挣钱。没有错,在传统创业方面这个理论是成立的,每一个理论在它的领域之内是成立的,在领域之外就不成立了。今天你开个小饭馆,做一个纽扣工厂,所有的工业,这个企业在开始开业之时,如何注册公司,如何雇用人,如何做一个公司介绍,是很容易学会的。餐馆选好人流量大的位置,定出比较好的口味,形成比较稳定的质量,生意就来了。但是这只是讲的是一个产业价值,而产业价值的背后是什么?是客户价值,或者是用户价值,它本职是在满足一个需求,你需要迅速发现一个场景,在这个场景下需求没有得到满足。

举个例子,在现场的人有可能有共同需求,想分享这个 PPT,在腾讯创业基地有个项目,做了四个月,帮助学生拷贝老师的 PPT,学生排队拷贝,有的 U 盘没带,有的 U 盘很慢,有的 U 盘有病毒,而现在只要扫个二维码就可以把 PPT 共享。而这个需求用传统方式不能满足的时候,对传统方式创业者不是商机,但是对于一个创新创业者,或者互联网创业者来说,他发现这个商机,因为他内部的生产,他的核心团队能力,能够抓到这个商机,并且这个团队运营成本,可以通过某种方式产生交易。我刚才讲的团队在短短三到四个月时间拿下了全国一百所高校的市场,而他是怎么盈利的呢?用户把 PPT 收进手机之后,上面有个键点击打印,高校附近很多复印店都在跟他合作,就可以直接去取 PPT、试卷、资料,每页纸抽几分钱,因为这个团队非常小。所以你发现商机,不能实现交易,尽管你跟我有足够的产能,没有用。因为你没有满足客户的真正需求,而且没有可持续的满足。

这里讲个题外话,海尔是一个著名的家电企业,前不久张瑞敏说海尔一定要创客化,为什么?因为在工业化时代,他每次升级都去国外转一圈,学日本柔性制造,突然发现海尔那么大的产能没法学习,因为产能过剩,你的生产越来越大,当你捕捉需求,满足需求越来越小,如果不通过创新,捕捉新的场景,实现新的产品研发,就没有办法。在座可能年轻人玩游戏,你们知道吗?年轻人使用笔记本电脑玩游戏是一个很痛苦的事情,因为笔记本散热速度慢,成为制约玩游戏的瓶颈,而海尔创客化之后,有一两个年轻人推出了雷神游戏笔记本,这个团队为海尔创造了非常高的效益,正是这个团队向张瑞敏证明了,创客化通过内部结构打散,形成新的团队,捕捉非常细分的平台,大领导看不到的机会，才是海尔不断往前进步的可能。

这个是讲的用户价值实现，这两个金字塔底座扎实的，你顶部态度实现收入大于成本，这个时候产生利润，有可能你在短短半年之内上新三板，你可能只有一百万的利润，在新三板估值一百倍、两百倍，正常情况下你的身价就可能是一个亿，这个时候才具备投资价值。年轻人创业初始，有时候缺的不仅仅是钱，本质都是一样。创业就要实现产品、定价、促销、渠道，你的能力要满足，有可能瞬间即逝的需求，有可能是被竞争对手捕捉的需求，你不但捕捉到，你要打破对手，还要产生利润，这有多么难。

所以就出现一个问题，“羊毛出在狗身上猪买单”，这是一个新鲜的术语吗？不是，在很多年前，30 年前靠勇敢出来创业的人，都发现一个道理，我出来创业是因为发现 A 是一个好注意，我想清楚了，我下海开干。但是下海之后发现不对，这事情不挣钱，然后有领导，有叔叔伯伯关心我，有同学介绍，你干 B，你有这个优势，你先做 B，做外贸、代购、咨询公司、上上课、搞活动，先挣点钱。当你真正创业下来，没有收入真的是可怕的。人们说跳槽穷半年，创业穷三年。如果你不能迅速找到收入模型，你就无法支撑到企业真正发展壮大的那个机会来临，有数据统计 90％以上企业五年内倒闭，这就是市场的规律大浪淘沙。为什么 10％人能活下来？因为他通过 B 找到核心的收入，他可能公司非常小，他可以养活八个人、十个人，健健康康生活十年、二十年，当他资源非常聚集之后，一个大单子来了，就有利润了。

我们都知道万达是一个大型地产商，万达电影院上市，是全国最牛的连锁电影院，去年收入 53.39 亿，利润 8 个亿，而 6.3 亿来自于爆米花。爆米花这种衍生产品反而成为万达核心利润来源，这个模式一直存在的，经久不衰。为什么？我推荐大家有时间看本书《商业时代新生代》，这是硅谷总结的一个商业模式的设计工具。

因为在最开始的时候，真正好的创业团队，一开始就应当想清楚，我这个产品到底背后是什么。分解一下，可能是某一个原材料被我加工了，形成这个核心产品，我这个原材料跟这个核心业务并不完全形成产品所有的要素。有些外包中，有些代理商跟我合作，才能够放大这个模式的能量，所以说我需要建立关键的一些合作，然后把成本算一算，包括资源费用，租办公室、盖工厂，授权费、代理权费等等，养几个人，营销部、技术部、产品部，有几个核心的经销商，收入大于成本就挣钱了。所以最开始我们需要想到能不能在你创业初期尽早地把 ABC 想清楚，就不用下去做 A，一年半没钱去上班，也不需要说 B，卖羊头挂狗肉，狗肉是核心的盈利模式，先把“狗”这个资源控制住，当然有个过程，比如说万达为了做电影产业，把美国第二大电影院买地方，为什么？因为万达地产没有电影院，谁会出门到万达广场吃一顿饭人均 50～100 元，家里不是更便宜吗，去万达一定是跟朋友聚会，尤其跟女朋友聚会，不可能请她沙县小吃，所以万达发现电影是他那只狗，所以他必须控制这个核心资源，所以万达手上不仅有电影院，还有万达酒店，万达 KTV，如果这些核心资源不在他手上，他根本没办法做万达地产，也没人去。

这里面出现一个很核心的问题，创业初期你的假设，无论抓 A，还是抓 B，还是形成 C 利润，假设成立还是不成立？如果创业真的有某种规律。什么叫规律，一而再，再而三重复的叫规律。而我们在做创业辅导、投融资的时候，发现一个问题，所有创业者从年轻创业者到多次创业者，到成功创业者，包括马云，他们不断反复进行的过程，假设、验证、优化。假设什么，验证什么，从四个维度：第一个，这个生意是为谁提供的；第二个，能提供什么；第三个，如何提供；第四个，收多少钱，付多少钱。商业模式描述了企业如何创造价值、传递价值、获取价值。四个维度，第一个，你要验证你的客户，这类客户真的是能源源不断地购买，采购你的产品；第二个，卖什么东西给他们，卖什么品牌、什么价值的产品，能够打动他们；第三个，你卖这些产品需要哪些核心的基础设施，比如要有自己的物流，要有自己的宣传手册等；第四个，财务的账能算平吗。所以在创业初期你要想清楚，最好能够把四个维度做全。

这四个维度其实是一个动态的，企业在发展当中，你推出任何新的产品，都在反复循环做的工作，产品为谁提供，核心价值是什么，做这些产品需要哪些关键资源？渠道资源、原材料，到最后算算盈亏能否打平，如果不能打平怎么办。所以客户角度，产品提供角度，基础设施角度，财务角度，是最开始创业需要反复思考的四个维度。销售出身的创始人，特别喜欢强调客户关系，你有什么给我卖。技术出身的创始人，特别喜欢强调说他的技术含量，有很多很多专利，没问题的，肯定可以的。然后市场人员或者说产品经理，他说这个东西好，这个概念一定受欢迎，但是他根本做不出来，他没有技术，没有渠道。财务出身的创始人做企业管理可以井井有条，算账一清二楚。每一个人由于各自的背景关系，从职能负责人转型成为创业一把手的时候，必然会碰到一个核心瓶颈，假设、验证有可能不对。但更难的是，他没办法从四个角度完成一个创意到商机的验证。因为目前这个阶段，这个时代创业，仍然一个人创业，很难在短时间形成四个方面的能力，再往前倒退十年，你可以学，读个 MBA，读完 MBA 再搞个新产品，再学个财务知识等等。但现在在中国，在上海有那么多聪明人，你来得及学吗？你不但来不及学，在互联网环境下，产品更新周期不是三年五年，甚至不是一年两年，而是三个月、六个月，你们看 APP 更新的速度，在一个 APP 快速成长的时候，可能是以周为时间周期进行更新，三个月后就是个全新产品，不断地做假设、验证、优化。

知道微信的第一个版本是什么功能码？免费发彩信。现在微信有什么功能呢？几乎“万能”。在微信起来的时候，有一款通信软件比微信更早，听过米聊举一下手，雷军创业第一步做的不是小米手机，做的就是米聊，但是米聊在三千万用户阶段的时候，被微信干掉了。互联网创业由于要快速迭代，快速假设，快速验证，快速优化，所有企业都想做什么？第一，是刚需。在功能机转智能机的时候，什么是刚需？免费的通信是刚需。为什么能免费？因为智能手机可以安装应用。而这个应用不是运营商制定的，因为 wifi 普及了，在 wifi 环境下，用户不需要支付短信、彩信费用。第二，高频，我刚才讲到“挂羊头卖狗肉猪买单”，这类交易的实现是有转化率的，转化率如何提高，其实本质上是高频转低频，我打开微信的频率，平均一天大概在 500 次，500 次当中有没有可能有一次可以产生某种支付行为，循环不断使用的时候，一年打开多少次，500 次乘以 365 天。这就是互联网的能力，从工具到场景到匹配，匹配就是转化。我告诉大家我目前在微信里花钱最多是什么：发红包。高频转低频是概率游戏。为什么能形成概率呢，因为它通过互联网抓到很多场景。小米一开始想做米聊，本想做刚需的通讯，高频的社交，朋友圈点赞等等。他认为做纯 APP 是最轻、最快的。但是很可惜在微信出来的时候，这个通讯软件被打败了，于是就往后退，他说这样，改做高频、轻快。

有听过 MUI 的请举手，3%的人都不到。MUI 是米聊之后的重磅产品，MUI 就是中国版的安卓，在 iPhone 重新定义手机交互方式之后，这些革命性的创新，在国内成了非常糟糕的体验。因为安卓漏洞百出，没有人围绕中国人的需求去做系统，比如说小米 MUI 可以做什么，你可以晚上关机，可以设白名单，领导、老婆打电话可以自动开机。MUI 能做好，一定是高频，你看手机，这个频率不比用微信更高吗，用户每天看手机，用户的桌面被人控制了，不是很牛吗，也很轻，这就是做软件。但是他碰到一个问题，MUI 到达 50 万用户时就没有增长了，为什么？现场有 3%人听过 MUI，但有多少人愿意刷机更换系统？所以小米说不行，必须回到刚需市场，怎么回事？MUI 是个很好用的软件，小米不会生产手机，于是芯片来自高通，生产由富士康完成，他如何回到刚需，卖手机这只是一个形态。功能机转智能手机从 2009 年底真正开始起步的时候，5 年时间智能机就把功能机干掉了，小米要抓住这个商机，就必须迅速壮大自身的能力，并且实现交易。怎么满足这样的需求？核心只有一个：便宜。当 iPhone 价格是 6 000 元，出现一款使用体验接近 iPhone，但是价格只有 iPhone 一半，甚至 1/3 时，需求就被激发了。什么是需求，我要钱这也不叫需求，我要水喝，这不叫需求，这叫需要，我愿意为水买单，那才叫需求。功能机转智能机谁都需要，谁都想要 iPhone 的体验，但是它要 3 000 元以上，小米说是市场上最好的配置，但只需要 1999 元，用户的需求被激发了吗？

形势比“人”强，小米公司在短短三年时间成长为 450 亿估值的企业。刚才大家看到这个金字塔理解了吗？只有 5 年，数以亿计的用户在更换他的手机，小米要抓住一个瞬间的需求，他要瞬间产生能力，这个能力简单讲就是产品、定价、促销、渠道。但在互联网时代层面上，小米必须回到这个时代，最刚需的产品。如果能做微信他早做了，微信在资本市场估值多少钱，至少六百亿美金，因为这是移动互联网时代最刚需的产品，也是最高频的。所以后来小米融资的时候，他说我是大号微信，我是硬件微信，尽管硬件不挣钱，但的的确确有近一亿用户在买小米手机，红米只有几百块钱，尽管它已经达到轻快的目的，这是选择方向的逻辑。

第二，方向告诉你，如何迅速抓到一个瞬间即逝的需求。麦当劳附近有会展公司，会有大量的人群，中午会猛增一大批吃饭的人。麦当劳如何不让蛋糕不被沙县这样小吃点分走客户？增加临时工。所以麦当劳有很好的文化说：先过来做临时工，才有机会成为正式工。慢慢形成一套非常稳定的模式，依靠简化设备，使所有临时工经过简单的培训就能使用的设备，如炸薯条、炸鸡等等。

在过去的时候，4P(产品、分销、促销、价格)最后产生第 5P 盈利，如果市场变化不快，不是转瞬即逝。用传统生意来讲，做纽扣、开餐馆是相对稳定的，刚刚提到了商业模型思路，其实你不仅要思考四个维度，这四个对应的是产品价值主张、销售渠道，促销是为了形成用户对你的认知、信任、客户关系，价格产生于你的收入，盈利取决于你的收入是不是大于成本。这九个部分有四部分特别重要，我做了蓝色标注。第一个，4P 理论没有强调客户细分，没有强调关键资源、关键业务、关键合作伙伴。

我听过一个 VC 归纳创业最经典的理论只有九个字：“占码头、拜老大、交朋友”。所以“占码头”在现代的模型下，你必须拥有一个非常有优势的客户细分。“拜老大”，关键资源一定有“老大”hold 住你。腾讯在 2004 年产生一个核心盈利模式，功能机的手机 QQ，谁给钱，中国移动、中国联通、中国电信，SP 计划，如果在十年前腾讯没有这个“老大”扶持着，能到今天吗？你知道腾讯公司英文叫什么？Tencent，也就是十分钱，发短信的费用一毛钱，这就是“拜老大”很忠心的表现，我就做一毛钱生意，可以吗？可以给你做。某一天发现，他可以挑战“老大”的时候，为什么？因为他有足够多的朋友，微信有八亿QQ用户，五亿微信用户，朋友够多。所以我们讲在好方向找到的时候，你要迅速抓住它，最快的方法立马向市场证明自己可以干这个，这个地方你不要干了。你看马云每次做东西的时候，还没做呢，就开始说话，让别人觉得很可怕。创业者是有机会的，有时候要站队，你要向某个“老大”效忠，可以交“贡金”，你要交很多朋友。

所以说当你获得某一个商机的时候，你要去想我如何从一个初创企业，成功地往前走，从生存走向发展，首先能不能抓住当前市场上最大的变化，去试错。我刚才讲到互联网创业的时候要抓住刚需、高频、轻快这三点。要抓住瞬间即逝的机会，这个机会来自于什么？来自于变化。当有人喊危机的时候，你迅速地反应，危机的反面就是机会，因为危机和机会是共存的。所以一个企业家，绝对不能用固定的思维看待一个事物，要用正反两面看待一个事物，或者多个角度看事物，本质是发现市场价格信号变化，才能发现需求。通过变化，用增量去换存量。腾讯从一毛钱生意成长到两千亿美金，目前市值已经超过联通了，就用了十年时间。因此，不要小看一毛钱的事情，这是一个非常大的势能，就是“互联网＋”，你的势能要转变为一个好的生意，要实现收支平衡，要兼顾开源和节流，那你的产品、定价、促销、渠道，你的核心资源、团队得靠谱，创业已经过了单枪匹马奋战的时候了。如果你不能把这个事情搞定，或者你团队不能搞定这个事情，你没法实现收支平衡，这个机会对你来说就不是机会。

我听过很多文科出来的创业者，很善于用媒体材料跟我讲商业计划书、创意，我说这个点子上个月我看过十个项目，人家最起码有产品，而你有什么？他们说我肯定可以的，你给我一个亿就有产品。而创业不是说我给你一个亿，你收入1.2亿，那我还不如放高利贷。创业是从0到1，从1到10，你启动资本可能就是几万块，为什么有企业家能在短短几年间成长为上百亿市值企业的创始人，这本身不是钱的问题，本质是这个团队的能力问题和资源问题，能够迅速和市场交换，如果小米没有三千万的用户，你认为他能做小米手机吗？小米没有前面的米聊、MUI一年半的积累，不可能有小米手机，没有雷军长达十几年IT行业的积累，长达三年的天使投资，没有跟新浪微博非常好的关系，谁帮他导流，新浪微博的总编辑陈彤目前加入小米，有1％的股份。在2012年小米做社交化营销，为什么要为小米手机造势，要为雷军造势呢？为什么大量媒体曝光资源给小米，而不给我们上海、深圳的山寨企业呢？因为那是关键资源。

当他的平台能够实现互联网流量转电商的时候，小米手机也发现了，他真正创建的不是一个手机平台，他是一个用手机抢占用户的高频入口，通过卖视频、卖游戏、卖云功能挣钱的一个生意。他第一步套现的是小米电商，小米电商目前是全国排名前三的电商，他强迫很多公司，这些公司要上小米电商，要挂小米名字，就要被入股。这个时候小米才开始讲：参与感，社会化营销，倾听用户需求，我这个平台是崭新的模式，要做成国民企业，到最后真正发现一个规律，能做成小米手机这个机会，只有在中国成立。因为中国有非常完备的硬件手机生产链。中国通过那么多年代经验积累，碰上互联网硬件智能化，它是整个行业，整个跑道，整个中国往外走核心的价值，所以说我认同这个讲法。

但是不同的企业，它是找到这个势能，抓住这个势能，最后发现原来我干那么大，是有国家和时代背景支撑的时候，如何去实现这个战略？战略这个词来自军事，当一个军事指挥官说，打某场仗，主力部队怎么走，先遣队、突击队怎么打，必须在什么时间、地点汇合，实现什么战略目的。创业是一样的，当你想清楚从A到B到C的路径，产品怎么升级，渠道怎么衍生，融资怎么解决，在什么时间点下，智能机换代结束，你要在智能机换代结束之前打赢这场仗，你需要哪个时间点拿下多少用户等。

要实现“互联网＋”背景下的创新创业，第一，你要比别人更早发现机会，尤其在巨头已经出现的时候。所以第一句话叫先来的人挣后来的人的钱。在上海有近一半居民是外地人，第一拨来上海的人以及上海本地的老百姓，如果更早地多买几栋房子，结果可想而知。当你发现了上海以外的移民源源不断涌进来，是一个不可逆转的趋势，你只要把核心资源抢占住。比如说拆迁户发财，就得靠抢占那些老房子。经济规律是什么，当你发现一个变化趋势，你要先去抢占那个趋势，导致某种资源变贵，发现那个资源，占领那个资源。所以我做创业辅导，马克思的《资本论》讲过，实现超额利润只有两个途径，第一个途径叫创新，通过创新做到和别人不一样的地方，你的定价远远超过别人的定价。iPhone就是这样，拿到整个手机行业50%的利润，市场份只有百分之十几。第二个途经叫垄断，提前发现哪个资源变贵，尽可能垄断那个资源。比如说中国互联网有一个“福建帮”，他们几乎垄断了全中国最好的域名，其中的佼佼者叫蔡文胜，他控制了从域名到IDC，互联网产业的核心关键资源，尽管福建没有出BAT，但这个产业不比上海小。上海有什么呢？游戏。为什么可以做游戏呢？因为上海大量的文化人，人也是关键资源。

第二个，差异化。当一个东西被证明的时候，你做不到跟它一模一样，你做不成iPhone，那你就做小米，做不成小米就做华为。当然差异化不能停留在产品层面，刚才讲到电商体系中，小米是中国第三位。第一位是京东，京东做PR，发现搞不过马云，马云太能讲了。于是刘强东拉上了奶茶，都是营销，各得其所，这也是差异化。你的产品层面，你的促销层面，你的定价层面，你的渠道层面，必须差异化，否则顾客凭什么买你的产品。

第三个，当你发现一个机会，你做不到领头羊，你也做不到细分市场老大的时候，你怎么办。有人问我，互联网巨头已经出现了，移动互联网还有机会吗？我说互联网是一个百年一遇的一个趋势，一百年前诞生的电灯、电网、飞机、生产流水线、电影，这些东西叫电气化，现在还在源源不断地影响我们的生活，就如中国的电影院还在不断地猛增，只要你专注去做，一定会出现更多的细分，更多的机会。

讲个题外话，应该都听过通用电器，知道通用电器前身是什么吗？是爱迪生实验室。所以我跟领导说，阿里巴巴不在上海，就是前面做经济规划的时候，总部是没有行业概念的，外资总部也好，民企总部也好，上海失去了全球百年一遇的行业机会。通用电器就是现在的阿里巴巴，你看马云做什么，买微博、高德、UC、华视中国、恒生电子、华谊、光线，他就成了这个时代的通用电器。他会用互联网流量逼迫所有行业，细分龙头，而这样的企业总部，居然不在上海，但在一百年前爱迪生在纽约做实验时，在爱迪生赌直流电还是交流电的时候，纽约给钱的，华尔街做资源配置的，在一百年前的时候，铁路兼并、钢铁兼并、石油兼并的时候，纽约给钱的。

上海作为金融中心，没有这个行业做资源配置作用，没有做“互联网＋”，你知道丧失了什么吗？四个中心，贸易中心，所有做内贸都在给阿里缴税，淘宝、阿里巴巴、天猫，税都给杭州了。第二个中心，金融中心，余额宝、支付宝，听说支付宝可能进上海了。聚沙成塔，今后会出现不断的细分，不要小看。

大疆无人机目前占了全美 50％的市场份额，估值一百亿美金。中国出现了无人机这样的案例不是个案？美国在 1894 年工业 GDP 超过英国，1895 年产生电影，上海电影产生于 1905 年。如果你认为互联网是百年一遇的行业，你应该相信中国在 2011 年，工业 GDP 能超过美国，创新创业国家的呼吁不是一个偶然事件。一定会有第二个“无人机”，第二个“大疆”，不要认为 BAT 出现了就没有机会，专注在运用更先进的模式，更先进的技术捕捉场景，实现能力提升，肯定会有机会。但是不一样的地方在哪里？刚才看到了工业时代、4P 理论，强调开餐馆，作为一个工厂，客户是已知的，需求性价比，更好、更快、更便宜。竞争是已知的，沙县旁边就有桂林米粉，桂林米粉旁边就有个兰州拉面，麦当劳旁边有肯德基，这样的市场还有机会，但是你得不断地细分，新开楼盘没人占先占，这是一种创业，但是在“互联网＋”的时候会更不一样，你通过细分市场也能做好，开的小沙县、米粉店也能挣钱，但是创新创业用户、对手都不一样。

第一个，为什么用你的产品呢。第二个，必须极大提高原来产品的使用便捷性，iPad 你可能听说过，连狗都能用，真的有游戏是给狗用的，小婴儿一出生不用教，就会滑动，非常符合人机交互的需求，所以这个时候新的产品、新的服务，它挑战的就是这点。iPhone 第一代的天线非常差，2008 年时候为了做好多点触控技术，天线被忽视了，因为它是上网设备，是上网设备向下兼容手机，而不是手机增加一个功能，所以乔布斯伟大的地方在于他重新创造了市场，而这个市场，是因为他的产品极大简化了原来的交互方式，所以获得了用户的认同，获得了很高的接受度。

这本书《跨越市场鸿沟》是 20 年前出版的，最开始就是一帮发烧友自己玩，包括苹果公司诞生也是这样，在加州一个电子电路爱好俱乐部，搞几个电路板或者拼装一个电脑。后来有早期使用者，但这个时期很多产品质量极不可靠。但是有些时候用户接受，就是因为这个市场突然间起来了。怎么起来的？小米手机发现 iPhone 那么好的技术没人用，我降价卖，进入主流市场，用户一旦过千万，就有人买手机送给爸爸妈妈，送给朋友，升级换代。这个时候市场进入普及，粉丝效应跟口碑传播被放大。现在米粉和米黑越来越多，这个用户群越来越大，用户越来越细分化，也越来越挑剔。比如说 360 做了一款大神，主打两、三百元的市场，这个非常狠，他也可以提供极度好的体验，在芯片不断降价的时候，让用户得到更实惠的产品。所以我们讲粉丝效应跟口碑传播在加强着用户对性价比的认同感。

上海有个企业叫果壳，生产果壳手表。现在巨头也下水了：三星、苹果也发布了相关产品，在三年内智能手表可能会普及。所以这里面创新创业，早期开发者能够跨越鸿沟成为小米吗？本质上要解决几个问题，首先你要把原来非常手工化的作业，核心业务和关键资源标准化。京东成为大平台，也不是一开始卖服装、卖图书的？是卖 3C 的，因为 3C 产品有码，可以扫码加快效率，物流非常快，还有单价比较高，可以支付更高的物流费用。第二步，形成资产。京东为了提高物流速度，全国建仓库做物流体系，这笔资产在放大企业的效率，当天上午十点前下的单，第二天上午十点前就能送到。做完资产再巩固他的码头，这个时候平台化，卖图书、服装等其他产品，最后金融化。从去年开始京东的重点项目：京东白条，京东众筹。这些都是互联网不断升级路径，最开始它的本质是解决你的规模经济问题，实现标准化。麦当劳连锁店操作是便利化，这个操作被麦当劳加盟设备，设备定制化，临时工能非常快地掌握并使用，产生规模效益，哪怕日均一百单提升到一千单都可以满足，就是加人，但是等企业规模，连锁网络足够大的时候，就能产生平台效应，你们知道麦当劳卖的可乐，为什么第二单半价，因为第二单生意是纯利润。所以平台化不但挣核心产品的钱，还把用户分给合作者，挣合作者的钱。第三个，实现范围经济。你们知道麦当劳的市值，看报表的话，他的核心利润是什么？根本不是卖汉堡，麦当劳用廉价的租金租下场地，再卖给加盟商。

之所以马云能成为中国首富，是因为马云是一个坚定的互联网信仰者，长达15年时间，一到两年就升级一次，有多少创业者能坚持，大多数创业者做到第三年，就把企业卖掉了。什么叫“互联网＋”？你需要拥抱互联网，就不要去用简简单单的财务指标去思考，应当思考互联网能够改变多少事情，你所在的行业跟“互联网＋”重合之后，能产生多么大的变革。

“創業”这两个字是汉字中的繁体字，中国文字是由象形文字演变而来，“創”的左半部分是一个仓库，右半部分是一把刀，收割来粮食，通过建造仓库，把粮食放进去，目的是已知的，是希望赚很多钱，但是路途是不知道的，为什么？因为你能不能创造出来，源于能不能做到“破坏式创新”，任何创新都要先破坏，没有用刀斧砍树，哪里来木材建仓库？创业是什么？无论讲不讲“互联网＋”，本质是一样的。

第一，创业路上没有失败，“互联网＋”也没有失败，要坚定地拥抱互联网，不要放弃了不该放弃的，十年前买腾讯股票，现在就涨一百倍了。孙正义就没有放弃，一直持有阿里巴巴股份，他在几千万美金的规模上还能增长一千倍，甚至两千倍。第二，创业路上没有成功，因为创新创业是不断打破已有秩序，构建新秩序的过程，没有最好，只有更好。第三，创业是一条不归路，当你真正开始创业的时候，就要想明白，只有坚定创业之心，才有可能让你通向更好的人生。

谢谢大家。

听众：胡老师，可不可以请您介绍一下您自己的创业经历，再介绍一下腾讯上海创业基地的相关信息？

胡冬：我最初是在一家民企总部任职CIO，说白了就是网管的头，所以到了2006年，我做了一家企业叫互联网题库，我们对标的是美国ETS，我们认为机考这个模式非常有潜力。在教育学中有一个理论，就如雅思机考通过考几道题，就能知道考生的知识盲点在哪里。我当时在做这家企业，在这个项目当时投了4 000万，我们几乎踩过了所有创新创业者都踩过的坑，技术开发是外包的，商业模式设计也碰到很大的问题，互联网没有办法实现付费，当时支付宝还没起来，找不到一个好的营销方式，获得大量用户等等。到2008年我们转型做了O2O，希望把线上用户转到线下做一对一匹配。

正是由于这两个场景，几千万投资让我看到，创新创业原来有那么多的坑，有很多人都走过这条路，也都踩过这些坑。所以在 2010 年，我发起了一个民非组织叫“启创中国”，传播精益创业思想，告诉大家，如何尽量少“踩坑”，用最少的资源，获得最大的利益。所以到了 2011 年腾讯科创平台正式开放，我就帮助科创平台，在上海去推动“互联网＋”的资源和传统行业结合，到 2013 年我们办了中国互联网创新创业大赛，发现很多企业在短短两年之内，从小企业持续成长到月收入过千万的体量，正是这个场景让腾讯坚定了做创业基地的决心。

腾讯给予了什么资源？第一个品牌倍输。凡进驻腾讯创业基地的项目，你的名片可以印创业基地的，很多小的企业，三个人、五个人创业的时候，根本不具备对雇员的信任，所以我帮你倍输，帮你谈融资，帮你谈渠道。第二个，互联网流量，包括传统云流量，也包括用户。我们每一个项目分发几万免费的用户，帮助企业做产品测试，迅速找到企业的产品核心价值点应该怎么做，如何差异化。在全国移动互联网用户前 20 的产品中，腾讯占了六到七个，手机 QQ、微信、应用宝、手机安全助手、QQ 浏览器、腾讯视频、QQ 空间、QQ 音乐等等。第三个，提供底层能力支持。很多人希望利用微信平台做开发，我们基地有项目拿到“企业微信号”，你们大多数人可能听过没用过，而我们扶持的企业，可以非常早地拿到 API，一年时间就可以把对手甩开成为平台。看一下滴滴打车成长链条，滴滴最开始是一个 15 万元的外包项目，找山东一位中专老师做的外包，但是他没法适应每天一百万用户的订单，腾讯云帮他架构服务器。滴滴使用的地图是腾讯的，每次用户支付会跳转微信支付？默认关注滴滴打车公众号，滴滴就给用户发红包，甚至把快的屏蔽掉。这些运营能力、开发能力、盈利能力是做“互联网＋”创业最需要的，所以三个资源和政府联合，政府提供半年的免租场地，给相关的人员配套人才公寓，申请一些政府基金，各委办都有这样的基金，提供一些人才支持，形成现在 O2O 这样一个战略，通过腾讯创业基地，形成上海做“互联网＋”的创业集聚。

听众：首先非常感谢胡先生的分享，我的问题是在这一轮创新创业创投里面，“互联网＋”是大的概念，包括你刚才讲的跟很多传统行业结合的案例，比如说互联网加上打车变成滴滴打车，加上二手跳蚤市场，变成 58 同城，加上外卖，变成饿了么。那么我想问一下，在选择判断哪个传统行业，是否能进行“互联网＋”升级改造的时候，有哪些重点要素需要一开始就进行判断？

胡冬：很多创业者都希望我给他们指条明路，本质上任何创业导师，并不是每个行业都懂。一样的，“互联网＋”也不是每个传统行业资源都能拿到的，它有阶段性。目前看整个趋势，我们看六个行业：第一个是数字娱乐，包括游戏、手游、网络媒体和网络剧等。第二个是智能硬件，类似大疆无人机这类。第三个是O2O细分，服务业到店消费和到家消费是不同的场景。因此这三个大行业都是非常广义的词，硬件可以在不同细分领域做，O20做服务，也可以在不同细分领域做服务。数字娱乐，泛娱乐内容也可以做，这是三个大行业。

还有三个小行业，最后被互联网改变的是教育、娱乐、金融。但是从什么行业切入，在哪个阶段做什么产品，这需要创业者不断寻找假设，寻找市场信息的变化，需要去验证，有些项目三个月可以拿融资，看上去很轻松，实际上12周内他已经做了五个版本，我手机经常安装这样的软件帮忙做测试。刚才讲正是因为有这把刀，才能不断去试，爱迪生试验了一千多次才找到钨丝，几乎没有人能一开始就打中“靶心”，所以创新创业你得试。为什么叫精益创业，一大堆的模式，我只是让你懂得，你需要拥有强大的自信和一个体系的知识去支撑你去尝试。

往细里讲，我举个例子便于你理解。比如说58同城，每一个月烧一千万美金做O2O到家，为什么？因为O2O到店的市场中，有赢家已经出现了，美团网营收破了十亿。这个时候58上市前把团购关掉了，关掉是被投资人逼迫的，因为你要上市报表，但是58内部总结这是错的，因为作为城市服务业，大比重的经济业态，你丧失了到店份额，万一美团和点评合并呢，不要说不可能，优酷跟土豆就合并了。58第一步合并了赶集网，第二步买了三个核心收入，第一个房产业，买了安居客。第二个招聘业，买了中华英才网。第三个是汽车业。所以，他做完这些之后，就可以烧钱了，成立58到家集团独立公司去试错。

有一个让附近阿姨做饭的APP，做完之后拿回家吃，这个平台超过一亿美元估值。有一个请吃饭的APP，红杉刚投了两千万美金，是发一个约饭的消息，报名AA制，光吃饭就有那么多细分可以做，如果你没有发挥，就是因为你没有聚沙成塔、水滴石穿的精神，没有对这个行业足够的热爱；你没有成为先行者，因为你没有找到差异点。

我就讲这么多，谢谢。